Ernst Kornemann

TIBERIUS

Societäts-Verlag

Mit einem Vorwort von Prof. Hermann Bengtson

Mit 1 Karte und 16 Abbildungen auf 8 Bildtafeln
Alle Rechte vorbehalten · Societäts-Verlag
© erweiterte Neuausgabe 1980 Frankfurter Societäts-Druckerei GmbH
© 1960 W. Kohlhammer, Stuttgart
Umschlagentwurf Heinrich Müller
Satz Otto Gutfreund, Darmstadt
Druck und Bindearbeit May & Co, Darmstadt
Printed in Germany 1980
ISBN 3-7973-0363-7

Vorwort

Kornemanns »Tiberius« ist das Ergebnis eines jahrzehntelangen Ringens um das Verständnis einer Persönlichkeit, deren Charakterbild seit dem Altertum aufs stärkste umstritten ist. Man muß aber wissen, daß die beiden Historiker, die vielleicht den tiefsten Einfluß auf die innere Entwicklung des jungen Kornemann genommen haben, zu einer sehr positiven Beurteilung des Tiberius gelangt sind: Hermann Schiller in seiner »Geschichte der römischen Kaiserzeit« und Theodor Mommsen in seinem Kolleg über römische Kaisergeschichte.

Die Grundzüge des Bildes, das Ernst Kornemann in diesem Werk von dem bizarren Claudier entwirft, sind bereits aus seinen früheren Arbeiten, vor allem aus dem Vortrag über Tiberius in dem Werk »Staaten, Völker, Männer« (Leipzig 1934), der Wissenschaft bekannt. Man kann aber nicht sagen, daß Kornemanns Auffassung den einhelligen Beifall der Forschung gefunden hat, eher das Gegenteil, und gerade neuere Untersuchungen, wie etwa die von E. Koestermann über die Majestätsprozesse unter Tiberius (Historia 4, 1955, S. 72 ff.), zeigen, daß die Forschung teilweise wieder geneigt ist, das düstere, von Tacitus entworfene Tiberius-Bild, zu rezipieren.

Kornemanns letztes Werk wird nicht nur Zeugnis ablegen von jener problematischen Gestalt auf dem Thron der Cäsaren, es wird auch vom Geiste des Verfassers zeugen, der in hohem Alter ein Werk vollenden konnte, dessen Idee ihn nahezu sein ganzes wissenschaftliches Leben hindurch gefesselt hat. Nicht jeder wird in allem Kornemann zustimmen, keinen Leser aber wird die Schilderung der Tragödie des Menschen und des Staatsmannes Tiberius gleichgültig lassen. Zum Bilde des Tiberius hat Ernst Kornemann so manches von seinem eigenen Wesen gegeben, und zwar vom Besten, was er besessen hat. Wer dies weiß, der wird es verstehen, wenn wir dieses Buch nunmehr einer Öffentlichkeit übergeben, auf deren gerechtes Urteil der Verfasser vertrauen darf.

Das Manuskript hat Dr. Hatto H. Schmitt in eigener Verantwortung für den Druck vorbereitet. Dabei sind einige Versehen stillschweigend berichtigt worden. Die Hinweise auf neueres Schrifttum, die Dr. Schmitt am Schlusse des Buches zusammengestellt hat, werden dem kritischen Leser gewiß vollkommen sein.

Würzburg, im Juli 1960/Sommer 1980

Hermann Bengtson

Inhalt

»Die Fürsten sind sterblich; nur der Staat ist ewig«
Tiberius bei Tac. Ann. III 6,3

»Ich bin ein sterblicher Mensch, menschliche
Pflichten habe ich zu erfüllen, und mir ist es genug,
wenn ich den Platz des Prinzeps ausfüllen kann«
Tiberius ebenda IV 38,1

I.
Livias Söhne Tiberius und Drusus.
Ihre doppelte Belastung mit claudischem Erbgut.
Tiberius' Jugend.
42–22 v. Chr.

Wie alle sind ja nicht wir,
sondern hängen mit unserm Sein und
Tun von denen ab, die vor uns waren.
Isolde Kurz

Am 16. Nov. d. J. 42 v. Chr. wurde zu Rom Tiberius Claudius Nero geboren, den die Geschichte abgekürzt »Tiberius« oder »Kaiser Tiberius« nennt. Er war allerdings im wahrsten Sinne des Wortes niemals »Kaiser«, sondern nach der von seinem Stiefvater dem römischen Staat gegebenen Verfassung nur «Princeps«, d. h. »Erster oder Vormann der Bürger« seines Vaterlandes. Seine Eltern waren beide ihrer Abstammung nach Claudier, d. h. beide Angehörige der gens Claudia. Denn sowohl der Vater, dessen Namen der Erstgeborene bekam, als auch die Mutter Livia Drusilla (geb. 30. Jan. 58 v. Chr.) entstammten dem patrizischen Geschlecht der Claudier. Nur war der Zweig der Familie, dem Livia angehörte, durch Adoption in das plebejische Geschlecht der Livier übergegangen; d. h. Livias Großvater, der berühmte Volkstribun d. J. 91 v. Chr., M. Livius Drusus, hatte ihren Vater an Kindes Statt angenommen, und dieser trug nach römischer Sitte seitdem den Namen M. Livius Claudianus, so wie der spätere Prinzeps Augustus, von Geburt ein C. Octavius, nach seiner Adoption durch Caesar C. Julius Caesar Octavianus genannt wurde.

Verheiratet war Livias Vater mit Alfidia, der Tochter eines M. Alfidius Lurco aus dem Aurunkerstädtchen Fundi (Fondi), einer Frau bescheiden bürgerlicher Herkunft. Livia Drusilla, die blutsmäßig also ebenfalls eine echte Claudierin war, trug den Geschlechtsnamen ihres Vaters (Livia) und den Beinamen ihres Großvaters (Drusus: Drusilla). Sie war viel jünger als ihres Vaters Brudersohn, mit dem sie, noch nicht sechzehnjährig, die Ehe geschlossen hatte, wohl am Ende d. J. 43 oder Anfang 42 – wie meist bei den Römern aus materiellen oder sonstigen äußeren Gründen, nicht aus Neigung der Verlobten.

Daß dem jungen Tiberius ein besonders schweres Leben bevorstand, konnte bei seiner Geburt noch niemand voraussagen. Aber

13

eines stand schon damals fest: daß die doppelte Belastung mit der Erbmasse des claudischen Geschlechtes möglicherweise für den Knaben verhängnisvoll werden konnte.

Die Claudier waren der Tradition nach zu Anfang der Republik aus dem Sabinerland in Rom eingewandert und in den gerade damals sich fest schließenden Ring der »Patrizier« aufgenommen worden, während fast alle, die später aus anderen Landschaften und Provinzialstädten zugewandert waren, »Plebejer« werden mußten.

Die Claudier spielten von Anfang an in der neuen Heimat eine bedeutende Rolle, sie waren aber nicht wie die alten latinischen Geschlechter traditionalistisch, sondern mehr oppositionell eingestellte Menschen[1]. Die Angehörigen ihrer Familie waren meist höchst eigenwillige, querköpfige Edelleute, die dabei auf allen Gebieten zum Radikalismus neigten. Unter ihnen waren oft auch asoziale Einspänner. Tiberius' Erbgut war also nicht gerade auf ein leichtes Erdendasein an leitender Stelle eingerichtet.

Vom Vater hatte er offenbar die auf sich selbst gestellte, die Umwelt oft ablehnende, von der Mutter die ihm immer eigen gebliebene nachtragende Art geerbt, die merkwürdig langsame Abwehr eines Angriffes, infolgedessen auch das Nichtvergessenkönnen und vielfach schmollende Beiseitestehen an Stelle energischen, zupackenden Handelns. Von den großen Vorzügen der ausnehmend schönen Mutter hatte er außerdem nicht nur die Schönheit, vor allem ihren entzückenden Mund, sondern auch ihren Sinn für altväterliche Einfachheit – das Erbteil des mütterlichen Blutes der primitiveren Landfamilie von Fundi – geerbt, während der Mutter herzgewinnendes Wesen, das alle, die mit ihr in Berührung kamen, bezauberte, offenbar ausschließlich auf den jüngeren Sohn Drusus übergegangen war. Tiberius war, an ihm gemessen, sehr grüblerisch und verschlossen veranlagt, dabei kurzsichtig und linkshändig, ein Mensch, der, stark auf sein Inneres zurückgezogen, sich nicht gern überraschen lassen und vor der Umwelt bloßgestellt sehen wollte. Er war ein verschüchtertes Kind gewesen, dessen Weinen die Eltern auf der Flucht nach Sizilien und Griechenland fast verraten hätte. Von dieser jugendlichen Verschüchterung blieb ihm das ganze Leben hindurch eine gewisse Unbeholfenheit. Er sprach in der Regel sehr gezwungen, rang beim Sprechen geradezu mit den Worten[2].

Die Lehrer erkannten schon früh seine höchst seltsame Eigenart. Einer spricht einmal von dem Jungen mit dem »Lehm im Blut«. Damit soll, wie es scheint, seine durch sekundäre Funktionen überdeckte Leidenschaftlichkeit gekennzeichnet werden. Seine von

Jugend an vorhandene Scheu gegen gesundes sofortiges (primäres) Reagieren auf Angriffe ließ ihn früh älter erscheinen, als er in Wirklichkeit war. Ja, man kann sagen: er war eigentlich schon alt geboren und stand frühzeitig allem höchst skeptisch gegenüber, während aus dem entzückenden Kinde Drusus bald ein strahlender, die Menschen begeisternder Jüngling wurde. Rein menschlich gesehen war also, wie in so vielen Ehen, der zweite besser weggekommen als der erste. Und es war kein Wunder, daß Octavian unter seinen Stiefsöhnen den Drusus bevorzugte, da sein Wesen dem seinen kongenialer war[3].

Tiberius' Geburt fiel in eine Zeit des Schreckens für den römischen Staat. Der größte Mann, den Rom hervorgebracht hat, C. Julius Caesar, war zwei Jahre vorher ermordet worden, und die bedeutendsten unter seinen Mitarbeitern stritten um sein Erbe. Nachdem der Senat, aus dem die Mörder des Diktators hervorgegangen waren, und damit die erträumte wiedererstandene Republik beiseite geschoben waren, hatten sich die Caesarianer in dem Triumvirat des Antonius, Octavian und Lepidus bei Bologna zusammengefunden und nach den furchtbaren Proskriptionen zu Beginn d.J. 42 die Rache für Caesar auf ihre Fahnen geschrieben. Sie gelang während der letzten Monate des Jahres in der berühmten Doppelschlacht bei Philippi. Der Claudier kam also gerade in dem Augenblick zur Welt, in dem die stolze römische Republik von ehedem ein für allemal zu Grabe getragen wurde, u.a. auch durch den Mann, der bald seinem Leben in so verhängnisvoller Weise die Richtung geben sollte.

Livias Vater, Tiberius' Großvater mütterlicherseits, hatte in den Wirren nach Caesars Tod auf der republikanischen Seite gestanden; er stürzte sich nach der verlorenen Schlacht bei Philippi in sein Schwert. Wie der Großvater war auch der Vater überzeugter Republikaner. Er war wohl in Caesars Diensten emporgekommen, ging jedoch nach dem 15. März 44 zu seinen Gegnern über. Von den Triumvirn gewonnen, vertrat er bei der beginnenden Entzweiung der drei Machthaber die Sache des Antonius. Als sein Parteigänger wurde er in die Kämpfe des Konsuls Lucius Antonius, des Bruders des Marcus, gegen Octavian verwickelt, die sich schließlich, wie bekannt, um das feste Perusia (Perugia) im sogen. *bellum Perusinum* konzentrierten.

Nach dem Fall der unglücklichen Stadt entkam Tiberius Claudius Nero zu Anfang d.J. 40 nach Praeneste (Palestrina), von da nach Neapel. Die Gattin und den Sohn ließ er dorthin nachkommen und floh mit ihnen, als er Italien zu verlassen gezwungen war, unter allerlei Fährlichkeiten zu Sextus Pompeius nach Sizilien. Als er hier nicht die seinem Range als gewesener Praetor gemäße Aufnahme fand, begab er sich weiter nach Griechenland zu Marcus Antonius. In Sparta machte die Familie vorübergehend Rast und fand freundliche Aufnahme bei den Bürgern. Mit dieser altehrwürdigen Stadt und mit Lakonien standen seitdem Livia und ihr ältester Sohn dauernd in einem besonders innigen Verhältnis. Auf der Weiterreise geriet man bei Nacht in einen Waldbrand; dabei wurden Livias Haare und Kleider versengt.

Bald nach der Ankunft bei Antonius näherten sich die beiden verfeindeten »Dreimänner« einander wieder. Claudius Nero kehrte mit Antonius nach Italien zurück. Nach dem Friedensschluß von Brundisium (Brindisi) und nach dem Einzug der beiden Triumvirn in Rom zu Ende d. J. 40 lebte er mit Frau und Kind als Privatmann.

Da trat bald darauf das Ereignis ein, das des Tiberius Leben in ganz neue Bahnen lenkte. Livia lernte Octavian kennen, und beide entbrannten in Liebe zueinander. Obwohl der junge Triumvir schon in zweiter Ehe verheiratet war und seine damalige Frau Scribonia, eine Verwandte des Sextus Pompeius, unmittelbar vor der Niederkunft stand, Livia andererseits im sechsten Monat schwanger war und die Geburt ihres zweiten Kindes erwartete, lösten beide, unmittelbar nachdem Scribonia ihrer Tochter Julia das Leben geschenkt hatte, ihre Ehen, zumal Scribonia wegen der Veränderung der politischen Konstellation nicht mehr benötigt wurde. Livias Zustand aber war für Octavian kein Hinderungsgrund; er ließ sich vielmehr von den gefügigen Pontifices, deren Kollegium er selbst angehörte, bescheinigen, daß das bei der geliebten Frau bevorstehende freudige Ereignis kein Ehehindernis sei, da über die Vaterschaft des bisherigen Gatten kein Zweifel bestünde. So feierte Octavian 25jährig am 17. Januar 38 zum dritten Male Hochzeit, bei der der bisherige Ehemann die Rolle des Brautvaters spielen durfte. Drei Monate nach der Eheschließung kam Livias zweiter Sohn, Nero Claudius Drusus, zur Welt, und das Großstadtpublikum von Rom ließ es sich nicht nehmen, das neue Paar mit seinem Dreimonatskind in Spottversen glücklich zu preisen. Octavian aber sandte die beiden Stiefsöhne ihrem Vater ins Haus, um allem weiteren müßigen Gerede die Spitze abzubrechen[4].

Da starb der Vater vorzeitig i. J. 33. Seine Söhne wurden zur Mutter zurückgebracht; von nun an wurden sie in dem Hause ihres Stiefvaters unter dessen Vormundschaft erzogen. Der Mutter Kinderlosigkeit in ihrer zweiten Ehe, so heiß sich auch der neue Gatte gerade von dieser einzigen von ihm wirklich geliebten Frau einen Leibeserben wünschte – die Fehlgeburt eines männlichen Kindes verschlimmerte beider Schmerz – trug letzlich Schuld an ihres ältesten Sohnes grausigem Schicksal, das von jetzt ab sich zu erfüllen begann. Es kamen nunmehr zwei Männer in unmittelbare Berührung, die im Grunde völlig verschieden voneinander waren.

Die römische Geschichte ist wie kaum eine zweite die Geschichte einzelner großer Geschlechter. Es hat kein zweites Volk auf Erden gegeben, dessen Geschichte familienmäßig so gebunden ist wie die römische[5]. Der Octavier Augustus und der Claudier Tiberius, die Erben des Juliers Caesar, repräsentierten in ihren Persönlichkeiten zwei Welten. Die Octavier waren ein obskures plebejisches Geschlecht aus Velitrae (Velletri) auf der Grenze des Latiner- und Volskerlandes. Italische Provinzluft weht uns von C. Octavius entgegen. Tiberius dagegen stammte aus einem der alten patrizischen Fürstengeschlechter der Republik. Der Octavier war freier, skrupelloser, schneller zupackend, gegenüber Neuem aufgeschlossener und, wo er Altes bewahrte, mehr ländlich-italisch gebunden. Der stadtrömische Claudier jedoch war traditionsbeschwert bis in das innerste Mark seiner starken Persönlichkeit hinein, dabei ein Edelmann von altem Schrot und Korn; von früh auf trug er schwer am Leben und an dem Emporkömmling, in dessen Schatten er leben mußte. Ihm hatte er vom 10. Lebensjahr ab nach hartem Familiengesetz und strenger Staatsordnung zu gehorchen, und, was das merkwürdigste ist, aber bei einem Römer eigentlich nicht erstaunlich, ihn mußte er immer wieder von neuem bewundern, was er an Furchtbarem auch von ihm erfuhr. Denn der immer praktisch eingestellte Römer kennt nur eines, das er schätzt, ja anbetet: das ist die Tat, die Erfolge im Dienste der *res publica*, »der gemeinen Sache«, aufzuweisen hat.

Zu diesem Gegensatz der Geschlechter kam so der unüberbrückbare Gegensatz der beiden Männer. Er tritt schon in ihren Gesichtszügen zutage, die so oft im Porträt von bedeutenden Künstlern festgehalten worden sind. In Tiberius lebte äußerlich die Mutter weiter, die eine klassische Schönheit war. Die Feinheit der Züge ist unendlich größer bei diesem Aristokraten als bei dem innerlich wie äußerlich viel gröber gebauten Augustus. Dessen Bildnis mußte stark idealisiert werden, wie es besonders griechische Künstler getan haben[6]. Tiberius' Bild dagegen war auch ohne jegliche Retusche, ganz realistisch wiedergegeben, ein Kopf, der sich sehen lassen konnte[7].

Und wie äußerlich, so war es auch im Innern beider bestellt. Tiberius war viel tiefer veranlagt, zugleich aber auch menschlich beschwerter als Augustus. Das stoische Lebensbekenntnis saß bei ihm tiefer als bei seinem Vorgänger, der überall – nicht nur in der Politik – zu Kompromissen neigte. Tiberius hat viel mehr innerlich mit sich abzumachen und niederzukämpfen gehabt als der gröber veranlagte Plebejer vor ihm. In seinem Leben zeigen sich viel größere Risse und Unstimmigkeiten. Seine Psyche war mit einem Wort viel komplizierter als die des Augustus, sein Kampf mit dem Leben und seinen Widerwärtigkeiten viel verzweifelter als der des Emporkömmlings.

In dem Hause des Stiefvaters, in das er durch die Liebe der Mutter zu Octavian gebracht worden war, wurde er die starre und kalte Natur von später. Über seine Lippen kam selten ein Scherzwort. Kein Wunder, daß früh der leicht degenerierte, verschlossene und hinterhältige Mensch dem aufgeschlossenen, geschmeidigeren ersten Prinzeps durch seine ganz andere, im Grunde nur allzuoft negativistische Art unsympathisch wurde. Ganz deutlich tadelt einmal Augustus in einem Brief an Livia die Schroffheit und Unverträglichkeit seines Wesens[8]. Es wird auch erzählt, daß im geselligen Kreise bei Hof das Gespräch oft schnell verstummte, wenn Tiberius eintrat[9]. Sein Erscheinen wirkte früh erkältend auf die übrigen, etwa wie der Mann mit dem bösen Blick *(malocchio)* dem heutigen Italiener auf die Nerven fällt. Als Jüngling im Sturm und Drang hat er manchmal im Alkohol Vergessen gesucht; der Lagerwitz hat ihn daher im spanischen Krieg als Biberius Caldius Mero, »Prinz Glühweinschwelg«, bespöttelt[10].

Und nun der Aufstieg beider Männer – wie grundverschieden war auch er! Octavian gelangte infolge der Ermordung Caesars blutjung in die leitende Stellung. Tiberius erreichte sein letztes Ziel erst als ganz reifer Mann. Jener darf sein Schicksal von Anfang an selbst bestimmen; Tiberius wurde bis ins Alter hinein als Figur auf dem Schachbrett des Lebens und der Politik seines Vorgängers hin und her geschoben, obwohl seiner hervorragenden Begabung besonders auf militärischem Gebiet eine selbständigere Lebensgestaltung angemessen gewesen wäre.

Es ist schwer für einen Mann ersten Ranges, dauernd die Rolle des »Zweiten«, ja sogar die des Lückenbüßers zu spielen. Das färbt auf seinen Charakter ab. Je höher Octavian stieg, desto mehr bedurfte er der Helfer und Ratgeber für sein großes Werk der Neugestaltung des Staates. Aus seiner nächsten Umgebung spielten früh Agrippa auf dem militärischen Gebiet und in der Bauverwaltung, Maecenas auf diplomatischem Gebiet sowie in der Bearbeitung der öffentlichen Meinung eine große Rolle. Aber daneben sah sich der emporstrebende Staatsmann auch in seiner Familie nach Unterstützung um.

In seinem Herzen nahm seine Lieblingsschwester Ocatvia minor, die seit dem Vertrag von Brundisium (Oktober 40) in einer politischen Zwecken dienenden Ehe mit Antonius verheiratet war, schon lange einen hervorragenden Platz ein. Sie war eine der anziehendsten Frauengestalten der Zeit. Aus einer ersten Ehe mit Claudius Marcellus hatte sie neben zwei Töchtern einen Sohn M. Claudius Marcellus[11]. Sohnlos wie er war, hat Octavian auf diesen seinen Neffen, seinen nächsten männlichen Verwandten, der um ein halbes Jahr älter war als Tiberius, früh sein Augenmerk gerichtet und ihn an den Hof gezogen. Seiner Mutter wurden auch die meisten Ehrungen zuteil, die Livia gewährt wurden, so schon i.J. 35 die Verleihung der Unverletzlichkeit *(sacrosanctitas)* – offenbar nach dem Muster der Vestalinnen – mit den großen Vorzugsrechten der Befreiung von der Vormundschaft sowie der Behandlung persönlicher Beleidigungen als Majestätsverbrechen. Frau und Schwester, beide gleich geliebt, betrachtete Octavian schon als Triumvir als die guten Geister, man möchte sagen, als die Schutzengel seines Hauses. Daher wurden auch fernerhin beide Frauen gleichermaßen geehrt, so als Octavian ihnen nach der Rückkehr aus dem dalmatinischen Krieg i.J. 33 die für Frauen höchst seltene Auszeichnung der Errichtung von Statuen bewilligte.

Mit den beiden Frauen, unter deren Einfluß sich Octavian allmählich aus dem eiskalten, brutalen Triumvirn zum fürsorglichen Staatsmann und Familienvater entwickelt hatte, stiegen auch ihre Söhne weiter in seiner Gunst empor. Die geliebte Schwester hatte alle Leiden des Bürgerkrieges in ihrer zweiten Ehe miterleben müssen, so das Zerwürfnis zwischen dem Bruder und dem Gatten, Antonius' Ehe mit Kleopatra und seinen Scheidebrief, als der Krieg zwischen beiden Männern unvermeidlich geworden war. Antonius' Kampf galt zuletzt den beiden octavischen Geschwistern, dem Rivalen im Staate und der Rivalin der Kleopatra in der Ehe. Sie war schließlich still beiseite getreten und hatte das schwerste Schicksal einer Frau, plötzlich zu Gunsten einer anderen verschmäht zu werden, auf sich genommen. Aber je mehr sie litt, desto höher stieg sie in der Wertschätzung des Bruders.

Ihr Sohn aus der ersten Ehe, Marcellus, wurde der am meisten bevorzugte »Prinz« im werdenden Herrscherhause des großen Mannes, der seit Actium auf dem Höhepunkt seiner Macht stand. Bei den großen Triumphen im August 29, die die Kriegsepoche des vorangegangenen Jahrzehntes zum Abschluß brachten, saßen Marcellus und

Tiberius, damals Knaben von 14 und 13 Jahren, auf den Pferden vor dem Triumphwagen des feiernden Imperators. Aber bezeichnenderweise saß der Neffe Marcellus auf dem rechten, der Stiefsohn Tiberius auf dem linken Beipferd. Dies zeigte schon die Einschätzung der beiden: der Schwester Sohn stand höher als der Gattin Ältester aus ihrer früheren Ehe. Tiberius trat zum ersten Mal als »der Zweite« in die Erscheinung, eine Rolle, die ihm lange Zeit geblieben ist. Das gleiche zeigte sich bei der Verwendung beider als Begleiter des Augustus in den Jahren 27–25 in Gallien und in Spanien und als Militärtribunen im spanischen Krieg, in dem wieder Marcellus seit dem Frühjahr 26 an bevorzugter Stelle stand.

Kaum Prinzeps und Augustus geworden, bangte der kränkliche Mann an der Spitze des Reiches um das Schicksal seiner jungen Staatsschöpfung. Agrippa und Maecenas waren auch fernerhin in allem treue Helfer. Aber schon zeigte es sich, daß Augustus sogar mit der dafür wenig geeigneten Prinzeps-Stellung dynastische Pläne verfolgte. Nach der Rückkehr aus dem spanischen Feldzug wurde Marcellus mit der damals 14jährigen »Erbtochter« Julia aus der Ehe mit Scribonia verheiratet und dadurch ganz offenkundig als der kommende Mann kenntlich gemacht. Agrippa nahm in Abwesenheit des Augustus die Trauungszeremonie vor[12].

Schon i.J. 24 zeigte es sich, wohin der unterdessen aus Spanien heimgekehrte Augustus steuerte. Der Senat beschloß für Marcellus, natürlich auf höhere Anweisung, daß er seinen Sitz in der hohen Körperschaft unter den Praetoriern einnehmen durfte, und gestattete ihm, schon zehn Jahre vor Vollendung des gesetzlichen Alters von dreißig Jahren das Konsulat zu bekleiden, während Tiberius sich fünf Jahre vor der gesetzlichen Norm bewerben durfte. Dies bedeutete, daß Marcellus schon im folgenden Jahre kurulischer Aedil, Tiberius hingegen nur Quaestor wurde. Das waren Ehrungen, die an die zu Beginn d.J. 43 dem jungen Octavian zuteil gewordenen erinnerten. Damit wurde zum ersten Male deutlich, daß Augustus für die Nachfolgeordnung ein »Vieraugensystem« in Anwendung zu bringen gedachte und zwar mit einer gewissen Distanz des zweiten Anwärters vom ersten[13]. Der 17jährige Jüngling Marcellus, der Neffe des Allmächtigen, war auch noch sein Schwiegersohn geworden, aber in der bevorzugten Ämterlaufbahn bekam er in Tiberius den etwas zurückhaltender behandelten Genossen. Der erste Mann im augusteischen Hause nach dem Prinzeps war Marcellus, Tiberius erst der zweite.

Herauf zog nun das schwere, zugleich aber für den neuen Staat entscheidungsvolle Jahr 23 v.Chr. Es begann mit der Aufdeckung einer Verschwörung gegen das Leben des Prinzeps, in die u. a. auch sein Konsul Varro Murena, der Sieger über die Salasser (bei Aosta) und Schwager des Maecenas, verwickelt war. Zudem wurde Augustus schwer krank, und es drückte ihn die Sorge um den Fortbestand seines Werkes: die beiden Prinzen waren noch nicht reif genug, um das Imperium zu übernehmen. Augustus berief die ersten Männer des Staates an sein Krankenbett. In die Hände des neu ernannten Konsuls Cn. Calpurnius Piso, eines alten Republikaners, der nur mit Mühe zur Annahme des Konsulats gebracht worden war, legte er eine Darstellung der militärischen und finanziellen Lage des Staates, eine Vorläuferin des späteren *breviarium totius imperii*. Seinen Siegelring aber übergab er dem Agrippa, der damit dem Senat und dem Volk im Falle seines Todes als der geeignetste Nachfolger vorgeschlagen wurde. Marcellus wurde bei dieser Gelegenheit noch nicht genannt. Der Tod hatte zu früh angeklopft.

Augustus überstand dank der vorzüglichen Behandlung seines Leibarztes Antonius Musa die Krise und reformierte nach der am 26. Juni 23 erfolgten Niederlegung des Konsulates den Prinzipat in der bekannten Weise, die als die endgültige Lösung des Verfassungsproblems bezeichnet werden muß. Er rückte neben dem *»imperium proconsulare maius«* die *»tribunicia potestas«* in den Vordergrund und gab dadurch dem Staate das Gesicht einer *»Volksmonarchie«*[14]. Der Haupthelfer blieb Agrippa, und hinter ihm standen am Hof in vorderster Linie Marcellus, Julias Ehegatte, und Tiberius, der treuen Livia ältester Sohn.

Im Herbst 23 bekam Agrippa zum ersten Male das große Ostkommando, und man munkelte in Rom von einer Spannung zwischen dem ersten Berater und dem jungen Schwiegersohn des Prinzeps. Tatsache ist, daß Agrippa einige Zeit auf Lesbos literarischer Muße gelebt hat. Ob etwas Wahres an ʻder Geschichte von der Spannung zwischen beiden Männern gewesen ist, bleibt recht fraglich[15]. Da starb, ehe das Jahr 23 zu Ende ging, Marcellus, noch nicht 20jährig, tiefbetrauert von Augustus, noch mehr von seiner trefflichen unglücklichen Mutter, die hinfort in voller Zurückgezogenheit lebte. Betrübt war auch das Volk, und Vergil widmete der großen dahingegangenen Hoffnung des Staates einen warmen Nachruf in seinem Heldengedicht, der Aeneis (VI 878–886). Als erstem wurde Marcellus die Ehre des Eingangs seiner sterblichen Reste in das Mausoleum des Augustus zuteil, das im Gegensatz zu seiner eigentlichen Bestimmung die Grabstätte des geplanten Erbkaisertums von Rom wurde. Tiberius verlor seinen ersten und vornehmsten Rivalen.

II.
Tiberius im Schatten des Augustus;
sein Aufstieg zum »Zweiten« im Staate.
22 v. Chr.–14 n. Chr.

1.
Bis zum Tode des Agrippa.
22–12 v. Chr.

Eine völlig neue Situation trat ein in dem für den eben erst frisch begründeten Prinzipat wenig glücklichen Jahr 22. Auch in der Nachfolgefrage eröffnete es dem kurz vorher plötzlich aus seiner »Zweiten« – Stellung erlösten Tiberius recht wenig glückliche Aussichten. Nachdem Augustus die durch Hungersnot und Überschwemmungen hervorgerufenen Katastrophen in Rom überwunden hatte, wurde Agrippa aus dem Osten zurückgerufen und ihm die hauptstädtische Verwaltung übertragen. Er genoß wieder voll das Vertrauen des Prinzeps; ja, auf Rat des Maecenas hin wurde ihm die Erbtochter Iulia vermählt. Damit stieg er jetzt zur zweiten Stellung im Staate empor, die i. J. 18 durch die Verleihung der *tribunicia potestas* bis zur Teilhaberschaft am Regiment (Mitregentschaft) gesteigert wurde. Agrippa war schon zweimal verheiratet gewesen, zuerst mit Pomponia, der Tochter von Ciceros Verleger und Freund Pomponius Atticus, eines Mannes von nur ritterlichem Range, dann mit Octavias Tochter Claudia Marcella (I.), also einer der Schwestern des eben verstorbenen Marcellus. Von Pomponia hatte Agrippa eine Tochter namens Vipsania, die Tiberius' erste Gattin wurde. Aus der Ehe mit Claudia Marcella gingen zwei Kinder hervor, die er jetzt mit der Mutter verlassen mußte. Der rein aus Gründen der Politik geschlossenen Ehe mit Iulia entsprossen fünf Kinder, zunächst zwei Söhne: Gaius Caesar i. J. 19 und Lucius Caesar i. J. 17. Der Geburt des ältesten Sohnes folgte i. J. die eben erwähnte Verleihung der Mitregentschaft an den glücklichen Vater, der des zweiten i. J. 17 die Adoption beider Enkel durch Augustus[1]. Dadurch wurden die Enkel zu Söhnen des Großvaters erhoben und wiederum das Vieraugensystem des Reichsgründers gewahrt. Die Tochter aber hatte die Nachfolger geboren, die dem Vater versagt geblieben waren.

Die Rollen im Staate wurden zwischen Schwiegervater und Schwiegersohn anders als bisher verteilt. Agrippa ging zunächst für

zwei Jahre nach Gallien, um das von Augustus begonnene Aufbau-
werk, besonders auf dem Gebiete des Reichsstraßenbaues, fortzuset-
zen, und von da nach Spanien, wo er i. J. 19 die Unterwerfung der
Kantabrer zu Ende führte. Augustus dagegen verbrachte den Winter
22/21 in Samos und bereiste von da Kleinasien und Syrien. Daß
Tiberius durch den vollzogenen Systemwechsel nicht völlig ausgeschaltet war, zeigte sich darin, daß er sich im Gefolge des Augustus
befand und i. J. 20 bei der Neuordnung der orientalischen Angelegenheiten gelegentlich des Thronwechsels in Armenien mit einer Sonder-
mission betraut wurde; er sollte die bei Karrhae verloren gegangenen
römischen Feldzeichen von den Parthern zurückfordern. Augustus
hatte allein durch einen Aufmarsch seiner Legionen an der Ostgrenze
das Ziel erreicht, dem er seit einem Jahrzehnt zustrebte. Die armenische Frage, die wichtigste des Ostens, löste sich von selbst. Die
römische Partei im Grenzland erschlug den partherfreundlichen
König Artaxias und bat Augustus um einen neuen König aus der
angestammten Dynastie. Tiberius besetzte in friedlichem Vormarsch
mit sechs Legionen das Land. Im Feldlager vor der alten Landes-
hauptstadt Artaxata krönte er den König Tigranes. So kehrte Armenien nach einem Jahrzehnt parthischer Vorherrschaft als Klientelstaat in das Reich zurück[2]. Bezeichnend ist, daß Tiberius' Laufbahn
im Dienste des Staates mit einem diplomatischen Erfolg begonnen
hat. Er blieb auch später, als er nach dem Tode des Agrippa der
Reichsfeldherr und schließlich der Prinzeps wurde, immer der Vertreter von Methoden, die nicht nur mit dem Schwert in der Hand die
Bereinigung auswärtiger Verwicklungen suchten.

Heimgekehrt wurde Tiberius neben den noch viel zu jungen
Enkelsöhnen seines Stiefvaters von dem übervorsichtigen Herrscher
im Hintergrunde weiter gefördert, um, falls den Knaben etwas zusto-
ßen sollte, in die Erbfolge mit einrücken zu können, aber von jetzt ab
mit seinem Bruder Drusus zusammen[3]. Dieser wurde, da er dem
Herzen des Augustus viel näher stand, von jetzt ab unausgesprochen
des Bruders größter Rivale. Namentlich bei dem Heere wurde Drusus
früh sehr beliebt.

Livia durchlebte damals bis zum Tode des zweiten Sohnes (9
v. Chr.) die glücklichsten Jahre ihres Lebens. Die beiden Söhne waren
tüchtige Männer geworden, bei ihrem Stiefvater als Offiziere hoch
angesehen und als Helfer sehr geschätzt. Tiberius wurde mit Vipsania
Agrippina, Agrippas Tochter aus dessen erster Ehe, verheiratet,
Drusus bald darauf mit Octavias Tochter von Antonius, der Antonia
minor. Die beiden Ehen gestalteten sich überaus glücklich, und jedem

der Paare wurde i. J. 15 ein Sohn geboren, dem Tiberius sein einziger Sohn Drusus, dem Bruder am 24. Mai der spätere »Germanicus«, der dreieinhalb Monate älter als der Vetter war. Die Vettern verband bald enge Freundschaft.

Offiziell blieb Tiberius seinem Alter entsprechend bevorzugt. Er bekam 25jährig i. J. 17 (oder 16) das Amt eines Praetors, und in dieser Eigenschaft nahm ihn Augustus mit nach Gallien, während Drusus ihn in seinem Amte in Rom vertrat.

Da ereignete sich an der gallisch-germanischen Grenze etwas, das das Schicksal der beiden Brüder für lange Zeit bestimmte. Durch die vereinigten Sugambrer und Tenkterer, die den Rhein überschritten hatten und in Gallien eingebrochen waren, erlitt der Statthalter der Gallia Belgica, M. Lollius, eine schmachvolle Niederlage und verlor den Adler der fünften Legion an die Gegner. In der Schaffung gesicherter Grenzen im Norden des Reiches sah Augustus die dringendste Aufgabe. Da Agrippa in dieser Zeit wieder die Generalstatthalterschaft über den Orient übernommen hatte, wurde Tiberius mit seinem Bruder Drusus für die Lösung dieser Aufgaben am Rhein und an der Donau ausersehen.

Die beiden jungen Heerführer fanden plötzlich ein großes Betätigungsfeld. In Gallien wurden damals die römischen Truppen von dem Gebiet der oberen Rhône und Saône an den Rhein hinaus verlegt; gegenüber der Lippemündung wurde das Legionslager Vetera (Birten bei Xanten) und gegenüber dem Maintal das Kastell Mogontiacum (Mainz) geschaffen. Am Rheinknie bei Basel hatte i. J. 43 im Auftrage Caesars schon L. Munatius Plancus, der Schöpfer Lyons, auch die Colonia Raurica gegründet, die jetzt, von Augustus unter dem Namen Augusta Raurica (Augst bei Basel) vergrößert, als Endpunkt einer neuen Straße über den Großen St. Bernhard den Weg nach Norden zu den Rheinlagern sicherte.

Die Aktion, die von den Brüdern durchgeführt wurde, war zugleich im Grunde ein Kapitel aus der Eroberungsgeschichte des Alpengebietes, dessen Befriedung in sträflicher Weise bis dahin vernachlässigt worden war. Den Auftakt dazu hatte i. J. 25 schon die Niederwerfung der Alpenstämme beiderseits des Großen St. Bernhard, darunter der Salasser um Aosta, gebildet. Ein Jahrzehnt später folgte der Hauptschlag. Im Jahre 16 wurde die Val Camonica und der Vintschgau unterworfen (Cammuner und Vennier), sowie gegen die südlichen Stämme des Königreichs Noricum (Österreich, Kärnten und Krain) mit Erfolg operiert[4].

Hieran knüpften i. J. 15 die Kampfhandlungen des Tiberius und

Drusus an. Bemerkenswert bleibt, daß in der jetzt beginnenden militärischen Laufbahn beider dem Drusus in der Regel die lohnenderen Aufgaben zugewiesen wurden. In dem Hauptunternehmen gegen die kriegerischen und räuberischen Raeter und Vindeliker keltischer Abstammung (Ostschweiz, Tirol, Süddeutschland bis zur Donau) drang er von Oberitalien her im Etschtal aufwärts vor, schlug ein siegreiches Treffen in den Bergen bei Trient und verfolgte den geschlagenen Feind nordwärts, vermutlich über den Reschen-Scheideck- und den Fernpass in das Nordalpenland. Hier unterwarf er die Vindeliker, zunächst ihre südlichen Teilstämme, dann auch die nördlichen im Vormarsch den Lech abwärts bis zu dem Markflecken (Forum) Augusta Vindelicum oder Vindelicorum (Augsburg)[5], dem vorläufigen Ende der Drusus-Straße, das durch ein Legionslager bei Oberhausen am linken Wertachufer gegenüber Augsburg gesichert wurde[6].

Unterdessen war Tiberius von Gallien her durch die Burgundische Pforte zum Rheinknie und zur Colonia Raurica des Munatius Plancus, von da südlich des Rheines durch helvetisches Gebiet über den Bözberg zum Bodensee vorgerückt auf einer wohl damals geschaffenen West-Oststraße, an die der Ortsname Forum Tiberii (unbekannter Lage, wohl kaum an dem Platze des späteren Kastells Vindonissa = Windisch) erinnert. Am Ostufer des Sees hatte er sich mit seinem Bruder vereinigt, nachdem er in einem Seegefecht am 1. August die anwohnenden Stämme besiegt hatte. Eine Insel des Sees diente ihm als Stützpunkt für die weiteren Operationen nordwärts bis zur Donauquelle bei Donaueschingen oder einem Punkt weiter unterhalb am Fluß. Vielleicht ist also von Tiberius das damals stark umstrittene Problem der Donauquelle gelöst worden. Auf alle Fälle war er der erste Römer, der seit Caesar und Agrippa rechtsrheinischen Boden betrat.

In dem neueroberten Raetien und Vindelicien erhielt das Reich eine nördliche »Schutzzone«. Sie wurde bis an den Oberlauf der Donau ausgedehnt und reichte im Osten bis an das als Klientelstaat erhalten gebliebene Noricum, dessen Bewohner durch die Kaufleute von Aquileia längst stärker romanisiert waren. Nach Auflassung des Oberhausener Legionslagers (etwa z.Z. des großen pannonischen Aufstandes 6–9 n.Chr.)[7] wurde das Land als ritterlich-prokuratorische Provinz, nur durch Auxiliartruppen geschützt, mit Augsburg als Sitz der Regierung organisiert. Dies waren die ersten Erfolge der Brüder, die Horaz als Glanzstücke römischer Mannestugend (*virtus*) pries: »dem Claudierarm ist nichts unmöglich[8].

Tiberius wurde i.J. 13 zum ersten Mal Konsul, Drusus dagegen, zunächst unter Aufsicht des damals in Gallien weilenden Augustus (16–13 v.Chr.), Statthalter der dreigegliederten Groß-Provinz Gallien *(Tres Galliae)* mit Lyon als Hauptstadt, wo er i.J. 12 den Altar der Göttin Roma und des Augustus weihte. Trotz allem, was geschehen war, blieb des Reiches Nordgrenze vom Niederrhein bis Pannonien, dem Gebiet östlich von Noricum südlich der mittleren Donau, unruhig. Die Sugambrer überschritten von neuem den Rhein und brachten Drusus in Abwehrstellung. An der Drau waren schon seit dem Jahre 16 die illyrischen und keltischen Stämme unruhig, während gleichzeitig der römische Handel und Verkehr von Aquileia aus Pannonien erreicht und mit manchen Stämmen, wie den Erawiskern (in der Gegend von Budapest), freundschaftliche Beziehungen zustande gebracht hatte. In den Jahren 16 und 14 waren Angriffsversuche der in Bosnien und Kroatien siedelnden Pannonier auf das Gebiet von Istrien gemacht worden[9]. Die Römer entschlossen sich daraufhin, auch in diesen Gebieten einzugreifen. Kein Geringerer als Agrippa, der von seiner Mission in den Orient zurückgekehrt war, wurde im Winter 13/12 in Pannonien eingesetzt; er starb aber im März d.J. 12, und Tiberius wurde sein Nachfolger im Donaugebiet. Etwa gleichzeitig mit Agrippas Heimkehr aus dem Osten war die des Augustus aus Gallien erfolgt, wo von jetzt ab Drusus allein die Leitung hatte.

2.

Der Gatte der Iulia und der Stiefvater des Gaius und Lucius Caesar als Helfer des Augustus. 12–6 v. Chr.

Der Tod des erst 51-jährigen Agrippa war der härteste Schlag für den jetzt 50-jährigen Augustus, viel härter als für seine Tochter Iulia, die nach dem Tode des Gatten zu ihren bereits vorhandenen zwei Söhnen und zwei Töchtern noch einen dritten Sohn, Agrippa Postumus, gebar. Agrippa war der zweite Mann, der in das augusteische Totenhaus auf dem Marsfelde einzog.

Wie im Staate, so datierte auch in der Familie des Augustus von diesem Jahre 12 der zweite Abschnitt im Leben des Prinzeps, damit aber auch im Leben des unterdessen dreißig Jahre alt gewordenen Tiberius. Es war ein schweres Jahr für den Familienvater Augustus, ein kritisches für den Prinzeps. Folgte auch er seinem größten Freund und Helfer am Staatsneubau in den Tod, dann blieb der Prinzipat möglicherweise nach 15-jähriger Dauer eine Episode. In der domus Augustea kam die Lösung, vielleicht mit etwas Nachhilfe durch Livia, in der Hauptsache aber doch als ureigenstes Werk des Augustus selbst zustande: Tiberius mußte sich von seiner überaus geliebten Gattin Vipsania, die von ihm ein zweites Kind erwartete, scheiden lassen und Iulia mit ihren fünf Kindern heiraten.

Dies war das erste Opfer, das Tiberius dem Augustus und seinem neuen Staate brachte. Es war nicht nur ein Opfer, sondern es war ein Unglück für den Mann, der, aus seiner glücklichen Ehe herausgerissen, an Iulia zerschellte. Tiberius und Iulia, völlig verschieden veranlagt, wie sie waren, paßten nicht zueinander: der schwerblütige, sittlich strenge, etwas linkische Claudier und die längst neben dem bisherigen, viel älteren Gatten auf Nebenpfade geratene Frau, die jetzt in dem gefährlichen Alter von 28 Jahren stand. Trotzdem haben beide anfangs den redlichen Versuch gemacht, sich ins Unvermeidliche zu schicken und miteinander ehelich zu leben.

Tiberius nahm zunächst die neue Gemahlin mit ins Feld nach Pannonien; sie gebar ihm einen Sohn, der aber bald starb. Danach aber lebte sie meist in Rom oder in Bädern und nahm ihren früheren Lebenswandel wieder auf. Ihr Gatte jedoch, der nicht nur Agrippas Frau, sondern auch dessen militärische Führerstellung im Staate – diese zusammen mit Drusus – geerbt hatte, stand wie sein Vorgänger auch weiterhin meist als Reichsfeldherr im Felde und mußte, zu Hause angekommen, nicht nur die Ausschweifungen seiner Frau, sondern auch die knabenhaften Ungezogenheiten seiner von ihrem Großvater gründlich verwöhnten Stiefsöhne, der für die Prinzeps-Stellung vorgesehenen Erben, ertragen. Mit anderen Worten, Tiberius wurde der Platzhalter für diese »*principes iventutis*« (Führer der ritterlichen Jungmannschaft Roms), wie sie bald genannt wurden. In solcher Lage suchte er, wie so mancher tiefer veranlagte Mann vor ihm und nach ihm Vergessen in der Arbeit, die sich gerade von jetzt ab himmelhoch vor ihm auftürmte.

Wie in allem anderen bedeutete das Jahr 12 auch in der Nordpolitik des Augustus einen tiefen Einschnitt. Von jetzt ab erschien in des Prinzeps Außenpolitik auf einmal die weitere Zielsetzung auf Überwindung der ungünstigen Rhein-Donau-Grenze und auf Verschiebung des Reichsabschlusses im Norden bis zur Elbe und im Süden von der Elbquelle im Riesengebirge auf dem Kamm der Sudeten entlang durch Mähren bis zur mittleren Donau, und zwar bis zum

Donauknie, d.h. bis zu der Stelle, an der dieser Strom seinen West-Ostlauf in einen Nord-Südlauf verändert. Dies hätte die Erreichung der natürlichen Grenze zwischen West- und Osteuropa sowie die Gewinnung des böhmisch-mährischen Gebirgskessels, »der Zitadelle Europas«, bedeutet. Ob diese Grenzverschiebung, die zugleich eine wesentliche Verkürzung der Verteidigungslinie des Reiches im Norden gebracht hätte, von vornherein in diesem Ausmaße beabsichtigt war, und wie weit die beiden Stiefsöhne an der Ausarbeitung des Gesamtplanes beteiligt waren, ob er vielleicht schon von Agrippa entworfen war, ist nicht zu entscheiden. Tatsache ist, daß beider Stiefsöhne kriegerischer Tatendrang in den folgenden Jahren (12–9) Großes im Dienste des Reiches geleistet und das Gelingen des gewaltigen Unternehmens schnell der Verwirklichung nahe gebracht hat.

Wieder erhielt der mit der Großprovinz Gallien, Tres Galliae, betraute Lieblingsstiefsohn Drusus die größere Aufgabe: die Eroberung Norddeutschlands. Er entledigte sich ihrer, nachdem er die eingedrungenen Sugambrer zurückgeworfen hatte (s.o. S. 27), auf Grund eines höchst bemerkenswerten strategischen Gesamtplanes, nämlich durch eine kühne Umfassung des gefährlichen germanischen Gegners von dem Ozean her. Die Seeaktionen in der Nordsee in den großen norddeutschen Flußmündungen liefen den Frontalangriffen zu Lande parallel. Drusus' Land- und Seekämpfe zusammen versuchten die Grundlage für die Schöpfung einer neuen Provinz zu legen, die den Namen Germania erhalten und das Land zwischen Rhein und Elbe sowie den Sudeten dem Reiche angliedern sollte.

Viel undankbarer war, auf den ersten Blick, die Aufgabe, die Tiberius zugeteilt war: die Unterwerfung der Ostalpenländer jenseits des Königreiches Noricum in der Richtung auf das Donauknie im heutigen Ungarn. Daß aber Augustus diesem Unternehmen ebenfalls einen hervorragenden Wert beimaß, zeigte die Tatsache, daß er nach seinem langen Verweilen in Gallien (16–13) und nach einem nur kurzen Aufenthalt in Rom seine Residenz nach Aquileia, dem Ausfalltor Italiens in den Donauraum, verlegte. Diese Stadt war jetzt die Operationsbasis für den jenseits des Birnbaumerwald-Passes kämpfenden Tiberius.

Nach sehr schweren, teilweise mit großer Grausamkeit zusammen mit M. Vinicius, dem ersten Statthalter Illyricums, geführten Kämpfen gegen die überaus wilden und tapferen pannonischen Stämme waren die Operationen schon am Ende d.J. 11 zu einem gewissen Abschluß gekommen. Dabei leisteten die östlichen Nachbarn der angegriffenen Völker, die im heutigen Serbien wohnenden keltischen

Skordisker, dem Eroberer wertvolle Dienste. Alles neu eroberte Land wurde zunächst der bereits bestehenden großen Provinz Illyricum angegliedert und mit Legionen belegt. Außer Siscia (Sissek), das einst (35–33) schon Octavian erobert hatte, wurden Emona (Laibach), das jetzt von Noricum losgelöst und zu Pannonien geschlagen wurde, und Poetovio (Pettau/Drau) römische Standlager. Gleichzeitig wurden schon die Aufmarschstraßen zur Donau hin vorbereitet und die wichtigsten Brückenköpfe an dem Hauptstrom durch vorgeschobene Sicherungsabteilungen besetzt, wohl auch bereits die Anfänge einer Donauflottille geschaffen[1].

Im Winter 11/10 überschritten die Daker die vereiste Donau. Sie wurden aber spätestens i.J. 9 zurückgewiesen – das Jahr 10 scheint an der Donau wie in Germanien ein ruhigeres Jahr gewesen zu sein – und jenseits des Flusses im Auftrage des Tiberius durch einen konzentrischen Angriff von Moesien und von Pannonien aus gefaßt. Hier war es der erwähnte Statthalter von Illyricum, M. Vinicius, der vielleicht von Aquincum (Budapest) aus die Hauptoperation führte. Dabei wurde er von Moesien (Serbien) aus durch einen Vorstoß des dortigen Oberkommandierenden durch die Flußtäler der Theiß und der Maros (unter Benutzung dieser Flüsse zum Transport des Nachschubes an Lebensmitteln und Kriegsmaterial) unterstützt[2]. Die Hauptstöße richteten sich gegen die Daker selbst und gegen die hinter ihnen (zur Donaumündung hin) wohnenden Bastarner. Eine Nebenaktion wandte sich vorwärts gegen Vasallenstämme der Daker im nördlichen Teil des Gebietes zwischen Donau und Theiß, gegen die Cottiner, die Oser (Osi), Teurisker und Anarter. Beide Unternehmungen dienten weniger der Gebietserwerbung jenseits der Donau als der Abschreckung gegen weitere Einfälle. Alle diese unter dem Oberkommando des Tiberius geführten Kriege hat Augustus für so wertvoll gehalten, daß er sie in seinen Leistungsbericht (Res gestae) aufgenommen hat[3].

Als man an der Donau einem gewissen Abschluß nahe war, kam die erschütternde Nachricht, daß Drusus bei seinem letzten Feldzug in Germanien, auf dem er die Elbe erreicht hatte, am 14. Sept. 9 durch einen Sturz vom Pferde zwischen Saale und Rhein (wohl in Thüringen) im Alter von noch nicht dreißig Jahren verunglückt war. Tiberius, der sich mit Augustus noch einmal nach Gallien begeben hatte, eilte im Auftrage seiner Eltern an die Unglücksstätte, wobei er eine in der Geschichte des römischen Postwesens unerhörte Rekordleistung (in 24 Stunden fast 200 Meilen) vollbrachte, zuletzt nur noch von einem romtreuen Germanen begleitet zu Pferd vorwärtsstürmend⁴. Er fand den geliebten Bruder noch lebend vor, aber das Ende war nicht mehr abzuwenden. In einem Pietätsakt sondergleichen begleitete er den Toten zu Fuß bis nach Oberitalien, wo Augustus und Livia die Leiche in Ticinum in Empfang nahmen und sie zusammen mit Tiberius in feierlichem Geleit nach Rom brachten. Hier hielt Drusus als dritter den Einzug in das Augustusmausoleum.

Der Tod des über alles geliebten Drusus war wieder ein harter Schlag, diesmal für das Herrscherpaar gleichermaßen. Für Augustus war es ein großes Opfer, das erste, das das heißumkämpfte Germanien von dem Prinzeps forderte. Dem großen Toten, um den das Heer und das Volk in der gleichen tiefen Weise trauerten, wurden viele hohe Ehren zuteil: der erbliche Ehren-Beiname »Germanicus«, der »Germanenbesieger«, ein Triumphbogen (Drususbogen) in Rom, ein Kenotaph (Ehren-Leergrab) in dem bald darauf begründeten Herrscherkultbezirk von Köln, der für die damals schon geplante neue Provinz Germanien dieselbe Bedeutung haben sollte wie der Roma-Augustus-Altar von Lyon für Gallien. Es war das erste Denkmal eines Römers auf deutschem Boden. Tiberius, der Mann alter römischer *gravitas* (des Ernstes und der stolzen Würde), hatte eine zweite Tugend des Römers, die *pietas,* durch Erfüllung der letzten Liebespflicht gegen den toten Bruder in diesen Tagen zu hohen Ehren gebracht.

Seinem Wirken im Dienst des Staates eröffnete sich sofort ein neues Feld der Betätigung. Er wurde der Nachfolger des Drusus in Gemanien, das unterdessen zum wichtigeren Kriegsschauplatz geworden war. Während Augustus selbst mit seinem ältesten Enkelsohn Gaius Caesar in Gallien Quartier nahm, wurde Tiberius mit der germanischen Sendung betraut. Er unterwarf i. J. 8 die Sugambrer von neuem und suchte nach einer Friedensgesandtschaft rechtsrheinischer Stämme an Augustus nach Gallien in kluger Erkenntnis der schwierigen Lage mehr durch Diplomatie als mit den Waffen in der Hand vorwärts zu kommen. Sugambrer und Sueben, 40000 an der Zahl, wurden nach der völkerrechtswidrigen Internierung ihrer Führer auf dem linken Rheinufer, wie einst die Ubier durch Agrippa, angesiedelt, während ihr heimisches Land den Marsern überlassen wurde.

Im Jahre 7 war Tiberius in Rom und feierte seine Siege, die er im Norden errungen hatte. Zum Dank wurde ihm ein zweites Konsulat verliehen. Darauf ging er wieder nach Germanien, um die Grenzen endgültig zu sichern.

Nach der Rückkehr erhielt der sieggekrönte Reichsfeldherr durch

Verleihung der tribunizischen Gewalt für fünf Jahre die Stellung des Agrippa, d.h. er wurde zum Mitregenten erhoben und wegen der in Armenien ausgebrochenen Unruhen als Generalstatthalter der Osthälfte des Reiches – eine Stellung, wie sie ebenfalls bisher allein Agrippa innegehabt hatte – in Aussicht genommen. Da geschah kurz vor 5 n.Chr. etwas völlig Unerwartetes. Tiberius entsagte allen Ansprüchen auf seine hohe Staatsstellung und bat um Urlaub. Er begründete sein Gesuch damit, er habe der Ehren genug und bedürfe der Ruhe[5]. Sein Wunsch sei, nach Rhodos gehen zu dürfen, um seine durch den Krieg unterbrochene Ausbildung vollenden zu können[6]. Augustus und Livia waren beide durch diesen auf den ersten Blick rätselhaften Entschluß des Sohnes aufs tiefste betroffen. Wie natürlich, bemühte sich die Mutter zu vermitteln. Der eine ihrer Söhne war tot, der andere gab plötzlich seine glänzende Laufbahn an der Seite ihres Gatten auf und spielte mit dem Weggang von Rom. Vergebens suchte sie den Sohn umzustimmen. Sein Entschluß war nicht zu ändern. Als er von dem Elternpaar zu sehr bedrängt wurde, trat er vier Tage in einen Hungerstreik, erzwang dadurch seinen Rücktritt in das Privatleben und die Aufenthaltsbewilligung für Rhodos.

Das erste »Inselfürstentum« (»Nesiarchie«) des nach Einsamkeit strebenden Mannes begann. Mächtig überkam ihn offenbar das Gefühl, doch nur der Lückenbüßer im augusteischen System zu sein, da offenbar der Prinzipat den beiden Enkelsöhnen des Augustus vorbehalten war. Er wollte ihnen nicht im Wege stehen, wie einst Agrippa nicht dem Marcellus[7]. Iulias leichtfertiger Lebenswandel wurde ihm zudem immer unerträglicher. Des Großvaters Erziehung seiner Stiefsöhne schaltete ihn fast völlig aus der Familie aus. Was nicht Augustus an diesen jungen Leuten, den kommenden Männern des Staates, verdarb, machte die Servilität des Senates zuschanden, der sie allzu früh mit Ehren überhäufte. Man wählte Gaius schon damals zum Konsul; aber Augustus gestattete nicht die Annahme des Amtes in so jungen Jahren. Beide Prinzen wurden nur zu Konsuln designiert, und es wurde erklärt, daß sie das Amt frühestens in ihrem 20. Lebensjahr antreten könnten.

Im Jahre 5 erreichte Gaius das Mannesalter und wurde von dem Großvater, der sich für diesen Zweck das 12. Konsulat verleihen ließ, auf dem Forum mit der Männertoga bekleidet. Seine Zulassung zu den Senatssitzungen – offenbar zur Einführung in die Staatsgeschäfte – wurde genehmigt, ebenso die Huldigung der römischen Ritter als ihrem »princeps inventutis«, dem »Führer ihrer Jungmannschaft«. Und drei Jahre später (2 v.Chr.) wiederholte sich in dem 13. und letzten Konsulat des Augustus dasselbe Schauspiel bei der Verleihung der *toga virilis* an seinen Bruder Lucius Caesar. Das »Vieraugensystem« des damals zum *pater patriae,* »Vater des Vaterlandes«, erhobenen Prinzeps trat für die Nachfolge wieder zu Tage. Augustus stand, jetzt 60-jährig, auf der Höhe seiner Macht. Aber er hatte über alledem seinen letzten treuen Helfer verloren und mußte seine einzige Tochter, deren Schande öffentlich aufgedeckt worden war, im Jahre seines Ruhmes (2 v. Chr.) in die Verbannung schicken. Höchstes Glück und schwerstes Unglück lagen im Leben dieses seltenen Mannes nahe beieinander. Der »Vater des Vaterlandes« war der unglücklichste Haus- und Familienvater *(pater familias),* den es je gegeben hatte.

3.
Tiberius in Rhodos; zum ersten Male »Nesiarch«.
5 v. Chr.–2 n. Chr.

Tiberius war bis zur zweiten Stelle im Reiche unmittelbar hinter seinem Stiefvater emporgestiegen und befand sich im Zenit seines Lebens, nahe dem Alter von vierzig Jahren, in der Vollkraft seines Schaffens an einer höchst verantwortungsvollen Stelle des Imperiums. Er war der Reichsfeldherr und hatte damit eine Stelle inne, wie kurz vorher nur der Reichsmitbegründer Agrippa. Da ging er nach Rhodos, das ihm schon bei seiner Rückkehr aus Armenien ausnehmend gut gefallen hatte[1]. Als er später zum zweiten Male einen ähnlichen Entschluß faßte und nach Capri übersiedelte, war er beinahe siebzig Jahre alt, also ein Greis, festgefahren und starr geworden, wie das bei so früh gealterten Menschen zu geschehen pflegt.

Wenn ein derartiger Schritt im Leben eines Mannes z w e i m a l unternommen wird, können nicht nur äußere Gründe dafür geltend gemacht werden. Es liegen innere, im Grundcharakter des Betreffenden verankerte Momente vor. Infolge der schweren Hemmungen, die Tiberius beherrschten, neigte er ganz offenbar schon früh zur Selbstabriegelung nach außen. Er war innerlich einsam und den meisten Menschen gegenüber verschlossen, nur wenigen, wie seiner ersten Lebensgefährtin in der Ehe, geöffnet. Solche Männer ziehen sich, wenn ihnen die Geschöpfe, denen ihr Herz gehört, genommen werden, ganz auf sich selbst zurück, zumal, wenn sie wie Tiberius innerlich so reich sind und Neigung zu kontemplativem Leben haben[2].

Tiberius war mit der griechischen Sprache und Literatur, besonders mit der griechischen Philosophie vertraut; daher wohl die Wahl von Rhodos, das seit langem einen großen Ruhm als Hochsitz der Wissenschaft und als Lehrstätte, allein schon durch Poseidonios' langjähriges Wirken, in aller Welt genoß. Er liebte auch das Studium der Vergangenheit, also die Geschichte, trieb gern astronomische Studien und war vor allem der Zeitkrankheit, der Astrologie, erlegen. In Rhodos gewann er den Griechen Thrasyllos – einen Freigelassenen, der aus Alexandria stammte und dem er schon in Rhodos das Bürgerrecht schenkte – als Lehrer in dieser »Kunst« und infolge seiner ausgezeichneten Prophezeiungen bald auch als Freund. Thrasyllos gehörte von da ab zum engsten Vertrautenkreise des Herrschers und war sozusagen sein Hofastrologe[3].

Der Übergang nach Rhodos war für Tiberius auch deshalb so leicht, weil er schon früh auf die Gunst der Massen, die sicher einen solchen Schritt nicht verstehen konnten, keinen Wert legte. Er suchte sein Glück nicht unter den Menschen, sondern stieg, wenn es sein mußte, in sein Inneres hinab. Man wird bei ihm lebhaft an das Wort des großen Scipio Africanus erinnert, als er sich, angeekelt von dem seine Größe verkennenden Benehmen seiner Volksgenossen auf sein Landgut in Liternum (Campanien) zurückgezogen hatte: »Ich bin niemals mehr beschäftigt als in den Zeiten der Untätigkeit (Muße), und ich bin niemals weniger allein als in der Einsamkeit.« Das ist kein Stolz, sondern Einspännertum, wie man es bei geistig hochstehenden Männern oft trifft. Bei beiden großen Römern kommt diese Neigung zum Alleinsein von ihrer Liebe zur stoischen Philosophie her, die Tiberius' ganzes Leben und Denken beherrschte.

Um von Hause endlich loszukommen, öffnete Tiberius selbst sein Testament und las es seinen Eltern vor, offenbar um ihnen zu beweisen, daß er seine Stiefsöhne darin ehrenvoll behandelt hatte[4]. Dann trat er noch vor Ende des Jahres 6 v. Chr. von Ostia aus mit nur kleinem Gefolge die Ausreise an. Als einziger Senator begleitete ihn Lucius Longus, mit dem er zeit seines Lebens eng befreundet blieb. Daneben werden einige römische Ritter genannt, wie Vescularius Flaccus und Iulius Marinus, die später in der Zeit des Aufenthaltes in Capri, wo sie wieder um ihn waren, Seians Umtrieben zum Opfer fielen[5]. Dazu kam noch ein kleines militärisches Kommando, bestehend aus einigen abkommandierten Zenturionen[6]. Denn Tiberius blieb natürlich im Besitz der ihm auf fünf Jahre verliehenen tribunizischen Gewalt, war also auch in der Ferne wie bisher Mitregent. Als man an der campanischen Küste vorüberfuhr, kam die Kunde, Augustus sei erkrankt. Der besorgte Stiefsohn wollte etwas warten; aber das sofort auftretende Gerücht, er lauere nur auf die Nachfolge, trieb ihn trotz widriger Winde zur Weiterfahrt nach dem Osten[7].

Bei einem Zwischenaufenthalt auf der Insel Paros lernte er die dort befindliche Statue der Hestia kennen. Noch einmal gebrauchte er seine Amtsgewalt und zwang die Gemeinde, ihm das treffliche Werk für seinen stadtrömischen Concordiatempel zu verkaufen[8].

Nachdem er in Rhodos eingetroffen war, lebte er ganz als Privatmann, hörte Vorträge der berühmtesten Rhetoren und Philosophen und griff wie bei seinem kürzeren früheren Aufenthalt auf der Insel in die Diskussion ein. Der Verkehr mit den Gelehrten fand auf völlig gleichem Fuße statt. Auch sonst trat Tiberius auf Rhodos seiner Art entsprechend sehr bescheiden auf. Er besaß in der Stadt ein einfaches Wohnhaus, und auch seine Villa vor den Toren war nicht viel prächtiger[9]. Dort empfing er die Besuche seiner griechischen Freunde und nahm auch Einladungen an. Dabei kümmerte er sich um die Kranken der Stadt. Die übereifrigen Stadtbehörden brachten daraufhin alle hilfsbedürftigen Menschen in eine Säulenhalle und ordneten sie hier nach der Art ihrer Krankheit. Dies war des Guten zu viel. Tiberius ging aber von Bett zu Bett und entschuldigte sich bei jedem, auch dem Geringsten, daß er mißverstanden worden sei[10]. Auch in dem intimen Verkehr mit den Gelehrten kamen Taktlosigkeiten vor. Einer von ihnen beschimpfte ihn eines Tages, weil er zur Gegenpartei gehörte. Darauf machte Tiberius kurzen Prozeß: er ging nach Hause und kehrte mit den Amtsdienern, dem Zeichen seiner Würde, zurück, ließ durch den Ausrufer (*praeco*) den Rhetor vor seinen Richterstuhl rufen und ins Gefängnis werfen[11]. Der Grammatiker Diogenes, den Tiberius um eine Sondervorlesung bat, ließ ihm durch einen Diener sagen, er lese wöchentlich nur einmal, und zwar am siebenten Tag (Samstag). Hier rächte sich der Prinz in höchst origineller Weise. Als der Forscher später den Prinzeps um eine Audienz bat, erhielt er den Bescheid, er solle nach sieben Jahren wiederkommen[12]. Tiberius ist in der Betonung des privaten Charakters seines rhodischen Aufenthaltes und der Gleichstellung mit den Griechen – er beteiligte sich auch an den olympischen Spielen und ließ i.J. 1 n.Chr. ein Viergespann in Olympia laufen, das den Sieg davontrug[13] – offenbar zu weit gegangen. Das entsprach wohl seiner menschlichen Eigenheit, trug aber nicht immer die erhofften Früchte. Anderswo war er im Osten, wie es scheint, recht beliebt, wie zahlreiche Ehreninschriften aus dieser Zeit beweisen[14]. In Nysa (Kleinasien) gab es sogar einen lebenslänglichen Priester für den damals schon seiner Person gewidmeten Kult[15].

Allgemein wurde erwartet, daß i. J. 2 v. Chr. Tiberius' Selbstverbannung ihr Ende erreichen würde. In diesem Jahre wurde nämlich Iulia verbannt und Augustus schickte ihr in Tiberius' Namen den Scheidebrief. Bezeichnend für Tiberius ist, daß er in mehreren Schreiben dem Vater Milde gegenüber der gefallenen Tochter empfahl und die Geschenke an die bisherige Gattin nicht zurückverlangte[16].

Dasselbe Jahr war für den »Nesiarchen« dadurch kritisch, daß in ihm seine tribunizische Gewalt ablief. Er schrieb an Augustus, Gaius und Lucius Caesar seien jetzt erwachsen und könnten den ihnen zugedachten Platz einnehmen, er selbst aber möchte gerne seine Verwandten wiedersehen. Eine schroffe Abweisung seitens des Prinzeps war die Antwort, er möge sich um die Seinen nicht mehr kümmern, die er so leichten Herzens verlassen habe[17]. Das einzige, das Livia bei dem immer noch schwer verletzten Gatten erreichte, war die Zubilligung der Stellung eines *legatus Augusti,* wodurch nach Ablauf der *tribunicia potestas* das Exil ein wenig gemildert wurde[18].

Immerhin, seitdem der Schutz der Mitregentschaft von ihm genommen war, hörte die begünstigte Stellung für den ungehorsamen Stiefsohn auf. Bis dahin hatten alle durchreisenden vornehmen Römer, auch die Oberbeamten der Ostprovinzen, ihm ihre Aufwartung gemacht. Jetzt zog sich der Prinz auf sein im Innern der Insel gelegenes Landgut zurück, um sich beim Durchreisen offizieller Persönlichkeiten keinen Demütigungen auszusetzen. Er trug griechische Kleidung, ritt und focht nicht mehr[19].

Im Osten blieb noch manches von seiner früheren Beliebtheit erhalten; aber im Westen büßte er viel von seiner bisherigen Wertschätzung ein. Während die italische Stadt Saepinum für die ihr gewährten Mittel zur Wiederherstellung ihrer Stadtmauern in den Zeiten, in denen er noch die *tribunicia potestas* besaß, ihm eine Ehreninschrift setzte, begannen bereits die Kolonisten von Nemausus (Nîmes) die Bilder und Statuen des Mannes, der nun nicht mehr Mitregent war, umzustürzen[20]. Der tiefste Tiefstand im Leben des Tiberius war erreicht.

Unterdessen war Gaius Caesar soweit herangewachsen, daß er die ihm zugedachte Funktion eines präsumtiven Thronfolgers übernehmen konnte. Im Jahre 2 v. Chr. bekleidete er mit seinem zwei Jahre jüngeren Bruder das Amt eines »Zweimannes« *(duovir)* zur Weihung des damals fertiggestellten Mars Ultor-Tempels auf dem Forum des Augustus[21] und wurde schon im folgenden Jahr, erst neunzehnjährig, mit Livilla, der einzigen Tochter des Drusus und der Antonia, die damals höchstens dreizehn Jahre alt war, verheiratet.

Im Jahre 1 v. Chr. wurde er mit Augustus' Vertretung im Osten des Reiches und mit außerordentlichen Vollmachten (prokonsularischer Gewalt, obwohl er das Konsulat noch nicht bekleidet hatte) betraut, um die Aufgaben zu lösen, die durch Tiberius' Rücktritt dort liegen geblieben waren. Für Gaius war die Generalstatthalterschaft des Orients deutlich der Anfang seiner Karriere, die zu der Stellung als Prinzeps hinführen sollte. Beigegeben war ihm als Berater M. Lollius, der einst in Germanien so schimpflich besiegte Offizier, der kein Freund des Tiberius war. In Samos machte Tiberius dem Stiefsohne seine Aufwartung[22]. Doch schieden beide infolge Lollius' Feindschaft gegen Tiberius nicht gerade freundlich voneinander[23]. Ein Gesuch des Verbannten, nach Rom zurückkehren zu dürfen, wurde abgelehnt. Unter Lollius' Einfluß hatte Gaius offenbar einen für Tiberius ungünstigen Bericht an den Prinzeps gesandt, und gegen Gaius' Urteil, der damals Augustus am nächsten stand, tat der Herrscher nichts. Welche Stimmung damals im großen Hauptquartier des römischen Vizekönigs für den Osten herrschte, ergibt sich daraus, daß einer der Gäste an Gaius' Tafel sich rühmen durfte, er werde auf Befehl nach Rhodos fahren und den Kopf des »Verbannten« holen[24].

Ein Glück für Tiberius war es, daß der für die Ostmission ungeeignete Lollius als Begleiter des Gaius in Ungnade fiel und durch den militärisch bedeutenderen Publius Sulpicius Quirinius – er war i. J. 7 v. Chr. zur Zeit von Jesus' Geburt Statthalter von Syrien gewesen – ersetzt wurde. Diesem Freund des Tiberius ist es zu verdanken, daß Gaius seine Zustimmung zu der Rückkehr des Stiefvaters gab. Tiberius hat dem Quirinius diesen Freundschaftsdienst nicht vergessen und für ihn, als er i. J. 22 starb, ein feierliches Staatsbegräbnis vom Senat erbeten.

Die Rückkehr erfolgte nach 7-jähriger Abwesenheit im August d. J. 2 n. Chr. Zunächst wurde Tiberius in Rom noch strengste Zurückhaltung gegenüber dem Staatsleben und der Politik auferlegt. Er lebte als Privatmann nicht mehr im Palast des Pompeius in den Carinen, sondern in den Gärten des Maecenas auf dem Esquilin ganz für sich[25] in steter Angst vor erneuter Ungnade des Augustus. Um sich beliebt zu machen, verfaßte er wohl damals die poetische Klage über den i. J. 2 n. Chr. erfolgten Tod des Lucius Caesar[26]. Seine Stunde schlug erst nach dem Tode der beiden jungen Caesaren, des Lucius Caesar i. J. 2 n. Chr. und des Gaius i. J. 4. Deren Hinscheiden war der zweite tragische Augenblick in dem Leben des Augustus. Nichts hat den Prinzeps so schwer getroffen wie der Tod seiner beiden Enkelsöhne, auf die er alle seine und des Staates Hoffnungen gesetzt hatte. Jetzt blieb keine andere Wahl mehr als der Rückgriff auf Tiberius.

4.
Tiberius als »Mitregent«, schließlich als »Samtherrscher« des Augustus.
4–14 n. Chr.

»Um des Staates willen« *(rei publicae causa)* wurde der wieder in Gnaden aufgenommene Tiberius i. J. 4 n. Chr. adoptiert und die Adoption in dieser Form unter eidlicher Versicherung des Augustus vor einer Volksversammlung *(contio)* bekannt gegeben[1]. Die Worte *rei publicae causa* haben nach der allgemeinen Ansicht der Neueren[2] den Inhalt, daß er den ihm lange Jahre abtrünnig gewesenen, eigenbrötlerischen Stiefsohn nur aus Staatsraison der Adoption und damit der Nachfolge für würdig erachtet habe. Demgegenüber hat man soeben[3] diese Auffassung als unmöglich, ja als eine Geschmacklosigkeit erklärt; vor einer Großstädter-Versammlung lasse man so etwas nicht in die Öffentlichkeit kommen. Die Worte hätten nur die Bedeutung, daß die Adoption des Tiberius eine Staatsangelegenheit sei, d. h. einen Nachfolgevorschlag enthielte. Ein so umsichtiger Herrscher wie Augustus habe wohl vor der Adoption reiflich die Licht- und Schattenseiten des Tiberius abgewogen und die ersteren überwiegend gefunden, aber solche Erwägungen nicht dem Volke verraten. Ich halte die *communis opinio* für richtig, einmal, weil gerade vor der Adoption das jahrelange Zerwürfnis zwischen Augustus und Tiberius liegt, und andererseits, weil der Prinzeps noch in seinem Testament die Berufung des Tiberius zur Nachfolge nach dem Hingang der beiden Caesares mehr durch die Notlage des Staates als nach freiem Willen geschehen begründet hat[4]. Es sollte also gesagt sein, daß die Adoption lediglich auf politischen Erwägungen beruhe. Denn Tiberius hatte sich gegen die Familie vergangen und war seinen Verpflichtungen gegen den Staat jahrelang nicht nachgekommen, so daß Augustus keine privaten und familiären Rücksichten auf ihn zu nehmen brauchte[5].

Gleichzeitig mit der Adoption wurde Tiberius von neuem mit der tribunizischen Gewalt ausgestattet, diesmal mit der Aussicht auf die

Nachfolge, so daß man ihn jetzt als »Teilnehmer am Reichsregiment und erwählten Nachfolger« *(consors successorque imperii)* bezeichnen könnte[6].

Aber dabei blieb Augustus diesmal nicht stehen. Die Rehabilitierung des zuvor ferngehaltenen Tiberius wurde eingebettet in ein ganzes System zur Regelung der Nachfolge auf lange Sicht. Neben Tiberius wurde nämlich gleichzeitig Agrippa Postumus durch Adoption zum Sohn des Herrschers erhoben wie einst seine verstorbenen Brüder Gaius und Lucius. Damit war wieder das »Vieraugensystem« in der unmittelbaren Nachfolge gewahrt wie auch in der mittelbaren: denn Tiberius mußte den Germanicus adoptieren, der seinem eigenem Sohne Drusus vorangestellt wurde[7]. Dieses System machte offenkundig, daß Tiberius im Grunde abermals nur Aushilfe war und daß dem Prinzeps zweierlei am Herzen lag: einmal die doppelte Sicherung der Nachfolge und zweitens die Erhaltung der Prinzepsstellung für Germanicus, der als Sohn des geliebten Drusus und als Ehemann von Iulias Tochter, Vipsania Agrippina, dem Reichsgründer besonders nahe stand und sympathisch war.

Die Nachfolge wurde also gleich auf zwei Generationen, und zwar jedesmal doppelt geregelt. Deutlich aber zielte die gesamte Planung des Augustus auf Germanicus ab und auf die von ihm erhoffte Nachkommenschaft, die blutsmäßig zwar nicht »iulisch« war, aber doch der Familie des Staatsgründers näher stand[8]. Bis Germanicus und seine zu erwartende Nachkommenschaft an die Reihe kam, sollte Tiberius gewissermaßen den Prinzipat, zunächst mit Augustus zusammen, dann allein verwalten.

Tiberius' Widerstand gegen diese Neuregelung mit den verschiedensten Auflagen war vergeblich. Man darf vermuten, daß die Planung auf weite Sicht, die den Haupterkorenen stark einengte und seinen Entschlüssen weit vorgriff, bei diesem Widerstand im Spiele war. Vom Standpunkt des Augustus aus war die ganze umständliche Regelung ein letzter Versuch, den Prinzipat seinen Nachkommen zu erhalten und doch noch, wenn auch erst nach Jahren, über die Kinder und Enkel des Germanicus hinweg eine Erbmonarchie zu schaffen.

An der Nachfolgeregelung d. J. 4 hat Augustus bis zum Ende seines Lebens festgehalten, so schwere Schicksalsschläge ihn auch fernerhin noch getroffen haben. Agrippa Postumus nahm eine traurige Entwicklung; er verfügte wohl über eine riesige Körperkraft, war aber geistig und sittlich degeneriert[9]. Im Jahre 7 verfiel er dem Schicksal seiner Mutter, nämlich der Verbannung. Zwei Jahre später ereilte dasselbe Geschick auch seine Schwester Iulia d. Jüngere, die den Leichtsinn ihrer Mutter geerbt hatte. In ihre Katastrophe wurde der Dichter Ovid verwickelt, der damals nach Tomi (Constantza) am Schwarzen Meere verbannt wurde. Augustus sprach seitdem von den drei Krebsgeschwüren seiner Familie und wurde unter diesen Schlägen immer tiefer von der Bedeutung des Tiberius für den Staat und sein Haus durchdrungen. Das Handeln nur aus Staatsraison war überwunden; auch rein gefühlsmäßig wurde der Claudier bald anerkannt, ihm gehörte die Zukunft des Staates.

Tiberius hat sich nach der Rückkehr an der zweiten Stelle des Staates von neuem ausgezeichnet bewährt und dem Prinzeps große Dienste geleistet. Wieder wurde er mit dem Kernproblem des Staates in der damaligen Zeit, nämlich mit dem Problem Germanien betraut. Die Wolken von Norden ballten sich immer drohender zusammen. Aus Germanien hatte man unterdessen eine Provinz zu machen begonnen; aber der letzte Zugriff fehlte noch. Bald nach Drusus' Tod hatte das Volk der Markomannen, zur suebischen Völkergruppe gehörig, seine Wohnsitze aus Thüringen und dem oberen Maingebiet nach dem von den keltischen Boiern teilweise längst geräumten Böhmen (Boiohaemum-»Boierheim«) verlegt. Der in Rom erzogene und römisch-militärisch ausgebildete König Marobod, »nur dem Volksstamm, nicht seiner geistigen Einstellung nach ein Barbar«[10], hatte dort in der Flanke der in der Entstehung begriffenen Provinz die erste größere straff organisierte germanische Staatenbildung mit einer ihr elb- und oderwärts angeschlossenen Völkerkoalition geschaffen, die aus den Lugiern, Semnonen, Langobarden und anderen Stämmen bestand.

Nach dem Beginn des Baues am Donaulimes (kurz vor Christi Geburt) hatte L. Domitius Ahenobarbus, der Enkel eines der großen Caesargegner, ein überaus fähiger Offizier, der Gemahl der Antonia maior, Tochter des Antonius und der Octavia, der Großvater des Prinzeps Nero, wahrscheinlich von der oberen Donau her einen großen Heereszug außerhalb der böhmischen Randgebirge bis an die mittlere Elbe unternommen[11]. Dabei hatte er die friedlichen Hermunduren[12] in dem südlich des oberen Mains gelegenen Teil des ehemaligen Markomannenlandes umgesiedelt und zu Nachbarn des Reiches gemacht. An der Elbe angekommen, hatte er als einziger von allen römischen Feldherrn diesen Fluß überschritten und war gegen ostelbische Völker vorgestoßen. An ihn erinnerten ein Grenzaltar an der Elbe (etwa im heutigen Sachsen) und große Straßenbauten in dem Neuland, die unter Benutzung einer einheimischen Bauweise als Bohlenwege oder Knüppeldämme *(pontes longi)* angelegt wurden.

Einer seiner Nachfolger im pannonischen Raum hat die Einkreisung Marobods von Osten her fortgesetzt und die dort wohnenden keltischen und illyrischen Völkersplitter an Rom gefesselt.

Aber trotzdem entstand um die Zeit des Beginnes unserer Ära noch einmal eine krisenhafte Lage in Germanien, die durch den dortigen Statthalter M. Vinicius gebannt wurde. Unter ihm wohl wurde die innere Organisation des Landes, zunächst vielleicht bis zur Weser, zu Ehren des Drusus durchgeführt. Mit dem Bau des Herrscheraltares der Roma und des Augustus in dem Ubiervorort (Köln), der längst zur Hauptstadt der neuen Provinz ausersehen worden war, wurde spätestens damals begonnen. Das Kenotaph für Drusus wurde gleichzeitig in dem heiligen Bezirk des Provinzialheiligtums gebaut. Außerdem wurde ein Priesteramt für den Provinzialkult geschaffen, das wie das von Lyon nach einem festgelegten Turnus unter den Vornehmen der einzelnen großen Stämme des Landes wechselte.

Alles war also hier im Werden, als i. J. 4 n. Chr. Tiberius wieder mit dem Kommando betraut wurde. Es war unterdessen wichtiger geworden als die Generalstatthalterschaft des Ostens. Denn es war Augustus jetzt offenbar daran gelegen, das Unternehmen des Drusus durch den Bruder zum guten Ende führen zu lassen und Germanien endlich voll und ganz in die römischen Provinzen einzureihen.

Nach einem groß angelegten Plane wurde daher sofort das Befriedungswerk im Norden in Angriff genommen. Wie einst durch Drusus wurden Flotte und Heer bereitgestellt, um endlich die Reichsgrenze bis zur Elbe vorzuschieben. Sicher hat Tiberius als Mitregent, wie bereits Drusus, das Oberkommando über Gesamtgallien mit dem über Germanien in seiner Hand vereinigt, und von vornherein war alles auf eine wohldurchdachte Kooperation von Land- und Seemacht angesetzt. Zu Beginn der Operationen befand sich der neue Oberkommandierende in Bononia (Boulogne), wie ein von dort datierter Brief aus seiner Feder an eine kleinasiatische Gemeinde beweist[13]. Sein Aufenthalt in dem schon von Drusus ausgebauten Haupthafen am Atlantischen Ozean (ursprünglich Gosoriacum nach dem pagus Gosoriacus der Moriner geheißen) kann nur mit einer Flotteninspektion vor den großen Feldzügen der Jahre 4 und 5 in Verbindung gebracht werden. Denn der Seemacht war von vornherein auch diesmal eine größere Rolle zugedacht.

Rein militärisch gesehen sind diese Feldzüge vielleicht die bedeutendste Leistung des wieder zu Ehren gekommenen Reichsfeldherrn und für die geplante endgültige Unterwerfung Germaniens ausschlaggebend gewesen. Sie waren sicher erfolgreicher als die so hoch

40

gepriesenen Züge des Drusus in den Jahren 12–9 v. Chr., die Augustus in seiner Liebe zu dem zweiten Stiefsohn stark überschätzt hatte. Wieder wurde die vielleicht schon von Agrippa festgelegte Umfassungsstrategie vom Meere her angewandt, gleichzeitig allerdings unter starkem Einsatz der Landmacht im frontalen Angriff. Die Kettung der Seestämme an Rom wurde fester gestaltet. Wir hören von einer neuen Unterwerfung der in Holland nördlich des Rheindeltas wohnenden Canninefaten, der Nachbarn der Bataver. Daran schloß sich ein Vorstoß gegen die Chattuarier an der mittleren Ems und gegen die Brukterer an deren Oberlauf an. Von hier aus wurden die Cherusker, die sich im Aufstand befanden, befriedet und in den römischen Staatsverband als »verbündeter Staat« *(civitas foederata)* neu aufgenommen. In ihrem Gebiet drang dann Tiberius noch in das Land jenseits der Weser vor; wie weit, wird nicht berichtet. Aber da der in Frage stehende Feldzug erst im Juli 4 n. Chr. begonnen wurde, kann es sich nicht um einen größeren Schlag gehandelt haben. Der Reichsfeldherr hat nach Beendigung der Kämpfe – das ist besonders bemerkenswert und für seine Erfolge beweisend – als erster von allen römischen Oberkommendierenden die Winterquartiere im rechtsrheinischen Deutschland, und zwar in der Nähe der Lippequelle, bezogen.

Das Jahr 5 hat den Hauptschlag gebracht, nämlich den bekannten großen kombinierten See- und Landfeldzug, den Augustus der Erwähnung in seinem »Leistungsbericht« *(res gestae)* für würdig erachtet hat. Denn in ihm ist die römische Flotte bis an die Küste Südjütlands in das Land der Kimbern vorgedrungen; sie hat also den entferntesten Punkt erreicht, bis zu dem je ein Römer in der Nordsee gelangt ist. Vom Lande her wurden diesmal, wie unsere Hauptquelle (Velleius) berichtet, nur die Chauken und Langobarden unterworfen; jene wohnten zu beiden Seiten der Wesermündung – sie lieferten ihre Waffen ab und beugten das Knie vor Tiberius[14]; diese siedelten östlich davon bis zur Elbe hinüber, ihre Hauptmasse um das heutige Lüneburg herum. Dieser Tatbestand weist darauf hin, daß Tiberius im neuen Jahre aus den Winterquartieren heraus möglichst rasch – wahrscheinlich an der Ems abwärts – die Nähe des Meeres und damit den Anschluß an die ostwärts operierende Flotte zu gewinnen gesucht hat. Denn ihr war diesmal die Hauptaktion zugedacht. Sie hat das Augustus besonders interessierende Ziel, das alte Kimbernland an der jütisch-schleswigschen Küste erreicht, während das Landheer gleichzeitig bis an die untere Elbe vordrang und an einem Platz am Strome, etwa östlich von Lüneburg, die Ankunft der Seemacht erwartete.

Velleius behauptet, der römische Feldherr habe sein Heer in den beiden Feldzügen vom Rhein (nahe der Mündung) bis zur Elbe 400 römische Meilen (590 km) weit vorbeigeführt. Diese Zahl ist für eine direkte Route vom Unterrhein bis zur Elbmündung viel zu hoch, wird aber wohl verständlich, wenn man die von dem Heere zum Winterlager nahe dem Meer und von hier zurück zum Meer und hinüber zur Elbe zurückgelegte Strecke auf der Karte abmißt. Wenn man so die Zahl zu erfassen sucht, hat uns der an dem Feldzug beteiligte Berichterstatter eine sehr interessante Nachricht über die Marschleistungen des römischen Heeres unter Tiberius hinterlassen. Die Stelle, an der das Hauptlager vor der Wiedervereinigung mit der Flotte aufgeschlagen war, dürfte etwa in der Gegend der Mündung des Flüßchens Jeetzel in die Elbe (bei dem heutigen Städtchen Hitzacker) oder noch etwas südlicher zu suchen sein[15].

Die genaue Lokalisierung dieses Lagers ist deshalb so wichtig, weil hier der von Velleius[16] berichtete Empfang einer Gesandtschaft der Semnonen von jenseits der Elbe stattgefunden hat. Der Bericht ist sicher rhetorisch stark ausgeschmückt, aber im Kern wohl richtig[17].

Während die germanische Jungmannschaft im Glanze ihrer Waffen auf dem rechten Elbufer aufmarschiert war, fuhr der alte Stammeshäuptling auf einem Einbaum zum Römerlager hinüber, angeblich um den »Caesar« zu sehen, in Wirklichkeit aber, um die Verbindung mit Rom durch den Abschluß eines Freundschaftspaktes herzustellen. Nachdem er Tiberius gesehen und begrüßt hat, preist er sich glücklich, daß er diesen Tag, den Höhepunkt seines Alters, hat erleben und daß er die römischen Götter, von denen er bisher nur vom Hörensagen gewußt hat (gemeint sind die Heeresgötter), und vor allem den »Kaisergott« nun leibhaftig hat schauen dürfen. Scheu berührt er zum Abschied die Hand des mächtigen Fürsten, besteigt sein Fahrzeug und fährt, den Blick unverwandt rückwärts auf den »Caesar« gerichtet, zum germanischen Ufer zurück. Zum mindesten hat Velleius mit der Schilderung dieser etwas aufgeputzten Episode den großen moralischen Erfolg des Tiberius bei dem Erscheinen von Landheer und Flotte an der unteren Elbe zur Darstellung bringen wollen. Selbst die Semnonen aus dem Havelgebiet beugten sich vor der Macht des Imperiums. Der Ort des Zusammentreffens von Heer und Flotte war aufs genaueste berechnet, und zwar von Tiberius selbst, der stets sein eigener Generalstabschef war. Nur ein einziges Treffen war nötig, um die siegreichen Truppen ohne große Verluste in die Winterquartiere zu führen[18]. Augustus und Tiberius wurden vom Heer zu Imperatoren ausgerufen. Tiberius' Position als Mitregent hob sich seitdem zusehends. Parthische Gesandte, die in Rom eintrafen, wurden angewiesen, auch Tiberius in Germanien aufzusuchen[19].

Das Programm des Augustus, das er vor fast zwanzig Jahren hatte aufstellen lassen, nämlich die Elbe statt des Rheines zum römischen Grenzstrom zu machen, war erst durch Domitius und Tiberius voll erfüllt worden. Germanien, von dem Velleius[20] bereits i.J. 8 v.Chr. behauptet hatte, daß es Tiberius schon damals »beinahe« in die Form einer römischen Provinz gebracht hätte, wurde jetzt als solche konstituiert[21].

Im nächsten Jahre (6 n.Chr.) galt es nur noch, das Markomannenreich niederzuringen, um den vollen Erfolg der augusteischen Nordlandpolitik auf die Dauer zu gewährleisten. In dem Kampfe gegen diesen letzten noch selbständigen Staat in dem von Rom jetzt beanspruchten Raume fiel mit Rücksicht auf die nur nach Süden geöffnete Seite des Feindeslandes dem pannonisch-illyrischen Heere die erste Rolle zu.

Daher wechselte Tiberius den Schauplatz und verlegte das römische Hauptquartier von der Elbe an die Donau. Hier bereitete er in dem damals noch zu Noricum gehörigen Wiener Becken den neuen Krieg vor; er zog sechs Legionen in dem dortigen Hauptlager von Carnuntum (Petronell) zusammen, dem Ausgangspunkt für den Vormarsch der illyrischen Armee durch das Marchtal aufwärts. Ein konzentrierter gleichzeitiger Angriff auf Marobods Reich vom Rhein (Germanien) und von der Donau aus war geplant, wobei der Rheinarmee eine sekundäre Rolle zufiel. Sie wurde durch den neuen Statthalter Germaniens, C. Sentius Saturninus, längs des Maines (wohl von Mainz aus) in Bewegung gesetzt mit Flankenunterstützung durch die Besatzungstruppen von Augsburg. Tiberius hatte sich schon bis auf fünf Tagesmärsche an die vorderste Markomannen-Stellung herangeschoben, und die Entscheidungsschlacht stand nach der Vereinigung mit Sentius Saturninus bevor, da brach im Rücken der Hauptarmee der furchtbare pannonische Aufstand aus. Er füllte die Jahre 6–9 aus und brachte den schwersten Rückschlag für die römische Nordpolitik.

Tiberius' großem diplomatischen Geschick ist es wohl zu verdanken, daß in diesem höchst kritischen Augenblicke, in der Stunde schwerster Bedrängnis, der schwersten seit dem hannibalischen Krieg, der stark verrömerte Markomannenkönig den ihm sofort von der obersten Heeresleitung angebotenen Frieden, und zwar auf Grund des augenblicklichen beiderseitigen Besitzstandes sowie eines

Freundschaftspaktes, annahm und Ruhe hielt[22]. Unabsehbar wären die Folgen gewesen, wenn zusammen mit der jetzt notwendig werdenden Niederwerfung der Revolution im rückwärtigen Provinzialgebiet ein auswärtiger Krieg von größtem Ausmaße hätte weitergeführt werden müssen, ja womöglich auch noch das eben erst befriedete Germanien von der Flamme des Aufruhr ergriffen worden wäre.

Rom wurde durch den gewaltigen Aufstand völlig überrascht, obwohl man ihn hätte kommen sehen müssen. Denn die Aushebung unter den kraftvollen Grenzvölkern des Neulandes war besonders groß und daher sehr drückend[23]. Die jetzt dazu tretenden Lieferungen von Lebensmitteln für die im Lande stationierte Armee lasteten schwer auf der freiheitsliebenden Bevölkerung. Ein großes Glück war es, daß das Grenzgebiet gegen Italien, das Land der Japuden und Liburnien, der Bewegung fernblieb, die sich im übrigen auf ganz Pannonien und Dalmatien erstreckte. Jenseits von Siscia (Sissek) an der unteren Save in der Gegend von Sirmium ging die pannonische Bewegung los, erfaßte die Völker auf beiden Ufern des Flusses und verbreitete sich über das heutige Bosnien (Sarajevo) hinweg bis zum äußersten Süden Dalmatiens. Im unteren Sarvegebiet wohnten die erst jüngst unterworfenen Stämme, die noch freiheitsliebender waren als die näher an Italien seßhaften.

An der Spitze der Pannonier und an der der Dalmatiner standen zwei Männer, die beide Bato hießen. Der Daesitiate Bato hatte den Kampf damit begonnen, daß er eine römische Garnison überwältigt und zahlreiche römische Kaufleute dieser Gegend niedergemetzelt hatte. Der Pannonier umzingelte schnell mit seinen kampferprobten Truppen, die zum Teil eben erst im römischen Auxiliarheer Dienste geleistet hatten und an die römische Kampfesweise und Disziplin gewöhnt waren, den römischen Stützpunkt Sirmium und brachte ihn in eine kritische Lage. Fiel er, so bestand die große Gefahr, daß die Bewegung nicht nur auf den benachbarten, stets unruhigen Balkan, sondern auch auf das damals noch nicht provinzialisierte Thrakien übergriff.

Tiberius, dessen höchst aussichtsreicher Kampf gegen den auswärtigen Feind mit einem Schlage zu einem durch eine Revolution entfachten Kleinkriege mit einem tückischen, im schwierigsten Gelände kämpfenden Gegner geworden war, nahm sofort den Kampf gegen den pannonischen Brandherd auf, mit dem Statthalter des Landes, M. Valerius Messalinus, dem Sohne des Messala Corvinus, als Vorhut, während A. Caecina Severus von Moesien aus mit den dortigen Legionen und dem thrakischen König Rhoemetalkes zur

Unterstützung vom Rücken her beordert wurde[24]. Ihm gelang es, die Pannonier, die sich unterdessen in Sirmium festgesetzt hatten, zu schlagen, während Tiberius selbst eine starke Armee zum Schutze Italiens im Westen des Landes aufmarschieren ließ. Günstig für ihn war es, daß seinen Gegnern ein Plan zum gemeinsamen Handeln fehlte. Die Dalmatiner sandten den Aufständischen im Norden keine Hilfe, sondern versäumten viel Zeit mit der Belagerung von Salona und operierten südwärts in der Richtung auf Apollonia (nördl. von Valona). Unterdessen fiel im Norden nach Sirmium auch Siscia in die Hände der Römer zurück. Aber das gesamte Gebiet südlich der Save befand sich noch im Besitz der Feinde. Ebenso blieb Sirmium dauernd gefährdet, da Caecina infolge eines Einfalls der Daker und Sarmaten nach Moesien zurückkehren mußte und die thrakischen Hilfstruppen die Stadt nur mit Mühe zu halten vermochten[25].

Man mußte sich auf einen gefährlichen Kleinkrieg einrichten und den Widerstand des Feindes durch Hunger und Erschöpfung zu brechen versuchen. Der Einfall der Daker in Moesien, die Invasion der Pannonier in Makedonien, wo nur noch die thrakischen Könige Rhoemetalkes und sein Bruder Rheskuporis Widerstand leisteten, bereiteten weiterhin der römischen Heeresleitung große Sorge. Man mußte, da Legionen von anderen Fronten nicht mehr abzuziehen waren, auf Veteranen zurückgreifen, Freiwillige werben und entlassene Sklaven in das Heer einstellen. Die Hungersnot im Aufstandsgebiet nahm zu, und Roms Finanzen wurden aufs äußerste angespannt. Wie in den vorangegangenen Angriffskriegen in Germanien und Böhmen bewährte sich Tiberius auch hier bei der Verteidigung der Provinz aufs beste. Man kann es ruhig aussprechen: in diesen harten Jahren stand der Mitregent an der Spitze von 15 Legionen[26] auf der höchsten Höhe militärischen Könnens[27] und hat das Imperium an der Donau im Vorland Italiens gerettet. Dies hat Augustus voll anerkannt.

Seit d. J. 7 war dem Tiberius sein Neffe Germanicus beigegeben, später auch sein Sohn Drusus, während Augustus von Ariminum aus den Nachschub – teilweise zur See – überwachte. Der alte Prinzeps nahm an diesem Kriege schon deshalb ein besonderes Interesse, weil er selbst 40 Jahre früher dort gekämpft und Siscia erobert hatte. Er kannte also sehr wohl die enormen Schwierigkeiten, die der Krieg seinem Mitregenten bereitete[28].

Trotz aller Vorsicht und Umsicht des Tiberius wäre ein Treffen, das der aus Moesien zurückgekehrte Caecina und der mit ihm heranrückende M. Plautius Silvanus (Statthalter von Asien) in den

Volcaeischen Sümpfen bei Cibalis (Vinkovce) den beiden Batonen lieferten, beinahe zu Ungunsten der Römer verlaufen. Die Auxiliartruppen der beiden Feldherrn wurden geschlagen. Aber den Legionen gelang es, sich mit Tiberius bei Siscia zu vereinigen und die Lage wieder herzustellen.

Im Jahre 8 verlor der Pannonier Bato nach entscheidenden Erfolgen der Römer das Vertrauen in sein Unternehmen und ging zu ihnen über. Es glückte zwar dem Dalmatiner, ihn gefangen zu nehmen, zu töten und einen neuen pannonischen Aufstand zu entfachen, aber auch er wurde geschlagen und mußte sich in die bosnischen Berge zurückziehen. Die Reste des pannonischen Aufstandes bewältigte Plautius Silvanus[29].

Erst i. J. 9 konnte die Entscheidung auch in Dalmatien herbeigeführt werden. Vor Beginn des neuen Jahres überließ Tiberius das Oberkommando dem M. Aemilius Lepidus und war kurze Zeit in Rom, um mit Augustus das weitere Vorgehen auf dem Kriegsschauplatz zu beraten. Wegen der großen Lieferungen an die Armee drohte eine Hungersnot in Italien. In der Zwischenzeit eroberte Germanicus drei wichtige dalmatinische Festungen. Nach der Rückkehr des Tiberius in das Hauptquartier wurde Bato gefangengenommen und nach Ravenna gebracht. So wurde der Krieg nach dreijähriger Dauer beendet. Bato soll bei seiner Vernehmung zu Tiberius gesagt haben: »Ihr Römer tragt selbst die Schuld an dem Blutvergießen; denn Ihr habt zur Bewachung Eurer Schafe nicht Schäfer und Hunde, sondern Wölfe geschickt«[30], ein Ausspruch, der in der Hirtensprache des Balkans gehalten ist und daher wohl als authentisch betrachtet werden kann. Er gibt die wahre Ursache des Krieges in prägnanter Weise wieder. In der neuen Provinz mit ihren zurückgebliebenen Bebauungs- und Wohnverhältnissen ging es nicht an, das alte Raubsystem der römischen Provinzialverwaltung sinnlos weiterzuführen, ja in mancher Hinsicht noch zu verschärfen. Man hatte, da die einzelnen Steuerpflichtigen in den großen Sumpf- und Waldgebieten mancher Teile des Landes schwer zu erfassen waren, zu dem Aushilfsmittel der Marktgebühren gegriffen, d.h. man zog die Steuer beim Marktbesuch ein und griff auch hier wie überall scharf zu[31].

Hier mußte gründlich Wandel geschaffen werden, und es ist das Verdienst des Tiberius, gerade in diesem überaus wichtigen Grenzgebiet durch Einrichtung einer gerechten Verwaltung und Finanzordnung für Abhilfe gesorgt zu haben. Ganz am Ende der augusteischen Regierung war er noch einmal auf dem Wege zur Provinz, um die endgültige Organisation durchzuführen, die unter seinem Prinzipat dem Sohne Drusus zufiel. Jahrelang war Pannonien die Domäne dieses Prinzen[32]. Er muß nächst dem Vater der Schöpfer eines neuen Italiens jenseits der Berge genannt werden[33].

Vorläufig gebührte Tiberius der Ruhm, dem Reich das wichtige Grenzland erhalten zu haben. Daß die Donau als Grenzstrom des Reiches nicht nur erreicht, sondern auch ein für allemal gesichert wurde, ist auf sein Konto zu schreiben. Volk und Senat haben das anerkannt und ihn mit höchsten Ehrungen überhäuft[34]. Die Feier des ihm von Augustus zuerkannten Triumphs verschob er auf später. Aber er zog schon am 16. Januar d. J. 9 feierlich in die Stadt ein, und zwar im Beamtenkleid, der *toga praetexta*, das Haupt mit dem Lorbeerkranz geschmückt[35]. Auf dem Marsfeld (in den Saepta) war ein Tribunal errichtet, auf dem Augustus zwischen den Konsuln sitzend den Sieger erwartete, während der Senat stehend assistierte. Für den Reichsfeldherrn war neben Augustus ein zweiter Sitz reserviert. Auf ihm nahm Tiberius nach der Begrüßung Platz, zum ersten Mal öffentlich dadurch als der Mitregent des »Vaters« gekennzeichnet. Von hier begrüßte er das Volk und unternahm, von ihm gefolgt, einen Umzug zu den Tempeln der Stadt. Am nächsten Tag (dem 17. Januar) weihte er einen Altar für das Numen des Augustus (ara Numinis Augusti), um dem Vater die Ehre für den erreichten Erfolg zuteil werden zu lassen. Nichts ist bezeichnender für Tiberius, als daß er dem Numen Augusti diesen Altar weihte, d. h. der göttlichen Macht in dem großen Reichsgründer, nicht etwa dem Gotte selbst[36]. Daß auch im lebenden Menschen bereits ein göttliches Numen waltet, ist der Fortschritt der augusteischen Zeit, und er entspricht wohl der ureigensten Auffassung des Tiberius, daß nur auf diesem Wege die Vergottung eines lebenden Menschen möglich sei[37].

Augustus' großer Wandel in der Einschätzung seines Stiefsohnes geht auf die Waffentaten des Tiberius im Nordosten zurück. Der Prinzeps hat ehrlich die hohe Leistung seines Mitregenten anerkannt. Briefe aus der letzten Zeit des Augustus preisen Tiberius als die Stütze des Staates und zeigen eine besorgte Zuneigung für ihn. »Sei gegrüßt, Du angenehmster der Menschen! Möge Dir in Deinem Kampf für mich und für die Musen Erfolg beschieden sein.« »Wenn ich höre, daß Du unter dauernden Anstrengungen leidest, so empfinde ich alle Schmerzen mit Dir. Ich flehe Dich an, Dich zu schonen; denn Nachrichten über Deine Erkenkung nehmen mir und Deiner Mutter alle Lebensfreude und gefährden das Imperium. Was liegt daran, daß ich gesund bin, wenn Du krank darniederliegst!«[38]. Der »Zweite« war im Begriff, sich auch das Herz des »Ersten« zu erobern. Noch gelang es nicht ganz, von Tiberius' Seite gesehen. Denn »der Schatten der Vipsania und des Gaius und Lucius Caesar standen zwischen ihnen«[39].

Kaum hatte Tiberius den Frieden und die Ordnung im Donauraum wieder hergestellt, da kam es zu der furchtbaren Katastrophe in Germanien, zu der Niederlage des Varus im Teutoburger Waldgebiet (Herbst 9 n. Chr.), einem der niederschmetterndsten Ereignisse der römischen Geschichte[40]. Sie stellte alle großen Erfolge des Tiberius im Norden in Frage und beschmutzte die Ehre der von ihm zu so hohem Ansehen gebrachten römischen Armee: die Adler der drei von Arminius zusammengehauenen Legionen fielen in Feindeshand, wie einst die des Crassus bei Karrhae.

Die Erregung in Rom war ungeheuer. Der alte Prinzeps hat sozusagen den kleinen Belagerungszustand über die Hauptstadt verhängt. Er ließ zum Zeichen seiner Trauer das Haupthaar und den Bart wachsen und fastete alljährlich an dem Tage der Katastrophe. Sein angeblicher schmerzlicher Ausruf: »Varus, Varus, gib mir meine Legionen wieder«, ist wohl eine spätere Erfindung. Aber der Glaube an die Unbesiegbarkeit Roms hatte einen schweren Stoß erlitten[41].

Wieder mußte Tiberius in die Bresche springen. Er übernahm noch i. J. 9[42] das Rheinkommando, da die Gefahr bestand, daß Arminius den Grenzstrom von ehedem überschreiten und in Gallien eindringen werde. Am Rhein angekommen, fand er aber die Lage nicht so hoffnungslos, wie er befürchtet hatte. Der tapfere Kommandant von Aliso hatte an der unteren Lippe den Stoß aufgehalten, und die Germanenstämme an der Nordsee bis zur Elbemündung waren Rom treu geblieben. Tiberius machte keinen Versuch, den verlorenen Teil des rechtsrheinischen Gebiets wiederzugewinnen, sondern begnügte sich mit der Verstärkung der Rheinbefestigungen[43]. Gleichzeitig wurde damit begonnen, die Rheinarmee wieder aufzufüllen. Neue Freiwillige und Veteranen wurden geworben, Proletarier aus der Hauptstadt und Sklaven wurden eingestellt[44] und Teile der Streitkräfte des Asperenas am Mittelrhein (Mainz) herangezogen. Auch aus Spanien und Illyrien wurden Truppen herbeibeordert; das Legionslager von Oberhausen bei Augsburg ist wohl damals aufgelassen worden[45], weil die Legionen alle am Rhein konzentriert wurden. Raetien wurde seitdem nur durch Auxiliartruppen geschützt. Die Rheinarmee wurde auf insgesamt acht Legionen gebracht, aber die Nummern der vernichteten Legionen des Varus (17, 18, 19) wurden als unglückbringend nie wieder benutzt!

Nach Rom zurückgekehrt, weihte Tiberius den in seinem und in seines verstorbenen Bruders Drusus Namen aus der germanischen Beute umgebauten Concordia-Tempel am Forum ein (Winter 9/10)[46]. Dann ging er wieder an den Rhein, begnügte sich aber im neuen Jahre mit weiteren Reorganisationsarbeiten und mit der Herstellung der Disziplin im Heere.

Erst i.J. 11, in dem er gemeinsam mit Germanicus (dieser unter dem Titel Prokonsul) operierte, wurde zum ersten Male wieder der Rhein überschritten und ein Sommerlager auf rechtsrheinischem Boden aufgeschlagen, allerdings nicht allzuweit von dem Grenzstrom entfernt. Kämpfe mit dem Feinde fanden nicht statt, da sich niemand stellte. Nur von Verwüstungen des Landes wird berichtet[47].

Tiberius verfuhr hier noch vorsichtiger als in Pannonien. Gegen seine Gewohnheit zog er diesmal bei allen Unternehmungen den Kriegsrat heran, kontrollierte selbst die Rheinübergänge und stellte die Belastung jedes einzelnen Fahrzeuges beim Train fest. Alle Befehle wurden schriftlich ausgefertigt. Der Oberbefehlshaber schonte sich selbst in keiner Weise, weder am Tage – seine Mahlzeiten nahm er oft unter freiem Himmel auf einem Rasenstück sitzend ein – noch in der Nacht; bei Zweifeln in der Befehlsauslegung mußte er geweckt werden[48]. »Tiberius übertraf sich diesmal selbst an Umsicht«[49]. Nach der Feier von Augustus' Geburtstag (am 25. September) im Feindesland, bei der die Zenturionen ein Wettrennen veranstalteten, marschierte man in die Winterquartiere zurück.

In dem folgenden Jahre (12 n. Chr.) kam es nach erneutem Übergang über den Fluß zu einigen siegreichen Gefechten. Dabei trat auch die Flotte in Aktion. Das Ziel war das Land der Brukterer, das diesmal verwüstet wurde. Dabei wurde von einem Angehörigen dieses Stammes ein Attentat auf Tiberius versucht[50]. Der alt gewordene Augustus brachte wieder in Briefen an den Mitregenten seine Befriedigung über die Art seiner Kriegsführung zum Ausdruck, die auf größere Eroberungen verzichtete und sich lediglich auf Vergeltungsmaßregeln beschränkte. In einem dieser Briefe heißt es: »Die straffe Ordnung in Deinem Sommerlager ist bewundertswert. In der Tat, mein Tiberius, ich bin der Meinung, daß sich unter so unzähligen Schwierigkeiten und bei so großer Entmutigung der Truppen (!) kein Mensch klüger aus der Affäre ziehen konnte, als Du es getan hast. Auch gestehen die, die bei Dir waren, sämtlich, daß jener Vers des Ennius von Dir gelten kann: ›Ein Mann hat uns den Staat durch wachsame Sorge gerettet‹.« In einem anderen Brief heißt es: »So oft etwas geschieht, das mein ganzes Nachdenken in Anspruch nimmt, und so oft ich mich über etwas sehr zu ärgern habe, sehne ich mich, bei Gott, nach meinem teuren Tiberius, und es fällt mir dann der homerische Vers (Ilias X, 246/47) ein: ›ist mir dieser zur Seite, so möchten wir beide wohl schreiten sicher durch lodernde Glut; denn keiner ist gleich ihm an Klugheit‹.«[51]

Man sieht, wie bescheiden man geworden war, daß man das Betreten des Feindeslandes unter den größten Vorsichtsmaßregeln bereits als Erfolg buchte und dafür imperatorische Akklamationen einheimste[52].

Ein Aufstand in Gallien rief Tiberius, nachdem er den letzten Feldzug in Germanien beendigt hatte, nach Vienna (Vienne). Der Aufruhr wurde in seinen Anfängen erstickt[53].

Nach der Rückkehr nach Rom feierte Tiberius endlich am 23. Oktober 12 seinen pannonischen Triumph[54]. Bei dieser Feier huldigte er kniefällig dem großen Vater[55]. Ehe sich der Sieger im Triumphzug zum Kapitol hinaufwandte, stieg er vom Wagen und warf sich dem Prinzeps zu Füßen. Die Szene ist richtig als Akt der *pietas* des Sohnes gewertet worden[56]. Eine Speisung des Volkes an 1000 Tischen und ein Geldgeschenk von 300 Sesterzen pro Mann war das Ende der Feier, bei der Tiberius noch einmal alles getan hat, um dem Vater seine hohe Ehrerbietung zu bekunden, wie umgekehrt auch Augustus dem kommenden Manne die Wege zu ebnen suchte.

Den Oberbefehl am Rhein hatte seit d. J. 13 Germanicus. Solange Augustus lebte, durfte keine neue Offensive gegen die Germanen unternommen werden. Tiberius' Anschauung einer begrenzten Reichserweiterung nach Norden hin hatte bei dem Prinzeps gesiegt. Ein schmaler, militärisch geordneter und verwalteter Grenzstreifen diesseits des Grenzstromes behielt den Namen der verlorenen Provinz Germanien; in ihr blieben der stolze Provinzialaltar der Roma und des Augustus sowie des Drusus Ehrengrab im heiligen Bezirk als 'letzter Rest und als Erinnerung an das einst von Augustus' Lieblings- stiefsohn Drusus so hoffnungsvoll begonnene Unternehmen. Als später Claudius die Ubierstadt zu Ehren seiner Gattin Iulia Agrippina zur Kolonie erhob, dominierte selbst damals noch das Sakralterrito- rium auf ihrem Boden so sehr, daß die neue Römerstadt den Namen Colonia Claudia Ara Agrippinensium führte. *Ara* = Altar hat nie- mals vorher eine Stadt im Römerreich geheißen: auch darin klingt die Bedeutung des ehemals provinzialen Heiligtums nach.

Im Gegensatz zum Donau-Raum, in dem Tiberius wenigstens innerhalb der Flußgrenze Ordnung geschaffen und die Römerherr- schaft ehrenvoll wieder aufgerichtet hatte, war man am Rhein infolge unzureichender Truppenansammlung und schlechter Führung völlig gescheitert und zu der Erkenntnis gebracht worden, daß die Germanen nicht nur dem Namen nach, sondern auch in ihrem unbezwinglichen Freiheitsdrang keine Kelten waren, sondern ein Volk, das von seinem ersten Erwachen in der Geschichte an stets die innere Kraft besessen hat, seinen alten Volksboden vor der Fremdherrschaft zu bewahren[57]. Augustus starb über dem ungelösten Germanenproblem, Tiberius übernahm es als Prinzeps und löste es, wie wir sehen werden, in seiner Weise.

Im Innern war Tiberius' Stellung inzwischen dadurch gewachsen, daß i.J. 7 Agrippa Postumus wegen geistiger Minderwertigkeit und sittlicher Verfehlungen verbannt worden war. Der Weg des Claudiers zur höchsten Stelle war jetzt frei, zumal seine Taten im Dienste des Staates seit dem Jahre 4 seine militärischen und staatsmännischen Fähigkeiten glänzend unter Beweis gestellt hatten – selbst dem in dieser Beziehung anspruchsvollen Augustus gegenüber. Es war keiner aus der Herrenschicht des Volkes mehr da, der es mit Tiberius an Leistungen, Geltung und Pflichterfüllung aufzunehmen imstande war[58].

Der unterdessen 75 Jahre alt gewordene Prinzeps wurde kränklich und gebrechlich. Schon die Zusammenarbeit mit dem Senat bereitete ihm immer größere Schwierigkeiten. Schließlich mußte in den letzten Jahren ein zu diesem Zweck gebildeter Senats-Ausschuß als Vertretung der Gesamtkörperschaft zu den Beratungen im Palast erscheinen, weil der Gang zur Kurie dem Greise zu beschwerlich war. Zusammen mit Tiberius und mit diesem Senatsausschuß hat Augustus am Ende seines Lebens regiert.

Im Jahre 13 wurde des Prinzeps Vollmacht abermals für zehn Jahre erneuert. Bei diesem Akte wurde Tiberius' tribunizische Gewalt nicht nur miterneuert, sondern auch durch ein Konsulargesetz *(lex consularis)* wesentlich erweitert. Er war von jetzt ab nicht nur Inhaber der tribunizischen Gewalt, sondern erhielt auch das erhöhte prokonsularische Imperium *(imperium proconsulare maius)* und damit die Verfügung über das Heer und die Provinzen des Reiches – in weit höherem Maße als diese selbst Agrippa einst besessen hatte. Um Mommsens staatsrechtliche Terminologie zu gebrauchen, aus der »Mitregentschaft« des Tiberius wurde eine »Samtherrschaft« der beiden Männer an der Spitze des Reiches, wie sie erst i.J. 161 wieder durch Marcus Aurelius und Verus geschaffen wurde: nur daß damals auch dem zweiten Prinzeps der Name eines Augustus eingeräumt wurde. Er allein fehlte dem Tiberius noch.

Augustus gab nur noch den Namen für die Regierung her, Tiberius führte sie bereits. Das zeigte sich bei dem neuen – dem dritten und letzten – unter Augustus vorgenommenen Zensus. Nach seiner Beendigung im Mai d. J. 14 wurde das gewohnte feierliche Reinigungsopfer des Volkes auf dem Marsfelde dargebracht. Dabei mußte Augustus den feierlichen Schlußakt dem Tiberius überlassen.

Wie in dieser Weise im Innern, so besorgte Tiberius auch nach außen im letzten Lebensjahr seines Vorgängers die Geschäfte. Wir sahen oben: die durch die Vorgänge in Germanien lange hinausgeschobene Neuordnung Illyriens in verwaltungstechnischer Hinsicht sollte nach dem Zensus endlich von Tiberius durchgeführt werden. Zu diesem Zwecke begab sich der zweite Prinzeps auf die Reise, um über Brundisium (Brindisi) die Balkanküste zu erreichen. Da entschloß sich der Alte, ihn bis dorthin oder wenigstens bis Benevent zusammen mit Livia und mit großem Gefolge zu begleiten. Unterwegs erkrankte er. Nach einem kurzen Erholungsaufenthalt auf Capri ist er auf der Weiterreise über Neapel, wo man Spiele zu seinen Ehren gab, zu Nola in einem Landhause seiner Familie, angeblich im gleichen Raum, in dem einst sein Vater gestorben war, aus dem Leben geschieden (19. Aug. 14 n. Chr.). Tiberius war vorausgereist. Man schickte Boten hinter ihm her, um ihn schleunigst zurückzurufen. Er traf, wie es scheint, nicht mehr früh genug ein, um den Vorgänger noch am Leben zu finden und Abschied von ihm zu nehmen. Tacitus[59] läßt es in seiner Art zu schreiben allerdings offen, ob Tiberius den Augustus noch lebend oder schon tot angetroffen hat. Seine Fassung deutet eher darauf hin, daß Tiberius zu spät kam, zumal es dann weiter in dem Berichte heißt, daß Livia die Nachricht von Augustus' Ableben und von Tiberius' Thronbesteigung hinausgehen ließ.

III.
Tiberius als Prinzeps.
14–37 n. Chr.

1.

Das einmonatige Interregnum beim Übergang des
Prinzipates auf Tiberius
19. Aug.–17. Sept. 14 n. Chr.

Tiberius' Schicksal war es bisher gewesen, im Schatten des größten
europäischen Staatsmannes unter vielen Wechselfällen und mannig-
fachen schweren Leiden zu leben und zu wirken. Nun trat die viel
größere Aufgabe an ihn heran, das Werk des gewaltigen Mannes
selbst zu übernehmen und weiterzuführen. Als des Reiches Feldherr
hatte er sich wie einst Agrippa, in erhöhtem Maße seit der Erhebung
zum Mitregenten i. J. 4 n. Chr., hervorragend bewährt und unstreitig
für die Erhaltung des Imperiums in seiner vollen Größe Außerordent-
liches geleistet. Nun mußte es sich zeigen, ob er, ganz allein auf sich
gestellt, auch als Staatsmann die Position des Prinzeps werde ausfüllen können. Es war eine kritische Stunde für Rom. Denn nun
handelte es sich darum, ob die Verfassung, die Augustus dem Staate
gegeben hatte, auch ohne den großen Staatsschöpfer von Dauer sein
oder nur eine Episode darstellen werde.

Es war aber auch die entscheidende Stunde im Leben des Tiberius.
Er war sich bei seiner unglücklichen Veranlagung und bei den starken
Hemmungen und Minderwertigkeitskomplexen, an denen er schwer
litt, dessen wohl bewußt, was jetzt auf ihn einstürmte. Zudem hatte
Augustus trotz aller Vorsicht und Förderung des kommenden Mannes doch etwas getan, was die Situation in der Stunde seines Todes
nicht erleichtert, sondern stark erschwerte – unbegreiflich auf den
ersten Blick.

Er hatte zwar in einem hinterlassenen Schriftstück die Beseitigung
des Agrippa Postumus, des einzigen Rivalen, den Tiberius noch
besaß, eines Rivalen, der ihm blutsmäßig näherstand, befohlen, und
der Befehl war prompt, wie er aufgegeben war, unmittelbar nach
seinem Tode vollzogen worden[1], gerade zur rechten Stunde, in der
schon einer von Postumus' Sklaven unterwegs war, um seinen Herrn
zu befreien und zu den Heeren in Germanien zu bringen[2]. Des Tacitus

Zweifel[3] an der Richtigkeit dieses Tatbestandes ändert an der Sache nichts. Der Historiker schlägt sich selbst, wenn er berichten muß, daß Tiberius dem Zenturio nach der militärischen Meldung der Ausführung der Tat zur Antwort gab, er habe keinen Befehl erteilt; der Täter werde sich vor dem Senat zu verantworten haben. Doch wurde jede Erörterung im Senat auf Intervention des Sallustius Crispus, des Neffen und Adoptivsohns des Historikers Sallust, der um den geheimen Auftrag gewußt und ihn offenbar nach Planasia (der Verbannungsinsel) übermittelt hatte, verhindert mit dem richtigen Hinweis, man solle nicht Familiengeheimnisse, Freundesratschläge und Soldatengehorsam vor die Öffentlichkeit zerren und den, der einen Befehl ausführte, bestrafen. »Tiberius möge doch nicht alles dem Senat vorlegen; das untergrabe seine herrschende Machtstellung. Denn Grundsatz jeder Monarchie sei es, daß ein Rechenschaftsbericht dann in Ordnung sei, wenn er allein dem Monarchen vorgelegt werde[4].«

So groß die Entlastung des Tiberius durch diesen väterlichen Akt der Staatsraison war, so beschwert wurde er durch eine andere Handlung des Augustus, die scheinbar der ersten diametral entgegengesetzt war. Im Testament – von dem gleich noch genauer die Rede sein wird – erschien nämlich die Aufnahme der Livia in die Familie der Iulier *(gens Iulia)*, d.h. sie war adoptiert und trat dadurch zum Testator in das Verhältnis der Tochter und, was noch wichtiger war, sie erhielt den Ehrennamen A u g u s t a, hieß also von jetzt ab mit vollem Namen Iulia Augusta. Es ist schwer abzusehen, was Augustus mit dieser außergewöhnlichen letzten Maßnahme gewollt hat. Bis dahin hatte er diesen seinen höchsten Titel mit keinem anderen im Reich, auch nicht mit Tiberius in seiner letzten besonders hohen Stellung als »Samtherrscher«, geteilt, ihn vielmehr als das höchste Reservatrecht des regierenden Prinzeps gehütet. Es kann allein die Liebe und Verehrung für die einzigartige Frau, mit der ihn noch ein letztes Band für ewig umschlingen sollte, als Ursache für diesen schweren Mißgriff des überalterten Mannes angenommen werden. Mommsen[5] hat die Sache so dargestellt, als ob die Verleihung des Augustatitels an Livia ein formelles Mitregiment, wenn nicht einschließen, so doch herbeiführen sollte. Ich halte diese Ansicht für zu weitgehend. Von anderer Seite[6] ist die Meinung vertreten worden, Augustus habe dadurch eine Stärkung der Stellung des Tiberius und seiner Nachfolger herbeiführen wollen, daß er die Stammutter der Claudier in die Familie des Divus Iulius aufnahm. Wenn das wirklich der Fall gewesen sein sollte, so war die Verleihung gerade dieses Titels eine letzte, für Tiberius kaum tragbare Belastung. Denn sie wirkte im Effekt doch so, als ob Augustus dem Nachfolger auch noch als Prinzeps einen Aufseher habe beigeben wollen.

Unzweifelhaft hat der mannesstolze Römer, der jetzt zur Regierung kam, diese Ehrung einer Frau, auch wenn es seine Mutter war, sehr peinlich empfunden. Er hat anfangs den Augustustitel gar nicht annehmen wollen, da ihn der Vorgänger zu Lebzeiten so ängstlich für sich gehütet und nun nach dem Tode durch die Verleihung an eine Frau in Tiberius' Augen stark entwertet hatte. Für Mommsens Auffassung könnte man anführen, daß Livia gleichzeitig ein großes Privatvermögen erbte (über die Höhe s.u.S. 57), das ihr unbedingt eine hohe Stellung im Staate sicherte. Kein Wunder, daß Livia selbst die Adoption als Verleihung der Mitregentschaft aufgefaßt hat, und – was die Sache besonders schlimm machte – der Senat war der gleichen Ansicht. Der mimosenhaft empfindliche Tiberius aber, der den Prinzipat bei seiner mangelnden Volkstümlichkeit und bei seiner negativen Einstellung zum Leben als eine schwere Bürde empfand – er drückte sich drastisch mit dem Terenz entnommenen Sprichwort aus, daß er einen Wolf an den Ohren halte[7] – fühlte sich durch die Erhöhung der Mutter zu einer Art von Mitregentin oder wenigstens zur Wächterin aufs tiefste gekränkt. Eine nicht wegzuleugnende Tatsache ist es, daß seine endgültige Übernahme des Prinzipates mit einer Entfremdung zwischen Mutter und Sohn erkauft worden ist, doppelt schlimm bei einem Manne wie Tiberius, der in seiner zweiten Ehe einen so völligen Schiffbruch erlitten hatte.

Die Beseitigung des Agrippa Postumus auf Geheimbefehl des Augustus und die Erhebung der Livia zur Augusta, die eine so bedenkliche Wirkung auf Tiberius ausübten, sind in ihrer Gegensätzlichkeit vielleicht nur dadurch zu erklären, daß die zweite Maßnahme einem älteren Stadium des Testamentes entstammte, etwa der Zeit, in der das Mißtrauen des Staatsgründers gegen Tiberius noch nicht durch dessen hohe Verdienste um den Staat gemildert worden war, d.h. vielleicht zu der Zeit der Adoption des Claudiers und seiner Erhebung zum Mitregenten. Augustus hat als echter Römer zeitlebens im Schutze des Testamentes gestanden[8]. Die letzte Niederschrift war am 3. April 13 n.Chr. den Vestalinnen zur Aufbewahrung übergeben worden. Vielleicht ist der Geheimbefehl bezüglich des Agrippa Postumus gleichzeitig mit dieser letzten Fassung niedergeschrieben worden, während die testamentarische Adoption der Livia schon früher erfolgt war. Dies ist ein Versuch, in das widerspruchsvolle Verhalten des Augustus etwas Licht zu bringen.

Dank der großen Zurückhaltung des Tiberius von dem Augenblick an, in dem Augustus die Augen geschlossen hatte – sie kontrastiert eigentümlich mit der Hast der Mutter s.o.S. 52) –, vollzog sich der Übergang des Prinzipates auf ihn streng nach den Regeln des Staatsrechtes. Die neue Verfassung ruhte im Grunde auf dem hohen persönlichen Verdienst ihres bisherigen Inhabers um den Staat und auf seiner dadurch bedingten gewaltigen *auctoritas*. So etwas konnte nicht ohne weiteres vererbt werden. Tiberius mußte vom Augenblick des Todes seines Vorgängers an abwarten, ob ihn der Senat in denselben Formen als den »Ersten« der Bürger anerkennen werde, wie er es vierzig Jahre zuvor dem »Vater« gegenüber getan hatte[9]. Wohl war er schließlich «Samtherrscher« mit allen Vollmachten eines solchen gewesen, aber noch nicht Augustus. Ob er dies werden würde, hatte allein der Senat zu bestimmen.

Mit dem Ausscheiden des Prinzeps traten die ordentlichen Gewalten des Staates, Konsuln und Senat, wieder als Regierung in Funktion[10]. Einen Monat lang (19. Aug. bis 17. Sept.) hat der interessante, aber äußerst gefahrvolle Zustand bestanden, den man als Prinzipat ohne Prinzeps bezeichnet hat. In ihm hat das Werk des Augustus seine Feuerprobe zu bestehen gehabt. Aber dank der glänzenden Regie des Toten und Tiberius' noch glänzenderer Korrektheit ist der Staat durch das einmonatige Interregnum ohne größere Verwicklungen in den normalen Zustand hinübergeleitet worden.

Den Inhalt des Interregnums bildeten vor allem zwei Senatssitzungen. Die erste zu Anfang des September, die Tiberius als Samtherrscher kraft seiner tribunizischen Gewalt einberief, war der Entgegennahme der Todesbotschaft und der Ehrung des großen Toten, besonders der Gestaltung seines Staatsbegräbnisses gewidmet, die zweite, die gleich nach dem Staatsbegräbnis am 17. Sept. stattfand[11], hatte zur Tagesordnung die Konsekration des Verstorbenen, die Wahl des neuen Prinzeps durch Senat und Volk und dessen erste Regierungsmaßnahmen.

Tiberius' Edikt, das zu der ersten Sitzung einberief, hatte einen kurzen, äußerst zurückhaltenden Wortlaut: er wolle wegen der letzten Ehren für seinen »Vater« den Senat befragen; er selbst weiche nicht von der Leiche, das sei das einzige öffentliche Amt, das er beanspruche[12]. Wenn er trotzdem gleichzeitig an die Praetorianer die Parole ausgab, so geschah dies dank seiner Imperator-Würde. Dagegen ergingen die Schriftstücke an die Heere draußen kraft seines prokonsularischen Imperiums, das er als Samtherrscher seit d.J. 13 besaß. Auch hatten ihm die amtierenden Konsuln d.J. 14, Sex. Pompeius und Sex. Appuleius, den Treueid geleistet und ihm den

Gefolgschaftseid schwören lassen. Dasselbe hatten der Praetorianer-präfekt Seius Strabo, der Vater des später so berüchtigten Seian, und der Präfekt der städtischen Lebensmittelversorgung *(praefectus anno-nae)* C. Turranius, die in einem Privatverhältnis zu ihm standen, getan. Dadurch war aber Tiberius noch nicht Inhaber des Prinzipates. Diesen zu verleihen, war Sache des Senates; dafür war die zweite Sitzung vorgesehen.

Die erste Sitzung wurde von den Konsuln geleitet; sie stand im Zeichen der Staatstrauer und der Ausgestaltung des Leichenbegäng-nisses des großen Toten. Die Magistrate hatten zum Zeichen ihrer Trauer den Purpur von der Toga entfernt. Tiberius und sein Sohn Drusus – Germanicus war nicht in Rom anwesend – erschienen in schwarzen Gewändern. Der bisherige »Samtherrscher« verlas eine kurze Gedenkrede; doch übermannte ihn die Rührung so sehr, daß sein Sohn die Adresse zu Ende lesen mußte[13]. Diesem war das Testament des Augustus sowie drei Schriftstücke aus dem Nachlaß des Verstorbenen von den Vestalinnen übergeben worden, die mit in den Sitzungssaal gebracht wurden. Das erste Schriftstück enthielt genaue Vorschriften über die Gestaltung des Begräbnisses, das zweite seinen »Leistungsbericht« *(res gestae),* für den bestimmt war, daß er auf zwei ehernen Tafeln vor dem Mausoleum aufgestellt werden sollte, der dritte eine Übersicht über die Machtmittel des Reiches an Truppen und an Geld *(breviarium totius imperii).* Angeschlossen war ein Nachtrag mit Anweisungen an den Nachfolger und an den Senat, der wie das Breviarium eigenhändig niedergeschrieben war: gewisser-maßen die Bilanz dieses großen und reichen Lebens.

Im Testament war Tiberius zu $\frac{2}{3}$, Livia zu $\frac{1}{3}$ als Erben eingesetzt und an den Senat das Ersuchen gerichtet, Livia die Befreiung von der *lex Voconia* zu gewähren, die Frauen mit einer Erbschaft zu beden-ken verbot. Sie wurde, wie schon erwähnt, gleichzeitig adoptiert und zur Augusta erhoben. Die Tochter Iulia erschien nicht im Testament; sie war also enterbt; neben der Beseitigung des Agrippa Postumus ein zweiter Beweis dafür, wie hart Augustus aus Staatsraison selbst gegen sein eigenes Fleisch und Blut handeln konnte. Die Anweisungen im Nachtrag zum Breviarium enthielten u. a. die Übertragung der Beam-tenwahlen vom Volk auf den Senat und für die Außenpolitik die Einhaltung der Dreistromgrenze. In seinen Vorschriften für das Lei-chenbegängnis hatte Augustus im allgemeinen das Begräbnis des Agrippa als Vorbild hingestellt. Aber man ging in der Ehrung des Toten noch über das vorgeschrieben Maß hinaus. Tiberius ließ hier die Übertreibungen zu, obwohl darin schon das Grundübel der

Folgezeit, die allzu liebedienerische Haltung der »Väter« zutage trat. Er ließ nur in einem Edikt an das Volk unter Hinweis auf die Ruhestörungen, die einst bei der Leichenfeier für Iulius Caesar vorgekommen waren, die Aufforderung ergehen, nicht darauf zu drängen, daß die Leiche auf dem Forum verbrannt werde; vielmehr sei von der Regierung vorgesehen, diesen Akt am Mausoleum vollziehen zu lassen. Seine ängstliche Zurückhaltung zeigte sich auch gegenüber dem Vorschlag des Senators Valerius Messala, den Huldigungseid für ihn alljährlich zu erneuern, in der offenen Frage an den Antragsteller, ob er diesen Antrag in seinem Auftrage einbringe. Darauf mußte Messala die Anregung als von ihm persönlich ausgehend hinstellen[14].

Am Tage der Bestattung machte der Leichenzug auf dem Forum halt, und Drusus hielt die Leichenrede, der Tiberius eine kurze nüchterne Aufzählung der Taten seines Vorgängers folgen ließ – ganz im Sinne des einfachen, immer streng sachlichen ersten Prinzeps. Die eigentliche Totenfeier fand am Mausoleum statt. Danach erwies Livia dem toten Gatten den letzten Liebesdienst, indem sie im Beisein der vornehmsten Ritter Roms die Asche sammelte und zum Mausoleum brachte.

In der zweiten Senatssitzung, die am 17. Sept. stattfand, trat die schwere innere Krise zutage, die Tiberius in jenen Tagen durchmachte. Nachdem Augustus im ersten Teil der Sitzung feierlich zum Gott *(Divus)* erhoben worden war, stand die Frage der Nachfolge zur Debatte. Sofort offenbarte sich nach dem Vortrag der Konsuln, die die Übertragung des Prinzipates auf Tiberius empfahlen, ein für Tiberius' Psyche besonders chrakteristischer Zug: das Gefühl der Insuffizienz für die gewaltige Stellung eines einzelnen im Staat, wie sie der arbeitsfähigste und arbeitsfanatischste Römer für sich geschaffen hatte. Er lehnte die Nachfolge ab unter Hinweis auf sein hohes Alter – er war so alt wie Caesar im Jahre seiner Ermordung: 56 Jahre –, auf seine schlechten Augen[15] und auf das Übermaß von Pflichten, die nach der Verfassung auf den Prinzeps gehäuft waren. Einer so ungeheuren Aufgabe sei nur ein Geist wie der des verewigten Augustus gewachsen gewesen. Um der vollen Verantwortung auszuweichen, sprach er dann von der Notwendigkeit einer Teilung der ihm zugedachten übergroßen Last, die nun einmal für einen einzelnen nicht tragbar sei. Als die Bitten der Senatoren eindringlicher wurden, ließ Tiberius das Breviarium aufschlagen und erwies daran noch einmal die Größe der Aufgabe[16]. Auf seinen Vorschlag, ihm nur einen Teil der Reichsverwaltung zu übertragen, stellte C. Asinius Gallus, der Sohn des berühmten Historikers C. Asinius Pollio, die Frage an ihn, welcher Teil dies denn sein sollte, um den Ablehnenden dadurch zu dem Geständnis zu bringen, daß das Reich eine Einheit sei und einen einzigen Herren verlange[17]. Anschließend suchte er den Unschlüssigen noch dadurch zu stützen, daß er nach rühmenden Worten über Augustus des Tiberius Verdienste um das Reich in Krieg und Frieden gebührend ins Licht setzte. Das hatte aber aus solchem Mund nur den gegenteiligen Erfolg; denn Tiberius haßte den Mann, der seine geliebte erste Frau, Vipsania, nach ihrer erzwungenen Scheidung von ihm geheiratet hatte und in glücklicher Ehe sechs Söhne von ihr besaß[18]. Trotz allem wurde nach einer tumulturarischen Szene[19] schließlich auf das kniefällige Bitten der Senatoren hin die Annahme des Prinzipates durch Tiberius erreicht, aber nur unter der Bedingung jederzeitigen Widerrufes und unter anfänglicher Zurückweisung des Augustus-Namens, der für den neuen Prinzeps durch die Verleihung an Livia entwertet war[20].

Das Schlimmste war: der Senat übersah gar nicht diese Zusammenhänge und ehrte mehr noch als den Tiberius die hinterbliebene »Kaiserin«-Witwe. Man schlug für sie den Titel »Mutter des Vaterlandes« (mater patriae) vor und für Tiberius den Namenszusatz »Iulias Sohn« (was etruskische und nicht römische Art war!); auch wollte man ihr Liktoren bewilligen, einen Altar zum Andenken an ihre Adoption und anderes mehr beschließen. Der neue Prinzeps mahnte auch hier zur Mäßigung; die Ehrung einer Frau müsse ihre Grenzen haben, er selbst werde auch die ihm zugedachten Ehren auf ihr rechtes Maß beschränken. Alles dies verschärfte die Situation. Es zeigte sich von vornherein: Tiberius war ein Feind allzu großer Huldigungen und Verhimmlungen[21]; auch war er in der Frage der Stellung seiner Mutter im S t a a t e neben dem Prinzeps äußerst empfindlich.

Nur für Germanicus richtete er eine Bitte an den Senat: er erbat für ihn das prokonsularische Imperium in erhöhter Form, ein Beweis, daß er für ihn zwar nicht die Stelle eines Mitregenten, wohl aber eines Helfers im Provinzialdienst erstrebte. Auch ließ er eine Gesandtschaft des Senates an ihn beschließen, um ihm diese Ehrungen zu überbringen und ihm und seiner Gattin zu Augustus' Ableben sein und der hohen Körperschaft Beileid auszusprechen. Für seinen Sohn Drusus wurde nicht das gleiche gefordert, weil er sich als designierter Konsul für das Jahr 15 in Rom befand.

Diesem korrekten Verhalten gegen die »Söhne« entsprachen auch die ersten Regierungshandlungen, die sich im engsten Einvernehmen mit dem Senat und im Rahmen des von Augustus Gewollten bewegten: Übertragung der Beamtenwahlen von dem Volk auf den Senat, Zulassung der Volkstribunen zur Mitwirkung bei der Abhaltung der neuen Augustus-Spiele *(ludi Augustales),* aber nicht auf eigene Kosten – sie waren ja nicht Staatsbeamte, sondern nur die der Plebs –, sondern zu Lasten des Staates und unter der Vergünstigung, daß die Volkstribunen im Zirkus im Triumphkleid (nicht aber im Triumphwagen) erscheinen durften. Von den zwölf Kandidaten für das Praetoren-Amt schlug Tiberius nur vier als für den Senat bindend durch »Nomination« vor, blieb in diesem Punkte also gegen Augustus zurück, der mindestens die Hälfte nominiert hatte[22].

Alles dieses mehr äußerliche Weiterlaufen der Prinzipatsmaschinerie ließ noch nicht erkennen, daß das Erbe, das der überaus pietätvolle und sich streng im Rahmen seiner Rechte bewegende alte Mann übernommen hatte, durch die Zerreißung des intimsten Familienbandes, des Verhältnisses zwischen Mutter und Sohn, erkauft werden sollte. Immerhin, die augusteische Staatsidee hat den Sieg davongetragen. Die neue Staatsform hat jedoch von jetzt ab unter nichts stärker gelitten als unter der komplizierten Psyche des zweiten Staatsführers.

Nachdem Tiberius den Prinzipat übernommen hatte, hat er sich seiner Herrscheraufgabe hingegeben wie kaum ein Monarch der Weltgeschichte, allerdings unter strengster Beschränkung auf seinen ihm zustehenden Bereich und unter steter Anerkennung der Rechte des Senates, des letzten Überbleibsels republikanischer Staatsgestaltung von ehedem: korrekt in allem, was er anfaßte, auch im Verhältnis zu dem ihm aufgezwungenen »Kronprinzen« Germanicus, dessen wachsende Popularität seine eigene Unbeliebtheit beim Volk und im Heer nur noch stärker hervortreten ließ. Der das Beste wollende, aber immer menschenscheuer werdende Herrscher trug, je höher er stieg, für die von ihm übernommene Führerstellung im Staate, die großen Takt, innere Geschlossenheit des Wollens sowie verbindliche Aufgeschlossenheit nach allen Seiten hin verlangte, nun einmal einen schweren psychischen Mangel in sich, nämlich die ewig mit Hemmungen belastete Eigenart. Und was die natürliche Anlage ihm vorenthalten hatte, war weder unter Augustus noch in der liebedienerischen Umgebung, in die er nun auf einsamer Höhe hineingestellt war, zu erwerben. So war er für die staatsmännische Kunst, wie sie Augustus zeitlebens auf Grund glänzender Gaben geübt hatte, weder geboren noch erzogen noch vom Leben geformt. Sein Handeln war daher bei allem guten Willen, auch dem Senat gegenüber, zum Scheitern verurteilt. Aus seinem Streben nach einem Mitträger der

Verantwortung in der Staatsleitung erklärt sich zum Teil sein bald zu beobachtendes stärkeres Entgegenkommen gegenüber dem Senat, das Augustus nicht gekannt und nicht gewollt hatte – auch hierin wie in vielem anderen mehr Caesarianer als Tiberius.

2.

Bis zum Tode des Germanicus: Tiberius, Germanicus, Livia
im Dienste
der Fortführung des augusteischen Prinzipates;
Gegenspielerin Iulias Tochter, Vipsania Agrippina.
14 bis 19/20 n. Chr.

Nach allem Gesagten stand Tiberius mit der Übernahme des Prinzipates vor einer sehr schweren Aufgabe und das Imperium vor schweren Zeiten, da der Staatsgründer mit seiner unerhörten *auctoritas* fehlte. So programmäßig sich in der Hauptstadt des Reiches alles abgespielt hatte, so bedenklich begann es sofort bei den Heeren im Norden, sowohl an der Donau als auch am Rhein, zu gären. Wie Augustus selbst, so war auch die Armee überaltert. Es wurden sofort Klagen laut, daß die Einhaltung der Entlassungstermine und die Zivilversorgung für das ausgediente Militär in den letzten Jahren zu wünschen übrig gelassen habe. Kurz vor Tiberius' Regierungsantritt war die Dienstzeit von 16 auf 20 Jahre erhöht worden[1]. Auch hielt man in der Soldateska den Regierungswechsel für eine günstige Gelegenheit zu Unruhen mit der Aussicht auf Belohnungen und allerlei Arten von Bereicherungen. Daneben richtete sich die Wut der Soldaten gegen die eigentlichen Exerzier- und Zuchtmeister im Heere, gegen die verhaßten Hauptleute aus dem Soldatenstand, die Zenturionen.

Beide Brandherde waren für den Staat sehr gefährlich. Von der Treue der Rheinarmee hing das Schicksal Galliens ab; die Donautruppen standen in bedenklicher Nähe Italiens, das von hier aus wie sich soeben in dem pannonisch-dalmatinischen Aufstand gezeigt hatte, leicht bedroht werden konnte.

Am frühesten erreichte Rom die Kunde von den Unruhen bei den pannonischen Legionen. Drei von ihnen, die 8., 9. und 15 Legion, lagen unter dem Befehl des dortigen Legaten Iunius Blaesus, eines Mutterbruders Seians, in einem gemeinsamen Sommerlager. Hier kam es schon in der Zeit der durch die Staatstrauer bedingten

Dienstruhe zur Aufreizung der Massen durch schlechte Elemente und schließlich zum Ausbruch einer Revolte. Blaesus bog sie ab, indem er seine Truppen dazu veranlaßte, dem neuen Prinzeps durch eine Gesandtschaft ihre Forderungen überbringen zu lassen. Sie stand unter der Führung seines eigenen Sohnes, der Tribun in einer der ihm unterstellten Legionen war.

So wurde die Ruhe im Sommerlager leidlich wiederhergestellt. Aber bei einer nach Nauportus (Oberlaibach) detachierten Abteilung ging es um so toller zu. Die Wut richtete sich hier gegen den von unten aufgestiegenen Lagerpräfekten, einen ehemaligen Zenturio. Es kam zu schwersten Ausschreitungen und Verstößen gegen die militärische Ordnung und Disziplin.

Auf die Nachricht über diese Vorgänge blieb zwar Tiberius selbst in Rom – mit Rücksicht auf die darüber aufgebrachte Volksstimmung ließ er immerhin alles für die Reise vorbereiten –, sandte aber seinen Sohn Drusus unter dem bewährten alten General Cn. Cornelius Lentulus (Konsul i. J. 18 v. Chr.) und dem unterdessen zum Amtsgenossen seines Vaters in der Gardepräfektur aufgerückten L. Aelius Seianus mit zwei Kohorten der Praetorianer und Reiterei sowie mit dem Kern der aus Germanen bestehenden Leibwache des Herrschers in das Aufstandsgebiet.

Der Empfang durch die Soldateska war kühl und blieb es auch nach der Verlesung eines Briefes des Tiberius. Der Prinzeps gedachte darin der gemeinsam verlebten Kriegsjahre und Kriegstaten und betonte, sein Sohn Drusus habe den Auftrag, alles in die Wege zu leiten, was sich sofort erledigen lasse, während alles übrige dem Senat überlassen bleiben solle, »von dem niemand annehmen dürfe, daß er es an Güte oder an Strenge fehlen lassen werde«[2]. Daraufhin brachten die Soldaten durch einen Zenturio ihre Wünsche vor: 16-jährige Dienstzeit, als Zivilversorgung einen Denar täglich und Abschaffung des langen Zurückhaltens der Veteranen unter den Fahnen. Drusus bemerkte dazu, daß darüber die Entscheidung dem Senat und seinem Vater zustünde. Er wurde aber lärmend unterbrochen mit dem Ruf, warum er denn gekommen sei, wenn er keine Vollmacht habe. Auch sei die Sorge für das Wohl der Soldaten nicht Sache des Senates, sondern des Prinzeps. Die Spannung blieb bestehen und entlud sich endlich gegen Cn. Lentulus, dem man bei der Abreise höhnisch zurief, wohin er gehe, zum Prinzeps oder zum Senate. Er konnte, als die Soldateska sogar tätlich zu werden begann, nur durch das Eingreifen der Bedeckungsmannschaft des Drusus in Sicherheit gebracht werden.

Einen Stimmungsumschwung brachte erst eine Mondfinsternis, die die Mannschaften sehr erregte. Drusus benutzte diese günstige Wendung, berief eine Soldatenversammlung ein und versicherte, er werde bei seinem Vater alles zur Erfüllung ihrer Wünsche tun. Eine neue Gesandtschaft unter dem erwähnten Tribunen Blaesus ging an Tiberius ab. In dem Kriegsrat, den Drusus mit seinen Beratern abhielt, siegte aber die Ansicht, daß es nötig sei, schärfer vorzugehen. Unter den Soldaten sank unterdessen die Stimmung, als schwere Wetter heraufzogen und der Winter sehr früh hereinbrach. Die Legionen wurden uneins untereinander. Die 8. Legion entschied sich zuerst für die sofortige Rückkehr in das Winterlager, bald auch die 15. Die 9. dagegen forderte lärmend, man müsse Tiberius' Bescheid abwarten, ehe man auseinandergehe. Als sie schließlich nur noch allein im Sommerlager war, zog auch sie ab. Drusus aber wartete nicht die Rückkehr der Gesandtschaft ab, sondern begab sich, nachdem die Ruhe leidlich wiederhergestellt war, nach Rom zurück.

Am Rhein war der Hergang viel verwickelter. Hier waren größere Truppenmassen zusammengeballt, geteilt in das »obere Heer« in Mainz unter C. Silius und in das »untere« unter Aulus Caecina, jedes vier Legionen stark. Oberbefehlshaber der gesamten Rheinarmee war der 29-jährige Germanicus, der zur Zeit durch die Abhaltung eines Zensus in den gallischen Provinzen in Anspruch genommen war. Bei dem Rheinheer verquickte sich der Soldatenaufstand mit einem dynastischen Putsch, der das Ziel hatte, den angesehenen und beliebten »Kronprinzen« an Stelle des Tiberius zum Prinzeps zu machen. Der Sohn von Tiberius' Bruder Drusus war ein hochgebildeter junger Mann von bezaubernder Liebenswürdigkeit, dessen Söhne durch seine Verheiratung mit Iulias Tochter Vipsania Agrippina die Urenkel des Augustus waren, und der deshalb, wie jeder Soldat wußte, von dem Reichsneugründer als Tiberius' Nachfolger in Aussicht genommen war. Seinen Vater Drusus umgab im römischen Volk und im Heer ein merkwürdiger Zauber. Weit war die Ansicht verbreitet, wenn er zur Regierung gekommen wäre, hätte er Rom die Freiheit zurückgegeben. Diese Zuneigung und Hoffnung hatten sich auf Germanicus übertragen. Das Wesen von Vater und Sohn war gleich schlicht, ihr Benehmen sehr leutselig und menschennahe, weit entfernt von der komplizierten Psyche des Tiberius³. Daß der Traum von dem »liberalen Kronprinzen« trügerisch gewesen ist, hat die Geschichte des Prinzipates unter der auf Tiberius folgenden Drusus-Nachkommenschaft erwiesen. Aber damals konnte noch niemand wissen, wie sich die Dinge entwickeln würden. In dieser Stunde stützte sich der Glaube an eine bessere Zukunft des Staates auf Germanicus.

Die Bewegung brach bei dem »unteren Heer« *(exercitus inferior)* aus, dessen vier Legionen, die erste, fünfte, zwanzigste und einundzwanzigste Legion in einem Sommerlager im Lande der Ubier lagen. Dieser Germanenstamm war durch Agrippa i. J. 38 v. Chr. auf das linke Rheinufer in die Kölner Bucht verpflanzt worden; seine Hauptstadt lag auf dem Boden der heutigen Stadt Köln. Wohl unterhalb Kölns, etwa bei dem heutigen Neuß, übten die Truppen[4]. In die neuen Legionen war nach der Katastrophe im Teutoburger Waldgebiet zum Teil schlechter Ersatz eingestellt worden, der u. a. aus den unteren Volksschichten der Stadt Rom stammte. Der Funke der Empörung zündete hier, ausgehend von der einundzwanzigsten und fünften Legion, schneller, weil in diesem Heere der Glaube verbreitet war, Roms Geschick hinge von ihm – dem Heere – ab[5]. Die Rheinarmee war damals die größte des Staates. Zum ersten Male zeigte es sich, daß, wenn sie andere Pläne hatte als der gemäß dem Staatsrecht die Nachfolge regelnde Senat, dies sehr gefährlich werden konnte.

Die Wut der aufgeregten Soldaten richtete sich auch hier zuerst gegen die verhaßten Zenturionen, die schwer mißhandelt und zum Teil erschlagen wurden. Der erfahrene und nicht unbeliebte Legat Caecina verlor die Nerven. Einzelne Offiziere (Tribunen) wie Cassius Chaerea (der spätere Mörder des Caligula) versuchten durchzugreifen. Aber die Befehlsgewalt ging an einzelne Wortführer der Soldateska über, die den Dienst von sich aus regelten.

Germanicus war in Gallien und deshalb nicht anwesend. Er ließ auf die Nachricht von dem Tode des Augustus sofort die Sequaner und die ihnen benachbarten belgischen Stämme den Treueid auf den neuen Prinzeps leisten und begab sich, als er von dem Aufstand der Legionen hörte, eiligst in das Sommerlager im Ubierland. Vom ersten Augenblick an zeigte er ein durchaus loyales Verhalten gegen den neuen Staatschef. Nachdem er Ordnung in die ihn bestürmenden Massen gebracht hatte, sprach er zu ihnen – er war ein ausgezeichneter Redner – von seiner Verehrung für Augustus, von Tiberius' Siegen und Triumphen, besonders von seinen Großtaten und Erfolgen in Germanien. Als er dann auf die Meuterei und die Untaten gegen die Offiziere und die Unteroffiziere zu sprechen kam, entstand ein Tumult: man brachte Forderungen vor, vor allem die Veteranen mit der verlängerten Dienstzeit verlangten das ihnen von Augustus vermachte Geld, alles dies unter Glück- und Heilwünschen für den Prinzen, dem sie sich offen anboten, falls er Prinzeps werden wolle.

64

Dies löste eine furchtbare Reaktion bei Germanicus aus. Mit den Worten, er wolle lieber sterben als zum Verräter werden, riß er sein Schwert von der Seite, als wolle er es sich in die Brust stoßen. Die Massen drängten sich um ihn; als eine Pause in dem Tumult eintrat, wurde er von seinen Freunden in das Feldherrnzelt geführt[6].

Diese dramatische Szene hat einen staatsrechtlichen Hintergrund. Der rheinische Soldat hatte nicht so ganz unrecht, wenn er seinen Anspruch auf Besetzung des Thrones anmeldete, einen Anspruch, der im Dreikaiserjahr 69/69 erneut und mit Nachdruck erhoben wurde und einen so unfähigen Mann wie L. Vitellius zum Prinzeps erhob. Die letzte Ursache für die gefährlichen Vorkommnisse d.J. 14 im Kölner Land lag in der Zwiespältigkeit des Prinzipates, wie ihn Augustus geschaffen hatte. Er ruhte nämlich gleichermaßen auf dem Imperator und auf dem Augustus. Aus der »absolutistischen« Epoche seines Aufstieges (31–27 Anf.) hatte der Staatsgründer den Namen Imperator, der in diesen Jahren das Fundament seiner (Romulus) Stellung war[7], in die neue Gestaltung der Dinge vom 16. Januar mit hinübergenommen. Imperator Caesar Augustus war seitdem der Name des »princeps civium«, der der reinen Militärmonarchie Caesars nur als eine Zivilfassade vorgebaut war. Den Imperator schuf seit alters das Heer, ursprünglich nach einem entscheidenden Siege über äußere Feinde, den Princeps Augustus kreierte der Senat. Wenn jetzt schon die stärkste Armee des Imperiums das Recht beanspruchte, den Herrscher zu küren, so griff sie der kommenden Entwicklung weit voraus – die Zeit war dafür noch nicht reif –, aber immerhin lag in der stets durch die Truppen geübten Ausrufung zum Imperator eine gewisse Berechtigung für das Handeln der Soldaten bei der Neubesetzung des Thrones durch einen neuen Imperator Caesar Augustus. Aber ihnen gegenüber betonte diesmal wie später i.J. 68/69 die aus dem Beamtentum mit dem ungeteilten »Imperium« hervorgegangene Generalität den zivilen Sektor in der Prinzipats-Ideologie und hielt – sicher im Sinne des Augustus – an den Rechten von Volk und Senat auf die Besetzung der neuen Führerstellung im Staate fest. Dadurch entstand in letzter Linie der Konflikt. Im Laufe der Geschichte siegte bekanntlich dann der Standpunkt der Massen im Heer und gab dem Prinzipat das unverhüllte Antlitz einer Militärmonarchie, wie sie Caesar von vornherein aufzurichten gewillt gewesen war.

Nach einer Beratung des Germanicus mit seinen Stabsoffizieren im Hauptquartier wurde den Soldaten in einem im Namen des Prinzeps abgefaßten Schreiben, also in einem gefälschten Brief, Entlassung nach 20-jähriger Dienstzeit, aber Austritt aus der kämpfenden Truppe nach 16 Jahren unter vorläufigem Verbleiben bei der Fahne als Veteranen und doppelte Zahlung der Legate angeboten. Diese Bekanntgabe brachte, zumal sofortige Ausführung angeordnet wurde, eine gewisse Ruhe und ermöglichte die Überführung der Legionen in ihre Winterlager, der 1. und 20. Legion nach Köln, der 5. und 21. nach Vetera; sie erfolgte aber erst nach der Auszahlung des augusteischen Legates aus der Privatkasse des Germanicus und seiner Freunde.

Germanicus begab sich darauf zum oberen Heer in Mainz, dessen Oberkommandant C. Silius war, und nahm der 2., 13. und 16. Legion ohne weiteres den Huldigungseid für Tiberius ab. Die 14. Legion zögerte ein wenig, folgte aber dann dem guten Beispiel. Allen wurden die Geldzahlungen und die Zugeständnisse an das untere Heer bewilligt, ohne daß sie darum gebeten oder sie erzwungen hatten. Die Meuterei einer aus Veteranen bestehenden Lagerbesetzung im fernen Chaukenland wurde durch das kühne Auftreten des Lagerpräfekten Manius Ennius unterdrückt und die Aufrührer wurden in das Winterlager gebracht.

Inzwischen war Germanicus nach Köln zurückgekehrt. Dorthin waren zwei Legionen (die 1. und die 20. Legion) und die unterdessen in das Veteranenverhältnis übergetretene Mannschaft in die Winterquartiere gegangen. In Köln traf nun die Senatsgesandtschaft unter der Führung des L. Munatius Plancus ein, die Germanicus das erhöhte prokonsularische Imperium brachte und das Beileid des Senates zum Tode des Augustus aussprach. Dadurch kam wieder Erregung in die Massen, weil man glaubte, die gemachten Konzessionen sollten wieder rückgängig gemacht werden. Die aufgeregte Menge vergriff sich an dem greisen Führer der Gesandtschaft, ja an Germanicus selbst, und verlangte das Feldzeichen *(vexillum)* der Veteranentruppe, offenbar um abzumarschieren. Diese unerhörte Disziplinlosigkeit geißelte Gemanicus vor der Heeresversammlung und legte den Zweck der Gesandtschaft dar. Die Gesandten wurden unter dem Schutz bundesgenössischer Reiterei entlassen. Bald danach wurde auch Germanicus' schwangere Ehefrau mit ihrem Söhnchen aus dem Lager evakuiert, um in das Gebiet der Trevirer (Trier) gebracht zu werden. Als die Soldaten bei dem Anblick der abziehenden Frau gerührt wurden und sich zu schämen begannen, packte sie Germanicus noch einmal bei der Ehre und forderte sie am Ende einer eindrucksvollen Rede auf, sich von den Meuterern zu trennen und sie aus ihren Reihen auszustoßen. Diesmal schlugen seine Worte durch.

Ein militärisches Schnellgericht unter dem Vorsitz des Legaten der 1. Legion C. Caetronius, beseitigte nach Schuldspruch durch die Kameraden auf der Stelle die schlimmsten Elemente. Die Veteranen wurden bald darauf nach Raetien geschickt, um von den übrigen getrennt zu werden. Schließlich wurden die Zenturionen auf ihre Haltung während der Unruhen hin überprüft und die unzuverlässigen entlassen.

Nachdem Germanicus so bei den Kölner Legionen Ordnung geschaffen hatte, ging er nach Vetera (Xanten) zu den beiden anderen Legionen (5 und 21). Sie hatten mit der Meuterei begonnen und Germanicus hatte die Absicht, wenn sie den Gehorsam verweigern würden, mit den Waffen durchzugreifen. Nach einem an den Kommandeur A. Caecina vorausgesandten Brief besorgten aber die Soldaten selbst die Schlußabrechnung, d.h. sie metzelten auf ein verabredetes Zeichen die Schuldigen nieder, und Germanicus brauchte nach seiner Ankunft nur noch die Leichen verbrennen zu lassen.

Ein solches Heer mußte, sollte echte soldatische Zucht und Ordnung auf die Dauer wiederhergestellt werden, durch Einsatz gegen den äußeren Feind beschäftigt werden. Germanicus improvisierte sofort mit etwa der Hälfte des Sollbestandes der niederrheinischen Legionen einen Übergang über den Rhein und machte einen Einfall südlich der unteren Lippe in das Gebiet der Marser[7a]. Sie wurden völlig überrascht und in grauenhafter Weise (mit Einschluß von Frauen und Kindern) dezimiert. Das Stammheiligtum der Göttin Tanfana wurde zerstört. Diese unmenschliche Kriegsführung ist vielleicht dadurch zu erklären, daß auf der Grenze ihres Landes gegen die Brukterer hin die Varusschlacht stattgefunden hatte und diesen beiden Stämmen als den Inhabern des Grunds und Bodens des Schlachtgeländes zwei der damals erbeuteten Legionsadler von Arminius überlassen worden waren[8]. Tatsächlich sind sie auch in den folgenden Jahren diesen wieder abgenommen worden. Das furchtbare Blutbad veranlaßte eine Hilfsaktion der Brukterer (nördlich der mittleren und oberen Lippe), der Tubanten (wohl im Westerwald) und der Usipeter (im Siegerland), die Germanicus' Nachhut auf dem Heimmarsch plötzlich im waldigen Gebiet überfielen. Doch erreichten seine Truppen bald freies Gelände und bewerkstelligten die Rückkehr in die Winterquartiere.

Tiberius war sowohl mit dem seiner Ansicht nach zu weit gehenden Entgegenkommen des »Kronprinzen« gegenüber seinen Soldaten als auch mit seinem eigenmächtigen Verlassen der von ihm befohlenen Defensive nicht ganz einverstanden. Immerhin war er froh über das Erreichte und erstattete dem Senat einen günstigen Schlußbericht voll von Lob für Germanicus' Tüchtigkeit und Drusus' kluges Benehmen in Pannonien. Die dem rheinischen Heere gemachten Zugeständnisse wurden auch der Donauarmee gewährt. Allerdings wurde die bewilligte Dienstentlassung mit 16 Dienstjahren wieder zurückgezogen und die Dienstdauer auf 20 Jahre festgesetzt, weil die Kriegskasse die Kosten nicht tragen konnte[9].

Germanicus faßte diese abschließende Stellungnahme des Prinzeps als Zustimmung zu seiner Wiederaufnahme der Rache- und Raubzüge im Feindesland auf, zumal ihm schon auf Grund des ersten Feldzuges, der hinter ihm lag, ein Triumph in Aussicht gestellt worden war.

Nach umfassenden Rüstungen setzte daher i.J. 15 der Kampf wieder ein, und zwar mit einem unvermuteten Streifzug in das Land der Chatten (zwischen Rhein, Main, Lahn und oberer Weser), diesmal wohl von Mainz, dem Hauptsitz des oberen Heeres, aus, das doppelt soviel bundesgenössische Truppen wie Caecina unter seinen Fahnen hatte. Im Taunusgebiet, besser wohl im Territorium der Tauneser (civitas Taunensium), eines Teilstammes der Chatten, erbaute der Prinz auf den Trümmern einer schon von seinem Vater angelegten Befestigung ein Kastell (Höchst a.M. oder Friedberg in Hessen), ließ das schwere Gepäck hier zurück und marschierte mit dem Heer eiligst in das Innere des Landes. Mit der Sicherung der rückwärtigen Verbindungen, vor allem der Straßen- und Flußübergänge, wurde L. Apronius (Konsul i.J. 8 n.Chr.) betraut. Man erreichte die Eder und steckte nach erzwungenem Übergang den Hauptort des Stammes, Mattium (vielleicht Metze bei Gudensberg nördl. von Fritzlar oder die Altenburg bei Niedenstein südwestl. von Kassel), in Brand. Die Cherusker, die den Chatten zu Hilfe kommen wollten, wurden von Aulus Caecina mit den Abteilungen des unteren Heeres in Schach gehalten, ebenso die Marser.

In der herrschenden Familie der Cherusker war ein Zwist ausgebrochen zwischen dem römerfreundlichen Segestes und dem Römerfeind Arminius, der Segests Tochter Thusnelda, die mit einem anderen Cherusker verlobt war, geraubt und zur Frau genommen hatte. Es war zu Gewalttätigkeiten gekommen. Segestes war auf seiner Stammburg eingeschlossen und belagert worden. Unter diesen Umständen erbat er durch seinen Sohn Segimund, den ehemaligen Priester am Augustusaltar von Köln, der aber i.J. 9 zu den Rebellen geflüchtet war, die Hilfe der Römer.

Es kam zum Kampf der Römer mit den Belagerern von Segestes' Burg, und in ihr geriet nach der Entsetzung Segestes mit vielen

Verwandten, darunter auch der schwangeren Thusnelda, in des Siegers Hand. Der Prinz gab dem Volksverräter in dem linksrheinischen Germanien, in der »alten Provinz«, einen Ruhesitz, Thusnelda aber schenkte einem Sohn das Leben, der in Ravenna interniert und erzogen wurde[10]. Germanicus wurde auf Tiberius' Antrag der Imperatortitel zuerkannt. Arminius aber schwor den Räubern von Frau und Kind blutige Rache, und es gelang ihm, seinen Oheim Inguiomer auf die römerfeindliche Seiter herüberzuziehen.

Dies veranlaßte Germanicus, noch in demselben Jahr 15 einen größeren Feldzug gegen die Brukterer zu unternehmen, um durch die Besiegung dieses bedeutenden Volkes zu beiden Seiten der Ems und im Gebiet nördlich der Lippe einen Keil in die feindliche Machtstellung zu treiben. Der strategischen Anlage dieses Einbruches in Nordgermanien wurde der von seinem Vater hinterlassene Plan zugrunde gelegt, d.h. gleichzeitiger Angriff frontal zu Land durch Aulus Caecina mit vierzig Kohorten und zu Wasser (vier Legionen) unter Germanicus' persönlicher Führung durch den Drususkanal und durch die Lagunen des Zuydersees zur Emsmündung. Zwischen den beiden Heeren führte der Praefekt Pedo die Reiterei in die Nähe des Meeres durch das Land der Friesen. Alle drei Heeressäulen trafen sich an der oberen Ems. Von hier aus wurde alles Land zwischen dem Oberlauf der Ems und der Lippe gründlich verwüstet und geplündert. Dabei wurde der Adler der 19. Legion erbeutet.

Nachdem er die Lippe erreicht hatte, besuchte der Prinz das dort gelegene Varusschlachtfeld[11] und erwies den gefallenen Kameraden spät noch die letzte Ehre[12]. Angeblich fand die Heldenehrung nicht die Billigung des Tiberius, schon weil Germanicus durch Betätigung bei der Leichenbestattung seine kultische Reinheit als Augur befleckt hatte; doch stammt die Nachricht wohl aus einer der dem Prinzeps mißgünstigen Quellen und ist kaum glaubhaft.

Mit den darauf angegriffenen Cheruskern kam es, da sich Arminius nicht zum Kampfe stellte, sondern in die Waldgebiete seiner Heimat zurückwich, nur zu einem unentschiedenen Treffen, bei dem Arminius' Versuch, den Römer nach seiner Kampfesweise aus dem Hinterhalt in einen nahen Sumpf zu werfen, mißlang. Auch strategisch blieb der Feldzug ergebnislos. Der Prinz hielt es für geboten, den Rückmarsch zur Ems anzutreten und von hier aus seine Truppen in der erwähnten Dreigliederung zurückgehen zu lassen. Caecina wurde an der Spitze des niederrheinischen Vierlegionenheeres heftig verfolgt und geriet durch eine von dem Gegner herbeigeführte künstliche Überschwmmung des von ihm im norddeutschen Moor benutzten Knüppeldammes (der dort allgemein seit alters gebrauchten Straßenbauweise) in eine sehr schwierige Lage, in der ihm der heftig nachdrängende Arminius durch Einkesselung beinahe das Schicksal des Varus bereitet hätte. Der Legat vermochte sich nur noch mit größter Mühe in ein schnell aufgeschlagenes Lager zu retten und dieses gegen einen erneuten Angriff zu verteidigen. Die Germanen machten diesmal den Fehler, auf Inguiomers Rat gegen den Willen des Arminius auch das Lager anzugreifen. Dabei erlitten sie eine Schlappe, und die Römer konnten ungehindert abziehen.

Auch der Rücktransport der zu Schiff heimbeförderten Legionen bereitete Schwierigkeiten. Germanicus übergab zwei Legionen, die 2. und die 14., dem Konsular P. Vitellius, dem Großvater des späteren Prinzeps, mit dem Befehl, sie zur Erleichterung der Flotte diesmal auf dem Landweg am Meer entlang heimzuführen. Der Legat geriet aber bei dem zu dieser Zeit der Tag- und Nachtgleiche besonders unruhigen Ozean in eine Sturmflut, wobei er viele Menschen und Sachwerte verlor. An der Mündung eines Flusses[13] nahm Germanicus die Truppen wieder an Bord und brachte sie glücklich heim. Die Verluste an Waffen und Pferden waren sehr groß. Es mußte teilweise eine neue Ausrüstung beschafft werden, wobei der Prinz selbst mit Geld aushalf. Caecina, Apronius und Silius erhielten für die bewiesene Tapferkeit und Umsicht die Triumphalinsignien. Aber ein wirklicher Erfolg war nicht erzielt.

Der Hauptschlag gegen die Germanen i. J. 16, der wieder hauptsächlich auf dem Seewege erfolgen sollte, wurde daher genauestens vorbereitet, jetzt ganz im Stile der Feldzüge des Drusus und Tiberius[14], offenbar auch mit gleicher Zielsetzung der Grenzvorschiebung bis zur Elbe. Eintausend Transportschiffe von ganz besonderer Bauart – weitbauchig mit Verdecken und mit flachem Kiel, manche mit Steuerrudern vorn und hinten – wurden gebaut. Als Sammelplatz wurde die »Insel der Bataver« (zwischen Waal und Altrhein) bestimmt.

Vor dem Hauptfeldzug wurden kleinere Vorstöße in das Feindesland gemacht: der Legat Silius griff die Chatten an, Germanicus selbst zog mit sechs Legionen gegen das erste rechtsrheinische Kastell, wohl Aliso, das, wie gemeldet worden war, belagert wurde. Des Silius' Expedition brachte nur wenig Beute ein, darunter die Frau und die Tochter des Chattenhäuptlings Arpus. Germanicus gelang es, die Belagerung des Kastells aufzuheben. Daraufhin stellte er den neben dem Kastell für seinen Vater erbauten Altar wieder her. Aber den für die Varuslegionen von ihm selbst jüngst errichteten, ebenfalls zerstörten Ehren-Grabhügel ließ er nicht wieder erneuern (aus der Existenz dieses Altars und Grabhügels gerade neben diesem Kastell ergibt sich wohl sicher, daß nur Aliso in Frage kommt). Das ganze Gebiet zwischen dem Kastell Aliso (dieser Name wird jetzt ausdrücklich genannt, was eine weitere Stütze dafür ist, daß es auch vorher gemeint war) und dem Rhein wurde durch den Bau neuer Straßen und Dämme gesichert[15] und dadurch die Wiederholung der Angriffe auf das so wichtige nächstgelegene Lippekastell ausgeschaltet.

Zurückgekehrt ließ Germanicus die wohlvorbereitete große Flottenexpedition gegen das Wesergebiet anlaufen. Nach einem feierlichn Gebet zu seinem Vater Drusus um Wohlgelingen des großen Unternehmens schleuste er die Schiffe durch den Drususkanal und durch die damals noch geschlossene Zuydersee in den offenen Ozean. An der Mündung der Ems angelangt, beging er den großen Fehler, die Flotte schon auf dem Westufer der Flußmündung zu verlassen, statt die Schiffe die Ems, soweit sie schiffbar war, aufwärts fahren zu lassen und die Ausladung auf dem Ostufer vorzunehmen[15a]. So gingen mehrere Tage durch den Bau von Brücken verloren. Auf ihnen führte er die Reiterei und die Legionen hinüber, während der Nachtrab und die bundesgenössischen Truppen, vor allem die Bataver, die ihre Schwimmkünste zeigen wollten, durch die Fluten in Bedrängnis gerieten und einige Leute verloren.

Reibungslos ging der Vormarsch bis zur mittleren Weser vonstatten. Nur wird von einem Abfall der Angrivarier nach dem Durchzug durch ihr Gebiet berichtet, die durch eine detachierte Abteilung unter Führung des Stertinius bestraft werden mußten. An der Weser angelangt, traf man auf die am anderen Ufer postierten Cherusker. Ob das Zwiegespräch des Arminius mit seinem im römischen Heere dienenden römerfreundlichen Bruder Flavus über den Fluß hinweg, das Tacitus berichtet[16], historisch ist, muß doch als sehr fraglich bezeichnet werden. Es ist wohl ein Erzeugnis der Rhetorik oder einer poetischen Quelle (Albinovanus Pedo) entnommen.

Der Übergang über den Strom wurde erzwungen. Dabei setzte der Führer der Bataver, Chariovalda, mit seinen Reitern an der reißendsten Stelle zuerst über, wurde aber durch einen Scheinrückzug der Cherusker in ein Waldtal gelockt und hier vernichtet. Bei dem Vorrücken des Hauptheeres ließ Germanicus auf die Kunde von dem Herannahen des Arminius haltmachen und ein Lager aufschlagen. Ein nächtlicher Angriff auf dieses Lager scheiterte. Es kam zur Schlacht bei Idistaviso oder Idisiaviso (wohl jenseits von Minden), die Germanicus nach einem Reitertreffen aus der Marschkolonne heraus schlagen mußte. Die Römer behaupteten gesiegt zu haben, riefen auf dem Schlachtfeld Tiberius zum Imperator aus[17] und errichteten einen Waffenhügel nach Art eines Tropaions. Aber die Tatsache, daß der Feind sich schon einige Kilometer entfernt am Angrivarierwall, der Nordgrenze des Cheruskerlandes, wieder zum Kampfe stellte, beweist, daß die Schlacht höchstens einen taktischen Erfolg bedeutete Von einer zweiten Schlacht sagt selbst Tacitus, dessen Quelle diesen Feldzug höchst romanhaft zur Verherrlichung des Germanicus ausgestaltet hat: »die Reiterei kämpfte ohne bescheidenen Erfolg«[18]. Trotzdem wurde auch hier ein Tropaion errichtet mit der stolzen Inschrift: »Nach Unterwerfung der Stämme zwischen Rhein und Elbe hat das Heer des Tiberius Caesar dem Mars, dem Jupiter und dem Augustus dieses Denkmal gewidmet.« Die Befriedung der Angrivarier wurde durch den Legaten Stertinius zu Ende geführt.

Dann zwang der kurze nordische Sommer auch diesmal die Römer zur Umkehr in dem Lande unbesiegter Feinde. Wiederum wurden einige Legionen auf dem Landwege in die rheinischen Winterquartiere zurückgeschickt. Germanicus schiffte, an der Ems wieder angelangt, den größten Teil ein und fuhr den Fluß abwärts in den Ozean. Aber ein furchtbares Unwetter vernichtete viele Schiffe und Mannschaften.

Zwei nachfolgende kurze Strafexpeditionen, die eine unter Silius gegen die Chatten, die andere gegen die Marser, führten bei diesen nur zu der Zurückgewinnung eines zweiten Adlers aus der Varusschlacht. Tiberius, der einst im Auftrage des Augustus die an die Parther verlorenen Feldzeichen heimgeholt hatte, schätzte diesen Erfolg besonders hoch ein und ehrte ihn durch die Errichtung eines Triumphbogens für Germanicus auf dem römischen Forum in der Nähe des Saturntempels[19].

Eine erneute Vorverlegung der Reichsgrenze an die Elbe, deren sich Germanicus gerühmt hatte, erwies sich bei dem starken Widerstand der germanischen Stämme, vor allem der Cherusker unter Arminius, als undurchführbar. Tiberius drängte daher in wiederholten Schreiben, Germanicus möge zur Feier des ihm bewilligten Triumphes heimkehren, es sei genug der Erfolge und der Unglücksfälle[20]. Aus dem letzten und entscheidenden Brief oder aus der Begründung, die Tiberius für seinen Schritt im Senat gegeben hatte, stammt wohl der berühmte Passus[21]: »Ich selbst bin neunmal von dem verewigten Augustus nach Germanien entsandt worden und habe dort mehr durch Klugheit (d. h. mit diplomatischen Mitteln) als mit Gewalt erreicht. Auf diese Weise sind die Sugambrer unterworfen und die Sueben und ihr König Marobod durch einen Frieden an uns gefesselt worden. Die Cherusker und die übrigen aufrührerischen Stämme kann man jetzt, nachdem Rom seine Rache an ihnen genommen hat, ruhig ihren inneren Zwistigkeiten überlassen.« Auf Germanicus' Bitte, ihm noch ein Jahr zu gewähren, um das begonnene Werk zu Ende zu führen, antwortete Tiberius mit einem energischen Appell an seinen Gehorsam und bot ihm außer dem Triumph über Germanien ein zweites Konsulat und zwar für das Jahr 18 an, zusammen mit dem Prinzeps selbst, die höchste Ehre, die damals vergeben werden konnte.

Nun zögerte Germanicus nicht länger, dem Rufe des Staatsoberhauptes zu folgen. Die römische Reichsgrenze wurde wieder an den Rhein zurückverlegt. Nur vom Bataverland über die Friesen hinweg bis einschließlich zu den Chauken beiderseits der Wesermündung, also am Ozean entlang, blieb die Grenze wie schon unter Augustus auch jenseits des Stromes erhalten. Tiberius' Hoffnung trog nicht, daß die stets uneinigen Germanenstämme, wenn sie von dem äußeren Druck, der sie immer wieder zusammengeschmiedet hatte, befreit waren, sich selbst gegenseitig ruinieren würden. Tiberius hatte die größere Erfahrung und sah weiter als der jugendliche draufgängerische »Kronprinz«. Er war ein Staatsmann von Format geworden, der das Blut seiner Soldaten sparte, wenn mit anderen Mitteln das gleiche für Rom zu erreichen war.

Wirklich brach noch i. J. 17 der große Kampf zwischen der von Arminius abermals geschaffenen Bundesorganisation und dem böhmisch-süddeutschen Königreich des Markomannenkönigs Marobod aus. Die Semnonen und Langobarden an der mittleren Elbe traten auf Arminius' Seite. Diesem außenpolitischen Erfolg des großen Cheruskerführers stand leider ein Mißerfolg im Innern gegenüber: Inguiomer, der bisher seinem Neffen im Kampf gegen Rom Gefolgschaft geleistet hatte, kündigte ihm die Treue. Es kam zu einer Schlacht nördlich von Böhmen (vielleicht in der Lausitz), dem ersten Kampf zwischen Norden und Süden in der deutschen Geschichte. Eine Entscheidung fiel nicht; aber Marobod mußte das Schlachtfeld räumen, er bat Rom um Unterstützung gegen den jungen Freiheitshelden des Nordens. Tiberius lehnte, seiner einmal eingeschlagenen Politik treu, die Einmischung ab, benachrichtigte seinen Sohn Drusus, der damals in Illyrien kommandierte, und forderte ihn auf, sich in Bereitschaft zu halten[22], da Marobod mehr und mehr an Anhang unter den benachbarten Stämmen verlor.

Drusus ließ schließlich den König Marobod durch eine in seinem

Lande angezettelte Verschwörung unschädlich machen. Der Gotone Catualda, der früher einmal vor Marobod hatte weichen müssen, unternahm einen Rachefeldzug gegen ihn i.J. 19. Marobod wurde so sehr in die Enge getrieben, daß er bei Carnuntum in das römische Grenzgebiet von Noricum übertrat. Tiberius feierte seinen Erfolg in einer Rede im Senat; in ihr verglich er die Rom von Marobod drohende Gefahr mit der des Philipp für Athen oder der des Pyrrhus und des Antiochos für die römische Republik. Marobod wurde in Ravenna interniert, wo er noch 18 Jahre lang das römische Gnadenbrot gegessen hat. Er starb in der Gefangenschaft im Todesjahre des Prinzeps. Auch sein Bezwinger Catualda, der sich zum König der Markomannen gemacht hatte, wurde bald von den Hermunduren geschlagen und ebenfalls von den Römern aufgenommen. Er endete in Forum Iulium (Fréjus) in der Narbonensis, während seine Gefolgschaft jenseits der Donau zwischen den Flüssen Marus (March) und Cusus (Waag) unter Vannius, aus dem Stamme der Quaden, als römische Klientel angesiedelt wurde[23]. Drusus zog am 28. Mai 20 n. Chr. in Rom ein, allerdings nur im sogenannten kleinen Triumph (ovatio), d.h. zu Pferde, nicht auf dem Viergespann (wie drei Jahre zuvor Germanicus).

Auch bei den Cheruskern brach ein innerer Zwist aus, angeblich weil Arminius auf Grund seiner militärischen und politischen Erfolge nach der »Königsherrschaft« über sein Volk strebte. Im römischen Senate wurde ein Brief des Chattenhäuptlings Adgandestrius verlesen. Darin erbot er sich, Arminius ums Leben zu bringen, wenn man ihm das dazu nötige Gift schicke[24]. Tiberius lehnte ein solches Ansinnen ab: das römische Volk nehme an seinen Feinden nicht hinterlistig und heimlich Rache, sondern offen und mit dem Schwert in der Hand. Dazu bemerkt sogar Tacitus: »Mit diesem edlen Verhalten stellte sich Tiberius jenen alten Feldherrn an die Seite, die es abgelehnt hatten, den König Pyrrhus vergiften zu lassen, ihm vielmehr von dem Anschlag auf sein Leben Mitteilung machten.« Arminius kam i.J. 19 oder 21, 37 Jahre alt, durch die Hinterlist eines Verwandten aus dem eigenen Stamme zu Fall, nachdem er zwölf Jahre lang ruhmvoll die Geschicke seines Volkes geleitet hatte[25].

Man kann es angesichts solcher Tatsachen ruhig aussprechen: Tiberius' Politik gegenüber Germanien war, vom römischen Standpunkt aus gesehen (und ein anderer Maßstab ist nicht anzulegen), auf dem richtigen Wege. Er hatte scharfen Auges das germanische Erbübel erkannt[26] und verzichtete auf weitere Rachezüge, er verzichtete auch auf die Eroberung mit dem Schwerte, suchte vielmehr durch anständige diplomatische Künste auf dem Wege der »friedlichen Durchdringung« die Germanen auf die Dauer an Rom zu fesseln und die Niederhaltung des tapferen Volkes ihm selbst zu überlassen[27]. Die Zukunft hat ihm Recht gegeben. Die römische Politik gegenüber Germanien ist niemals besser geführt worden als unter diesem größten Sachkenner des nordischen Problems seit Iulius Caesar. Er war der bedeutendste Gegenspieler unseres Volkes in seiner Frühgeschichte und gehört deshalb ganz anders, als es gewöhnlich geschieht, in die Darstellungen der geschichtlichen Anfänge der germanisch-deutschen Entwicklung.

Germanien trat in Roms Politik etwas in den Hintergrund, allerdings noch nicht, wie später unter Tiberius' Neffen Claudius, zu Gunsten Britanniens. Dies wäre ein Schritt über Augustus hinaus gewesen: dazu war Tiberius nicht fähig; er hielt sich streng an das augusteische Auslandsprogramm innerhalb der Dreistromgrenze des Reiches und des Ozeans.

Der zweite Prinzeps war im Grunde mehr Spezialist für den Donauraum als für Germanien. So vollzog sich schon etwas unter ihm, was für die weitere Geschichte der römischen Nordpolitik später entscheidend werden sollte. Ihr Schwergewicht verlagerte sich immer mehr vom Rhein an die Donau. Hier hatte der furchtbare Aufstand der Jahre 6 bis 9 schwere Wunden hinterlassen, und die bei der Niederwerfung mitbetroffenen Daker hatten aus der Varuskatastrophe neue Hoffnung geschöpft. Sie wurden bald der Hauptfeind Roms auf europäischem Boden.

Dort war noch so gut wie alles zu tun. Tiberius hatte gerade am Ende der augusteischen Regierung die Neuordnung der Grenzen und des Landesinneren durchführen wollen in Gestalt einer verwaltungstechnischen Durchorganisation der einzelnen Provinzen, wofür gerade dieser äußerst gewissenhafte Fürst wie geschaffen war. Da hinderte ihn der Tod des großen Vorgängers an der Vollendung des Werks im Donaugebiet nach all den schweren Kämpfen, die er dort zu bestehen gehabt hatte, d. h. an der Eingliederung der Donauländer in das Provinzialreich der Römer. Die große Fülle der Aufgaben gerade hier wurde nun die Domäne seines Sohnes Drusus und damit der Donauraum zum ersten Mal das Wirkungsgebiet des zweiten »Thronfolgers«, während die Generalstatthalterschaft im Orient, wie früher, jetzt nach Germanicus' Abberufung aus Germanien wieder dem ersten und eigentlichen Thronfolger zufiel.

Alles, was im Donauraum geschah, war bei der größeren Nähe Italiens und bei der immer drohender werdenden dakischen Gefahr lebensnotwendiger für das Reich als die etwas schnellere oder langsamere Befriedung und römische Durchdringung des niederdeutschen Raumes. Mit anderen Worten: die Eroberung und Erhaltung Illyriens im weiteren Sinne des Wortes und damit die Donaugrenze waren schon seit einiger Zeit »das Zentralthema« der Reichspolitik. Auch dies rechtzeitig erkannt zu haben, ist ein großes Verdienst »des weitsichtigen und erfahrenen Staatsmannes«[28], der lieber Werke friedlicher Arbeit leistete als unablässige Kriege führte. Die Teilung der großen Provinz Illyricum in zwei Gebilde, Pannonien und Dalmatien, sowie die Schöpfung einer neuen Provinz Moesien auf dem Boden des heutigen Serbien i. J. 15, bald danach auch das Eingreifen in die Dynastenkämpfe im unruhigen, noch nicht provinzialisierten Thrakien waren die Etappen dieser fruchtbringenden Tätigkeit für die definitive Eingliederung des Balkans in das Römerreich. In Thrakien war zwischen den beiden Königen des Landes Streit ausgebrochen. Er wurde von Tiberius dadurch beendet, daß das Land unter den Söhnen der verfeindeten Brüder von neuem geteilt, aber von dem Propraetor Trebellenus Rufus als Vormund verwaltet wurde[29].

Im übrigen wurde vor allem Drusus auf dem Balkan Gelegenheit gegeben, sich in die Probleme der Reichsverwaltung und der Reichsaußenpolitik an einer besonders wichtigen Stelle einzuarbeiten, dieses durch die ständige Beobachtung der Staaten jenseits der Grenzen, ihrer möglichen Spaltung und Gegeneinanderhetzung im Sinne der von Tiberius begonnenen Politik. Der Herrscher selbst im Reichszentrum, im Sinne des Augustus als das Haupttriebrad der Staatsmaschinerie gedacht, die beiden Söhne und präsumtiven Nachfolger, die nebenbei bemerkt, aufs beste miteinander standen und einander in die Hände arbeiteten, in den Provinzen und an den Reichsgrenzen mit den Geschäften im Rahmen weitgehender Vollmachten betraut – dies war das System des neuen Prinzeps, das sich überall gut bewährte und dem Staat in Fortsetzung des gesegneten Augustus-Regimes noch ein paar glückliche Jahre brachte.

Von irgendwelchen Gegensätzen oder Mißstimmungen zwischen Tiberius und Germanicus ist nicht das geringste zu bemerken. Hier hat die Geschichtsschreibung unter dem Einfluß der giftspritzenden Berichterstattung der bald stark verärgerten und gegen den Prinzeps wühlenden Frau des Germanicus, Vipsania Agrippina, auf der die übertriebene Schwarzweißmalerei des Tacitus beruht, den historischen Hergang früh vernebelt.

Auch in bezug auf die Persönlichkeit des Germanicus setzte Tiberius wie in allem die Politik des Augustus fort. Die Vorzugsstellung,

die dieser dem erstgeborenen Sohn seines Lieblings Drusus eingeräumt hatte, kam jetzt darin zum Ausdruck, daß Germanicus am 26.
Mai 17 seinen Triumph über die Cherusker, Chatten, Angrivarier
und die übrigen germanischen Stämme diesseits der Elbe feiern
durfte, einen der glänzendsten Triumphe der römischen Geschichte,
zugleich den letzten der »Kaiserzeit«, der einem Nichtherrscher
bewilligt wurde. Fortan zogen nur die Principes selber für alle Siege im
Reiche zum Kapitol. Auf dem Triumphwagen stand diesmal der
Feldherr selbst mit seinen fünf Kindern, drei Söhnen und zwei
Töchtern. Zur Feier des Tages wurde an das Volk eine Donatio von
dreihundert Sesterzien pro Kopf gegeben, endlich wurde Germanicus
zum Kollegen des »Vaters« für das Konsulat d.J. 18 (das 2. des
Germanicus, das 3. des Tiberius) ernannt. So wurde er nicht nur der
höchsten Ehre unmittelbar nach dem regierenden Prinzeps teilhaftig,
sondern auch kurz danach auf Beschluß des Senates mit dem Oberkommando über die östliche Reichshälfte betraut, das schon Agrippa
und Gaius Caesar innegehabt hatten und das Tiberius selbst einstmals von Augustus zugedacht war. Die unterdessen im Orient einge-
tretenen Zustände und das Verhältnis zu Parthien[30] erforderten die
Anwesenheit eines Mitgliedes des Herrscherhauses. Germanicus
schien der rechte Mann zu sein für die schwierige Aufgabe im Orient,
die viel Takt und Anpassungsfähigkeit verlangte: ein Beweis dafür,
daß er das volle Vertrauen des Tiberius und des Senates genoß.

Seine Laufbahn war eine der Stellung des kommenden Herrschers
durchaus angemessene. Man erkennt deutlich: Tiberius hat es an
nichts fehlen lassen, um Germanicus aus der Reihe weit emporzuhe-
ben und ihm den Platz unmittelbar hinter dem Prinzeps, ganz im
Sinne des Augustus, vor aller Welt und mit hinreichender Deutlich-
keit offen zu halten. Tiberius war wohl der zur Zeit regierende
Prinzeps, aber nach ihm sollte nach Augustus' Anordnung und
Tiberius' Wunsch der so gefeierte Germanensieger[31] Herrscher werden. Das wußte jeder Mann in Rom, und danach handelte Tiberius,
indem er dem Mann, der ihm gegenüber bei dem rheinischen Aufstand loyal gewesen war, nun auch seinerseits die Treue hielt.

Da trat das Unerwartete ein, daß das letzte und höchste Kommando, das Germanicus jetzt über den Orient erhielt, ihm Unglück
brachte und zu seinem frühen Tod führte. Unsere Überlieferung wird
von jetzt ab immer tiberiusfeindlicher und gipfelt schließlich in der
Behauptung, Germanicus sei einem Verbrechen des unter des Prinzen
Oberkommando als Statthalter von Syrien fungierenden Cn. Calpurnius Piso zum Opfer gefallen. Piso war ein tatkräftiger, aber auch

sehr selbstherrlicher und eigenwilliger älterer Mann, dessen Vater schon unter Augustus i. J. 23 vorübergehend frondiert hatte. Seine Frau war die reiche Munatia Plancina, die Tochter des L. Munatius Plancus, der i. J. 27 für Oktavian den Titel Augustus beantragt hatte, dabei eine Vertraute der Livia. Die Mordlegende ist die Auffassung, die Iulia Agrippina nach den Erzählungen ihrer stolzen Mutter, des Germanicus Gemahlin, Vipsania Agrippina, in ihren Memoiren vertreten hatte. Ihr Haß hat seit den tragischen Ereignissen in Syrien Tiberius verfolgt und die Atmosphäre im Herrscherhaus vergiftet.

Tiberius hat sicher einen großen Fehler auf dem Gebiete der Personenwahl gemacht, einem Gebiete, auf dem er, der bedeutende Menschenkenner, im allgemeinen eine glückliche Hand hatte. Er durfte nicht den hochadligen Piso, einen Streber von seltener Rücksichtslosigkeit, zum Statthalter von Syrien machen unter dem Oberbefehl des Prinzen, der viel weicher veranlagt war. Piso, der Sohn seines Vaters, nur mit noch unfügsamerem Naturell, hatte eine große Laufbahn hinter sich: schon i. J. 7 v. Chr. war er durch ein gemeinsames Konsulat mit Tiberius, als dieser zum ersten Mal auf dem Höhepunkt seines Aufstiegs stand, geehrt worden und galt seitdem dem Herrscherhaus als treu ergeben[32]. Die falsche Personenwahl entsprang sicher den besten Absichten des Prinzeps und erfreute sich der Zustimmung des Senates[33]. Tiberius wollte dem »Kronprinzen« in der wichtigsten Provinz des Orients, die schon im Altertum ähnlich wie heute ein besonders heißer Boden war, den bestqualifizierten Statthalter unterstellen. Statt dessen schuf die Wahl schwere Reibungen, zumal auch Agrippina und Plancina, beide sehr herrschsüchtige Frauen, sich vom ersten Augenblick an nicht vertrugen.

Zweimal hat Tiberius sich in den Persönlichkeiten vergriffen, nämlich bei der Begünstigung des Piso und der des Seian. Sein verschlossener Charakter hat hier Mißgriffe begangen, die er schwer hat büßen müssen. Die beiden Kraftnaturen waren seiner voluntarisch infolge der inneren Hemmungen doch nicht so wie nötig entwickelten Art überlegen und haben ihn in Lagen gebracht, denen er kaum oder gar nicht gewachsen war.

Zunächst ging alles ganz gut. Germanicus faßte seinen Ostauftrag auch menschlich und als Philhellene, der er war[34], sehr weitgehend auf, d. h. er benutzte die Herrschaft über die interessante griechische und orientalische Reichshälfte auch zur eigenen Weiterbildung auf allen Gebieten geistigen Lebens. Nach einem Besuch bei seinem Vetter und Freunde Drusus in Illyrien segelte er mit einem Teil der Reichsflotte nach Süden und trat sein zweites Konsulat in Nicopolis an, der »Siegesstadt«, die Octavian zur Erinnerung an seinen Sieg bei Actium über des Prinzen Großvater Antonius und über Kleopatra gegründet hatte. Er gedachte sicher in dieser Stunde seines Konsulatsantrittes in Nicopolis, als er auf dem Gipfel seiner Macht stand, in ehrender Weise seiner beiden großen Vorfahren, die hier um die Palme des Sieges gestritten hatten, seines Großoheims Augustus und seines Großvaters Antonius (s. Stammtafel)[35].

Auf der Weiterfahrt wurde Athen besucht, wo Germanicus sich ausgiebig feiern ließ, aber, da Athen verbündete Stadt war, bescheiden auftrat (nur von einem Liktor begleitet). Über Euböa ging es nach Lesbos, wo Agrippina ihr jüngstes Kind, Iulia, gebar. Dadurch wurde ein etwas längerer Aufenthalt bedingt. Die Meerengen mit den thrakischen Städten Perinth und Byzanz waren das nächste Ziel, unter gleichzeitigem Besuch alter Kultur- und Kulturstätten, wie z. B. Troias, während eine geplante Landung auf Samothrake wegen widriger Nordwinde mißlang. Dagegen wurde das berühmte Orakel des Apollo von Klaros in Kolophon besucht. Zwischendurch galt natürlich die Aufmerksamkeit des neuen Generalstatthalters der Abstellung provinzialer und kommunaler Schäden und Mißstände sowie anderer Verwaltungsmaßnahmen.

In Rhodos erreichte der in seine Provinz reisende Piso seinen Oberkommandierenden. Er hatte die Athener im Gegensatz zu dem Prinzen recht schlecht behandelt, trat überhaupt schroffer auf, als der an Jahren viel jüngere und leutseligere Prinz. Bei einer Havarie seines Schiffes vor Rhodos schickte ihm Germanicus seine Kriegsschiffe zu Hilfe. Von einer feindlichen Stimmung zwischen beiden ist nichts zu bemerken. Aber Piso trat nach der Ankunft in seiner Provinz von vornherein sehr selbstherrlich auf, auf der anderen Seite schmeichelte er der ihm unterstellten Euphratarmee so sehr, daß er im Volksmund allgemein der »Vater der Legionen« genannt wurde. Auch Plancina beging mancherlei Taktlosigkeiten.

Germanicus brauchte dies nicht zu berühren. Sein Aufgabenkreis war viel größer und erstreckte sich weit über Syrien hinaus. Es gab eine große Anzahl von Klientelstaaten im Osten, in denen ein Mißregiment herrschte und bei denen deshalb die Einführung unmittelbarer römischer Verwaltung geboten war. Mit dem alten König Archelaos von Kappadokien, der schon mehr als fünfzig Jahre über dieses ostkleinasiatische Binnenland westlich des oberen Euphrat regierte, stand Tiberius nicht besonders gut. Angeblich hatte er während Tiberius' Aufenthalt in Rhodos auf der Seite seiner Gegner gestanden und hatte sich von Gaius Caesar, von dem er abhängig war, zu stark beeinflussen lassen. Auf Tiberius' Veranlassung hatte seine Mutter, die schon unter Augustus gute Beziehungen zu den Fürstenhöfen des Orients gepflegt hatte und daher großes Ansehen dort genoß, i. J. 17 ein Schreiben an den hochbetagten König gerichtet mit dem Ersuchen, selbst nach Rom zu kommen und ihres Sohnes Groll durch eine persönliche Aussprache zu beschwichtigen. Archelaos beherzigte diesen Wink, kam nach Rom, ist aber nicht wieder heimgekehrt, sondern, wie es scheint, infolge der Aufregungen über den ungnädigen Empfang gestorben. Germanicus' Aufgabe war es nun, das Königreich Kappadokien in eine römische Provinz zu verwandeln. Es geschah unter Erlaß mancher königlicher Steuern. Die neue Provinz wurde »kaiserlich« und dem Legaten Q. Veranius unterstellt[36]. Unruhen in Kommagene, einem kleineren Klientelstaat südöstlich von Kappadokien mit der Hauptstadt Samosata am Euphrat, hervorgerufen durch den Tod des Landeskönigs Antiochos, sowie in Ostkilikien – hier war ebenfalls der Herrscher Philopator gestorben – wurden schnell unterdrückt und auch diese Staaten in Provinzen unter einem propraetorischen Statthalter verwandelt. In dem wichtigsten römischen Pufferstaat im Osten, der damals aufblühenden Handelsstadt Palmyra, wurde Roms Einfluß stärker geltend gemacht als zuvor[37], ebenso in dem arabischen Nabatäerstaat im Süden des Toten Meeres. Germanicus' kluge Politik in allen diesen Grenzstaaten ist von Tiberius' Nachfolgern aus der Drusus-Nachkommenschaft, von Germanicus' Sohn Caligula und seinem Bruder Claudius, sowie von Nero verständnisvoll fortgesetzt worden, von Caligula allerdings unter teilweiser Rückkehr zum alten Klientelstaatensystem[38]. Hier allein hat die Drusus-Deszendenz, angeregt durch des Tiberius' gute diplomatische Regie und durch des Germanicus' Können, Bedeutungsvolles geleistet. Das Ende und gleichzeitig der Höhepunkt wurde Neros weitausgreifende Orientpolitik, die auf das Konto des Seneca und seines tüchtigen Statthalters im Osten, Cn. Domitius Corbulo (seit 53 n. Chr.), zu setzen ist[39].

Hierfür war vor allem grundlegend Germanicus' Regelung des Verhältnisses Roms zu Parthien und seine Neugestaltung des Klientelstaates Armenien, des alten Sorgenkindes der Ostpolitik. Das Parther- und Armenienproblem war nach den schweren Niederlagen des Antonius unter Augustus zu lösen versucht worden, das erste Mal i. J. 20 v. Chr. durch Augusus und Tiberius (s. o. S. 23), das zweite Mal i. J. 1 v. Chr. durch den damaligen Thronfolger Gaius Caeser (s. o. S. 36). Die erste Lösung hatte die Zurückgewinnung der von Crassus und Antonius verlorenen römischen Feldzeichen von dem damaligen

Partherkönig Phraates IV. und die Erhebung des Tigranes zum römischen Klientelkönig von Armenien sowie dessen Anerkennung durch den Partherkönig gebracht. Damals hatte Augustus seinem Freunde auf dem parthischen Thron die griechische Haremsfrau Musa geschenkt, die bald die Herrschaft über ihren Gatten gewann und mit allen Mitteln die Nachfolge ihres dem König geborenen Sohnes erstrebte. Im Verlauf der inneren Wirren, die sich hieraus im Partherreich entwickelten, hatte Phraates IV. seine legitimen Söhne und ihre Frauen, wohl i. J. 10 oder 9 v. Chr., dem römischen Statthalter von Syrien, Titius, übergeben. Zwei von ihnen starben in Rom. Gegen Ende d. J. 3 v. Chr. ließ Musa ihren altgewordenen Gemahl ermorden, um endlich für ihren unterdessen erwachsenen Sohn Platz zu machen[40]. Dieser bestieg als Phraates V., auch Phraatakes genannt, den Thron. Wie sein Vater in den letzten Jahren seines Lebens getan hatte, so streckte auch er die Hand nach Armenien aus. Dadurch wurde die Sendung des Gaius Caesar nach dem Orient i. J. 1 v. Chr. und dessen Zusammenkunft mit dem Partherkönig auf dem Euphrat nötig. Das Ergebnis war: der damalige »Kronprinz« des Römerreiches nahm Armenien wieder für einen von Rom eingesetzten König in Besitz. Auf die Androhung eines römischen Einmarsches in Parthien hin verzichtete Phraates V. auf Armenien und schloß einen Friedens- und Freundschaftsvertrag mit Rom: Augustus unterließ es daraufhin, einen der Kandidaten, die sich in seinen Händen befanden und einen besser begründeten Anspruch auf den parthischen Thron hatten, weiterhin zu begünstigen.

Diese Regelung des römisch-parthischen Verhältnisses auf Grund der Zusammenkunft vom Jahre 1 v. Chr. war nicht von langer Dauer. Phraates V. erhob seine eigene Mutter zu seiner königlichen Gemahlin und übertraf an Maßlosigkeit und Unbeherrschtheit bei weitem seinen Vater. Er machte sich dadurch bei den parthischen Großen und Lehensfürsten verhaßt, wurde schon zu Anfang d. J. 4 n. Chr. vertrieben und fand ein Asyl im Römerreich.

Von neuem entstanden Wirren im Partherreich. Der römische Schützling Vonones I., einer der legitimen Söhne Phraates IV., bestieg den Thron[41]. Gegen ihn wurde Artabanos III., der Sohn einer parthischen Prinzessin und eines hohen Adligen, des Unterkönigs von Atropatene, dadurch der Begründer der jüngeren (weiblichen) Linie des Arsakidenhauses, von den parthischen Königswählern auf den Schild gehoben. Vonones I. hielt sich, offenbar auf die großen Adelshäuser der Suren und Karen gestützt, eine Zeit lang. Aber als Artabanos III. i. J. 12 seinen Angriff erneuerte, konnte er einen entscheidenden Sieg davontragen und Vonones auf Seleukeia am Tigris zurückwerfen. Er wurde daraufhin allgemein als Großkönig anerkannt und gekrönt, kurz vor dem Tode des Augustus[42]. Vonones floh nach Armenien und nahm dort den gerade frei gewordenen Thron in Besitz. Doch mußte er auch hier spätestens i.J. 15 dem Druck seines parthischen Gegners weichen. Der damalige Statthalter Syriens, Silanus Creticus, wagte für ihn keinen Partherkrieg, ließ vielmehr Vonones, der zu ihm geflohen war, in seiner Provinz internieren, um ihn bei sich bietender Gelegenheit nach Armenien zurückzuführen.

Der Sturz des Vonones I. und der Zugriff des Artabanos III. auf Armenien waren die Gründe für das Eingreifen des Tiberius in die östlichen Händel durch die Entsendung des Germanicus. Dieser erschien im Frühjahr 18 am Euphrat: zum dritten Mal ein Prinz des Herrscherhauses in hoher diplomatischer Mission am Grenzstrom des Reiches. Er ließ sofort Armenien mit starken Kräften besetzen, ohne Widerstand zu finden – auch Piso erhielt den Befehl, sich an der Aktion zu beteiligen[43]. Vor den Toren der alten Hauptstadt Artaxata krönte Germanicus ohne Schutz der römischen Truppen, die nicht so weit vorgedrungen waren, in herkömmlicher Weise als neuen König des Landes den Zenon, einen Sohn des pontischen Königs Polemon, der in Kleinarmenien, das seinem Vater gehörte, aufgewachsen und nach armenischer Sitte erzogen worden war, unter dem Königsnamen Artaxias[44]. Die Wahl war vortrefflich: der neue König hat sich auf dem armenischen Thron bis zum Jahre 35 gehalten.

Da die Wiedergewinnung des armenischen Vasallenstaates und seine Belehnung mit Artaxias zeitlich ziemlich genau mit der Schöpfung des *regnum Vannianum* durch Drusus (darüber o.S. 74) zusammenfiel, beschloß der Senat für Germanicus wie auch für Drusus den kleinen Triumph nach ihrer beider Rückkehr sowie die Erbauung zweier Triumphbögen für sie und zwar zu beiden Seiten des Mars Ultor-Tempels. Tiberius hatte größere Freude an solchen unblutigen Siegen als an Schlachten und Kriegen[45].

Nach der für Rom so glücklich verlaufenen Aktion in Armenien fühlte sich Artabanos III. für einen Waffengang mit Rom zu schwach. Noch i.J. 18 erschienen seine Gesandten im Hoflager des Germanicus und baten um die Bestätigung des alten Freundschaftsvertrages, zugleich um eine Zusammenkunft mit dem »Kronprinzen«, ähnlich der seines Vorgängers mit Gaius Caesar, allerdings unter der Bedingung, daß Vonones aus Syrien entfernt und an politischer Wühlarbeit im Partherreich gehindert werde. Germanicus nahm diese Bedingung an. Vonones wurde aus Syrien nach Pompeiopolis in Kilikien gebracht; bei einem Fluchtversuch in die transkaukasischen Länder ist er ums Leben gekommen. Die geplante Fürstenbegegnung kam infolge des Todes des Germanicus nicht mehr zustande. Die Verträge aber liefen und sicherten die Ruhe im Osten bis zum Tode des Artaxias[46]. Der Hauptzweck der Bestellung des Kronprinzen zum Generalstatthalter im Osten war auch ohne Zusammenkunft der Staatsoberhäupter erreicht. Die politischen Ziele des Prinzeps und seines ersten Helfers gingen konform und brachten Stabilität in die Ostpolitik[47].

Aber Germanicus wurde seiner Erfolge nicht recht froh. Der Statthalter von Syrien, Cn. Piso, hatte seinen Befehl, einen Teil der syrischen Legionen nach Armenien, persönlich oder durch seinen Sohn, zu führen, nicht beachtet. Man traf sich zur Aussprache in Kyrrhos im Winterlager der 10. Legion. Die Spannung zwischen beiden Männern war unterdessen durch »Freunde« verschärft worden. »Sie übertrieben, sie dichteten hinzu und verklagten Piso, Plancina und ihre Söhne auf alle mögliche Weise«[48]. Es kam im Beisein weniger Vertrauter zu einer Auseinandersetzung, bei der der Prinz seinen Unterführer zurechtwies, dieser aber mit »unverschämten Entschuldigungen« antwortete. Man ging in offener Feindschaft auseinander.

Die Folge waren allerlei Reibereien, z.B. bei einem Festessen, das der Nabatäerkönig zu Ehren des Germanicus gab. Als Gastgeschenke erhielten der Prinz und seine Gattin massiv goldene Kränze, das Gefolge dagegen, Piso vor allem, nur solche von geringerem Gewicht. Piso benahm sich bei dieser Gelegenheit sehr taktlos, äußerte z.B. im Hinblick auf die Kränze, das Festmahl gelte doch wohl dem Sohne des Prinzeps und nicht dem des Partherkönigs, wobei er seinen Kranz hinwarf und allerhand über Luxus sprach. »Germanicus nahm es ruhig hin, so schwer es ihn ankam«[49].

Nachdem er den Hauptteil seiner politischen Mission im Osten erledigt hatte, unternahm der Prinz im Frühjahr d.J. 19 eine private Reise nach Ägypten, die wieder ausschließlich seinem Bildungsbedürfnis dienen sollte. Wohl gehörte auch das Nilland zu seiner Machtsphäre, aber es bestand ein Gebot des Augustus, wonach allen Angehörigen des Senatorenstandes ohne Erlaubnis des Prinzeps das Betreten des Landes nicht gestattet war. Der oberste Beamte des Landes, der Praefectus Aegypti, war deshalb aus dem Ritterstand entnommen. Germanicus hielt offenbar bei seiner hohen Dienststellung die Einholung des Dispenses nicht für nötig. Er erhielt aber dafür von dem stets und in allen Dingen korrekten Tiberius, besonders wenn es sich um eine Bestimmung des Augustus handelte, einen Verweis, zumal Germanicus selbst ein ursprünglich strenges Inkognito gebrochen hatte. Um sich in dem unruhigen Alexandreia beliebt zu machen, bewirkte der hohe Reisende durch Öffnung der staatlichen Getreidespeicher eine Herabsetzung der Kornpreise und erwies dem Volk auch sonst allerlei Wohltaten, wie zwei auf Papyrus erhaltene Erlasse des Prinzen beweisen[50]. Wie einst P. Cornelius Scipio Africanus in Sizilien i. J. 205/04, vor seinem Übergang nach Afrika, trug Germanicus während seiner ägyptischen Reise gern griechische Kleidung[51] und gerierte sich auch sonst als Philhellene, wies aber alle göttlichen Ehrungen als nur seinem »Vater« und seiner Großmutter zukommend ausdrücklich ab. Alle die alten Kultstätten und sagenhaften Plätze an den Nilmündungen besuchte er und reiste dann über Theben, dessen bauliche Weltwunder ihn gefangen nahmen, bis an die Südgrenze des Wunderlandes (Syene-Assuan und Elephantine).

Nach Syrien zurückgekehrt, hatte Germanicus wiederum Auseinandersetzungen mit Piso, der die Anordnungen des Generalstatthalters bezüglich der Legionen und der Verwaltung der Städte in seiner Provinz nicht genau genug befolgt, auch seine Klientel schlecht behandelt hatte[52]. Dann erkrankte der Prinz plötzlich schwer. Piso schob seine auf Grund der Differenzen beschlossene Abreise wegen der Erkrankung des Oberkommandierenden auf. Doch dessen Zustand besserte sich wieder. Der Statthalter ging auf Reisen. Da gab es einen Rückfall in der Erkrankung des Prinzen, und am 10. Oktober verschied Germanicus in Antiocheia, nachdem er noch auf dem Totenbett Piso und Plancina die Freundschaft aufgekündigt und Piso die Provinz genommen hatte. Welcher Krankheit der noch nicht 34jährige Mann, der »Zweite« im Reiche, erlegen ist, sagt uns keine Quelle; es ist also nicht mehr festzustellen.

In der Umgebung des Sterbenden ist durch die leidenschaftliche Agrippina der Verdacht ausgestreut worden, es liege Giftmord der Plancina und ihres Gatten vor, hinter Plancina aber stehe Livia, die also die Ermordung ihres eigenen Enkels geduldet oder womöglich herbeigeführt haben sollte! Es ist dies das Kernstück der Livialegende, die Agrippina in die Welt gesetzt und die ihre Tochter Iulia Agrippina, die Mutter des Nero und die vierte Frau des Claudius, in ihren Memoiren verewigt hat. Verbunden mit einer Verherrlichung des angeblich Ermordeten sondergleichen, die bis hinauf zu einem völlig unmöglichen Vergleich mit Alexander d. Gr. getrieben wird, ist die Giftmordgeschichte auch in die Schwarzweißmalerei der taciteischen Annalen[53] übergegangen. Hier ist die schärfste Kritik vonnöten.

Der Leichnam wurde vor der Verbrennung auf dem Marktplatz von Antiocheia entblößt aufgebahrt. Tacitus muß bei dieser Gelegenheit selbst zugestehen, daß keine sicheren Merkmale von Vergiftung festgestellt worden seien. Agrippina kehrte mit der Asche des Gatten und ihren Kindern über Korfu, wo sie einige Tage haltmachte, und Brindisi nach Rom zurück, während Piso die Rückkehr in seine ihm aberkannte Provinz vorbereitete und zuletzt von Kilikien aus auf ihre gewaltsame Wiedergewinnung ausging.

In Rom war die Trauer des Volkes grenzenlos. Der Senat überhäufte den Toten mit unerhörten Ehrungen: Aufnahme seines Namens in das saliarische Festlied, was bis dahin nur dem Augustus zuteil geworden war, Aufstellung von Ehrensesseln mit einem Eichenkranz darüber[54] bei den Plätzen der Augustalen, ein Bildnis in Elfenbein im Festzug der circensischen Spiele, Triumphbögen in Rom, am Rhein und in Syrien, hier auf dem Amanusgebirge, mit Tatenberichten u. a. m. Nur gegen den Antrag, das Brustbild des Germanicus in der Reihe der Bildnisse berühmter Redner in der Bibliotheca Palatina aus Gold herstellen zu lassen, erklärte sich Tiberius; die Aufnahme in diese Galerie sei schon eine hohe Ehre, da bedürfe es keiner Heraushebung seine Bildes durch Herstellung in Edelmetall.

Zum Empfang Agrippinas sandte der Prinzeps zu Beginn d. J. 20 zwei Kohorten der Praetorianer nach Brindisi und gab Befehl, daß der Asche seines »Sohnes«, die vom Hafen abwechselnd durch Tribunen und Zenturionen getragen wurde, überall beim Durchzug durch Italien die letzten Ehren erwiesen wurden. Dies geschah in feierlichster Weise in Stadt und Land. Drusus reiste dem Trauerzug seines Vetters und Freundes bis Terracina entgegen in Begleitung von Germanicus' Bruder Claudius (dem späteren Prinzeps) und seiner in Rom befindlichen Kinder. Der Senat und eine große Volksmenge erwarteten das Trauergeleit weit draußen vor der Stadt auf der Appischen Straße. Germanicus' Mutter Antonia, die Großmutter Livia und Tiberius zeigten sich nicht in der Öffentlichkeit. Dafür sucht die Quelle des Tacitus[55] nach abwegigen Gründen; und sie sind doch so leicht in der Schwere des Trauerfalles und in der prinzepsfeindlichen Stimmung der Massen zu finden.

Die Beisetzung der Asche im Mausoleum des Augustus ging unter größter allgemeiner Anteilnahme vonstatten. Unter den Verehrern des Prinzen nörgelte man und fand eine gewisse Minderung der Feier gegenüber der zu Ehren seines Vaters Drusus. Aber man bedachte nicht, daß Tiberius allen Übertreibungen bei Fest- und Trauerfeiern gleichermaßen abhold war. Ihm war natürlich auch bekannt, daß sich mit der übertriebenen Trauerkundgebung durch das Volk und mit der geräuschvollen Art der Agrippina in diesen Schmerzenstagen ein gewisser Abscheu gegen ihn und seine Mutter verband.

Kurz und gut, Tiberius erließ schließlich ein Edikt[56] und bat darin, von Übersteigerungen auch diesmal Abstand zu nehmen. Dieser Erlaß ist wie kein zweiter bezeichnend für seine Art: »Viele Römer sind für ihr Vaterland gestorben. Aber keiner ist mit so heißer Sehnsucht betrauert worden. Man muß jedoch Maß zu halten wissen. Für Männer in hoher Stellung, für ein weltbeherrschendes Volk paßt nicht, was für eine geringe Familie, für ein kleines Gemeinwesen vielleicht schicklich ist. Solange der Schmerz frisch, war die Trauer am Platze und war der Gram zugleich unser Trost. Aber jetzt heißt es sich wieder sammeln und Seelenstärke zeigen. Wir müssen die Trauer von uns abtun, wie einst der verewigte Iulius Caesar nach dem Verlust seiner einzigen Tochter und der verewigte Augustus nach dem Tode seiner Enkel. Ich brauche nicht an die älteren Zeiten zu erinnern, an die Standhaftigkeit, mit der das römische Volk seine verlorenen Schlachten, den Tod seiner Feldherrn, die Ausrottung ganzer Adelsfamilien ertragen hat. Die Fürsten sind sterblich; nur der Staat ist ewig. Kehrt zurück zu Eurer gewohnten Lebensweise und gewährt auch der Freude wieder Eingang«[57]. Die herrscherliche Kundgebung stützte sich offenbar auf das dem Prinzeps zustehende Recht, wie den Beginn so auch das Ende einer Staatstrauer bekanntzugeben. Die Art, wie dies geschah, zeigte eine hohe Auffassung vom Staat und eine überragende Würde des derzeitigen Regierungschefs.

Der Prozeß gegen Piso begann, nicht nur um dem beschuldigten Beamten die Möglichkeit des Nachweises seiner Unschuld zu verschaffen, sondern auch um Agrippina Gelegenheit zu geben, ihre Anklagen zu erhärten und um der elenden Stimmungsmache gegen den Herrscher ein Ende zu bereiten[58].

Bei seiner Rückkehr nach Rom hatte Piso Fühlung mit Drusus gesucht, war aber von ihm sehr kühl empfangen worden. Tiberius verwies den Prozeß an das höchste Gericht, das Senatsgericht, und instruierte es unter anderem mit den Worten[59]: »Stellt sich heraus, daß Piso einen Mord begangen hat, so ist es Sache des Senates, den Kindern des Germanicus und uns, seinen Eltern, Genugtuung zu verschaffen. Ferner hat er die Frage zu erwägen, ob Piso das Heer hat aufreizen und zum Abfall hat verführen wollen, ob er sich durch

Bestechung bei den Soldaten in Gunst gesetzt und seine Provinz mit Waffengewalt wieder zu erobern gesucht hat, oder ob diese Behauptungen unwahre Übertreibungen der Ankläger sind, deren übergroßen Eifer ich zu tadeln alle Ursache habe. Denn was für einen Zweck hatte es, den Leichnam zu entblößen und den neugierigen Blicken des Volkes preiszugeben? Wozu sogar im Ausland das Gerücht aussprengen, Germanicus sei vergiftet worden, wenn die Tatsache noch gar nicht feststeht und erst erwiesen werden soll? Gewiß, ich beweine meinen Sohn und werde ihn stets beweinen. Aber ich verwehre dem Angeklagten nicht, alles vorzubringen, was seine Unschuld dartun kann oder was etwaige Ungerechtigkeiten, die Germanicus gegen ihn begangen hat, ans Licht ziehen kann.« Der Herrscher bittet dann die Richter, sich durch seine nahe Verwandtschaft mit dem Toten nicht beirren zu lassen. »Ich habe lediglich die eine, über die Gesetzesvorschriften hinausgehende Vergünstigung für Germanicus eintreten lassen, daß die Untersuchung über seinen Tod in der Kurie, nicht auf dem Forum, vor dem Senat, nicht vor den Richtern[60], stattfindet.« Auch sonst soll alles mit der Überweisung an den Senat in der gewohnten einfachen Weise gehandhabt werden. »Niemand nehme Rücksicht auf Drusus' Tränen, auf meinen Gram, ebensowenig aber auch auf die falschen Verdächtigungen, die gegen uns im Umlauf sind.« Unstreitig ist dies eine musterhafte Prozeß-Instruktion, bei der man deutlich merkt, daß der Gerichtsherr unbedingt Klarheit in diesem Monsterprozeß schaffen will. Nicht nur die Lage des Angeklagten, sondern auch seine eigene war durch Agrippinas unverantwortliche Vorwegnahme der Schuldfrage schwer gefährdet. Im Interesse des Staates mußte zweifelsohne ein klarer und von keiner Seite beeinflußter Richterspruch des Senates herbeigeführt werden.

Zwei Tage wurden der Erhebung und Begründung der Anklage eingeräumt. Nach sechstägiger Pause sollte dann der Beschuldigte drei Tage für seine Verteidigung zur Verfügung haben. Die Anklage lautete auf schlechte Verwaltung Spaniens durch Piso, auf Lockerung der militärischen Disziplin sowie auf ungerechte Behandlung der Provinzialen durch üble Elemente in Syrien, auf Beseitigung des Germanicus durch Zauberei und Gift (Pisos und Plancinas übergroße Freudensbezeugungen über Germanicus' Tod wurden als Beweis betrachtet), endlich auf Widerstand gegen den Staat, um seine Provinz selbst unter dem Risiko eines offenen Kampfes wiederzugewinnen.

Die Verteidiger wußten unter allen Anklagepunkten den wichtigsten, den Verdacht des Giftmordes, zu entkräften. Man hatte unsinnigerweise behauptet, Piso habe an der Tafel des Germanicus, an der er entsprechend seinem hohen Rang den Platz unmittelbar neben ihm hatte, mit eigener Hand Gift in die Speise getan. Der Angeklagte bot seine Dienerschaft und die aufwartenden Sklaven als Zeugen dagegen an.

Aber das Senatsgericht neigte offenbar unter dem Druck der öffentlichen Meinung, besonders wegen des so plötzlichen Todes des Germanicus, zu harter Bestrafung. Als die Sache kritisch wurde, verlangte Piso, der dauernd vor der Wut des Volkes geschützt werden mußte, wie es scheint[61], eine Wiederaufnahme des Verfahrens, um neue Beweise für Germanicus' rechtswidriges Verhalten ihm gegenüber zu erbringen, die er früher schon brieflich dem Herrscher zur Kenntnis gebracht hatte[62].

Der Prozeß nahm immer mehr die Richtung eines Verfahrens wegen Hochverrates an. Daher trennte Plancina, die nur unter der Anklage des Giftmordes stand, ihre Verteidigung von der des Gatten. In der weiteren Verhandlung trat von neuem die feindliche Haltung der Senatsrichter gegen Piso zutage, während Tiberius, der dem Verfahren regelmäßig beiwohnte, aufs strengste seine Neutralität wahrte. Piso begann an einem für ihn günstigen Ausgang des Prozesses zu zweifeln und beging im Gefängnis Selbstmord nach Niederschrift eines Briefes an Tiberius, in der er seine Unschuld am Tode des Germanicus beteuerte und für seinen jüngeren Sohn M. Piso, der mit in Syrien gewesen war, um Straffreiheit bat. Plancina erwähnte er in dem Schreiben nicht, offenbar weil die Anklage gegen sie zusammengebrochen schien.

Der Sohn wurde von dem Verbrechen des Hochverrats freigesprochen. Zu Gunsten der Plancina machte Tiberius die Fürsprache seiner Mutter geltend. Auch sie ging frei aus der Hetze hervor, die den Prozeß umgab. Bezüglich des Selbstmörders, der sich dem Spruche des Gerichtes entzogen hatte, lautete das Urteil auf Streichung seines Namens aus den Fasten und Einziehung eines Teils seiner Güter, endlich auf Änderung des Vornamens des älteren Sohnes Gnaeus, bezüglich des jüngeren Sohnes (Marcus Piso) auf Entziehung seines Ranges, fünf Millionen Sesterzien Strafe und Verbannung auf zehn Jahre.

Der Prinzeps milderte das Urteil in verschiedenen Punkten: keine Namensstreichung in den Fasten, da so etwas nicht einmal gegen Marcus Antonius oder seinen Sohn Iullus Antonius, den Hauptehebrecher mit Iulia, beschlossen worden sei[63], Befreiung des M. Piso von der entehrenden Strafe. D. h. der Prinzeps schlug das Verfahren gegen die Mitschuldigen nieder, nachdem der Hauptschuldige sich dem Gericht entzogen hatte. Auch gegen die Aufstellung eines goldenen Standbildes des Gottes im Mars Ultor-Tempel und eines Altars der Rache (es war der Antrag des Aulus Caecina, Germanicus' langjährigen Legaten und Parteigängers) erhob er Einspruch, indem er sagte: dergleichen Dinge weihe man, wenn ein Sieg über äußere Feinde erfochten sei; innere Schäden decke man mit ernster Wehmut zu[64].

Das Ende des furchtbaren Dramas war eine öffentliche Danksagung an Tiberius, Livia, Antonia, Agrippina und Drusus, denen auf Einspruch eines Senatsmitgliedes noch der Name des Claudius, des späteren Prinzeps, beigefügt wurde, damit also an das gesamte Herrscherhaus, für die Genugtuung, die man Germanicus verschafft hatte. Hier erscheint der Name der Agrippina zum ersten und einzigen Male zusammen mit den übrigen Mitgliedern der domus Augusta. Im Grunde stammte die ganze Hetzkampagne, durch die der Prozeß aus dem Gerichtssaal in die Masse getragen worden war, von ihr; diese Tatsache hat das Unglück des Staates und seines Leiters heraufgeführt.

Es ist keine Frage, daß Tiberius an den höchst unliebsamen Vorgängen völlig unschuldig war – abgesehen von der unglücklichen Personenwahl bei der Besetzung des syrischen Statthalterpostens – und daß er, als der Prozeß gegen Piso notwendig geworden war, sich aufs ängstlichste bemühte, eine rein juristische Klärung herbeizuführen. Er hatte sich bis dahin, wie seine Außen- und Innenpolitik (über diese siehe unten S. 91 f.) gezeigt hatte, streng an das Programm des Augustus in der Staatsführung gehalten und zwar mit unzweifelhaft guten Ergebnissen. Der Grundstein dieser Politik aber war die Nachfolge des Germanicus, auf der die Zukunft des Staates ruhte, nicht nur nach der Ansicht des Augustus, sondern auch nach der des Tiberius. Beide waren auch in diesem Kardinalpunkt einer Meinung. Der neue Prinzeps hatte den »Kronprinzen« gefördert, wie und wo er nur konnte, hatte ihn schließlich bis zum höchsten Posten im Reiche neben sich emporsteigen lassen. Sein plötzlicher Tod in der Blüte seiner Jahre war in erster Linie für den Staatsleiter ein furchtbares Unglück und ist von ihm offenbar auch als solches tief empfunden worden[65]. Es weist vieles darauf hin, daß Tiberius in diesen Jahren stark gealtert ist; 60jährig war er ein Greis.

Zu dem Unglück des Hinscheidens des wichtigsten Mannes im Reiche nach dem Prinzeps kam nun die Hetze der Agrippina. Sie verschlimmerte die Situation ungemein und versetzte Tiberius zum ersten Male einen Stoß, der später nur noch durch den Verrat des

Seian übertroffen wurde. Die Mißgriffe in der Personenwahl des Piso wie auch des Seian haben Tiberius schwer zugesetzt, weil beide Male Gewaltmenschen ihm entgegentraten, denen er nicht gewachsen war.

Aber viel schlimmer als die Entfesselung von Agrippinas Haß gegen ihn und seine Mutter war die Verschärfung durch den Pisoprozeß. Die Frau in der Frühgeschichte des Prinzipates ist eines der düstersten Kapitel in der römischen Geschichte. Die Männer haben, als der Kampf um die Staatsform zu Gunsten der Einherrschaft entschieden war, den Übergang vom Bürger zum Monarchen, da sie tief verstrickt waren in die sachliche Arbeit der Umstellung von Staat und Gesellschaft auf die neue Form, leichter zu vollbringen vermocht als die Frauen. Diese sind gescheitert. Eine Ausnahme macht die kluge Livia[66]. Sie hat vermöge ihres meist wohltätigen Einflusses auf Augustus (weniger auf Tiberius) in der Politik nicht so großen Schaden angerichtet. Durch das Fehlen eines Sohnes in den verschiedenen Ehen des Augustus ist dagegen die »Erbtochter« Iulia viel zu früh und viel zu stark das Objekt der Politik ihres Vaters geworden. Sie war eine viel zu temperamentvolle und sinnliche Frau, als daß sie auf die Dauer nur der Politik dienen konnte. Sie wollte mehr vom Leben haben, als ihr der Vater zubilligte, der ihre Hand nur nach politischen Gesichtspunkten vergab. Sie suchte wahre Liebe und machte schließlich zwischen Gatten und Liebhaber keinen Unterschied mehr. Da kam i. J. 2 v. Chr., als Augustus auf dem Höhepunkt seiner Macht und seines Glanzes stand, die Katastrophe; sie endete mit der Verbannung der Leichtsinnigen bis zum Tode. Von ihren Töchtern aus der Ehe mit Agrippa hat die Tochter gleichen Namens (die jüngere Iulia) ihren Leichtsinn geerbt. Im Jahre 8 n. Chr. ist auch sie verbannt worden und hat keinen geringeren als den Dichter Ovid in ihre Katastrophe verwickelt (bekannt ist seine damalige Verbannung nach Tomoi = Constanza am Schwarzen Meer). Ihre Schwester Vipsania Agrippina, die Frau des Germanicus, war zwar sittlich rein, aber voll gewaltigen Stolzes und ungebändigter Herrschsucht, Eigenschaften, die sie auf ihre Tochter, Iulia Agrippina, die Frau des Claudius, vererbte, die beides war, unkeusch und machtgierig über alle Maßen. Waren die beiden Iulien ein öffentliches Ärgernis und, um mit Augustus zu reden, zwei von den drei »Krebsgeschwüren« seines Hauses, so wurden die beiden Agrippinen das Unglück der Monarchie in der iulisch-claudischen Epoche. An Vipsania Agrippina ist Tiberius zum zweiten Male zerbrochen, nachdem er vor ihrer Mutter als seiner Ehefrau schon in die Einsamkeit von Rhodos geflüchtet war. Was ihm die Tochter angetan hat, ging noch weit über das hinaus, was er von ihrer Mutter hatte hinnehmen müssen; und an Iulia Agrippina, der ersten wirklichen Augusta seit Livia, wurde ihr Sohn Nero zum Muttermörder[67]. Mit dieser furchtbaren Untat des J. 59 endete die Tragödie, die die Geschichte der Frauen während des frühen Prinzipats darstellt.

Tiberius verlor i. J. 19 nicht nur seinen ersten Mitarbeiter in der Politik des Reiches und seinen präsumtiven Nachfolger, sondern durch Agrippinas Umtriebe auch den Rest seiner Volkstümlichkeit. Die Jahre 19 und 20 bringen somit in das Leben und in die Regierung dieses unglücklichen Throninhabers das entscheidende Ereignis, das in seiner Wirkung nur mit dem des Todes der Enkelsöhne des Augustus verglichen werden kann, doch war es viel folgenschwerer als dieses. Der Staatsneugründer behielt damals wenigstens seine glänzende *auctoritas*, auf der seine Führerstellung ruhte. Tiberius verlor dagegen nicht nur seinen ausgezeichneten Mitregenten (denn ein solcher war Germanicus faktisch seit dem Eintritt in die Oberstatthalterschaft des Ostens), sondern auch seinen guten Ruf und seinen letzten Halt im Volk. Agrippina hat dem Unglücklichen und seiner Mutter im Pisoprozeß den Dolchstoß versetzt – man möchte fast sagen instinktiv aus Rache für das Schicksal ihrer Mutter Iulia. Die erste, die Tiberius in seinem Streben störte, das Erbe des Augustus sorgfältig zu bewahren, war *Agrippina;* der Mann aber, der Tiberius zerstörte, wurde Seian. An diesen beiden dämonischen Menschen, denen der innerlich so gehemmte Tiberius nicht gewachsen war, ist er und mit ihm der augusteische Staat zugrunde gegangen. Die Augustae, d. h. die weiblichen Augusti, im weitesten Sinne des Wortes, waren mehr noch als der eine oder der andere Augustus unter den Nachfolgern des Staatsneugründers das Verderben dieses Staates des männlichsten aller Männervölker Europas. Aber es muß noch einmal ausgesprochen werden: der erste Prinzeps von Rom ist nicht frei von Mitschuld an diesem tragischen Verlauf der Dinge; denn die Erhebung der Livia zur Iulia Augusta war ein Kardinalfehler und der Anfang allen Übels, das über sein herrliches Kunstwerk, den neurömischen Staat, gekommen ist.

Auch die innere Politik der verflossenen sechs ersten Jahre des tiberischen Prinzipates, der einzig glücklichen in dieser Regierung, zeigt, daß dem großen Fortsetzer der Politik des Augustus nicht nur ein, sondern zwei Herren bestellt waren: den einen Herrn hatte Augustus dem Tiberius beigegeben, nämlich seine Mutter Livia, den anderen Tiberius sich selbst: den Senat. Dazu kommt als drittes schwieriges Moment: die seelische Struktur des zweiten Prinzeps, die sich mit ihren Hemmungen vor allem in der inneren Politik bemerkbar machte und den nicht ganz reibungslosen Ablauf in der Staatsmaschinerie mitbedingte.

Nachdem sich Tiberius nach schwerstem inneren Kampfe mit seinem »bodenlosen Ich»[68] endlich entschlossen hatte, die Führung allein zu übernehmen, stand über seinem Tun und Lassen das Streben nach möglichster Reinerhaltung des Staatsneubaues auch in seinem inneren Gefüge. Auf den verschiedensten Gebieten wurden Augustus' Bestimmungen aufs genaueste eingehalten und neue Entscheidungen danach abgestimmt, so in der Senatsdebatte über die Unruhen im Theater i. J. 14, in der ausdrücklich einem gegenteiligen Antrag gegenüber bemerkt wird, Augustus habe die Anwendung körperlicher Strafen gegen Schauspieler verboten, und Tiberius halte es für unstatthaft, seinen Entscheidungen zuwider zu handeln[69].

Wie der Divus Iulius für den Staat des Augustus, so wurde der Divus Augustus der Beschützer und Wegweiser für das neue Regime. Gleich nach der Bestattung des Vorgängers wurde ein Tempel für Augustus erbaut und ein Kult für ihn eingerichtet[70]. Dafür wurde die Kultgenossenschaft der »Augustalischen Brüder« geschaffen, nach dem Vorbild der »Titier«, die einst Titus Tatius zur Erhaltung der sabinischen Kultbräuche ins Leben gerufen hatte. Einundzwanzig vornehme Bürger wurden für diese neue Kultgemeinschaft durch das Los gewählt. Tiberius und sein Sohn Drusus, Germanicus und sein Bruder Claudius traten ihr bei. »Augustalische Spiele« wurden eingerichtet, obwohl Tiberius ein ausgesprochener Feind derartiger Volksbelustigungen war[71]. Der diesseitigen Provinz Spanien wurde i. J. 15 gestattet, einen Provinzialtempel für den Divus Augustus in der Hauptstadt Tarraco (Tarragona), die römische Kolonie war, zu erbauen[72]. Sie wurde auf diesem Gebiete das Vorbild für alle anderen Provinzen, die bald mit der Ehrung des großen Toten begannen. In Bovillae bei Albanum (Albano), dem Heimatort der iulischen Familie, wurde i. J. 16 ein Heiligtum der gens Iulia mit einem Standbild des Augustus errichtet[73].

Alles, was dem augusteischen Staat entgegenstand, wurde ferngehalten oder beseitigt. Die von Augustus enterbte Tochter Iulia, die dem Vater und dem Gatten so unendlich viel Leid zugefügt hatte, wurde von Tiberius noch schlechter behandelt als von dem Vater. Ihr, die zuletzt in gemilderter Verbannung in der Stadt Regium (Reggio) lebte, wurde nicht einmal der ihr von Augustus gewährte jährliche Lebensunterhalt zugebilligt[74]. Nach der Ermordung ihres jüngsten Sohnes Agrippa Postumus ist sie noch im Laufe d. J. 14 nach schwerem Siechtum dem Vater im Tode gefolgt. In dem gleichen Jahre ist ihr Buhle Ti. Sempronius Gracchus, der einst Iulias Schandbrief über Tiberius an Augustus verfaßt hatte und auf die Insel Cercina (Kerkena) an der kleinen Syrte verbannt worden war, durch den Prokonsul von Afrika, L. Nonius Asprenas, im Auftrag des neuen Prinzeps getötet worden[75]. Als i.J. 16 ein Sklave namens Clemens als falscher Agrippa Postumus auftrat – er hatte zwei Jahre vorher die Ermordung des echten Postumus verhindern wollen, war aber zu spät gekommen – wurde Tiberius nervös. Sallustius Crispus, der an der Beseitigung des Postumus teilgenommen hatte (s.o.S. 53) wurde beauftragt, auch diesen Träger des ominösen Namens aus der Welt zu schaffen. Er ließ ihn gefangen nehmen und in den Herrscherpalast schleppen; dort wurde er umgebracht und seine Leiche heimlich entfernt. Da er hohe Hintermänner bei seinem Unternehmen hatte, fand keine Untersuchung darüber statt[76]. Es entsprach jetzt Tiberius' Art, möglichst wenig Aufhebens von der Sache zu machen. Vielleicht mahnte auch diesmal wieder Sallustius Crispus zur Zurückhaltung gegenüber der Öffentlichkeit (s.o.S. 54).

In manchem trat Tiberius im Gegensatz zu dem Prinzipatsschöpfer freiwillig in den Hintergrund. So lehnte er den ihm vom Volke gleich zu Beginn seiner Regierung und später noch mehrfach angebotenen Ehrentitel eines »Vaters des Vaterlandes« i.J. 15 offiziell ab und gestattete auch meist nicht, einen Eid auf seine Verordnungen (acta)[77] abzulegen, wie ihn Caesar i.J. 45 für seine Amtshandlungen eingeführt und Antonius nach dem Tode des Diktators im Senat für sich durchgesetzt hatte[78]. Auch hatte Augustus – vielleicht in fünfjährigen Intervallen[79] – die gleiche Ehre für seine acta genossen. Es scheint, daß Tiberius dieses Verfahren zu monarchisch fand und es deshalb für seine Person ablehnte. Bezeichnend ist, daß bei dieser Gelegenheit sein Wort gefallen ist, alles auf Erden sei unsicher; je höher er steige, um so schlüpfriger werde der Boden[80]. Im Gegensatz hierzu hielt er streng darauf, daß auf Augustus' acta von den Beamten bei ihrem Amtsantritt der Eid geleistet wurde[81]. Er schwor auch selbst alljährlich darauf, wenn nicht am Neujahrstag (den er gern außerhalb der Stadt verbrachte, um niemanden in Unkosten zu stürzen), so doch bald danach bei seinem Erscheinen im Senat[82].

Tiberius' Bescheidenheit trat vor allem auf dem Gebiete des Herrscherkultes, wenn seine eigene Person in Frage kam, von vornherein hervor. Augustus hatte sich bezüglich dieses antiken Brauches gern in einem gewissen Helldunkel bewegt, obwohl die göttliche Verehrung besser zu Caesars erstrebtem Königtum als zum Prinzipat paßte. Tiberius' zunächst völlig ablehnende Haltung in diesem Punkte ist besonders bemerkenswert. Zum ersten Male wurde die Frage i.J. 15 akut. In diesem Jahre beschloß die Stadt Gytheion in dem mit seiner Familie so eng befreundeten Lande Lakonien, nicht nur den verewigten Augustus zu apotheosieren, sondern auch Tiberius und Livia mit göttlichen Ehren zu bedenken. In dem uns erhaltenen Brief des Herrschers[83] hat Tiberius für seine Person die ihm zugedachte Ehrung gemäß seiner Abneigung gegenüber übermenschlicher Erhöhung sofort entschieden abgelehnt, während er die dem Augustus zugedachte Ehre unter Hinweis auf dessen Wohltaten für die Welt angenommen hat. In Bezug auf seine Mutter endet das Schreiben mit der Feststellung, daß er ihr die Entscheidung darüber, wie sie es gehalten haben wolle, vorbehalten müsse. Die Antwort der Livia an die Gytheaten kennen wir nicht, vermögen sie aber aus dem erhaltenen Status der Herrscherfeier zu erschließen: sie muß zusagend gelautet haben; wenn sie auch nicht der Erhebung zur Göttin zustimmte, so doch der zur Fortuna (Tyche) von Gytheion, also einer etwas gemilderten Form der Vergottung. Die Gytheaten kamen durch die verschiedene Stellungnahme der beiden Staatsoberhäupter zu ihrer Absicht in große Verlegenheit, wie das Statut deutlich widerspiegelt:

Das städtische Fest dauerte sechs Tage, und jeder Tag galt einer anderen Persönlichkeit, und zwar absteigend von dem Höchstrangigen. Der erste Tag war dem vergöttlichten Augustus geweiht, der zweite dem Tiberius, der dritte der Iulia Augusta, der vierte dem Germanicus, der fünfte dem Drusus, der sechste dem alten Griechenbefreier T. Quinctius Flamininus. Nur Augustus erscheint als Gott; er bekommt daher auch einen eigenen Priester in der von ihm einst geschaffenen landschaftlichen Gemeinschaft *(Koinón)* der »Eleutherolakonen«, zu der Gytheion, damals Spartas Hafenstadt, gehörte.

Tiberius' Stellung ist dem in seinem Briefe ausgesprochenen Wunsch entsprechend ganz menschlich gehalten. Er wird *Autokrator* = lat. *Imperator* genannt, obwohl er selbst diesen Namen damals noch nicht offiziell führte; weiter wird er als Augustus und »Vater des Vaterlandes« – also mit einem damals ebenfalls von ihm noch abgelehnten Titel – gefeiert. Dies ist also die gewünschte »menschliche« Ehrung, die sich aber zu den noch nicht angenommenen Titeln versteigt, nur um ihm jede Ehre erweisen zu können, die dem göttlichen Bereich gerade noch fern bleibt.

Livia dagegen ist, wie gesagt, gleichgesetzt mit der Tyche (Fortuna) von Stadt und Landschaft. Für sie sind auch sonst solche

Gleichsetzungen mit Göttinnen und göttlichen Eigenschaften nachzuweisen, so mit Iuno, Hera, Ceres, Demeter, Salus[84] u. a. Die beiden
»Kronprinzen« werden nur als Tempelgenossen von Göttern, Germanicus im Niketempel, Drusus im Heiligtum der Aphrodite, geehrt.

In ihrer Gesamtheit werden die gefeierten Fürstlichkeiten als
»Götter und Fürsten« (ἡγεμόνες = Führer) bezeichnet, eine Zusam-
menfassung, in der Augustus und Livia die »Götter«, Tiberius und
seine Söhne die »Fürsten« darstellen. Die Untertanen hatten es bei
dieser verschiedenen Stellungnahme von Mutter und Sohn zum Ver-
gottungsproblem wahrhaftig nicht leicht. Dies wurde noch einmal bei
dem eigentlich religiösen Akt des Festes offensichtlich. Jeder der sechs
Festtage wurde mit einem Gottesdienst eingeleitet, der in dem Theater der Stadt stattfand und mit den üblichen Supplikationsopfern
durch die Ratsherren und Beamten[85] begann. Bei der feierlichen
Prozession dorthin wurden die gemalten Bilder der Herrscher mit
einem Opfertisch einhergetragen und zwar voran die des Augustus
und der Livia nebeneinander, dahinter, d.h. erst an dritter Stelle, das
des Tiberius. So war es die Folge des Verzichtes des Prinzeps auf seine
göttliche Verehrung, daß Livias Bild vor dem des regierenden Prinzeps einhergetragen wurde, einfach deshalb, weil sie dem östlichen
Vergottungsbedürfnis der griechischen Menschen stärker entgegen-
gekommen war als der im Menschlichen verwurzelt gebliebene,
originellere Sohn.

Kein Wunder war es, daß bei der notorischen griechischen Kriecherei *(Graeca adulatio)* der Standpunkt der Livia, der dem des
Augustus nahe kam, allmählich gesiegt hat. Germanicus konnte in
seinem bereits erwähnten (S. 84) Erlaß an die Alexandriner während
seiner ägyptischen Reise i.J. 19 bei der Ablehnung gottähnlicher
Ehrungen schon erklären, sie seien seinem Vater und dessen Mutter,
seiner Großmutter, vorbehalten. Unterdessen waren nämlich auf dem
Gebiete der städtischen Herrscherkulte die Schleusen bereits geöffnet und, vor allem im Osten, nicht nur für Livia, sondern auch für
ihren zurückhaltenden Sohn zahlreiche übermenschliche Ehrungen
erfolgt. Aber die Probe zu bestehen hatte die Haltung des »Ersten« in
dieser heikelsten Angelegenheit der werdenden Monarchie erst bei
den Anträgen ganzer Provinzen auf Bewilligung von Staatskulten
für ihre Territorien. Da kam der Standpunkt des gegen den Strom
schwimmenden Tiberius in neuer, ganz eigenartiger Weise zur Geltung (s.u.S. 132, 153 f.).

Die Vergottung war eine antike Zeiterscheinung (verständlich,
wenn man bedenkt, daß im Altertum das Göttliche im Menschen viel

höher eingeschätzt wurde als bei uns oder, anders ausgedrückt, das Menschliche früher zu Ende und das Göttliche auch auf Erden zu finden ist)[86]. Wo sich Tiberius' ganz singuläre Stellungnahme herleitete, zeigte sich gelegentlich i. J. 19. Da wurde der Antrag auf Verleihung des Titels *pater patriae* wiederholt, und die Antragsteller sprachen bei wirklich nicht so überragenden Taten (es handelte sich um die glückliche Behebung einer Hungersnot in Rom, wie sie in dieser reinen Konsumentenstadt öfters vorkam) von »gottähnlichen« Taten und von Tiberius als »Herrn« *(dominus)*. Sofort verbat er sich dergleichen. Er sah dies als Schmeichelei an, und sie haßte er, wie selbst Tacitus hervorhebt[87], ganz besonders.

Damit erschließt sich uns ein Grundzug von Tiberius' Wesen: seine schlichte, wirklich bürgerliche und menschliche Gesinnung. Dieser »Erste der Bürger« von Rom wollte tatsächlich und ehrlich nur ein Bürger sein und bleiben wie alle seine Volksgenossen, wenigstens wie die der höheren Stände. Sein Ausspruch lautete: »Ich bin Herr für die Sklaven, Imperator für die Soldaten, für die anderen aber Prinzeps[88].« Dies unterschied ihn von Augustus, der bei allem Streben in der gleichen Richtung doch als Herr von Rom und als Monarch gestorben war, während Tiberius alles Monarchische mied.

Augustus hatte immer wieder betont, der Prinzipat müsse durch charakterliche Haltung und durch erhöhte Leistungen erst verdient werden. Man hat das Gefühl, als ob Tiberius hiermit wirklich Ernst zu machen versucht hat. Er fängt ganz bürgerlich und republikanisch an und weist alle Titel und alle Ehrungen, die ihm seiner Ansicht nach nicht zukommen, zurück, wie *dominus, pater patriae,* den Handkuß, außergewöhnliche Feier seines Geburtstages, Schwur der Bürger bei seinem Glücke, Strafverfolgung derer, die diesen Eid geschworen, aber nicht gehalten hatten[89]. Ganz besonders bezeichnend für Tiberius war es, daß er in seinen öffentlichen Gelübden stets den Wunsch aussprach, nur so lange zu leben und zu regieren, wie es dem Gemeinwesen zuträglich wäre[90]. Aber seltsamerweise bekommt er, der selbst altpatrizischer Herkunft war, dadurch innerhalb der Aristokratie dieses immer noch auf den großen Geschlechtern und ihrer Rivalität untereinander ruhenden Staates keine bessere, sondern eher eine schlechtere Position als Augustus, vor allem gegenüber der Hochburg dieser Aristokratie, dem Senate, dem er doch eine erhöhte Stellung zu geben versuchte. Es zeigt sich das merkwürdige Schauspiel, daß der größere Konzessionen machende Aristokrat schlechter fuhr als der Parvenü vor ihm, der den Senat nur noch als Mitträger der Reichsverwaltung gebrauchte, von seiner Mitregierung aber und

96

von seiner Teilnahme an der Verantwortung für die Staatsführung nichts wissen wollte. Aber der Senat war seit Caesar und den Proskriptionen der Triumvirn, die ihm das Rückgrat gebrochen haben[91], nicht mehr der Faktor, den Tiberius in ihm suchte. Zudem war die *auctoritas* des zweiten Prinzeps nicht so stark wie die des Augustus. So erstrebte Tiberius wohl mehr das, was Mommsen eine »Dyarchie«, eine Zweiherrschaft von Prinzeps und Senat nannte und die der große Gelehrte für Augustus irrtümlich annehmen zu müssen glaubte; aber es kam doch nicht zu dem gewünschten Ergebnis, da die beiden Fehlerquellen nicht genügend berücksichtigt wurden.

Sicher hat Tiberius wie Augustus alles getan, um den Senat von ungeeigneten Elementen zu reinigen und um verarmten, tüchtigen Mitgliedern der Körperschaft durch Zuzahlungen und Subventionen den Senatssitz zu retten, aber immer nach genauester Prüfung des Falles. Man bemerkte deutlich die innere Verpflichtung des selbst stark aristokratisch eingestellten Prinzeps im Anfang seiner Regierung, den alten Adel so viel wie möglich zu unterstützen und zu stützen[92]. Aber nicht nur dies. Tiberius ließ den Senat auch an den Staatsgeschäften teilnehmen, während ihn Augustus davon ausgeschlossen hatte. Gleich nach dem Tode des Augustus wurden dessen hinterlassener Bestimmung gemäß[93] die Beamtenwahlen der Volksversammlung entzogen und dem Senat übertragen[94], allerdings unter Beibehaltung der Eingriffe des Augustus in die Beamtenernennung. Nur bei den Konsulwahlen hat Tiberius anfangs die Nennung bestimmter Namen vermieden[95]. Den aufständischen pannonischen Legionen schrieb der neue Prinzeps, er wolle ihre Forderungen dem Senat unterbreiten. Die Soldaten reagierten auf diese Mitteilung mit Unwillen[96]. Die hier von Tiberius bekundete Absicht ist besonders auffällig, da nach augusteischer Auffassung alles, was die Armee betraf, Reservatrecht des Prinzeps war. Ob das Ganze vielleicht nicht doch nur ein scheinbares Zurückgreifen auf den Senat in schwieriger Situation war, um Zeit für die Entscheidung zu gewinnen? Oder sollte Tiberius wirklich daran gedacht haben, den Senat an einer solchen das Militär betreffenden Entschließung mitverantwortlich zu beteiligen? Es fällt schwer, dies bei der großen Erfahrung des langjährigen Reichsfeldherrn anzunehmen. Es wäre auch eine Preisgabe ureigenster Rechte des Prinzeps und ein starkes Abweichen von der Linie des Augustus gleich zu Beginn der neuen Regierung gewesen.

Am interessantesten sind die Fälle, die Tiberius, wenn es sich um besonders schwierige Fragen handelte und deren Erledigung mit einer großen Verantwortung verbunden war, an den Senat verwies: so als er einem Praetorier durch Schenkung den Senatszensus wieder verschaffte und als sich sofort auch andere aus dem gleichen Anlaß an ihn wandten[97].

Da Tiberius bei seiner zurückhaltenden und ängstlichen Art für parlamentarische Verhandlungen nur wenig geeignet war, ihm, wie gesagt, auch des Augustus *auctoritas* fehlte, wurde der Ton, der in der hohen Körperschaft herrschte, gerade unter diesem aristokratischen, anfangs wirklich senatsfreundlichen Prinzeps eher schlechter als besser. Entweder überboten sich die »Väter« in Schmeicheleien[98] oder sie frondierten in einer Weise, wie sie bisher noch nicht vorgekommen war. Namentlich der spätere Gegner des Germanicus, Cn. Calpurnius Piso, einer der fähigsten, aber auch einer der eigenwilligsten Konsulare noch aus der Zeit des Augustus und des Freiheitshelden C. Asinius Pollio Sohn, C. Asinius Gallus, der mit Tiberius' geschiedener Frau Vipsania verheiratet, traten in dieser Beziehung stark hervor, oft in einer für Tiberius nicht gerade angenehmen Art und Weise. Erschwerend kam hinzu, daß gemunkelt wurde, diese Männer seien neben dem talentvollen L. Arruntius von Augustus für die Nachfolge im Prinzipat in Betracht gezogen worden[99], ein Gerücht, das sicher völlig aus der Luft gegriffen war.

Schon i. J. 15 kam es zu einer peinlichen Szene im Senat[100]. Während des Majestätsprozesses gegen Granius Marcellus, den Prokonsul von Bithynien, der u. a. beschuldigt war, er habe einer Augustusstatue den Kopf abnehmen und den des Tiberius aufsetzen lassen, brach der Prinzeps hoch erzürnt über eine solche Geschmacklosigkeit sein gewohntes Schweigen und erklärte, er werde in dieser Sache seine Stimme abgeben, und zwar unter Eid. Cn. Piso stellte darauf die Frage: »Als wievielter wirst Du stimmen, Caesar? Wenn als erster, so weiß ich, wessen Meinung ich mich anzuschließen habe; wenn als letzter, so fürchte ich, ich könnte, ohne es zu wissen, in Meinungsverschiedenheit mit Dir geraten.« Das wirkte, bemerkt Tacitus dazu. Gerade weil er sich so unvorsichtig hatte gehen lassen, nahm Tiberius es geduldig hin, daß der Angeklagte von der Beschuldigung des Majestätsverbrechens freigesprochen wurde. Der Fall bewies, daß der Prinzeps nicht mit den übrigen Senatoren auf gleicher Stufe stand und daß seine Ansicht, er habe die alte Rede- und Abstimmungsfreiheit wiederhergestellt, eine Farce war.

Bei der schon erwähnten Debatte über die Theaterunruhen und der Frage der körperliche Bestrafung der Schauspieler spricht Tacitus[101] vom »Spiel mit Schattenbildern der Freiheit«, um die Diskussion in Gegenwart des Herrschers zu charakterisieren. Auch geißelt er an einer anderen Stelle[102] die allzu große Unterwürfigkeit der Senatoren, die nur beweise, ein wie altes Übel die Schmeichelei im römischen Staate sei.

Doch kam es auch noch zu freimütigen Äußerungen. So verteidigte Asinius Gallus gelegentlich der Debatte über das i. J. 16 eingebrachte Luxusgesetz ganz offen die höhere Lebenshaltung und den damit verbundenen Luxus der senatorischen und ritterlichen Kreise. Tiberius bemerkte dazu, es sei jetzt nicht an der Zeit, Zensur zu üben. Wenn die Lebenshaltung der Bürgerschaft zu Bedenken Anlaß gebe, werde er für Wandel Sorge tragen[103]. In derselben Sitzung ließ sich Lucius Piso, der Bruder des erwähnten Gnaeus, sehr unverblümt über das Parteitreiben auf dem Forum, über die Bestechlichkeit der Richter, über die Unverschämtheiten und Prozeßandrohungen der Redner aus. Das ganze Treiben in Rom ekle ihn so an, daß er am liebsten die Stadt meiden und aufs Land ziehen möchte. Nach diesen Worten erhob er sich und wollte die Kurie verlassen. Tiberius war betroffen. Mit begütigenden Worten redete er ihm zu und veranlaßte seine Verwandten, ihn von seinem Entschlusse abzubringen.

Es war üblich, wenn der Herrscher nicht in Rom anwesend war, die Beratungen des Senates und die Gerichtsversammlungen auszusetzen. Demgegenüber beantragte i. J. 16 Cn. Piso, auch während des Fernseins des Prinzeps den Geschäftsgang nicht zu unterbrechen. Der Staat müsse es sich zur Ehre anrechnen, daß der Senat und die Ritter auch ohne den Staatschef ihre Pflichten zu erfüllen vermöchten. Pisos Hauptgegner Asinius Gallus meinte daraufhin, nur im Angesicht und unter den Augen des Herrschers hätten die Verhandlungen ihren rechten Glanz und entsprächen der Würde des römischen Volkes. Tiberius hörte zu und schwieg – wie immer in heiklen Situationen. Mit großem Eifer wurde hin und hergestritten; schließlich wurde die weitere Diskussion über den Antrag vertagt[104].

In derselben Sitzung kam es zu einer Auseinandersetzung zwischen dem Prinzeps und Asinius Gallus[105]. Dieser stellte den Antrag, die Beamtenwahlen sollten gleich für einen Zeitraum von fünf Jahren abgehalten werden, ein Grundsatz, der auch für die Legionslegaten gelten sollte, die in der Regel schon vor der Erlangung der Praetur befördert wurden: der Prinzeps solle nur für jedes Jahr zwölf Kandidaten namhaft machen. Tiberius erklärte sich gegen diesen verfassungsändernden Antrag. Seine Bescheidenheit lasse es nicht zu, so viele Männer zu bevorzugen und so viele andere auf die Zukunft zu vertrösten. Schon bei jährlicher Wahl seien kaum Kränkungen zu vermeiden, obwohl doch in diesem Falle die Hoffnung auf baldige

Wiederholung der Wahl für die Zurückweisung entschädige. Wie groß werde der Haß gegen ihn sein, wenn er die Bewerber gleich auf fünf Jahre zurückweisen müsse. Und wie könne er voraussehen, wie es nach einem so langen Zeitraum mit der Gesinnung, mit der Familie, mit dem Vermögen der einzelnen stünde. Außerdem werde die Beamtenzahl verfünffacht und alte Gesetze verlören ihre Heiligkeit. Der Antrag wurde nicht Gesetz: der Herrscher hatte die republikanische Staatsform gewahrt – recht bezeichnend für Tiberius.

Aus allem ergibt sich: streng hielt der zweite Prinzeps auf eine sachliche, alle Interessen wahrende Erledigung der Geschäfte.

Bei der Debatte über die Tiberregulierung nach den schweren Überschwemmungen d. J. 15 wurden die gutachtlichen Äußerungen der Anlieger-Gemeinden im oberen Tibertal eingehend geprüft, die Schwierigkeiten der Neuanlagen, ja sogar vorgebrachte religiöse Bedenken sorgfältig erwogen. Aber der in diesen Fragen sehr konservative Senat konnte sich zu keiner Änderung entschließen[106].

Im Falle der Gemeinde Trebiae (s. u. S. 104), in dem er die von einem Bürger für einen Theaterneubau hinterlassene Summe für einen Nützlichkeitszweck verwandt wissen wollte, blieb der Prinzeps bei der Abstimmung im Senat in der Minderheit; er nahm dies ruhig hin – offenbar weil Italien in den Amtsbereich des Senates gehörte[107].

Unsachliche Methoden liebte der Prinzeps nicht. Als M. Hortalus, ein Enkel des berühmten Redners Hortensius, Ciceros Zeitgenossen, seine vier Söhne mitbrachte und am Eingang des Tagungsraumes des Senates, diesmal im Hause des Prinzeps, aufstellte, um seinem Gesuch um Vermögenserhöhung auf die für Senatoren gesetzlich geforderte Summe Nachdruck zu verleihen, hat Tiberius, offenbar gerade weil der Senat dazu neigte, die Bitte zu erfüllen, scharfe Worte gefunden[108]. Er schätzte bei seiner schlichten Art derartig theatralisches Gebaren nicht und hielt das Hereinziehen privater Angelegenheiten sowie familiäre Behandlungsweise für des Senates nicht würdig. Augustus hatte in dem gleichen Falle schon einmal nachgeholfen, und so paßte ihm wohl auch nicht die Wiederholung. Er meinte: da höre ja alle Strebsamkeit auf, alle Welt werde untätig und warte in Ruhe die Unterstützung ab, gebe sich keine Mühe und falle dem Staate zur Last. Als der Prinzeps mit diesen harten Worten nicht den vollen Beifall des Senates fand, schwächte er sie wieder ab: seine Worte hätten nur dem Antragsteller gegolten, aber wenn der Senat einverstanden sei, wolle er Hortalus' Kindern männlichen Geschlechtes je 200000 Sesterzien geben. Dies brachte dem Prinzeps den Dank der Körperschaft ein, aber die Mißstimmung des Hortalus. Selbst wenn

Tiberius nach Recht und Billigkeit verfuhr, hatte er eine wenig gewinnende Art. Ihm fehlte die glückliche Gabe des Augustus, das Notwendige mit einer gewissen Anmut und Leichtigkeit zu tun und dadurch die Bevormundung für die stolze Aristokratie tragbar zu machen[109].

Dazu kam die ewige Rücksichtnahme auf die Mutter. Sie hat offenbar die nach dem Tode des geliebten Gatten eingetretene äußere und innere Leere durch verstärkte Teilnahme an den Staatsgeschäften zu überwinden gesucht, wozu sie ihrer Ansicht nach der Name Augusta berechtigte. Vielleicht hatte dies der altgewordene Gatte nicht vorausgesehen, da sie sich an seiner Seite stets taktvoll zurückgehalten hatte. Nun aber fehlte der große Regulator ihres Lebens und sie war mit dem Sohne allein noch auf Erden, dem gegenüber sie sich immer noch – wie so viele Mütter – unentbehrlich fühlte. Alt geworden und innerlich erstarrt machte sie sich nicht klar, daß sie mit dem ernsten, ungemein korrekten Sohne nicht so verfahren konnte, wie sie es mit dem anpassungsfähigeren Gatten getan hatte[110]. Mußte sie gehört werden, weil ihre Belange berührt wurden, geschah es auf Veranlassung des Prinzeps; so im Falle des Gesuches der Gytheaten um göttliche Verehrung auch der Iulia Augusta (s. o. S. 94). Ein ähnlicher Fall wird aus d. J. 17 berichtet[111]: in einem Majestätsprozeß gegen Appuleia Varilla, eine dem Herrscherhaus entfernt verwandte Frau, kamen nicht nur Beleidigungen gegen den Prinzeps, sondern auch gegen seine Mutter zur Sprache. Während Tiberius für seine Person keine Untersuchung des Falles wünschte, schwieg er auf Anfrage des Konsuls, wie er es mit den Äußerungen gegen seine Mutter gehalten wissen wolle. Erst in der nächsten Senatssitzung, als er unterdessen Livia gehört hatte, bat er auch in ihrem Namen, daß Beleidigungen gegen sie, wie sie auch lauten möchten, nicht unter Anklage gestellt werden sollten.

Es gab aber auch Fälle, in denen sich Tiberius der Mutter bediente, um schneller zum Ziele zu kommen. Schon unter Augustus hatte Livia die Pflege der Beziehungen zu den Fürstenhöfen des Ostens am Herzen gelegen. Offenbar völlig im Einvernehmen mit dem Sohne riet sie daher i. J. 17 dem greisen König Archelaos von Kappadokien, selbst nach Rom zu kommen und Tiberius' persönlichen Groll durch eine Aussprache zu beseitigen (s. o. S. 80). Anders liegt die Sache, wenn Tacitus behauptet[112], sie habe, aus weiblicher Eifersucht gegenüber Agrippina, Pisos Gattin Plancina geheime Weisungen zukommen lassen. Hier darf der Tatbestand in Anbetracht der trüben Quelle, aus der die Nachricht stammt, füglich bezweifelt werden.

Eindeutiger ist die Sachlage im Falle der Vorladung von Livias Freundin Urgulania vor Gericht i.J. 16 durch Lucius Piso, den wir schon als besonders freimütig kennengelernt haben. Die stolze Frau leistete der Vorladung keine Folge und suchte Deckung hinter der alten Herrschermutter. Diese beschwerte sich bei dem Sohn über die Beleidigung und die Verkürzung ihrer Rechte. Da Piso nicht bereit war, die Anklage zurückzunehmen, stand Tiberius zwischen den Streitenden. Er gab wohl der Mutter nach, insofern er erbötig war, vor dem Tribunal des Praetors zu erscheinen und die Urgulania selbst zu verteidigen; aber er behandelte die ganze Angelegenheit etwas dilatorisch. Nach dem Befehl an seine Leibwache, sie solle ihm nur von Ferne folgen, verließ er den Palast, zog aber erst zum Erstaunen des Volkes, das ihn beobachtete, den Weg in die Länge. Die Mutter besann sich unterdessen und ließ die verlangte Summe für Urgulania bezahlen. Tacitus fügt dieser Erzählung die Worte hinzu[113]: »Damit endet der Handel, aus dem Piso nicht unrühmlich und der Herrscher mit gefestigtem Rufe hervorging.« Der Prinzeps wollte der Mutter zu willen sein, aber auf der anderen Seite bei seinem strengen Gerechtigkeitssinn, der ihn zeitlebens auszeichnete, das Recht nicht beugen.

Übrigens gehörte diese Urgulania in den Kreis der Frauen um Livia und um das Herrscherhaus, die bei ihrer hohen Verwandtschaft früh eine Sonderstellung unter den Bürgern einzunehmen versuchten. Bei einem anderen vor dem Senat verhandelten Prozeß war sie als Zeugin nicht erschienen. Es mußte ein Praetor gesandt werden, um sie in ihrer Wohnung zu vernehmen[114], während doch sogar die Vestalinnen verpflichtet waren, auf dem Forum vor Gericht Zeugnis abzulegen. Man sieht auch hier wieder, woher die monarchischen Anwandlungen gekommen sind. Und dies unter der so streng bürgerlichen Regierung des Tiberius!

Mit seinen »Söhnen« hatte Tiberius keine derartigen Schwierigkeiten wie mit der Mutter. Bei einer Praetor-Ersatzwahl d.J. 17 entstanden Gegensätze in einer Senatssitzung, an der die damals gerade in Rom anwesenden Prinzen Germanicus und Drusus teilnahmen[115]. Beide traten für Haterius Agrippa, einen Verwandten des Germanicus[116], ein, während die Senatsmehrheit einen Kandidaten bevorzugen wollte, der mehr Kinder hatte, und nach dem Gesetz gab die Kinderzahl den Ausschlag. Tiberius griff nicht ein. Der Kandidat der Mehrheit unterlag, allerdings nicht sofort und nur mit wenigen Stimmen. Der Fall ist interessant, denn er beweist, daß die jüngere Generation im Herrscherhaus nicht so streng gesetzmäßig vorging wie der »Vater«, und daß dieser in einem solchen Falle die Zügel schleifen ließ. Er stand mit den beiden in Aussicht genommenen und miteinander recht befreundeten[117] jungen Männern gut. Bei Drusus befürchtete er offenbar, daß er sich bei seinem nicht sehr gefestigten Charakter[118] zu leicht im Großstadtleben verliere; er hat daher für ihn das Kommando im rauheren Illyrien und damit das Lagerleben für besonders angebracht gehalten[119].

Im Gegensatz zu seinem Vater hatte Drusus Freude an den Gladiatorenspielen. Bei denen d. J. 15, die in Germanicus' und seinem Namen veranstaltet wurden, führte er den Vorsitz. Er soll dabei zu große Freude am Blutvergießen gezeigt haben und deshalb von seinem Vater getadelt worden sein[120].

An Drusus' Familienleben nahm Tiberius innigen Anteil. Während der Trauerzeit für Germanicus gebar dessen Schwester Livia dem Gatten männliche Zwillinge. Der Prinzeps gab das freudige Ereignis selbst im Senat bekannt. Er suchte es offenbar zum Ausgleich der bestehenden starken Spannungen zu benutzen[121]. Der eine der Zwillinge starb allerdings schon im Todesjahr seines Vaters.

In der ablehnenden Haltung des Tiberius gegenüber den Volksbelustigungen lag einer der Gründe, weshalb der finstere und strenge neue Prinzeps von vornherein nicht populär wurde. Hier zeigte er wie im Kultwesen eine merkwürdige Zurückhaltung, die nach dem Entgegenkommen des volkstümlicheren Augustus gerade auf diesem Gebiete doppelt schwer empfunden wurde[122]. Den besonders beliebten Gladiatorenspielen blieb er, wenn irgend möglich, fern, schon weil er große Menschenansammlungen nicht sonderlich liebte[123]. Auch dem Theater war der etwas »altfränkische« Mann nicht hold, während Augustus wie überall für Leben und Lebenlassen war. Schon Caesars Popularität hatte darunter gelitten, daß er zwar in den Zirkus kam, aber in seiner Loge mit den Sekretären arbeitete, statt auf die Darbietungen zu achten[124]. Augustus ging sogar in pantomimische Aufführungen und hatte daran seine Freude wie sein Freund Maecenas, der in den Schauspieler Bathyllus verliebt war[125].

Unter den Senatsbeschlüssen dagegen, die unter Tiberius gefaßt wurden, befand sich einer, der den Senatoren verbot, das Haus eines Pantomimen zu betreten und den Rittern untersagte, sie auf öffentlicher Straße zu begleiten. Hier wehte also ein ganz anderer Wind. Es kam daher, daß schon im ersten Jahre der neuen Regierung im Theater Ausschreitungen begonnen hatten, die immer ernstere Gestalt annahmen[126]. Es ging dabei oft tumultuarisch zu. Es kam zu Tätlichkeiten. Nicht nur Leute aus dem Volke, sondern auch Soldaten, darunter ein Zentrurio, wurden erschlagen, ein Tribun der herrscherlichen Leibwache wurde verwundet, als er die Schimpfreden gegen höhere Beamte verbieten und gegen Streitereien unter den Zuschauern einschreiten wollte. Bei den Verhandlungen im Senat über diese Zwischenfälle fand die bereits erwähnte Debatte über die Zulässigkeit körperlicher Züchtigung der Schauspieler statt. Sie wurde der Haltung Augustus entsprechend auf Tiberius' Antrag abgelehnt. Dagegen erhielten die Praetoren die Befugnis, ungebührliches Betragen der Zuschauer mit zwangsweiser Entfernung zu bestrafen. Im Jahre 23, um etwas vorzugreifen, führte dies, nachdem die Praetoren wiederum mehrfach und meist fruchtlos Beschwerden über die Schauspieler vorgebracht hatten, zu Weiterungen. Da verurteilte der Herrscher selbst ihr zügelloses Gebaren. Nicht selten gingen von ihnen Störungen der öffentlichen Ordnung und auch Familien-Skandale aus. So kam es schließlich doch noch zur Verbannung von Schauspielern aus Italien[127].

Dieser kleinliche Polizeigeist, der damit in das uralte italische Spielwesen nach einer langen Periode des laisser faire unter Augustus einzog, hat Tiberius' Stellung im Volke frühzeitig sehr nachteilig beeinflußt. Er war kein Mann des Volkes wie sein Vorgänger; ja, er hat nie nach Popularität gehascht, sondern eher bewußt darauf verzichtet. Das »odi profanum volgus et arceo« des Horaz paßt vorzüglich auf diesen stadtrömischen Aristokraten[128], sicher besser als auf den italischen Parvenü, der ihm vorangegangen war. Dieser war viel weltklüger und geschmeidiger und wußte genau, daß, wer das Volk beherrschen will, seinen Schwächen nachgeben muß. Wenn der Fürsorgestaat einmal aufgerichtet ist, will die Masse nicht nur Brot, sondern auch Vergnügungen haben. Kluge Herrscher haben dem zu allen Zeiten Rechnung getragen.

Tiberius' Feindseligkeit in dieser Richtung erstreckte sich auch auf Italien. In Pollentia (Ligurien) hatte die Bevölkerung einigen Wohlhabenden der Stadt die ihnen zur Veranstaltung von Fechterspielen aus einer Erbschaft zugefallene Summe abgepreßt. Der Prinzeps ließ daraufhin Militär einmarschieren und den schuldigen Teil der Plebs und der »Decurionen« (des Stadtrates) ins Gefängnis werfen[129]. In Trebiae in Umbrien ging er so weit, eine für den Theaterbau von einem Bürger hinterlassene Summe für Straßen-Verbesserungen zu bestimmen[130] (s. o. S. 100).

Wie gegenüber den Volksbelustigungen, so verfuhr dieser strenge Mann auch gegenüber dem Volksglauben. Als Asinius Gallus bei der Tiberüberschwmmung d. J. 15 im Senat beantragte, die sibyllinischen Bücher zu befragen, lehnte Tiberius ab. Er war den Göttern gegenüber ebenso zurückhaltend wie den Menschen gegenüber, bemerkt Tacitus dazu[131]. Immerhin war der zweite Prinzeps in Sachen des Kultwesens peinlich genau. Gerade zum Kapitel »Sibyllinische Bücher« sei hier ein Vorkommnis aus viel späterer Zeit, vom Jahre 32, vorausgenommen, das so recht seine Sorgfalt auf diesem Gebiete noch im Alter illustriert[132]. Ein Mitglied des für die Verwaltung der Sibyllenbücher zuständigen Kollegiums, der sogenannten »Fünfzehnmänner« – sie hatten alle aus Griechenland stammenden Kulte unter sich –, Canninius Gallus, hatte ein neues Buch dieser altberühmten Orakelsammlung begutachtet und seine Aufnahme in die Sammlung befürwortet. Auf Antrag des Volkstribunen Quintilianus habe der Senat durch einfache Abstimmung darüber beschlossen. Da griff Tiberius ein. Den Volkstribunen, der zu jung sei, um die alten Bräuche zu kennen, tadelte er nur leicht. Aber Gallus warf er vor, daß er als alter Kenner der religiösen Bräuche das Buch, dessen Herkunft unverbürgt sei, ohne eingehendes Gutachten seines Kollegiums und ohne daß die Vorsteher es gelesen und beurteilt hätten, in einer schwach besuchten Senatssitzung habe vorlegen lassen. Auch von den Vorfahren sei ein ähnlicher Beschluß gefaßt worden, als die echten Bücher einst beim Brande des Kapitols i.J. 83 v.Chr. verbrannt seien, und Augustus habe, weil so viel Unechtes unter dem berühmten Namen der Sibylle im Umlauf sei, bestimmt, daß solche Orakelbücher nicht in den Händen von Privatpersonen verbleiben dürften, sondern innerhalb einer gewisen Zeit dem Stadtpraetor übergeben werden müßten. Das in Frage stehende Buch wurde an die »Fünfzehnmänner« zurückverwiesen und einer genauen Untersuchung unterzogen. Über ihr Resultat sind wir nicht unterrichtet.

Bei den einheimischen Kulten wurde die wohlwollende Haltung des Augustus bewahrt. Im Jahre 16 hören wir von dem Bau eines Tempels der Fors Fortuna am Tiberufer in den ehemaligen Gärten des Diktators Caesar, weiter von dem Bau eines Heiligtums der gens Iulia in Bovillae[133] (s.o.S. 92). Im Jahre 17 wird die Einweihung verschiedener Tempel vermerkt, die durch Alter oder durch Feuer zerstört worden waren, deren Wiederaufbau aber zum Teil schon unter Augustus begonnen hatte, so der Tempel des Liber und der Libera, sowie der Ceres am Circus Maximus, der Flora, des Ianus, der Spes. Dieser stammte aus der Zeit des ersten Punischen Krieges und wurde von Germanicus selbst geweiht[134]. Dagegen wollte Tiberius das berühmte Orakel von Praeneste aufheben, die Legende erzählt jedoch, daß die konfiszierten heiligen Bücher jede Nacht wieder in ihren Tempel zurückkehrten[135].

Gegen ausländische Kulte und abergläubische Riten wurde noch schärfer vorgegangen, so gegen die Astrologen und die Magier, die durch Senatsbeschluß i. J. 16 aus Italien ausgewiesen wurden, obwohl Tiberius selbst der Astrologie ergeben war und sich einen Hofastrologen hielt. Einer von ihnen, L. Pituanius, wurde vom Tarpejischen Felsen gestürzt; an einem anderen, P. Marcius, wurde auf Befehl der Konsuln vor dem Esquilinischen Tor die Todesstrafe nach alter Weise vollzogen[136]. Im Jahre 19 folgte das Verbot der ägyptischen Isisreligion und des jüdischen Kultes. Der Isistempel wurde vor die Stadt verwiesen, allerdings nicht aus Gründen der Lehre, sondern wegen polizeilich bedenklicher Vorkommnisse[137]. Viertausend Freigelassene jüdischen Glaubens wurden, soweit sie noch in rüstigem Alter standen, nach Sardinien zum Einsatz gegen das dortige Räuberwesen deportiert. Alle übrigen hatten Italien zu verlassen, falls sie nicht bis zu einem bestimmten Tag ihren Glauben aufgaben[138]. Nach einer philosemitischen Richtung unter Caesar und Augustus begann damit im Römerreich eine Strömung, die bei gleichzeitiger Ablehnung anderer ausländischer Kulte einem starken Antisemitismus huldigte. Tiberius scheint hier einmal Annäherung an die Volksstimmung gesucht und gefunden zu haben. Die Ausweisungen waren nämlich nicht nur wegen grober Unterschlagungen bei der Einsammlung der freiwilligen Tempelsteuer der Juden und bei anderen Kollekten erfolgt, sondern auch wegen allzu krasser Proselyten-Macherei. Ein starker Zug der Aktivität geht durch das Judentum dieser Zeit[139]. Die Judenverfolgungen wurden somit die Vorläufer der unter Nero nach dem Brand von Rom einsetzenden Christenhetze.

Gegenüber der Aristokratie, die für den Prinzeps gefährlicher war als die große Masse, übte er, wo es nur ging, Zurückhaltung. Tiberius hatte das Vorschlagsrecht für eine bestimmte Anzahl von Beamtenstellen vom Praetor abwärts. Er machte Gebrauch davon, lehnte aber den weitergehenden Antrag des Asinius Gallus ab (s. o. S. 99). Seine Stellung zur Nomination bei den Konsulwahlen war strittig und wurde von ihm gern im dunkeln gehalten[140]. Der Prinzeps machte auch hier ab und zu Vorschläge, oft aber in der Weise, daß er die Namen der Kandidaten wegließ und nur Andeutungen über Herkunft und Laufbahn der Betreffenden machte, aus denen man die Namen dann erraten sollte. Bisweilen fehlte auch dieser Hinweis. Meist erklärte er, es hätten sich nur die von ihm dem amtierenden Konsul genannten Kandidaten gemeldet. Es könnten sich aber noch andere melden, wenn sie Beliebtheit und Verdienst genug zu besitzen glaubten. Dies waren kleine Mittel, durch die der Herrscher sein Vorschlagsrecht tragbar zu machen versuchte. Tatsächlich lief auch hier das Verfahren auf die Ernennung durch den Prinzeps hinaus.

Die Provinzialverwaltung war von vornherein ausgezeichnet und blieb es bis ans Ende; sie übertraf noch die des Augustus. Dieser hatte mit Rücksicht auf die Empfindlichkeit der Senatsaristokratie und der Ritterschaft, die, abgesehen von dem schwer leidenden Sizilien, die Ausplünderung der Provinzen als ihr altes Privileg ansahen, noch nicht so durchgegriffen, wie es eigentlich nottat. Das außeritalische Gebiet des Imperiums hat vielleicht niemals eine so gute Zeit gehabt wie unter Tiberius, selbst noch in den letzten Jahren, als er auf Capri residierte. Er ist dazu übergegangen, an Stelle des jährlichen Beamtenwechsels, den noch der Diktator Caesar bevorzugt hatte[141] (er liebte die langen Staathalterschaften nicht, um die Bildung von Hausmachten zu verhindern), langfristige Verwaltungen durch tüchtige Beamte zu schaffen. Tiberius ließ oft Männer lebenslänglich an der Spitze desselben Heereskommandos oder derselben Provinz, wobei es sogar vorkam, daß die Betreffenden in Rom bleiben durften. So hat L. Arruntius Spanien, Aelius Lamia Syrien mehr als zehn Jahre lang durch Legaten verwaltet[142]. Berühmt ist die Statthalterschaft des C. Poppaeus Sabinus, des Konsuls v.J.9 n.Chr., des Großvaters von Neros Gemahlin Poppaea Sabina, über Moesien v.J. 12 bis zu seinem Tode i.J. 35. Im Jahre 15 wurden ihm auch noch Makedonien und Achaia unterstellt, so daß er eine Art von Generalstatthalter des Balkans war[143]. Den großen Verwaltungstalenten, die so durch die Auswahl der Tüchtigen gefördert wurden, wurde dadurch Gelegenheit gegeben, für den Staat segensreich zu wirken, den *optimi viri* unter dem *optimus princeps*. Gleichzeitig wurde der spätere römische Beamtenstaat, wie ihn vor allem Hadrian geschaffen hat, auf diese Weise für kurze Zeit vorweggenommen[144]. Es war natürlich nicht nach dem Sinne der römischen Edelleute und Geldmänner, daß ihnen dadurch der jährliche Fischzug in den Provinzen vorenthalten wurde. Aber diesen war eine kurze Erholung von dem üblichen Raubsystem des Staates zu gönnen. In einer späteren Zeit seiner Regierung schrieb der Prinzeps an den Vizekönig von Ägypten, L. Aemilius Rectus, der eine größere Steuersumme als vorgesehen war, einsandte, es sei die Gewohnheit eines guten Hirten, seine Schafe zu scheren, aber nicht zu schinden[145].

Im Finanzwesen zeigt sich Tiberius von Anfang an noch römisch-sparsamer und genauer als sein größerer Vorgänger. So wurde das durch die Soldatenaufstände zu Beginn seiner Regierung erlangte Zugeständnis einer nur 16jährigen Dienstzeit für die

Legionssoldaten auf gesetzlichem Wege wieder aufgehoben. Wie ein Edikt des Prinzeps v. J. 15 besagt, erwies sich nur eine 20jährige Dienstzeit für die Militärversorgungskasse, das *aerarium militare,* als tragbar. Zugleich wurde von ihm die Bitte des Volkes um Aufhebung der seit Ende 43 v. Chr. bestehenden einprozentigen Umsatzsteuer bei Verkäufen abgeschlagen mit der Begründung, daß von dieser Seite die Ausgaben der Militärkasse mitbestritten würden[146]. Erst nach der Errichtung der Provinz Kappadokien i. J. 17 erklärte der Herrscher, durch die aus den vielen reichen dortigen Staatsdomänen dem Staatshaushalt zufließenden Einkünfte sei es möglich, die genannte Steuer auf die Hälfte herabzusetzen[147]. Die Finanzen des Staates wurden, wie man hieraus ersieht, nach gesunden altrömischen Grundsätzen mit größter Sparsamkeit und mit hohem Gerechtigkeitssinn verwaltet. Dies hielt den Prinzeps nicht ab, sich sofort da einzusetzen, wo die Notwendigkeit des staatlichen Eingreifens klar zu Tage lag, so für das alte Sorgenkind der Regierung, die hauptstädtische Lebensmittelbelieferung, für die Tiberregulierung[148] oder bei Brand-, Natur- oder Wirtschaftskatastrophen nicht nur in der Hauptstadt und Italien, sondern auch in den Provinzen. Berühmt ist sein energisches Eingreifen i. J. 17 bei dem furchtbaren Erdbeben in Kleinasien, wobei zwölf volkreiche Städte in Trümmer gelegt wurden. Hier hat er sofort durch Steuernachlässe und Zuschüsse zum Wiederaufbau geholfen[149]. Er gab lieber zu viel, als daß er zu viel nahm. Ängstlich war er besorgt, daß die Provinzen nicht durch neue Steuern überlastet und daß die alten in tragbarer Form und Höhe gehalten wurden, vor allem, daß nicht die Bewohner unter der Habgier und Härte der Beamten und Steuerpächter litten[150]. Auf das Gesuch der Provinzen Achaia und Kappadokien um Ermäßigung ihrer Abgaben wurde beschlossen, sie bis auf weiteres von der prokonsularischen Verwaltung des Senates zu befreien und dem Prinzeps zu unterstellen. Damit war offenbar eine steuerliche Erleichterung verbunden[151].

Im Jahre 19 setzte er auf Klagen des Volkes über die furchtbare Teuerung in der Hauptstadt einen niedrigeren Kaufpreis des Getreides im Kleinhandel fest, und zwar verfuhr er in der Weise, daß er den Händlern zwei Sesterzien für den Scheffel aus der Staatskasse zulegte. Hohe Ehrungen seiner Person aus diesem Grunde wie das erneute Angebot des Ehrentitels *pater patriae* wies er scharf zurück[152].

Eine Haupteinnahmequelle der »kaiserlichen« Privatschatulle war unter Augustus die Annahme von Erbschaften Privater gewesen, die mehr oder weniger unter Druck, manchmal aber auch freiwillig vermacht wurden. Tiberius war in diesem Punkt seiner ganzen Art entsprechend viel zurückhaltender[152a]. Er trat nie eine Erbschaft an, wenn er sie nicht als Freund des Erblassers verdient hatte. Erbschaften von Leuten, die ihm unbekannt waren oder die aus Feindschaft gegen ihre natürlichen Erben den Prinzeps bedacht hatten, lehnte er strikt ab. Trotzdem hatte er, wo es nötig tat, eine offene Hand, so in den schon behandelten Fällen der Zuschüsse an Beamte, Senatoren oder sonstige Mitglieder der Aristokratie, oder wenn er dem Senator Aurelius Pius, der bei einem um sein Haus geführten Prozeß abgewiesen worden war, den Wert ersetzte[153], wenn er bei der Wahl neuer Vestalinnen i. J. 19 der durchgefallenen Kandidatin eine Aussteuer von einer Million Sesterzien schenkte[154], oder wenn er i. J. 22 das Theater des Pompejus, das durch Feuer zerstört war, auf seine Kosten wieder aufbaute, da die Familie das dazu nötige Geld nicht aufbringen konnte[155]. In einem der Fälle bezeugt sogar Tacitus dem von ihm sonst so gründlich verzeichneten Prinzeps: »er liebte es, sein Geld für gute Zwecke hinzugeben und behielt diese Tugend noch lange, als er die anderen bereits eingebüßt hatte[156].« Bekommt der Ärmste einmal in dieser Weise ein Lob von seinem Kritiker, so wird ihm gleich darauf wieder bescheinigt, daß seine übrigen Tugenden um so schneller wieder verlorengegangen seien. Er war ein Unverstandener, ein Einsamer und zugleich das, was man im Volk ein »Original« zu nennen pflegt. Man fürchtete ihn mehr, als daß man ihn liebte, da er für die exponierte Stellung seiner Veranlagung nach wenig geeignet war und, etwas veraltet wie er war, in seine Zeit nicht mehr paßte.

Wohl kaum beliebt machte ihn seine strenge Gesetzgebung gegen die Sittenlosigkeit, besonders die der Frauen, und gegen den Luxus, die unter dem weit republikanischer als Augustus empfindenden und in der stoischen Ethik viel tiefer verwurzelten neuen Prinzeps sofort einsetzte. Im Jahre 16 ergingen die schon erwähnten Senatsbeschlüsse gegen den Luxus mit Vorschriften bis zum Verbot des Tragens seidener Kleider, wie sie vor allem damals auf der Insel Kos gefertigt wurden (»koische« Gewänder), ja bis zur Einschränkung in der Benutzung von Silbergeschirr, feinerer Hauseinrichtung und zahlreicher Dienerschaft, Vorschriften, die nicht ohne Widerspruch der herrschenden Gesellschaftsschicht blieben[157]. Es folgten i. J. 19 von Senats wegen strenge Gesetze gegen das ausschweifende Leben der Frauen[158]. Ihnen wurde, soweit sie ritterbürtigen Familien entstammten, verboten, sich für Geld preiszugeben. Daraus geht hervor, daß das Dirnenwesen bis in die höchsten Kreise eingedrungen war. Eine gewisse Vistilia aus einer praetorischen Familie hatte sich bei den Aedilen (die die Sittenpolizei ausübten) als öffentliche Dirne bekannt.

Ihr Gatte Titidius Labeo wurde dafür ebenfalls zur Verantwortung gezogen, konnte sich aber herausreden. Diese Frau wurde mit Verbannung auf die Insel Seriphos (im Ägäischen Meer) bestraft. Die Zeit war schon so verderbt, daß man wenig Anstoß an diesen Vorkommnissen nahm. Das Durchgreifen des Prinzeps hat daher auch im allgemeinen wenig Besserung gebracht und hat ihm von den laxer empfindenden Elementen (und sie waren weit in der Überzahl) nur Feindschaft und Verdruß eingetragen. Es waren nicht alle Männer aus der Oberschicht so wie Lucius Piso, von dessen Eifern gegen Mißstände des öffentlichen Lebens oben bereits gesprochen wurde. Tiberius selbst sah ein, daß sein anfängliches Vorgehen zu rigoros war. Er suchte daher das letzte und härteste der Ehegesetze des Augustus, die Lex Papia Poppaea v.J.9 n.Chr., zu mildern. Im Jahre 20 ließ er fünf Konsulare und fünf Praetorier sowie ebenso viele Senatoren durch das Los wählen. Durch diese Kommission, die sofort in Tätigkeit trat, wurden viele vor den Härten dieses Gesetzes geschützt, und es wurde für den Augenblick Erleichterung geschaffen[159]. Tacitus hat bei dieser Gelegenheit das pointierte Wort geprägt: »Wie früher an Verbrechen, so krankte man jetzt an Gesetzen[160]«, ein Wort, das man der alternden Welt von heute auch ins Stammbuch schreiben könnte: weniger, aber bessere Gesetze sollte die Parole sein[161].

Eine große Freude hatte Tiberius wie alle Claudier, besonders sein Neffe, der spätere Prinzeps Claudius, am Gerichtswesen und an der Rechtsprechung. Diese Liebhaberei entsprach auch mehr als alles andere dem Zuge der Zeit. Schon Augustus hatte das Prinzip eingeführt, daß Angehörige bestimmter höherer Klassen an den Herrscher selbst appellieren durften. Daher war »im Unterschied von der Tätigkeit moderner Monarchen die Rechtspflege die Pflicht, die schon rein äußerlich nach der Zahl der aufgewandten Arbeitsstunden einen römischen Monarchen am stärksten belastete[162]«. Für Tiberius ist unter diesem Gesichtspunkt folgender Fall besonders lehrreich. Im Jahre 24 hatte ein Praetor höherer Abkunft, Plautius Silvanus, der Enkel von Livias Freundin Urgulania, aus unbekannten Gründen an seiner Gemahlin Apronia Gattenmord verübt, indem er sie aus dem Schlafzimmer hinabstürzte. Von seinem Schwiegervater vor den Prinzeps geschleppt, gab er an, er habe fest geschlafen, seine Frau müsse Selbstmord verübt haben. Tiberius begab sich daraufhin unverzüglich in das Haus des Silvanus und besichtigte den Tatort. Als er Spuren des Kampfes und einer gewaltsamen Gegenwehr ermittelte, stellte er selbst Strafantrag beim Senat. Urgulania aber sandte ihrem

Enkel einen Dolch, mit dem dieser einen mißlungenen Selbstmordversuch machte und sich dann die Adern öffnen ließ[163]. Man suche einen modernen Monarchen, der sich um so etwas persönlich gekümmert hätte. Den Führern dieses Juristenvolkes lag seit der Herrschaft der Claudier das Untersuchen und Rechtsprechen sozusagen im Blute.

Tiberius wohnte besonders gerne den Gerichtsverhandlungen im Senat und auch außerhalb der hohen Körperschaft bei. Er saß dann als Zuhörer in einer Ecke des Tribunals, um den Praetor nicht von seinem kurulischen Sessel zu verdrängen. Seine Gegenwart erhöhte sicher die Würde des Gerichts und verhalf der Wahrheit zu ihrem Recht[164]. Als die Klage des Senators Aurelius Pius auf Schadenersatz wegen Einsturzgefahr seines Hauses durch öffentliche Wasserleitungsbauten zurückgewiesen wurde, griff Tiberius ein und ersetzte dem Mann den Wert des Hauses (s. o. S. 109).

Besondere Aufmerksamkeit widmete der Monarch dem Sakralrecht, vor allem dem Recht der einzelnen Priesterschaften. Hier kannte er die Handhabung des Rechtes bis ins einzelnste. Dies zeigte sich deutlich z. B. bei dem Versuch der Fetialen, an der Leitung der Liviaspiele v. J. 22 teilzunehmen[165] oder bei dem Spruch gegen den Iupiterpriester *(Flamen Dialis)* Servius Maluginensis, der das alte für diesen Priester geltende Verbot, Italien zu verlassen, durch seine Bewerbung um das Prokonsulat von Asien zu durchbrechen suchte. Hier wurde die strengste Einhaltung der alten Vorschriften wie unter Augustus verkündet[166]. Dagegen wurden die starken Beschränkungen, denen auch die Frau dieses Priesters bei Ausübung ihres Amtes nach altem Gesetz unterworfen war, gemildert. Weiter wurde i. J. 23 die Vorschrift, daß für das Amt des *Flamen Dialis* drei in priesterlich eingesegneter Ehe (sogenannter *confarreatio*) geborene Patrizier in Vorschlag gebracht werden mußten, aufgehoben, weil diese alte feierliche Eheform fast abgekommen war und es auch an Patriziern zu mangeln begann. Ferner wurde festgesetzt, daß die Iupiterpriesterin, also die Frau des *Flamen Dialis,* nur beim Gottesdienst noch in der Gewalt ihres Mannes stehen, im übrigen aber gleiches Recht mit anderen Frauen haben solle[167]; auch die *patria potestas* war damals im Schwinden begriffen[168]. Hochgeehrt blieb unter dem zweiten Prinzipat die Gemeinschaft der Vestalinnen, der Jungfrauen, die das heilige Feuer der Vesta hüteten. Nicht nur einzelne wurden gefördert, sondern es wurde auch bestimmt, daß im Theater die Herrschermutter Livia in ihren Reihen Platz nehmen sollte.

Eine eingehende Betrachtung erfordern die berüchtigten *Majestätsprozesse*[168a] der tiberischen Regierungszeit, die schon in dieser ersten glücklichen Epoche begonnen haben. Sie sind in keiner Weise auf das Konto des Tiberius zu schreiben und sind von ihm nicht gewollt oder irgendwie ausgenutzt worden. Ganz im Gegenteil: Tiberius hat zugunsten Verfolgter vielfach eingegriffen; ich nehme hier als Beispiel nur D. Silanus, der wegen Ehebruchs mit Augustus' Enkelin Iulia bei diesem in Ungnade gefallen und freiwillig in die Verbannung gegangen war. Ihm hat Tiberius die Rückkehr gestattet, wenn er auch nicht mehr zu Ämtern gelangte[169]. Ebenso oft hat der Prinzeps bei Prozessen wegen Majestätsbeleidigung die harten Sprüche der Pairs gemildert[170].

Die Wurzel der ganzen Institution lag in der republikanischen Zeit und zwar in der revolutionären Gracchenzeit, in der der Begriff der Volkshoheit, *maiestas populi Romani,* entstanden war[171]. Das erste Majestätsgesetz, d. h. das Gesetz wegen Verletzung der Hoheit des römischen Volkes, *crimen laesae maiestatis,* erließ i. J. 104 v. Chr. der Volkstribun Appuleius Saturninus als Kampfmaßnahme zugunsten des Volkes, des *populus,* gegen den Senat. Nachdem i. J. 91 die Politik des jüngeren Livius Drusus, des berühmten Volkstribunen, und die seiner Freunde zu dem Italikeraufstand geführt hatte, bestimmte ein Gesetz des Volkstribunen Varius, alle an dem Abfall der italischen Bundesgenossen schuldigen Menschen seien nach dem Majestätsgesetz zu bestrafen. Sullas Majestätsgesetz, die lex Cornelia v. J. 80, bedrohte die Anzettelung eines Aufstandes, die Störung eines Magistrates in der Ausübung seines Amtes, die Überschreitung der magistratischen Amtsbefugnisse und den Mißbrauch der Amtsgewalt zum Schaden des Staates mit Verbannung und Geldstrafen. Es war also anfangs ein Gesetz zum Schutz der Republik. Aber schon unter Sulla, der so manches aus der »Kaiserzeit« vorausgenommen hat, wurde auch die öffentliche Verunglimpfung von Männern und Frauen der regierenden Aristokratie als Hochverrat bestraft.

So hat die *lex Iulia de maiestate* des Augustus v. J. 12 n. Chr. an den Diktator Sulla angeknüpft. Sie ist für die neue Zeit das Grundgesetz der Majestätsverbrechen geworden, auch durch die Einführung der Todesstrafe für die schwersten Fälle. Hochverrat und Fahnenflucht, Geheimbündelei, Aufruhr und Aufstand, Amtsmißbrauch, Störung eines Beamten in seinen gesetzmäßigen Funktionen, die Minderung seines Ansehens durch üble Nachrede oder Verletzung der ihm gebührenden Achtung erfüllten den Tatbestand des Majestätsverbrechens. Augustus war der erste, der auf Grund dieses Gesetzes die *maiestas* des Prinzeps an die Stelle oder besser neben die des römischen Volkes stellte und über Schmähschriften gegen seine

Person, aber auch gegen andere hochgestellte Persönlichkeiten, Untersuchungen anstellen ließ[172]. Augustus ist also der Vater der »Majestätsprozesse« im Wortsinn der neuen Zeit. Doch hat er davon nicht in größerem Umfange Gebrauch gemacht. Er wie sein Nachfolger sind der Ansicht gewesen, daß in einem freien Staatswesen Worte und Gedanken frei sein müßten[173]. Aber Tiberius war von vornherein empfindlicher. Augustus hat ihn einmal in einem Briefe getröstet, er solle sich doch nicht so grämen, wenn die Leute Böses von ihm sagten. »Wir wollen zufrieden sein, wenn wir verhindern können, daß sie uns Böses tun[174].« Doch bezieht sich dieses Wort auf Schmähungen gegen Augustus. Was Tiberius selbst betraf, so hat er als Prinzeps im Senat ebenfalls solche Anwürfe weit von sich gewiesen. »Öffnet das Fenster, dann fallen solche Feindseligkeiten auch auf Euch zurück.« Und bei anderer Gelegenheit sagte er: »Wenn einer anders redet, werde ich über meine Taten und meine Worte Rechenschaft ablegen; wenn er trotzdem auf seinem Standpunkt beharrt, werde ich ihm meinerseits mit Haß begegnen[175].«

Nicht von Tiberius ist den Majestätsprozessen das Tor geöffnet worden – er hat nur die Verbannung zur Deportation, d.h. zur Internierung an einem festen Ort verschärft[176] und i.J. 23 den *interdicti* die Möglichkeit genommen, ein Testament zu machen[177] – sondern durch den Übereifer der servilen Menschen aller Stände, die jenes greuliche Denunziantentum der »Delatoren« (Angeber) großgezogen haben. Es ist auch mit Recht darauf aufmerksam gemacht worden[178], daß nicht nur die tribunizische *sacrosanctitas* (Unverletzlichkeit), die dem Prinzeps eignete, auch nicht die Vertretung der Volkshoheit durch ihn diese unverletzliche Höhe des Prinzeps erzeugt hat, sondern auch die bald eingetretene Heiligung seiner Person; das gehe schon daraus hervor, daß die Familienmitglieder des Herrscherhauses an dem durch das Gesetz gebotenen Schutz teilhatten. Jede Beleidigung des Herrschers und seiner Angehörigen war eine *impietas*[179], eine Bezeichnung, die dem griechischen Wort ἀσέβεια (= Gottlosigkeit) entspricht. Diese rechtliche Grundlegung religiöser Weihe wurde sogar auf die Herrscherbilder übertragen und offenbarte selbst deren Heiligung. Diese sakralrechtliche Auffassung der Majestät des Prinzips bedeutete eine ungeheure Steigerung des Vergehens und hat die Häufigkeit der Majestätsprozesse mit veranlaßt; aber gerade dies lag nicht in der Absicht des Tiberius.

So nahm gleich mit dem Beginn seiner Regierung – ganz gegen seinen Wunsch – die Flut der Majestätsprozesse ungemein zu. Aber es muß festgehalten werden, daß gerade in den ersten sechs Jahren seiner Regierung die höchste Zurückhaltung des neuen Prinzeps, wie in allem, so auch hierin, zu konstatieren ist. Eine Ungeschicklichkeit war es nur, daß Tiberius das Senatsgericht viel zu oft an Stelle des »Quaestionentribunals für Majestätsklagen« *(quaestio de maiestate)* bemühte – sicher weil er glaubte, daß dadurch die größere Unparteilichkeit gewährleistet werde[180]. Es lohnt sich im übrigen, die Fälle einzeln durchzugehen.

Nach dem Bekanntwerden von Versen unbekannter Verfasser über des Tiberius angebliche Grausamkeit, seinen Hochmut und die Zerwürfnisse mit seiner Mutter fragte der Praetor Pompeius Macer an, ob er Majestätsklagen entgegennehmen sollte. Die Antwort des Prinzeps lautete: Gesetze seien dazu da, daß man sie handhabe. Näheres über den Ausgang der Affäre erfahren wir nicht. Tiberius bezog sich hier auf das Vorbild des Augustus, der die Anwendung des Majestätsgesetzes seinerzeit auf die Pasquille des Cassius Severus ausgedehnt hatte, mit denen dieser vornehme Männer und Frauen in üblen Ruf brachte[181].

Der wirklich erste Fall, der aus d.J. 15, war die Anklage gegen zwei mäßig begüterte römische Ritter Falanius und Rubrius[182]. Gegen Falanius wurde vorgebracht, er habe unter die Augustusverehrer, die sich in Privathäusern nach Art von Kulturvereinen zusammenschlossen, einen gewissen Cassius, einen wegen Unzucht berüchtigten Schauspieler, aufgenommen und habe außerdem bei dem Verkauf seiner Gärten eine Augustusstatue mitverkauft. Das Verbrechen des Rubrius sollte in einem beim Divus Augustus geschworenen Meineid bestanden haben. Tiberius, über die Anklagen in Kenntnis gesetzt, schrieb den Konsuln: sein Vater sei nicht deshalb in den Himmel erhoben worden, damit diese Ehrung benützt würde, die Bürger ins Verderben zu stürzen. Der Schauspieler Cassius wirkte samt seinen Berufsgenossen regelmäßig bei den Spielen mit, die seine Mutter zum Andenken an Augustus gestiftet habe. Es sei kein Verstoß gegen die religiöse Ehrfurcht, wenn das Augustusbild ebenso wie andere Götterbilder bei Garten- und Häuserverkäufen mitwanderten. Der Meineid sei ein Frevel gegen Jupiter: es sei Sache der Götter, sich gegen ihre Beleidiger zu wehren.

Der zweite Fall, der in das gleiche Jahr fällt, richtet sich gegen Granius Marcellus, den Prokonsul von Bithynien. Er wurde vor dem senatorischen Pairsgericht verhandelt. Ankläger war des genannten Beamten Quaestor, Caepio Crispinus, Mitkläger ein Romanus Hispo; Männer, über die Tacitus sehr scharf urteilt[183]. Die Anklage ging dahin, Marcellus habe häßliche Worte über den Prinzeps gebraucht, und Hispo fügte hinzu, er habe seiner eigenen Statue einen höheren Platz eingeräumt als der des Herrschers, auch habe er von einer Augustusstatue den Kopf abnehmen und den des Tiberius aufsetzen lassen. Über diese Geschmacklosigkeit war der anwesende Prinzeps so aufgebracht, daß er sein gewohntes Schweigen brach und es zu dem bereits erwähnten Intermezzo mit Cn. Piso kam (s. o. S. 98 f.). Der Angeklagte wurde wegen des angeblichen Majestätsverbrechens freigesprochen. Dagegen wurde eine gleichzeitige Erpressungsanklage an den dafür zuständigen Spezialgerichtshof verwiesen.

Viel ernster lag der dritte Fall, der in d. J. 16 gehört. Die Anklage lautete auf Vorbereitung eines Verfassungsumsturzes. Angeklagt war M. Scribonius Libo Drusus, der Bruder des Konsuls des laufenden Jahres, L. Libo, der aber bereits zugunsten eines Ersatzkonsuls zurückgetreten war, Großneffe der Scribonia, der zweiten Frau des Augustus und Mutter der Iulia. Hier trat zum ersten Male der ekelhafte Stand der gewerbsmäßigen Ankläger (delatores) in Aktion und gab dem Ganzen einen traurigen Hintergrund[184]. Ein Senator Firmius Catus, ein naher Freund Libos, verführte diesen, offenbar den damals so beliebten spiritistischen und okkultistischen Zukunftserkundungen ergebenen jungen Mann in der Annahme, daß er ein altes Haus mit vornehmen Ahnen besitze, dazu, ein verschwenderisches Leben zu führen und Schulden zu machen. Ja, der Verführer beteiligte sich selbst an den Ausschweifungen und an den schmierigen Geldgeschäften, um desto mehr Anschuldigungen bereitzuhalten. Als die Sache so weit war, suchte er um eine Audienz bei dem Prinzeps nach. Dieser aber ließ eine mündliche Besprechung nicht zu, befahl vielmehr, sich an den ihm befreundeten Ritter Vescularius Flaccus zu wenden. Das Ganze war eine Ablehnung in versteckter Form. Wie wenig Gewicht Tiberius der Angelegenheit beilegte, geht daraus hervor, daß er Libo zum Praetor beförderte und ihn gelegentlich zur Tafel zuzog. Da wurde Libo von neuem bei Fulcinius Trio, einem Ankläger von großem Ruf, angezeigt. Diese Anzeige stammte von einem gewissen Iunius, der von Libo aufgefordert worden war, ihm durch Zauberformeln die Geister Verstorbener zu zitieren. Trio brachte die Sache vor die Konsuln und verlangte eine Untersuchung durch den Senat. Bei der Verhandlung blieb der Prinzeps völlig neutral, obwohl schließlich vier Ankläger auftraten: außer Trio und Catus noch Fonteius Agrippa und C. Vibius Serenus; dieser war ebenfalls Delator. Die Anklageschriften brachten höchst törichtes Zeug aus dem Gebiete der Zukunftsdeuterei zutage, darunter ein Blatt von Libos Hand mit Namen von Mitgliedern der Herrscherfamilie und von Senatoren mit drohenden oder unverständlichen Zeichen daneben. Der Angeklagte leugnete alle Schuld. Darauf wurde das Verhör seiner Sklaven beschlossen, nachdem sie einzeln losgekauft waren. Es gab nämlich einen Senatsbeschluß, nach dem ein Sklavenverhör gegen das Leben des Herrn verboten war; aber nach einem Präzedenzfall aus der Zeit des Augustus (8 v.Chr.) konnten in einem solchen Fall Sklaven auf Senatskosten angekauft werden[185]. Nach einem Bittgesuch an den Prinzeps um einen Tag Aufschub beging der Angeklagte Selbstmord. Das Verfahren wurde trotzdem vom Senat zu Ende geführt. Tiberius schwor, er würde trotz erwiesener Schuld für das Leben des Angeklagten gebeten haben, wenn er nicht den übereilten Selbstmord begangen hätte. Tacitus[186] zählt die vielen Anträge auf, die gegen das Vermögen und das Andenken des seltsamen Mannes gerichtet waren, den man sogar zum Staatsfeind erklärte. Man hat bei diesem stark aufgebauschten Fall den bestimmten Eindruck, daß Tiberius diesen Verfolgungen einzelner aus der Oberschicht zunächst völlig fernstand, daß sich aber im Senate Männer befanden, die liebedienerisch und aus Sensationslust jede Kleinigkeit verfolgten und den Prinzeps allmählich gezwungen haben, sich mit diesem Unwesen zu beschäftigen – ihm sicher nicht zur Freude! Fulcinius Trio wurde durch diesen Prozeß so berühmt, daß er sich zu Beginn d.J. 20 in dem Verfahren gegen Piso (s.o.S. 86) sofort in den Vordergrund drängte und Piso vor die Konsuln, d.h. vor den Senat forderte[187].

Der vierte Fall (i.J. 17) gegen Appuleia Varilla, Augustus' Stiefschwster, wohl aus der ersten Ehe seines Vaters C. Octavius, ist besonders interessant[188]. Die Anklage lautete dahin, sie habe Augustus und Tiberius nebst seiner Mutter durch beleidigende Ausdrücke verspottet und sie habe, obwohl sie mit dem Herrscher verwandt sei, Ehebruch getrieben. In dem Beleidigungsverfahren wünschte Tiberius, soweit seine Person in Betracht kam, keine Untersuchung und, nachdem er mit ihr gesprochen hatte, erklärte er das Gleiche auch im Namen Livias. So setzte er die Freisprechung der wegen Majestätsverbrechens Angeklagten durch. Wegen des Ehebruchs bat er ebenfalls, von einer härteren Strafe abzusehen und riet, sie nach der Sitte der Vorfahren 200 Meilen von der Hauptstadt zu verbannen. Dem Ehebrecher Manlius wurde der Aufenthalt in Italien und in Afrika untersagt (s.o.S. 101).

In das Jahr 20 gehört als fünfter Fall die Anklage gegen Aemilia Lepida[189], eine Urenkelin des L. Sulla und des Cn. Pompeius, also gegen eine Frau höchsten Adels, die ehedem die Ehre gehabt hatte, als

Braut von Augustus' Enkelsohn Lucius Caesar ausersehen gewesen zu sein. Sie hatte nach dessen Tod den P. Sulpicius Quirinius geheiratet. Die Ehe blieb kinderlos und endete mit Scheidung. Lange Jahre nachher erhob ihr ehemaliger Ehemann Klage gegen die Geschiedene wegen Kindesunterschiebung, versuchten Giftmordes und Majestätsverbrechens. Auch hier blieb Tiberius im Hintergrund. Zu Beginn stellte er lediglich den Antrag, das Verfahren wegen Majestätsverbrechen nicht zu eröffnen; auch duldete er nicht, daß über die seine Familie betreffenden Anklagepunkte die Sklaven auf der Folter verhört würden. Seinen Sohn Drusus, der damals designierter Konsul war, entband er von der Pflicht, als erster seine Stimme abzugeben, offenbar um auf die Abstimmung der übrigen Senatoren keinen Druck auszuüben. Nach Durchführung des Prozesses lautete der strengste Strafantrag auf Verbannung. Dafür stimmte auch Drusus. Aber das Vermögen der Angeklagten wurde nicht eingezogen. Erst nach Beendigung des Verfahrens gestand Tiberius, er habe durch Quirinius' Sklaven gewußt, daß Lepida ihren Mann tatsächlich zu vergiften versucht habe. Er hatte also keinen Gebrauch von einem ihm bekannten, für die Frau ungünstigen Faktum gemacht: immer wieder ein Beweis dafür, daß er in der ersten Regierungszeit die Verfolgung hoher Persönlichkeiten von sich aus nicht betrieben, sondern alle Skandale möglichst zu vermeiden gesucht hat. P. Quirinius, der eine große Laufbahn unter Augustus hinter sich hatte, und dem Tiberius als Mentor des Gaius Caesar bei dessen Mission im Orient verpflichtet war (er hatte, wie oben erwähnt, auf den Prinzen eingewirkt, daß er seinem Stiefvater während dessen rhodischen Aufenthaltes freundlich begegnete), stand bei dem Prinzeps in hoher Gunst. Er hat für ihn nach seinem Tode ein Staatsbegräbnis beantragt und durchgesetzt[190].

Auf Grund dieser ersten fünf Fälle kann man es wohl aussprechen, daß der Herrscher in dem ersten Regierungsabschnitt (14–20) Majestätsprozesse nicht irgendwie gefördert, sondern daß er sie vielmehr hintangehalten hat[191]. Auch in diesem Punkt verfuhr die neue Regierung zunächst ganz im Sinne des Augustus.

Daß Tiberius i. J. 19 den Germanicus durch den Tod verlor und sich dafür den wilden Haß Agrippinas zuzog, war nicht nur ein persönliches Unglück für ihn, sondern auch ein schwerer Schaden für den Staat. Die Hoffnung aller – einschließlich des Prinzeps selbst – stand auf den zwei Augen dieses kommenden Mannes, für den Tiberius wieder einmal der Platzhalter und Verwalter des Prinzipates war. Wenn das Schicksal ihn statt des Germanicus i. J. 19 hinweggenommen hätte, wäre der nur kurze Prinzipat des ersten Claudiers eine erfolgreiche Fortsetzung des augusteischen gewesen: eine glänzende auswärtige Politik ganz im Sinne des Staatsgründers und im Innern eine bei der merkwürdigen Eigenart des neuen Throninhabers immerhin recht bemerkenswerte Leistung, die das Beste an dem Führerstaat hinübergerettet hätte in das Regime des Germanicus. Jetzt, da der junge strahlende Mann, die Hoffnung des Imperiums, die Augen geschlossen hatte, regten sich von neuem die Stimmen der Unzufriedenheit und der Mißgunst mehr denn je. Es fehlte die Hauptfigur auf dem Schachbrett, der Mann, auf dem die Zukunft des Staates ruhen sollte, und da er fehlte, ging es von jetzt ab abwärts. Die gute Zeit für Tiberius war vorüber.

3.

Der Beginn des Niederganges: Tiberius und Drusus,
dann (seit 23) Tiberius allein an der Spitze des Staates.
Seian als Gegenspieler.
19/20–26 n. Chr.

Tief verbitter und stark gealtert trat Tiberius in den neuen Abschnitt seines Lebens und seiner Regierung ein. Aber deutlich merkt man, daß er auch nach dem Ableben des Germanicus unbedingt an den von Augustus festgelegten Grundlinien für die Weiterführung des Staates festhalten wollte. Sobald Germanicus' ältester Sohn Nero erwachsen war, stellte er ihn dem Senate vor mit der Bitte, ihn von der Verpflichtung der Bekleidung des Vigintivirats, mit der die Senatorensöhne ihre Laufbahn begannen, zu entbinden und ihm die Bewerbung um die Quaestur fünf Jahre vor dem gesetzlich vorgeschriebenen Alter zu gestatten, eine Vergünstigung, die einst Augustus dem Tiberius und Drusus in jungen Jahren gewährt hatte. Damit wurde Nero neben des Prinzeps Sohn Drusus in die Nachfolge aufgenommen und für diese das »Vieraugensystem« des Augustus gewahrt[1]. Um den Antrag des Tiberius zugunsten des jungen Mannes, der übrigens vom Senat bewilligt wurde, populär zu machen, wurde bei Neros *deductio in forum*, d. h. bei der Verleihung der Mannestoga, eine Spende an das Volk gegeben. Endlich wurde Nero mit Drusus' Tochter Iulia vermählt[2]. Man erkennt deutlich die gradlinige Fortsetzung der augusteischen Politik in Sachen der Prinzipatsvererbung. Worauf Tiberius hinauswollte, zeigte sich, als er im nächsten Jahre seinen Sohn Drusus zum Mitregenten machte[3] und ein Jahr später (23) den zweiten Sohn des Germanicus, der ebenfalls Drusus hieß, nach Verleihung der Mannestoga seinem Bruder Nero in der Nachfolge gleichstellte[4]. Nun war Augustus' Vieraugensystem sowohl für den Prinzipat als auch für die Nachfolge erreicht und gleichzeitig der vom Reichsgründer gewollte Zustand, daß nämlich nach der Beendigung des Prinzipates der Claudier, d.h. des Tiberius und seines Sohnes Drusus, die höchste Stellung im Staate an die Familie des Germanicus, vor allem an dessen ältesten Sohn Nero, zurückfiel[5]. Loyaler konnte in diesem wichtigen Punkt kein Erbe den letzten Willen des Augustus durchführen. Trotz Agrippinas furchtbarem Haß und ewigem Intrigenspiel wurde ihrer Nachkommenschaft die Zukunft des Prinzipates sichergestellt.

Verbunden aber war mit diesen Maßnahmen zur Neuregelung der Prinzipatsfortführung im Herrscherhaus gemäß Augustus' Programm ein Zurücktreten des Tiberius aus dem Reichsmittelpunkt. Es erfolgte bereits i.J. 21. Darin gab sich erneut der Hang zur Einsamkeit bei dem alten Manne kund. Nachdem der Prinzeps am 1. Januar 21 zusammen mit seinem Sohne Drusus das Konsulat, sein viertes und das zweite des Drusus, angetreten hatte, verließ er für mehr als ein Jahr die Hauptstadt, um in Campanien zu residieren. Nach außen wurde die Stärkung seiner Gesundheit als Grund für die Umsiedlung angegeben. In Wirklichkeit aber machte sich bereits seine Rom-Müdigkeit geltend. Vielleicht wollte er auch Drusus Gelegenheit geben, als Konsul selbständiger zu werden und die Verantwortung, die der Prinzipat ihm auferlegte und an der er so ungemein schwer trug, dem Sohne aufbürden[6].

Im Senate zeigte der Stellvertreter eine gewisse Geschicklichkeit bei den Verhandlungen, so bei der Klage des Praetoriers Domitius Corbulo, des Vaters des berühmten Feldherrn und Staatsmannes der neronischen Zeit, über die unehrerbietige Haltung eines jungen Edelmannes, des L. Sulla, im Zirkus, sowie über Betrügereien der Unternehmer und über Nachlässigkeiten der Beamten in Italien[7].

Schwieriger wurde für ihn die Stellungnahme, als der ehemalige langjährige Unterbefehlshaber des Germanicus am Niederrhein, A. Caecina Severus, den Antrag stellte, den Statthaltern solle verboten werden, ihre Frauen mit in die Provinzen zu nehmen. Die Anwesenheit der Weiber bringe im Frieden Wohlleben, im Kriege Unsicherheit mit sich, sei also ein Hemmschuh, auch gebe sie einem römischen Heereszug das Aussehen einer Barbarenkarawane. Das weibliche Geschlecht sei nicht nur schwächlich und unfähig, Strapazen zu ertragen, sondern es sei bei Gelegenheit auch grausam, ehrgeizig und herrschsüchtig. Einstmals habe man die Frauen durch die lex Oppia gegen den Frauenluxus und durch andere Gesetze im Zaume gehalten. Jetzt seien sie aller Fesseln ledig und regierten im Hause, auf dem Forum, ja sogar im Heere. Die Rede des Frauenfeindes stieß auf Widerspruch in der hohen Körperschaft. Es wurde erwidert, der Mann allein trage die Schuld daran, wenn die Frau die ihr gezogenen Schranken durchbreche. Man solle doch das schwache Geschlecht nicht sich selbst überlassen, sonst werde es zu Hause ein Opfer seines Hanges zur Üppigkeit und das Ziel der Lüste anderer Männer. »Gedenket des Unheils, das hier in Rom entstehen kann, wenn ihr die Übelstände beseitigen wollt, die in der Fremde entstehen können.« Drusus wies im Anschluß daran darauf hin, daß auch der verewigte Augustus seine vielen Reisen in der Begleitung der Livia gemacht habe, auch er selbst habe in Illyrien und bei anderen Aufenthalten im Provinzialgebiet seine Frau bei sich gehabt. Caecinas Antrag wurde so zu Fall gebracht[8].

Tiberius konnte während seiner Abwesenheit in Campanien den Verkehr mit dem Senat nur schriftlich erledigen. Auf diesem Wege beantragte er wegen Wiederausbruchs von Unruhen in Afrika (s. S. 133) die Erneuerung eines neuen kriegstüchtigen Prokonsuls für diese Senatsprovinz. Die Körperschaft faßte daraufhin den außergewöhnlichen Beschluß, der Prinzeps solle von sich aus den Prokonsul kreieren – was gegen die Verfassung war[9]. Tiberius' Antwortschreiben rügte daher mit Recht diese Entscheidung und brachte zwei Männer in Vorschlag: M. Lepidus und Q. Iunius Blaesus. Lepidus war eben erst nur mit Mühe zum Prokonsul von Asien gemacht worden und sträubte sich gegen die neue Beförderung unter Hinweis auf seinen Gesundheitszustand, sein Alter und seine Kinder, unter denen sich eine erwachsene Tochter befand. Das Amt bekam daraufhin Blaesus, ein Oheim des damals schon allmächtig werdenden Seian[10].

Das Fernsein des Prinzeps war aber nicht nur für die Erledigung der Staatsgeschäfte, sondern auch für die Weiterentwicklung des Reiches wenig günstig. Merkwürdige Verhältnisse enthüllt ein Bericht des Tacitus aus diesem Jahre, der einen Einblick in die damalige Entartung des Volkes tun läßt. Allerhand Straßengesindel – so erzählt er[11] – nehme sich heraus, Schimpfworte und Beleidigungen gegen achtbare Leute auszustoßen und sich der Strafe dadurch zu entziehen, daß es ein Bild des Herrschers anfasse und infolgedessen nicht bestraft werden könne[12]. Und der Senator C. Cestius führte aus: kein Mensch fliehe auf das Kapitol oder in einen Tempel, um diese

Zufluchtsorte zu verbrecherischen Zwecken zu mißbrauchen. Es bedeute eine Aufhebung der Gesetze und völlige Anarchie, wenn ihm eine gewisse Annia Rufilla, die er wegen Betrugs vor Gericht gebracht hätte, auf dem Forum und noch auf der Schwelle der Kurie, des Senatshauses, unter Vorhalten eines Herrscherbildes schimpfliche Worte und Drohungen entgegenrufen dürfe. In der Debatte kamen andere, noch ärgere Fälle dieser Art zur Sprache. Auf die Bitte des Senats hin ließ Drusus das Weib hinter Schloß und Riegel bringen.

Wegen Mißbrauch des Majestätsgesetzes griff der Prinzeps gleich darauf selbst ein. Er veranlaßte, der Senat solle die römischen Ritter Considius Aequus und Caelius Cursor bestrafen, weil sie den Praetor Magius Caecilianus fälschlich des Majestätsverbrechens angeklagt hätten. Auch dieses Vorgehen schreibt unsere parteiische Überlieferung dem Drusus zu, der aber offenbar nichts damit zu tun hatte[13]. Obwohl Drusus' Leben in der Großstadt nicht gerade von der besten Seite geschildert wird, versteigt sich der Berichterstatter, den Tacitus bei dieser Gelegenheit benutzt, zu der grotesken Behauptung, »das sei besser als einsam, ohne sich ein Vergnügen zu gönnen, einem argwöhnischen Wächterdienst und trüben Regierungssorgen obzuliegen.« Man sieht, dem ewigen Nörgler an Tiberius fehlt jetzt die Lichtfigur des Germanicus, und da muß sogar der wirklich nicht besonders hochstehende Drusus herhalten, um den wach- und arbeitsamen Vater in den Schatten zu stellen.

Aber dabei hatte es noch nicht sein Bewenden. Dem alten Herrscher werden gleich zwei weitere Majestätsprozesse zur Last gelegt, die ihn aber in keiner Weise belasten[14]. Die Anklage des Ancharius Priscus gegen den Prokonsul von Kreta und Kyrene, Caesius Cordus, erfolgte im Grunde wegen »Erpressung«, und nur anhangsweise wurde er noch eines Majestätsverbrechens bezichtigt, »das damals bei keiner Klage fehlen durfte«. Das Urteil wurde erst im folgenden Jahre gefällt und lautete auf Verurteilung wegen Erpressung, während die Anklage auf Majestätsverbrechen fallen gelassen wurde[15]. Im zweiten Falle dagegen, in der Affäre des Antistius Vetus, eines Mannes aus einer römischen Kolonie Makedoniens, handelte es sich wirklich ausschließlich um Hochverrat. Der Angeklagte war in die damaligen thrakischen Händel (s. u. S. 138) verwickelt und trug sich mit Kriegsgedanken gegen Rom. Er wurde auf eine Insel verbannt, die weder von Makedonien noch von Thrakien leicht zu erreichen war[16]. Hier war also der Herrscher verpflichtet, mit Rücksicht auf die Staatssicherheit auf dem stets unruhigen Balkan einzugreifen. Was er aber auch tat, und selbst wenn es das Beste war, für seine Historiker war Tiberius seit dem Tode des Germanicus immer ausschließlich schuldig.

Ganz besonders interessant war sein Verhalten bei der Verhandlung gegen den Dichterling Clutorius Priscus, einen Mann ritterlichen Ranges. Sie fand gegen Ende d. J. 21 statt[17]. Priscus hatte auf Germanicus' Tod ein Trauergedicht verfaßt, wofür er durch ein Geldgeschenk des Prinzeps belohnt worden war. Dadurch angespornt, hatte er für den Fall von Drusus' Tod auch schon ein Poem bereit, das er aus Eitelkeit in einer Gesellschaft vor Frauen rezitiert hatte. Dies war sein »Majestätsverbrechen«, und dafür wurde er mit dem Tode bestraft. Das Übermaß von Strafe für eine Geschmacklosigkeit seltsamster Art war einzig und allein dem übereifrigen Senat zur Last zu legen. Die Meinung über das Strafmaß war übrigens geteilt gewesen. Manius Lepidus hatte Verbannung und Vermögenseinziehung beantragt, aber der Antrag des Haterius Agrippa auf Todesstrafe hatte gesiegt. Sie wurde sofort vollstreckt, obwohl Lepidus davor gewarnt hatte, der Gnade des Prinzeps vorzugreifen. Tiberius bat bei der Bekanntgabe dieses Falles ausdrücklich, von so übereilter Bestrafung bloßer Worte künftig Abstand zu nehmen. Darauf faßte der Senat den Beschluß, seine Entscheidungen erst nach Ablauf von zehn Tagen in das Archiv im Aerarium bringen zu lassen, damit die Vollstreckung von Todesurteilen so lange aufgeschoben werden konnte. Das genügte nach diesem unerhörten Justizmord natürlich keineswegs. Tiberius ist hier nicht von dem Vorwurf freizusprechen, daß er nicht diesem Unwesen durch viel schärferes Eingreifen gesteuert hat, sondern die Dinge einfach treiben ließ[18].

Im Jahre 22 wurde ernstlich noch einmal der Erlaß eines Gesetzes gegen den steigenden Luxus, namentlich gegen den Tafelluxus, erwogen[19]. Gerade in diesen Jahren machte sich eine allgemeine Steigerung des Lebensstandards gegenüber den einfachen Verhältnissen der republikanischen und der augusteischen Zeit bemerkbar. Sie dauerte während der ganzen iulisch-claudischen Epoche an und ebbte erst unter den einfacheren Flaviern wieder etwas ab[20]. Man befürchtete, der Prinzeps werde in seiner bekannten altrömischen Sparsamkeit härtere Maßnahmen gegen die zunehmende Entartung ergreifen, zumal unter Vorangang des C. Bibulus sämtliche Aedilen erklärt hatten, daß das ältere Luxusgesetz nicht beachtet werde und die Lebensmittelpreise täglich über die gestattete Höhe hinaus stiegen. Der Senat traf keine Entscheidung, sondern verwies die Angelegenheit an den Prinzeps. Dieser wagte nicht, ein allgemeines, umfassendes Luxusgesetz zu erlassen. Tacitus gibt den Inhalt seines Schreibens an den Senat über diese Materie wieder²¹. Er ist wohl nur zum Teil authentisch und, wie sich aus dem breiten Rückblick auf die Vergangenheit schließen läßt, in der Hauptsache dem Historiker zuzuschreiben. Der Anregung der Aedilen, gesetzliche Maßnahmen zu ergreifen, wurde keine Folge gegeben. Je älter Tiberius wurde, desto skeptischer stand er der Gesetzmacherei gerade auf diesem schwierigen Gebiet gegenüber, durch die er keine Erfolge hatte, wohl aber stets wachsende Unpopularität ernten konnte. Man war reich geworden und lebte in jeder Hinsicht auf großem Fuße. Dies kam hauptsächlich in den Bauten, in der Zahl der Dienerschaft, der Kleider- und Tafelausstattung sowie in der Länge der Speisekarte zum Ausdruck. Wie sollte man da mit Gesetzesparagraphen etwas erreichen wollen oder können? Tiberius war klug genug, den Kampf dagegen aufzugeben, und seine Zurückhaltung fand wenigstens diesmal allgemeinen Beifall.

Nach Beendigung der Aktion erbat der Herrscher zu Beginn d. J. 22 noch von Campanien aus – sein Aufenthalt dort dauerte nun schon über ein Jahr – vom Senat als dem damaligen Verwalter der Volksrechte²² die Übertragung der tribunizischen Gewalt an seinen Sohn Drusus. Damit kehrte der Prinzeps zum augusteischen Vieraugensystem zurück (s.o.S. 38)²³. Das Schreiben ist wie kein zweites bezeichnend für die Psyche des Tiberius. Nach Anrufung der Götter, die seinen Entschluß zum Segen des Staates wenden möchten, spricht er einfach und ohne falsche Übertreibung von den Eigenschaften seines Sohnes. Er habe ein Weib und drei Kinder und stehe in demselben Alter, in dem er einst von dem verewigten Augustus zur höchsten Stellung im Staate unmittelbar hinter dem Prinzeps berufen worden sei. Von einer Vererbung des Prinzipates dürfe keine Rede sein: die Position müsse verdient werden, wie das Augustus immer und immer wieder betont habe. Acht Jahre lang habe der Sohn seine Fähigkeiten unter Beweis gestellt, habe Aufstände unterdrückt, Kriege glücklich beendigt, einen Triumph gefeiert und zweimal das Konsulat verwaltet. So kenne er die Aufgaben, zu deren Erfüllung er jetzt als sein Mitarbeiter berufen werde.

Der Senat ratifizierte den Wunsch des Herrschers²⁴ und fügte eine Anzahl Ehrungen hinzu: Aufstellung der Standbilder beider Herrscher (Principes), Weihung von Götteraltären, Erbauung von Tempeln und Ehrenbogen und anderes mehr²⁵. M. Iunius Silanus, der Konsul d. J. 15, der Bruder des kürzlich wieder zu Ehren gebrachten Decimus Silanus, beantragte, zur Jahresangabe hinfort nicht mehr die Namen der Konsuln zu verwenden, sondern nach Jahren der tribunizischen Gewalt der beiden Herrscher zu zählen. Der Antrag erhob einen seit Augustus' Annahme der *tribunicia potestas* i.J. 23 v.Chr. faktisch bereits bestehenden Brauch – allerdings bisher nur neben der Jahreszählung nach Konsuln – zum gesetzlichen, ohne daß allerdings, wie beabsichtigt war, die Konsuldatierung ganz verschwand. Der alte Senator Q. Haterius (gestorben i.J. 26) ging noch weiter und wünschte, daß diese Ehrenbeschlüsse mit goldenen Lettern in der Kurie eingegraben würden. Dies lehnte Tiberius als zu weitgehend und der Vätersitte widersprechend ab[26]. Drusus, der nicht in Rom anwesend war, dankte in bescheidener Weise. Alles vollzog sich in würdigen Formen. Trotzdem wurden die beiden Herrscher getadelt, und der Tadel ist in die mißgünstige Überlieferung bis hin zu Tacitus übergegangen.

Im Laufe des J. 22 erkrankte Livia schwer, und Tiberius begab sich aus Campanien nach Rom zurück. Das Verhältnis zur Mutter war der vorsichtigen Art des Sohnes entsprechend allmählich in gewisser Weise ausbalanciert worden, obwohl sich die Augusta immer noch manche Verstöße zuschulden kommen ließ. So hatte sie z.B. auf der Inschrift eines Standbildes, das sie bei dem Theater des Marcellus dem Gotte Augustus errichtete, Tiberius' Namen hinter ihren eigenen setzen lassen[27]. Aber sie wurde von der Verehrung des Senates getragen und durfte sich daher so etwas erlauben. Nach ihrer Genesung wurden Dankgebete an die Götter und große Spiele zu ihren Ehren vom Senat beschlossen, die von den Staatspriestern, Pontifices, Auguren, Quindecimvirn und Septemvirn zusammen mit den Augustalen gefeiert werden sollten. Als auch noch die Teilnahme der Priesterschaft der Fetialen beantragt wurde, widersprach der Herrscher (darüber s.S. 111). Anderes konnte er nicht verhindern. Die Ritterschaft gelobte der Fortuna Equestris ein Weihegeschenk, das in dem Tempel dieser Göttin in Antium aufgestellt wurde[28]. Seit dem Jahre ihrer Genesung verherrlichte der Senat die Livia auf den zu ihren Ehren geschlagenen Münzen, so z.B. als Salus Augusta[29], als Iustitia, als Pietas, dieses zur Feier ihres guten Verhältnisses zu dem verstorbenen Gemahl und zu dem Sohne.

Die Majestätsprozesse begannen sich wieder zu häufen, allerdings immer noch unter starker Zurückhaltung des Tiberius, d.h. unter vielerlei Milderungen und Einschränkungen der Urteile durch den Prinzeps. Der Prokonsul von Asien, C. Iunius Silanus, wurde von seinen Provinzialen wegen Grausamkeiten und Erpressungen angeklagt. Sofort wurden auch hier von seinen zahlreichen Feinden sowie von einem Quästor und Legaten des Beklagten allerlei Tatbestände beigebracht, die ein »Majestätsverbrechen« ergaben. Tiberius beteiligte sich diesmal an der Untersuchung und ließ einen Präzedenzfall aus der Zeit des Augustus – Senatsbeschluß gegen einen früheren Prokonsul von Asien namens Volesus Messala – verlesen. Lucius Piso beantragte nach einer langen Einleitung, worin er die Milde des Herrschers pries, die Verbannung nach der Insel Gyaros im südlichen Aegeischen Meer unter Erhaltung des mütterlichen Vermögens aus der gens Atia, der Familie der Mutter des Augustus, für den Sohn. Tiberius pflichtete bei. Außerdem bestimmte er an Stelle der unfreundlichen und unbebauten Insel Gyaros die Insel Kythnos zum Aufenthalt des Verbannten, zumal auch seine Schwester, die Vestalin Torquata, darum bat. Einem im Anschluß an diesen Fall gestellten Antrag, man solle in Zukunft niemand zur Verlosung der Provinzen zulassen, der ein lasterhaftes Leben geführt habe und in üblem Rufe stehe, gab der Prinzeps nicht statt, und zwar mit den Worten, die wieder sehr bezeichnend für ihn sind: »Die Gesetze befassen sich nur mit vollendeten Tatsachen; in die Zukunft kann man nicht schauen. Unsere Vorfahren haben denn auch die Strafen als Folgen begangener Verbrechen festgesetzt. Wir wollen diese weise geschaffenen und stets befolgten Grundsätze nicht verlassen. Der Prinzeps hat schon Lasten genug, auch Machtvollkommenheiten genug! Das Recht verliert, wenn die Macht gewinnt. Man soll nicht befehlen, wenn man nach den Gesetzen verfahren kann«[30].

In einem anderen Falle, nämlich bei der Anklage gegen den römischen Ritter L. Ennius wegen »Majestätsverbrechens« – er habe aus einem silbernen Bildnis des Prinzeps Geschirr für den intimsten Hausgebrauch machen lassen –, verbot Tiberius schon die Einleitung des Verfahrens. Dies rief einen formaljuristischen Einspruch hervor. Der herrschertreue alte Ateius Capito nämlich, der schon unter Augustus bei der Beratung des Herrscherhauses eine hervorragende Rolle gespielt hatte, tadelte ganz offen diesen Eingriff des Prinzeps in ein schwebendes Verfahren. Man dürfe bei einer so gemeinen Handlungsweise den Senat nicht um seine Entschlußfreiheit bringen. Persönlich möge der Monarch neutral bleiben. Aber bei Beleidigungen des Staates sei keine Nachsicht am Platze. Tiberius bestand trotzdem auf seinem Einspruch[31].

Wieweit Tiberius noch i. J. 22 geneigt war, den Senat an den Staatsgeschäften zu beteiligen bzw. schwierige Materien an ihn zu verweisen, zeigte sich, als die Ostprovinzen des Senates, voran die Provinz Asien, an ihn das Gesuch richteten, den Mißständen des Asylrechtes der alten Tempel ein Ende zu machen[32], da es der Polizei manchen Ärger und oft eine große Erschwerung ihrer Arbeit gebracht hätte[33]. Der Prinzeps überwies den ganzen Fragenkomplex dem Senat zur Entscheidung, möglicherweise um zu dokumentieren, daß die Körperschaft in ihren Provinzen, anders als unter Augustus, frei schalten sollte. Denn auch Abgesandte aus den ebenfalls prokonsularischen Provinzen Kreta und Kypros (Cypern) stellten sich ein[34]. »Es war ein glänzender Tag, als der Senat nun die Prüfung des Materials vornahm und die Bewilligungen der Vorfahren, die Verträge mit den Bundesgenossen, auch die Anordnungen der Könige, die vor der römischen Herrschaft dort geschaltet hatten, ja die religiösen Pflichten gegen die Götter selbst aus freiem Ermessen wie vor Zeiten bestätigte oder veränderte«[35]. Bei der Fülle des Materials überließ man die Untersuchung der Rechtsgültigkeit der Dokumente den Vorsitzenden, d. h. den Konsuln, da der Senat nicht über Ausschüsse zur Beratung von Einzelangelegenheiten verfügte, auch die Möglichkeit fehlte, direkt vom Vollsenat aus mit den Provinzialbeamten in Verbindung zu treten[36]. Nach Feststellung von Mißbräuchen wurde die Angelegenheit an den Senat zurückverwiesen. Die endgültigen Senatsbeschlüsse änderten nicht viel an dem bestehenden Rechtszustand, dekretierten aber, daß kein Mißbrauch mit dem Recht getrieben werden dürfe[37]. Es scheint, daß in den dem Prinzeps direkt unterstellten Provinzen, auch in Ägypten, wo die letzten Ptolemäer in diesem Punkte allzu freigebig gewesen waren, schärfer durchgegriffen und das Asylrecht stark eingeschränkt wurde[38].

Das Jahr 22 ist im allgemeinen noch gut verlaufen. Allerdings war der Tod einiger bekannter Persönlichkeiten zu beklagen. So starben zwei hervorragende Männer: Asinius Saloninus, etwas über 30 Jahre alt, einer der Söhne des Asinius Gallus von der Vipsania, Tiberius' früherer Gemahlin (sie selbst war schon i. J. 20 gestorben), der eine der drei Töchter des Germanicus heiraten sollte, und der bereits genannte große Rechtsgelehrte Ateius Capito[39]. Auch starb in sehr hohem Alter Iunia Silana, eine jüngere Stiefschwester des Caesarmörders Marcus Brutus, 64 Jahre nach ihrem Gatten Cassius, dem zweiten Führer der Caesarmörder. Ihre Mutter Servilia, Caesars »Freundin«, war eine Halbschwester des Cato Uticensis. Silana war also eine Reliquie aus der republikanischen Zeit. Sie hinterließ ein großes Vermögen und hatte fast alle vornehmen Männer bedacht, den Prinzeps aber im Testament übergangen. Tiberius ließ trotzdem ihr Begräbnis mit allen Ehren und Feierlichkeiten sowie mit einer Lobrede von den Rostra, der Rednertribüne des Forum, aus begehen. Nach römischem Ritus wurden die Ahnenbilder der Leiche vorangetragen, in diesem Falle die Bilder von zwanzig berühmten Familien.

Des Cassius und Brutus Bilder fehlten natürlich, weil sie nach dem Mord an Caesar verfemt worden waren[40].

Das furchtbare Jahr 23 zog herauf, in dem den Prinzeps der zweite schwere Schlag treffen sollte: der Tod seines Sohnes Drusus. Unterdessen war ihm neben Agrippina noch ein zweiter Gegenspieler, L. Aelius Seianus, erwachsen, ein Mann von dämonischer Gewalt, dessen Wirken allerdings zunächst meist im geheimen vor sich ging. Tiberius vertraute ihm wie kaum einem zweiten Menschen und überließ ihm die Gardepräfektur ohne Kollegen, was gegen Augustus' normale Ordnung verstieß. Bei dem furchtbaren seelischen Druck, der seit dem Tode des Germanicus auf Tiberius lastete, empfand er es sehr wohltuend, daß er sich durch seinen tüchtigen Leibwachenführer in den Regierungsgeschäften einigermaßen entlastet fühlen und ihm mehr als bisher die Sorge für das Reich überlassen konnte.

Seian war seit d. J. 20 durch die Verlobung seiner noch jugendlichen Tochter mit einem Sohne des Claudius, des späteren Prinzeps, hoffähig geworden und zum Herrscherhaus in engere Beziehungen getreten. Auch darin äußerte sich ein höchstes Maß von Vertrauen seines Herrn. Es nahm noch zu, als es Seian gelang, einen im Theater des Pompeius ausgebrochenen Brand zu löschen, bevor er größeres Unheil anrichten konnte. Daß ihm der Senat dafür ein Standbild im neuerbauten Pompeiustheater errichten durfte, war eine sehr hohe Ehrung[41].

Seians erstes großes Werk war die Verlegung sämtlicher Gardetruppen aus den Landstädten des Albanergebirges nach Rom und die Erbauung des Praetorianerlagers *(castra Praetoria)* auf dem Viminal i. J. 23. Augustus hatte wohl diese Garde zum Schutze der Monarchie und seines eigenen Lebens geschaffen, aber durch Hinausverlegung auf das Land sowie durch das Verbot des Uniformtragens – sogar die Soldaten der jeweils im Palast wachhabenden Abteilung erschienen in der Toga – ihr Dasein sozusagen zu verbergen gesucht. Dieses Versteckthalten des Militärs in Rom gehört zu »den Geheimnissen seiner Herrschaft« *(arcana imperii)*.

Wenn man sich dies vor Augen hält, versteht man den gewaltigen Bruch, den Seian in diesem Jahre mit der Schöpfung des stadtrömischen Praetorianerlagers vollzogen hat. Die Militärmonarchie, die im Grunde auch der Prinzipat des Augustus – so gut wie Caesars Autokratie – darstellte, weil er aus dem Imperatorentum erwachsen war, trat nun auf einmal nackt zutage. Rom war seitdem in den Händen der Garde, d.h. in Seians Händen. Was half das bisherige Streben des Tiberius, Augustus' Verfassungswerk möglichst rein zu

erhalten, wenn sein vornehmster »Mitarbeiter« – so nannte er ihn
manchmal lobend vor Senat und Volk, ihn, dessen Standbild im
Theater des Pompeius seit d.J. 22 aufgestellt war und dem es gestattet
wurde, sein Standbild neben dem Herrscherbild zwischen den Feldzeichen der Militärlager aufzustellen[42] – die *arcana imperii* preisgab?
An Seian, nicht an Tiberius hat die auf den Thron folgende Drusus-
Nachkommenschaft (Caligula, Claudius, Nero) angeknüpft und ist
dadurch rasend schnell in das autokratische System Iulius Caesars und
seines Nachtreters Marcus Antonius hineingeraten. Zu den Mitteln,
durch die Seian nach Errichtung des gemeinsamen Lagers allmählich
die Truppe ganz in seine Hände bekam, gehörte vor allem die
selbständige Ernennung der Zenturionen und Tribunen, die vorher
alleiniges Recht des Prinzeps gewesen war. Auch bemühte er sich um
Anhang im Senat, indem er seinen Freunden Ämter und Statthalter-
schaften zu verschaffen suchte.

Es ist das größte Verdienst des Drusus, daß er früher als sein alter
Vater diesen gewissenlosen Streber durchschaute. In ihm, zumal seit
seiner Erhebung zum Mitregenten, erwuchs dem Seian ein unerbittli-
cher Gegner. Die Gegensätze verschärften sich außerordentlich
schnell. Bei einem gelegentlichen Streit hat Drusus die Hand gegen
den Gardepräfekten erhoben und ihn, da er trotzig auf ihn zutrat, ins
Gesicht geschlagen. Seitdem ging Seian auf den Sturz und den Tod
des zweiten Prinzeps aus. Der unheimliche Mann steckte sich hinter
Drusus' Gemahlin Livia (Livilla), Germanicus' Schwester, und
brachte sie zum Ehebruch, später zur Ermordung ihres Gatten. Livias
Arzt und Freund Eudemos wurde ins Vertrauen gezogen, und Seian
trieb, um seine Buhlerin sicher zu machen, seine Ehefrau Apicata, von
der er drei Kinder hatte, aus dem Hause. Alles ging natürlich ganz
geheim, ohne Wissen des Tiberius, vor sich. Aus Angst, entdeckt zu
werden, verschoben die Eingeweihten zunächst noch die geplante
furchtbare Tat[43].

Inzwischen erhielt Germanicus' zweiter Sohn, Drusus, die Mannestoga, und Ehrenbeschlüsse wurden von dem Senat gefaßt wie bei der
gleichen Feier für Nero. Tiberius belobte in einer bei dieser Gelegenheit gehaltenen Senatsrede seinen Sohn Drusus, daß er sich der
Kinder seines »Bruders« so väterlich annehme[44]. Da sich dadurch der
Ring des doppelten Vieraugensystems des Augustus für den Prinzipat
und die Nachfolge geschlossen hatte, wuchs noch einmal Tiberius'
Vertrauen in seine Machtstellung, und – was bei ihm noch wichtiger
war – in seine Fähigkeit, sie auszufüllen. Er gab im Senat seinen
Entschluß bekannt, die Provinzen zu besuchen: die Versorgung der

Veteranen müsse geordnet, die unbedingt notwendige Heeresergänzung durch neue Aushebungen eingeleitet werden. Die Rekrutierung hatte unter dem Zustrom zu vieler mittel- und heimatloser Menschen an Stelle tüchtiger und brauchbarer Elemente gelitten, die früher das Hauptkontingent gestellt hatten. Dabei gab er – wieder nach seinem Vorbild Augustus – dem Senat ein kurzes Verzeichnis der Zahl der Legionen und eine Übersicht über ihre Verteilung auf die einzelnen Provinzen, sowie über die Machtmittel der wichtigsten Klientelfürsten des Reiches. Seit dem *Breviarium totius imperii* des Augustus ist dies die erste Statistik, die wir in dieser Hinsicht besitzen[45].

Wie zu Augustus' Zeiten war der Schutz Italiens in der Hauptsache der Flotte anvertraut. Sie war, wie damals, in zwei Einheiten zerlegt. Die eine für das »obere«, das Adriatische Meer, war bei Ravenna (Hafenort Classis) stationiert, die zweite für das »untere«, das Tyrrhenische Meer, in Misenum. Dieses Meer hatte noch einen weiteren Flottenstützpunkt in dem südgallischen Hafen Forum Iulium (Fréjus). Die größte Truppenmacht des Landheeres (acht Legionen) stand noch immer am Rhein, geteilt in das »obere« Heer *(exercitus superior)* und in das »untere« *(exercitus inferior)* zum Schutze des Reiches sowohl gegen die Germanen als auch gegen Gallien. Spanien war damals noch mit drei Legionen belegt, Nordafrika mit zwei. In Mauretanien (Marokko und Westalgerien) regierte als römischer Bundesgenosse König Iuba II., der aus numidischem Königsgeschlecht stammte, seit 25 v. Chr.; er war vermählt mit Kleopatra Selene, der Tochter des Antonius und der Kleopatra. Ägypten war von zwei Legionen beherrscht, Syrien bis zum Euphrat hinauf von vier. Es folgten dann die Klientelstaaten Armenien, Iberien (Georgien) und östlich davon bis zum Kaspischen Meer Albanien unter verbündeten Königen. Thrakien stand ebenfalls in mittelbarer Verwaltung unter dem einheimischen Fürsten Rhoemetalkes und den Kindern des Kotys. Das Donauufer war durch vier Legionen geschützt, durch zwei in Moesien und zwei in Panonien. Ebensoviele standen in Dalmatien, das eine Mittelstellung zwischen Pannonien und Italien innehatte und das für beide einen weiteren Schutz bildete. Die Hauptstadt Rom hatte ihre eigene Besatzung: drei städtische und neun praetorische Kohorten, die zumeist aus Italien rekrutiert wurden. Neben den Legionen gab es die bundesgenössischen Formationen, Auxiliartruppen, die an geeigneten Punkten der Provinz, meist neben den Legionen, lagen: vielfach technische Spezialwaffen, die von gleicher Bedeutung wie die Legionen waren, ferner Reitergeschwader und Hilfskohorten, die auch als Besatzung von Kriegsschiffen verwandt wurden. Das ganze Hilfsheer war von nicht wesentlich geringerer Stärke als das Legionenheer. Ihre Standorte wechselten öfter, ebenso ihre Zusammensetzung; ihre Zahl nahm bald zu, bald ab.

Es kam nicht zu der beabsichtigten Reise des Tiberius in die Provinzen. Aber Tacitus hebt bei dieser Gelegenheit noch einmal ausdrücklich hervor, wie ausgezeichnet auch jetzt noch die allgemeine Staatsführung und insbesondere die Provinzialverwaltung des Prinzeps war[46], auch wenn er sich nicht wie Augustus auf Reisen von allem unterrichtete.

Unterdessen verschärfte sich der Gegensatz zwischen Drusus und Seian. Der jüngere Prinzeps verhehlte auch weiterhin nicht seine starke Abneigung gegen den allmächtigen Gardepräfekten, der nach dem Bau des Praetorianerlagers die stadtrömische Besatzung völlig in seiner Hand hatte. Seian bespitzelte die Herrscherfamilie in unerhörter Weise. Alle Äußerungen, auch die im engsten Familienkreise, kamen ihm zu Ohren. Endlich hielt er seine Zeit zum Handeln für gekommen. Wie acht Jahre später, nach seinem Sturz, zutage kam, hatte er durch einen Hofeunuchen namens Lygdus dem Drusus ein schleichendes Gift beibringen lassen, das den Schein einer langsam wirkenden Erkrankung hervorrufen sollte[47]. Tiberius wußte von alledem nichts[48] und ging auch während der Erkrankung seines Sohnes regelmäßig in den Senat, um seinen Regentenpflichten zu genügen. Ja, als am 14. September das Furchtbare über ihn hereinbrach und der Tod des Sohnes eintrat – der zweite schwere Schlag nach dem Tode des Germanicus –, tat er das gleiche, er gemahnte sogar die Konsuln, die zum Zeichen ihrer Trauer die Plätze unter den Senatoren eingenommen hatten, an ihre Würde und forderte sie zur Einnahme des Vorsitzes auf. Noch vor der Beisetzung des Sohnes äußerte er Rücktrittsgedanken, ermannte sich aber und sagte, allein der Dienst für den Staat verleihe ihm noch Kraft. Bei der Bejahrtheit der Mutter, bei seinem eigenen, rasch fortschreitenden Altern, das er deutlich fühlte, bezeichnete er die Söhne des Germanicus, so unmündig sie noch waren, als den einzigen Trost in dieser unseligen Zeit. Daher war bei dem großen Trauerakt im Senat für den hohen Verstorbenen die Vorführung dieser seiner »Enkel« und ihre Empfehlung an den Senat der Höhepunkt der Feier. »Da nun Drusus nicht mehr ist, wende ich mich an Euch, versammelte Väter, und beschwöre Euch im Angesicht der Götter und des ganzen Vaterlandes: Nehmt Euch der Urenkel des Augustus, der Sprößlinge so hoher Ahnen an! Leitet sie und tut an ihnen, was Euch und mir zukommt!«

Und dann wandte er sich an die beiden: »Nero und Drusus, seht, dies sind jetzt Eure Eltern. Ihr seid solchen Geschlechts, daß Euer Wohl und Wehe Sache des Staates ist«[49].

Das Staatsbegräbnis des Sohnes wurde wie das des Germanicus gestaltet. Diesmal traten zu den Ahnenbildern der Iulier, die vorausgetragen wurden, und zwar vom Stammvater Aeneas und von sämtlichen Albanerkönigen sowie von Romulus an, noch die der Claudier, an der Spitze der zu Beginn der Republik eingewanderte Attus Clausus von sabinischem Adel. Tiberius selbst hielt von der Rednerbühne des Forum aus seinem Sohne die Leichenrede.

Nach dem Gelingen der furchtbaren Untat eröffnete Seian sofort seine Agitation gegen Agrippina, mit der Tiberius und seine Mutter seit dem Tode des Germanicus schlecht standen. Er bediente sich dazu geschickter Mittelspersonen, wie z.B. des Ritters Iulius Postumus, der mit Mutilia Prisca, einer Vertrauten der alten Livia, ein Verhältnis hatte – unter Claudius wurde er Vizekönig von Ägypten –, um die Gegensätze zwischen Livia und Agrippina zu vertiefen[50].

Tiberius aber suchte und fand weiter Trost in der Arbeit für den Staat. Er beschäftigte sich damals viel mit Rechtsentscheidungen in Angelegenheiten der Bürger und mit Bittgesuchen aus den Provinzen. Den Städten Kibyra in Kleinasien und Aigion in Achaia, die durch Erdbeben heimgesucht worden waren, wurden drei Jahre lang die Steuern erlassen. Der Prokonsul des jenseitigen Spaniens mußte wegen Amtsmißbrauchs und Grausamkeit zur Verbannung nach Amorgos verurteilt werden. Dagegen wurde ein gewisser Carsidius Sacerdos von der Anklage, den Staatsfeind Tacfarinas (s. S. 133 ff.) durch Getreidelieferungen unterstützt zu haben, freigesprochen, ebenso dessen Geschäftsfreund C. Sempronius Gracchus, der mit seinem Vater die Verbannung auf der Insel Cercina (s. S. 93) geteilt und sich von dort aus mit Handelsunternehmungen in Afrika und Sizilien beschäftigt hatte[51]. Der Prokurator in Asien, Lucilius Capito, der sich praetorische Befugnisse angemaßt, für seine Zwecke Soldaten verwandt und damit seine Amtsbefugnisse überschritten hatte, wurde nach einem ernsten Tadel des Prinzeps verurteilt, der hervorhob, dem Capito habe als Prokurator nur das Verfügungsrecht über seine Sklaven und seine eigenen Gelder zugestanden. Auch einige Gesuche griechischer Gemeinden an der kleinasiatischen Küste, wie der Samier und der Koer, um Bestätigung ihrer Tempel-Asylrechte (s. S. 125) wurden genehmigt. Das schon erwähnte Gesetz, das die Verbannung der Schauspieler aus Italien anordnete, kam in diesem Jahre heraus[52].

Das Unglücksjahr 23 brachte noch weitere Schicksalsschläge für den einsam gewordenen Monarchen. Einer der Zwillingssöhne des Drusus starb, ebenso Tiberius' langjähriger Freund Lucilius Longus, der ihn als einziger Senator einst freiwillig nach Rhodos begleitet hatte. Ihm gewährte er ein zensorisches Leichenbegängnis und ließ ihm aus Staatsmitteln ein Standbild in der Ruhmeshalle des Forum Augusti errichten[53].

Hinsichtlich des Herrscherkultes erfolgte i. J. 23 zum ersten Male der Antrag einer Provinz, nämlich Asiens, auf Errichtung eines staatlichen Heiligtums, und zwar, weil man im Orient die positive Einstellung der Mutter zu der göttlichen Ehrung längst kannte, für Tiberius und Livia zusammen. Wieder war der Prinzeps vor die ihm so peinliche Frage seiner eigenen Vergottung gestellt. Er hat sich diesmal innerlich dadurch entlastet, daß er seine Genehmigung nur gegen Hereinnahme des Senates in die göttliche Gemeinschaft erteilte, ähnlich wie unter seinem Vorgänger zunächst die Göttin Roma dem Augustus bei der Gründung der Provinzialtempel im griechischen Osten zugesellt oder, besser gesagt, vorangestellt worden war. Immerhin war es ein großer Unterschied, die Roma als Göttin, wie das schon in der republikanischen Zeit geschehen war, erscheinen zu lassen oder eine Körperschaft. So entstand diesmal — und das war nur unter Tiberius möglich — eine merkwürdige göttliche Dreiheit im Herrscherkult: Tiberius, Livia und der Divus Senatus[54].

Bei dieser Gelegenheit trat zum ersten Male der junge Nero im Senat hervor, und zwar dadurch, daß er den Senatoren und seinem »Großvater« den Dank aussprach — die erste Amtshandlung des zum Prinzeps ausersehenen Jünglings. Tacitus bemerkt dazu[55]: »Der Jüngling war in der Tat von fürstlichem Anstand und fürstlicher Gestalt, was ihm bei seiner gefährdeten Stellung — Seians Haß gegen ihn war bekannt — noch größere Zuneigung verschaffte«. Die freundliche Haltung der Geschichtsschreibung, die schon früher seinem Vater gegenüber gezeigt worden war, kündigt sich hier für den Sohn an. Er war der Erbe der gegenüber der Drusus-Deszendenz nun einmal beliebten historischen Überbelichtung.

Nach langem Streit, in welcher Stadt der neue Tempel des Herrscherkultes errichtet werden sollte, entschied man sich endlich i. J. 26 für Smyrna, Homers Vaterstadt[56].

Um die große Arbeit, die einst Augustus für die Provinzen geleistet hatte, richtig einzuschätzen, muß man die Tatsache berücksichtigen, daß es immerhin noch drei Räume innerhalb des Reiches gab, die selbst unter seinem Nachfolger Unruheherde waren: Nordafrika, Gallien und auf dem ewig unruhigen Balkan das kulturell stark zurückgebliebene Thrakien. Sie sind erst unter Tiberius endgültig befriedet worden.

Am schwersten war und am längsten dauerte die Aufstandsbewegung in Nordafrika. Hier war die römische Besatzungszone unter Augustus weit in das Gebiet der einheimischen Berberstämme der Wüste vorgedrungen. Am Reichsrand, auf der Grenze von Wüste und Steppe, lebten halbseßhafte Stämme, die nur mittelbar beherrscht wurden[57]. Nun zeigte es sich, daß der Freiheitsdrang der Randvölker den Römern gegenüber ebenso reagierte wie einst den Puniern gegenüber. Schon i.J. 17, als gerade die germanische Gefahr am Rhein durch die Abberufung des Germanicus als nicht mehr akut erklärt worden war, hatte sich in Afrika der Numidier Tacfarinas aus dem Stamme der Musulamier am Mons Aurasius, dem Dschebel Aurés in Südalgerien, nahe der Küste im Vorgelände von Lambaesis erhoben. Er war wie Arminius Offizier im römischen Auxiliarheer gewesen, war desertiert und hatte seine Volksgenossen zu einer Widerstandsbewegung und zu Plünderungszügen in das Kulturland aufgereizt. Die weiter westlich wohnenden Mauren schlossen sich unter einem anderen Häuptling, Mazippa mit Namen, an. Tacfarinas bildete ein nach römischer Art geordnetes und diszipliniertes Heer aus, während Mazippa mit leichten Truppen das Land durchstreifte, sengte und brannte, um Schrecken zu verbreiten. Schließlich wurden auch die Cinithier für die großberberische Koalition gewonnen. Sie wohnten an der kleinen Syrte, so daß das Aufstandsgebiet den ganzen Süden, das heutige Tunesien und Algerien, umfaßte. Afrikas Prokonsul M. Furius Camillus nahm mit seiner in Afrika stationierten Legion und ihrem Hilfsheer, im ganzen 10000 Mann, den Kampf auf. Obwohl die Römer zahlenmäßig stark unterlegen waren, gelang es ihnen doch, Tacfarinas und seine Numidier zu schlagen und den Aufstand vorläufig zu beenden. Tiberius feierte im Senat Camillus' Sieg und verlieh ihm die Triumphalinsignien[58].

Aber es war ein trügerischer Friede. Schon i.J. 21 entbrannte der Kampf von neuem. Das Land war die einzige »Senatsprovinz«, in der noch ein Legionsheer stand, während sonst überall nach Augustus' Befehl die Armeen in den sogenannten »kaiserlichen« Provinzen stationiert waren. Es hätte nahegelegen, daß Tiberius die Provinz dem senatorischen Regiment entzogen hätte, wie Augustus i.J. 1 v.Chr. aus militärischen Gründen Illyricum »kaiserlich« gemacht hatte. Aber Tiberius begnügte sich, dem Senat zu empfehlen, den Prokonsul von Afrika diesmal nicht erlosen zu lassen, sondern durch

Wahl zu bestellen (darüber s. o. S. 137). Daß auf diesem Wege Q. Iunius Blaesus auf den gefährdeten Posten gelangte, verdankte er wohl seiner Verwandtschaft mit Seian. Immerhin war er ein tüchtiger General, der in Illyrien schon mit Auszeichnung kommandiert hatte[59].

Tacfarinas ging jetzt zum Kleinkrieg über und verstärkte zu diesem Zweck sein Heer durch Heranziehung immer neuer Stämme aus dem noch nicht römisch gewordenen Saharagebiet. Schließlich schickte er Gesandte an Tiberius und bat um Überlassung von Wohnsitzen, das Ziel aller dieser Bewegungen zwischen Wüste und Steppe. Für Rom aber war dieser Feind ein Deserteur und Räuber. Von ihm ließ sich Tiberius keine Bedingungen stellen, er lehnte vielmehr jede Verhandlung strikte ab.

Iunius Blaesus erhielt den Auftrag, mit einzelnen Stämmen unter der Bedingung der Waffenabgabe zu verhandeln, sich aber des Anführers unter allen Umständen zu bemächtigen: also dasselbe Verfahren, das einst gegen Jugurtha angewandt worden war. Es gelang, einzelne Stämme auf diese Weise herüberzuziehen. Den Tacfarinas aber suchte man mit seinen eigenen Waffen zu schlagen, d. h. man organisierte auch römischerseits den Kleinkrieg.

Dazu wurde das Heer in zwei Teile zerlegt. Eine Abteilung bildete die eben aus Pannonien herbeigezogene IX. Legion unter P. Cornelius Lentulus Scipio, der vermählt war mit Poppaea Sabina, der Tochter des langjährigen Balkanstatthalters Poppaeus Sabinus (sie wurde i. J. 47 durch Messalina zum Selbstmord getrieben). Ihm wurde als Operationsgebiet der Süden von Tripolitanien zugeteilt, wo Leptis Magna seit langem das Ziel berberischer Raubzüge war. Er säuberte die Schlupfwinkel der Räuber im Gebiet der Garamanten, eines seit Augustus im Klientelverhältnis zu Rom stehenden Wüstenstammes. Im Gebiet südlich von Cirta (Constantine) in Westalgerien befehligte Blaesus' Sohn die zweite Heeresabteilung, während der Prokonsul selbst in der Mitte zwischen beiden operierte und an geeigneten Stellen Kastelle und Schanzwerke anlegte. Dieser Kleinkrieg auf der ganzen Linie hatte nennenswerte Erfolge; mit fortschreitender Jahreszeit wurde er noch verstärkt: Die drei Heeresabteilungen wurden noch weiter zerlegt; so entstanden schließlich einzelne kleinere Trupps, die dem Kommando erprobter Zenturionen unterstellt wurden. Auch im Winter ließ Blaesus von den Kastellen aus die Zeltlager des Tacfarinas überfallen. Schließlich gelang es ihm, wenigstens den Bruder des feindlichen Oberfeldherrn gefangenzunehmen.

Tiberius hielt den Krieg für beendet und gewährte Blaesus, nachdem er bereits die Triumphalinsignien erhalten hatte – angeblich um

Seians willen – die hohe Auszeichnung, sich von den Legionen als Imperator begrüßen zu lassen. Unter Augustus nur gelegentlich zugestanden, wurde diese Ehre jetzt zum letzten Mal einem Manne zuteil, der nicht dem Kaiserhause angehörte. Von nun an wurde es feststehende Sitte, daß nur noch der Prinzeps selbst für alle Siege, die unter seinen Auspizien errungen wurden, zum Imperator ausgerufen wurde[60].

Aber trotzdem ging der Krieg bis tief in d.J. 24 hinein weiter. In Mauretanien starb König Iuba II. im Laufe des Winters 23/24. Sein Sohn Ptolemaios, ein Enkel des Antonius und der Kleopatra, war zu jung, um ein straffes Regiment in dem halbgesitteten Staat zu führen. So erhielt Tacfarinas neuen Zuzug aus diesem Klientelkönigreich. Auch der Garamantenkönig nahm mit leichten Truppen von neuem an den Raubzügen teil und bewahrte die bei ihm niedergelegte Beute. Trotzdem wurde von der Zentrale aus die IX. Legion in ihren Standort nach Pannonien zurückbeordert, und der neue Prokonsul P. Cornelius Dolabella wagte keine Gegenorder zu geben. So wurde es auch in der prokonsularischen Provinz wieder unruhig. Tacfarinas sprengte das Gerücht aus, die Truppen seien wegen der in anderen Reichsteilen ausgebrochenen Kämpfe abgezogen worden; es gelang ihm dadurch, seine Streitkräfte weiter an Zahl zu erhöhen.

Es begann die Belagerung der Stadt Thubuscum (Tiklat bei Saldae = Bougie)[60a]. Aber Dolabella zerstreute allein durch den Anmarsch seines Gesamtheeres die Belagerer. Danach nahm er nach dem Vorbild des Blaesus den Kleinkrieg wieder auf. Nach Verstärkung durch Truppen des Königs Ptolemaios bildete er diesmal vier Heereskolonnen unter der Führung von Legaten oder Tribunen. Einheimische Offiziere stellte er an die Spitze von Streifkommandos. Die Gegner setzten sich in dem halbzerstörten, von ihnen selbst in Brand gesteckten Kastell Auzea (Aumale, zwei Tagesmärsche südöstlich von Algier) fest und schlugen ein Zeltlager auf. Dolabella gelang ein Überfall auf das Lager. Es wurde genommen und Tacfarinas fand dabei den Tod. Trotzdem bekam Dolabella die Triumphalinsignien nicht, angeblich wieder um Seians willen. Der Ruhm von dessen Oheim Blaesus, den Krieg beendet zu haben, sollte durch ihn nicht verdunkelt werden[61].

Das Volk der Garamanten, dessen Gesandte in Rom erschienen, erhielt seinen alten Bundesvertrag wieder. Gegenüber Ptolemaios frischte man, um seine Verdienste an der Niederwerfung des gefährlichen Aufstands zu ehren, eine alte Sitte auf. Ein Senator überbrachte ihm im Namen des Prinzeps und auch wohl in dem des Senates[62] einen Elfenbeinstab als Zepter und die gestickte Toga – alte Ehrengaben der Republik an Klientelkönige. Er wurde dadurch als königlicher Bundesgenosse und Freund des römischen Volkes feierlich anerkannt. Aber dieser Vasallenstaat sollte sich trotzdem nicht mehr lange seiner Unabhängigkeit von Roms Gnaden erfreuen. Im Jahre 40 wurde er durch Gaius Caesar (Caligula) in eine römische Provinz umgewandelt.

Der siebenjährige Krieg gegen Tacfarinas war unstreitig der schwerste, der in Nordafrika seit dem jugurthinischen Krieg geführt werden mußte. Tiberius' Verfassungstreue verhinderte noch die Umwandlung der senatorischen Provinz in eine kaiserliche. Auch hier kam die Änderung erst durch Gaius; er beließ zwar die Provinz Afrika den Prokonsuln, übergab aber das Kommando der Legion einem kaiserlichen Legaten[63]. Der Drang nach Freiheit bestand bei den urwüchsigen berberischen Gebirgs- und Wüstenstämmen, wie einst im Kampfe gegen die Punier, unverändert fort und verband sich mit einem glühenden Haß gegen Rom, einem Haß, der andauerte, bis sie am Ende der Antike zum Arabertum mit seiner neuen und von ihnen damals ausnahmslos übernommenen Religion übergingen.

Das zweite Unruhegebiet war G a l l i e n. Hier entstand i. J. 21 wegen starken Steuerdrucks und großer Schuldenlast der Bevölkerung ein Aufstand. Er ging aus von dem Stamme der Treverer um Trier unter Iulius Florus und von den Haeduern unter Iulius Sacrovir, deren Hauptstadt Augustodunum (Autun) Augustus an Stelle des alten Stammesvarortes Bibracte als Stadt in der Ebene gegründet hatte. Beide Männer waren Eingeborene hoher Herkunft, deren verdiente adelige Vorfahren früh das römische Bürgerrecht erhalten hatten. Florus übernahm die Aufwiegelung der belgischen Stämme, Sacrovir die Mittelgalliens. Den Agitationsstoff lieferte ihnen neben den hohen Steuern und den drückenden Wucherzinsen die Härte und der Hochmut der römischen Statthalter. Man streute auch das Gerücht aus, seit Germanicus' Tod gäre es in den Rheinheeren und es biete sich jetzt eine vorzügliche Gelegenheit, auch für Gallien die Freiheit zurückzugewinnen. Die Stärke der römischen Armeen beginne schon auf der Rekrutierung aus außeritalischen Reichsgebieten zu ruhen[64].

Der Aufstand brach vorzeitig bei den Andecavern (um Angers) an der unteren Loire und bei den Turonen (um Tours) los. Gegen die Andecaver marschierte sofort der Legat Acilius Aviola mit seiner in Lagudunum (Lyon) stationierten städtischen Kohorte, gegen die Turonen der Kommandeur des unterrheinischen Heeres, Visellius

Varro, seit d. J. 17 Caecinas Nachfolger in Castra Vetera (Xanten). Durch dieses vorzeitige planlose erste Aufflackern des Brandes getäuscht, unterschätzte Tiberius die Bewegung und glaubte anfangs, durch eine Anklage wegen Hochverrats gegen die Anstifter vorgehen zu können.

Aber unterdessen schlug auch Florus im Trevererland los und ließ römische Kaufleute im Moselgebiet niedermetzeln. Beim Herannahen von Truppen des ober- und niederrheinischen Heeres – das oberrheinische Heer stand noch unter C. Silius, der seit d. J. 14 Legat des Germanicus gewesen war – versuchten sich die Gallier in die Ardennen zurückzuziehen, wurden aber daran gehindert. Ein abtrünniger Treverer, Iulius Indus, ein Feind des Florus, zersprengte undisziplinierte Haufen seines Volkes. Florus floh, verbarg sich eine Zeitlang, wurde aber aufgefunden und endete durch eigene Hand.

Bei den Haeduern war inzwischen die Hauptstadt Augustodunum von den Aufständischen besetzt worden. Hier hatte sich eine Art von Bildungszentrale für den gallischen Adel entwickelt und der Ort hatte Schulen und Internate, in denen die Söhne der heimischen Landjunker untergebracht waren[65]. Sacrovir suchte die studierende Jugend auf seine Seite zu ziehen und sie als Pfand für ihre Eltern und Verwandten zu benutzen. Die jungen Leute wurden schnell bewaffnet. Bald wuchs sein Heer auf angeblich 40000 Mann; ein Fünftel davon waren nach römischer Art bewaffnet, die übrigen in heimischer Weise. Als Gladiatoren ausgebildete Sklaven, sogenannte Cruppellarier, wurden nach der Landessitte ganz in Eisenpanzer gehüllt. Man erwartete noch Zuzug von den Nachbarstämmen. Die Kommandanten der beiden Rheinarmeen stritten sich anfangs um den Oberbefehl, bis ihn Varro schließlich dem jüngeren Silius überließ. In Rom ging das Gerücht um, ganz Gallien stehe in Flammen und der Brand könne leicht auch auf Spanien und Germanien übergreifen.

Tiberius behielt wie immer die Ruhe, weil er offenbar auf Grund neuerer Nachrichten die Überzeugung gewonnen hatte, daß es sich um eine lokal begrenzte Revolte handle. C. Silius schickte bundesgenössische Reiterei voraus und rückte mit zwei Legionen in das Gebiet der Sequaner ein, die als Nachbarn und Freunde der Haeduer ebenfalls zu den Waffen gegriffen hatten. Nach ihrer Niederwerfung ging es in Eilmärschen gegen Autun. Zwölf Meilen vor der Stadt kam es zum Kampf, in dem Sacrovir, trotz geschickter Ausnützung der gepanzerten Gladiatoren in vorderster Linie, geschlagen wurde und in die Stadt floh. Von da begab er sich in sein nahes Landhaus, wo er sich selbst tötete.

Jetzt erst machte der Prinzeps Mitteilung an den Senat und zwar gleichzeitig über den Beginn und das Ende des Krieges. Er begründete sein und Drusus' Fernbleiben vom Kriegsschauplatz. Nun sei es an der Zeit, nach Gallien zu gehen, die Lage in Augenschein zu nehmen und die Verhältnisse zu ordnen. Ob damals durch Senatsbeschluß die Ausübung der keltischen Druidenreligion verboten wurde, ist nicht ganz sicher[66]. Als man im Senat so abgeschmackt war, zu beantragen, der Herrscher solle aus Campanien, wo er sich aufhielt (s.o.S. 120f.), im Triumphe heimgeholt werden, kam ein zweiter Brief des Prinzeps: so bar des Ruhmes sei er nicht, daß er es nach all seinen Siegen über die wildesten Völker, nach all den Triumphen, die er als junger Mann gefeiert oder auch abgelehnt hatte, jetzt noch im Alter nötig hätte, für einen Landaufenthalt unweit Roms eine nichtssagende Belohnung in Anspruch zu nehmen[67].

Die Befriedung Galliens wurde gründlich durchgeführt. Sie war die letzte, die nötig war bis hin zu den unruhigen Zeiten des 3. Jahrhunderts. Sie brachte ganz neue Verhältnisse in dem reichen, später bis zur Erschöpfung ausgesogenen Provinzialgebiet des Nordens. Gallien wurde seit Tiberius an das Reich in einer Weise angeschmiedet, daß hier, wie schon vorher in der Provence, ein zweites Italien entstand, das römische Art übernahm und treu bewahrte. Als in dem batavischen Aufstand des Civilis im Anfang der flavischen Epoche der Plan eines gallo-germanischen Reiches auftauchte und in die Wirklichkeit umgesetzt werden sollte, war es dazu zu spät; nur gallo-römisch war noch möglich, nicht mehr gallo-germanisch. Der Kulturstand der beiden Nordvölker, der Kelten und der Germanen, war zu verschieden.

Der dritte Unruheherd war Thrakien. Hier hatte Augustus von der Provinzialisierung noch abgesehen und sich ähnlich wie in Noricum mit der mittelbaren Beherrschung durch einheimische Fürsten begnügt. Wie in Kleinasien bestand hier ein großer Gegensatz zwischen der von griechischen Städten beherrschten Küste im Süden und Osten und dem Binnenland der Eingeborenen. Dieses war zurückgeblieben und durch das offene Tor in der Reichsverteidigung an der unteren Donau und über den leicht passierbaren Haemus (Balkan) hinweg früh immer wieder mit neuen, von Norden gekommenen Völkersplittern durchsetzt worden. So wurde und blieb Thrakien auch später noch das Land der Barbaren unmittelbar vor den Toren Constantinopels. In diesen rückständigen Gebieten des Innern waren lange Zeit Städte noch selten. Hier war noch das alte Stammes- und Dorfleben der Ackerbauern, Hirten und Jäger Brauch. Mit der

Errichtung befestigter Marktorte inmitten streitbarer Volksstämme schufen die Römer, der hellenistischen Praxis der vorangegangenen Epoche folgend, ganz langsam größere und kleinere Handelszentren, zumeist Emporien ohne Stadtrecht, in denen sich das Wirtschaftsleben in periodisch abgehaltenen Messen abspielte[68].

Das Schönste und Beste an Thrakien waren zunächst für die Römer die ungeheuren Jagdgründe des waldreichen Landes. Der Bithynier Arrian, ein großer Weidmann, denkt gern noch im zweiten Jahrhundert an die herrlichen thrakischen Hischjagden. Die an primitive Lebensverhältnisse gewöhnte Bevölkerung des Binnenlandes zeigte sich Fremden gegenüber außerordentlich zurückhaltend. Abseits von den großen, das Land durchziehenden Heeresstraßen sah man gelegentlich noch Tätowierungen, namentlich bei den Frauen[69]. Tacitus berichtet noch von den Kriegstänzen bei manchen Stämmen[70].

Dies sei vorausgeschickt, um die Schwierigkeiten verständlich zu machen, die der römischen Regierung immer wieder gerade im thrakischen Gebiete bis zu seiner Überführung in den Status einer Provinz durch Claudius (44/45)[71] erwuchsen. Das Land mußte unter fester Aufsicht gehalten werden, weil hier die einzige Landverbindung nach Kleinasien bestand und weil der Klientelstaat Thrakien für die Flußwacht an der unteren Donau, der *ripa Thraciae*, mitverantwortlich war[72]. Ganz Thrakien war unter Augustus in den Händen des Fürsten Rhoemetalkes gewesen. Der erste Prinzeps hatte aber nach dessen Tode das Reich geteilt. Rhoemetalkes' Sohn Kotys erhielt das eigentliche Erbland südlich des Balkans, also die Griechenland und den griechischen Städten, auch denen am Pontos, benachbarten Gebiete, des verstorbenen Königs Bruder Rheskuporis die ripa Thraciae, d. h. also das Land nördlich des Balkans. Bald kam es zum Streit zwischen beiden Teilfürsten, der nach dem Regierungswechsel in Rom in offene Gewalttaten des Rheskuporis ausartete, der sich benachteiligt glaubte. Er sandte Räuberhorden in seines Neffen Land und zerstörte feste Plätze. Im Jahre 18 führte er einen offenen Krieg herbei[73].

Tiberius, der seit d. J. 15 eine besondere »kaiserliche« Provinz Moesien – das spätere Moesia superior – geschaffen hatte[74], ließ durch einen Zenturio die Könige ermahnen, es nicht zu einer bewaffneten Entscheidung kommen zu lassen. Rheskuporis bestand auf einer persönlichen Zusammenkunft mit dem Neffen, ließ ihn aber bei einem Gelage gefangennehmen. An Tiberius schrieb er, man habe ihm nach dem Leben getrachtet, er sei jedoch seinen Feinden zuvorgekommen. Zugleich verstärkte er unter dem Vorwand eines Krieges gegen die germanischen Bastarner und die Skythen seine Truppenmacht. Daraufhin erhielt er ein Schreiben des Senates, in dem er nach Rom zur Entscheidung des innerthrakischen Streites eingeladen wurde. Diesen Brief sandte der Statthalter von Moesien[75], Latinius Pandusa, nach Thrakien, dazu eine Abteilung Soldaten, die den Kotys befreien und zu ihm bringen sollten. Rheskuporis ließ daraufhin den Neffen umbringen und gab vor, er sei freiwillig in den Tod gegangen.

Der nach dem Tode Pandusas zum Statthalter von Moesien ernannte L. Pomponius Flaccus, Konsul d. J. 17, ein alter Kriegsmann und naher Freund des rebellischen Königs seit seiner früheren Stellung als Legionskommandeur an der unteren Donau, begab sich daraufhin nach Thrakien und brachte Rheskuporis nach Rom, nachdem er ihn über die Grenze gelockt hatte. Rheskuporis wurde im Senat von Kotys' Witwe Tryphaina, der Tochter des Polemon von Pontos, angeklagt und zur Entfernung aus seinem Königreich verurteilt. Thrakien wurde geteilt, und zwar unter seinen Sohn Rhoemetalkes, der römerfreundlich war und wie der Vater die *ripa Thraciae* bekam, die um Gebiete südlich des Balkan bis nach Philippopolis vergrößert wurde, sowie unter Kotys' minderjährige Söhne; diese wurden in Rom erzogen und standen unter der Vormundschaft des Praetoriers Trebellenus Rufus, der aber nur die Zivilverwaltung erhielt. Rheskuporis wurde nach Alexandria gebracht und dort wegen eines angeblichen Fluchtversuches hingerichtet[76].

Die Neuregelung der Dinge im thrakischen Klientelstaat bewährte sich nicht. Die ungewohnte römische Herrschaft im südlichen Teilreich gab Anlaß zu Unzufriedenheit. Drei am Haemus (Balkan) seßhafte Stämme, die Coelaleten, die Odrysen und die Dier, griffen i. J. 21 zu den Waffen, jeder Stamm unter einem eigenen Führer, von denen jeder für sich operierte. Einer belagerte den König Rhoemetalkes in seiner Hauptstadt Philippopolis (Filibe in Südbulgarien) und plünderte das umliegende Land. Der damalige Statthalter von Moesien P. Vellaeus eilte mit seinen Truppen, darunter auch bundesgenössischer Reiterei und leichten Kohorten, herbei. Die belagerte Stadt wurde entsetzt und die thrakischen Räuberscharen zusammengehauen[77].

Zur Ruhe kam das Land aber immer noch nicht. In den folgenden Jahren scheint Anarchie geherrscht zu haben. Zum offenen Ausbruch kam es, als i. J. 25/26 Aushebungen im Lande vorgenommen wurden[78]. Die Thraker stellten die Bedingung, daß sie einmal die Anführer ihrer Bundestruppen aus ihren Reihen selbst wählen dürften und

Augustus, Kopf der Panzerstatue
von Primaporta

Drusus

3 Der junge Tiberius

4 Germanicus

5 Livia Drusilla, Marmorkopf aus Pompeji

6 Tiberius

7 Münzprägung der
Livia mit der Um-
schrift PIETAS

8 Bronzemünze der
Antonia

9 Teil vom Prozessionsfries des Friedensaltars des Augustus mit den
Darstellungen des Agrippa (1), der Julia (2) und des Tiberius (3)

1   2   3

10 Bronzemünze des
Augustus mit
Augurenstab

11 Julia auf einer
Bronzemünze ihres
Vaters Augustus

12 Teil vom Prozessionsfries des Friedensaltars des Augustus mit
den Darstellungen der Antonia minor (4), des Drusus (5), der
Antonia maior (6), des L. Domitius Ahenobarbus (7)
und des 2jährigen Germanicus (8)

4   5   6   7
8

13 Agrippina maior, die Frau des
    Germanicus

14 Caligula

15 Antonia minor, Gattin des Nero
    Cl. Drusus, Tochter des
    M. Antonius, Schwägerin
    des Tiberius

16 Tiberius

7 Sperlonga: Detail des
Odysseus

8 Grotte der Kaiserlichen
Meervilla von Sperlonga: Der
Ort, an dem es Seian gelang,
Tiberius vor herabstürzen-
dem Gestein zu sichern

19 Der Triumph des Tiberius. Darstellung auf einem Silberbecher
aus dem Fund von Boscoreale bei Pompeji.
Um 20 n. Chr.

20 Die Villa Iovis auf Capri. Tiberius verbrachte an diesem Platz
die letzten elf Jahre seines Lebens

zweitens, daß sie wie früher nur gegen Nachbarn ihres Landes in den Krieg zu ziehen brauchten, nicht aber in entfernte Reichsgebiete. Sie suchten durch Gesandte an C. Poppaeus Sabinus diese Forderungen durchzusetzen. Dieser gab vorläufig eine freundliche Antwort, zog aber gleichzeitig Truppen, offenbar die eine der in Moesien stehenden zwei Legionen, zusammen. Sobald Pomponius Labeo, seit d. J. 25 Statthalter von Moesien, mit der zweiten dortigen Legion und dem den Römern treugebliebenen Rhoemetalkes mit seinen Hilfstruppen angekommen war, rückte Sabinus vor, um die Gebirgspässe im Haemus freizumachen. Es kam zunächst zu kleineren Gefechten, in denen die auf der römischen Seite kämpfenden, zur Verwüstung und Plünderung ausgeschickten Thraker völlig disziplinlos wurden. Danach ließ Sabinus eine feindliche Fliehburg, in die die Gegner mit Frauen, Kindern und Vieh sich gerettet hatten, einschließen und schritt zur förmlichen Belagerung durch den Bau einer riesigen Umwallung in Form von Kastellen, Gräben und Brustwehren. Allmählich wurde durch diese riesigen Schanzarbeiten die Burg immer mehr eingeengt. Die Gegner litten unter dem Mangel an Wasser und an Viehfutter. In ihrer Verzweiflung machten sie einen nächtlichen Ausfall. Er mißlang; das führte die Übergabe herbei. Seitdem scheint einigermaßen Ruhe in das Land eingekehrt zu sein. Das Ende war aber auch hier, nachdem Gaius i. J. 37 oder 38 den ältesten Sohn des Kotys, Rhoemetalkes, mit dem er zusammen erzogen und durch seine Mutter Antonia Tryphaina verwandt war, noch einmal zum König wahrscheinlich von ganz Thrakien gemacht hatte, der Übergang in die unmittelbar römische Verwaltung als Provinz Thrakien unter Claudius nach der Ermordung dieses letzten Königs i. J. 44. Auch hier war Tiberius der Erhalter der augusteischen Ordnung gewesen und erst Claudius der Neuerer[79].

Außer diesen »Provinzialkriegen« brach noch im Sommer 24 ein Sklavenaufstand in Italien aus. Ein Soldat einer Praetorianerkohorte, T. Curtisius, hielt in Brundisium (Brindisi) und in den Nachbarstädten geheime Versammlungen ab. Dann erließ er öffentliche Aufrufe und forderte die in den dortigen abgelegenen Gegenden beschäftigten Landsklaven zur Befreiung auf. Die Aufgerufenen leisteten in großer Zahl Folge. Der zufällig im Lande anwesende Quaestor Curtius Lupus bildete schnell aus der Schiffsbemannung dreier im Hafen liegender Schiffe eine Truppe und zersprengte die Verschworenen in dem Augenblick, in dem sie losbrechen wollten. Tiberius entsandte schleunigst den Praetorianer-Tribunen Staius, der den Rädelsführer und viele seiner Freunde nach Rom brachte. Wenn sich Tacitus bei dieser Gelegenheit[80] über das Anwachsen der Sklaverei ausläßt, so ist diese Bemerkung in bezug auf die Ackerslaven recht deplaziert. Was damals noch wuchs, war höchstens die Sklavenmasse in den großen Haushalten und in der industriellen Wirtschaft, vor allem in dem gewerbereichen Campanien oder in den Sigillatafabriken von Arretium (Arezzo)[81].

Seit d. J. 24 begann die Macht Seians stark zuzunehmen. Man spürt auf allen Gebieten das Hineinregieren des dämonischen Mannes, der der erste Totengräber des Prinzipates genannt werden muß. Seine faktische Mitregierung richtete sich vor allen Dingen gegen Agrippina und ihre und des Germanicus Nachkommenschaft. Seian behauptete, der Bürgerschaft drohe eine Spaltung in zwei gegnerische Lager, wie in den Zeiten der Bürgerkriege, während in Wirklichkeit nur am Hofe die Entzweiung zu beobachten war. Man müsse gegen die Parteigänger der Agrippina einschreiten, da sie sonst an Zahl stark zunähmen. Ob allerdings der Einspruch des Tiberius gegen die ohne vorherige Bewilligung der *pontifices* durch den Senat beschlossene Aufnahme der dafür noch zu jungen *principes inventutis,* der »Führer der ritterlichen Jungmannschaft«, Nero und Drusus, in die jährlichen Gelübde für das Wohlergehen des Prinzeps bereits unter dem Einfluß des immer mächtiger werdenden Hausmeiers erfolgte, erscheint fraglich. Es war wohl, wie so oft, des Prinzeps überstrenge Korrektheit in staatsrechtlicher Beziehung verletzt[82].

Dagegen dürfte das Vorgehen gegen zwei ehemalige Parteigänger des Germanicus, C. Silius und Titus Sabinus, unbedingt Seians unterirdischer Wühlarbeit zuzuschreiben sein.

C. Silius[83] war von 14 bis 21 der Oberbefehlshaber des Obergermanischen Heeres und einer der treuesten und erfolgreichsten Mitarbeiter des Germanicus während seiner leitenden Stellung am Rhein. Zum Dank hatte er die Triumphinsignien erhalten, weil er i. J. 21 den gallischen Aufstand des Sacrovir siegreich beendet hatte. Es wurde behauptet, er habe sich damit gebrüstet, daß seinerzeit i. J. 14 seine Legionen nicht rebelliert und dadurch Tiberius den Thron gerettet hätten. Deshalb sei der Prinzeps ihm nicht gerade freundlich gesinnt. Ob das nicht alles Geschwätz der tiberiusfeindlichen Quelle des Tacitus ist, muß zum mindesten gefragt werden[84]. Des Silius Frau, Sosia Galla, war mit Agrippina aus der Zeit von Germanicus' Rheinkommando befreundet. Das Ehepaar gehörte also zu den prominentesten Vertretern der Germanicuspartei.

Der Konsul d. J. 24 Visellius Varro, der seit 17 das Oberkommando über das niederrheinische Heer geführt und bei der Niederwerfung des gallischen Aufstandes, obwohl etwas älter, dem C. Silius bei dem Streit um den Oberbefehl gegen die Gallier unterlegen war (s. o. S. 137), übernahm als ausgesprochener Parteigänger Seians die Anklage gegen das Ehepaar. Die Bitte der Beschuldigten um Aufschub, bis der Ankläger sein Konsulat niedergelegt habe, wurde abgeschlagen. Auch Tiberius selbst war aus rein formalen Gründen für die Ablehnung des Gesuches: man dürfe die Rechte des Konsuls nicht schmälern, denn er trage ja die Verantwortung für das Volk des Staates.

Der Prozeß vor dem Senate wurde eingeleitet, und zwar in der Hauptsache, wie in so vielen Fällen, wegen »Erpressung« der Eheleute gegenüber den Provinzialen. Außerdem wurde behauptet, Silius habe von dem Plan des Aufstandes des Sacrovir Kenntnis gehabt und ihn längere Zeit verheimlicht. Der Angeklagte ging den Weg so vieler vor ihm und nach ihm, die sich in ähnlicher Lage befanden: er kam der Verurteilung durch freiwilligen Tod zuvor. Sein Bild wurde verboten[85], sein Vermögen beschlagnahmt, aber wieder freigegeben, da die Provinzialen keine Forderungen eingereicht hatten. Nur die ihm vom Prinzeps gemachten Geschenke wurden zugunsten des Fiscus eingezogen. »Es war dies das erste Mal, daß es Tiberius mit seinen Ansprüchen auf fremdes Geld genau nahm«, sagt Tacitus[86]. Das soll ein Tadel sein, ist aber in Wirklichkeit ein Lob. Denn erstens zeigt die Bemerkung, daß der Prinzeps nicht sein eigenes, sondern das finanzielle Interesse des Staates wahrnahm, was seine Pflicht war, und zweitens bezeugt die Stelle, daß der Monarch bis dahin niemals geldgierig gewesen war und es sicher auch später nicht geworden ist.

Sosia Galla wurde auf Antrag des Asinius Gallus verbannt. Über den Umfang der Vermögensentziehung entstand ein Streit. Gallus beantragte, nur die Hälfte des Vermögens den Kindern zu belassen, die andere Hälfte aber einzuziehen. Manius Lepidus wollte nur ein Viertel (*quarta*) an die Ankläger fallen lassen, »um den gesetzlichen Vorschriften der Lex Iulia zu genügen«, den gesamten Rest aber den Kindern vorbehalten wissen. Dieser kluge und stets gemäßigte Mann befand sich in Übereinstimmung mit Tiberius, bei dem er eine stets gleiche Achtung und große Gunst genoß. Sein Antrag wurde offenbar angenommen. Sehr scharf über Sosia urteilte ein anderer Senator, Messalinus Cotta. Er war dafür, der Senat möge beschließen, daß die Beamten für Vergehen ihrer Gattinnen gegen die Provinzialen ebenso haftbar sein sollten, wie für ihre eigenen, selbst wenn sie nicht schuldig und ohne Kenntnis des verübten Verbrechens wären. Über das Schicksal dieses Antrags ist nichts bekannt; er ist wohl ebenfalls gebilligt worden! Auch beleuchtet es das Problem der Mitnahme von Frauen in die Provinzen und in die militärischen Kommandos an den Reichsgrenzen, über das früher schon einmal im Senat diskutiert worden war (s.o.S. 119f.).

Nach C. Silius kam Lucius Calpurnius Piso, der Bruder des Gnaeus Piso, des angeblichen Mörders des Germanicus, an die Reihe[87]. Ihn haben wir schon als aufrechten Mann in verschiedenen Situationen kennengelernt (s.o.S. 98). Er wurde von Q. Granius wegen Schmähreden gegen den Herrscher angeklagt. Er habe auch Gift in seinem Hause verborgen und komme mit einem Schwert in die Kurie, Anschuldigungen, die aber schon vor Eröffnung des Verfahrens fallengelassen wurden. Sie waren es offenbar gewesen, die Seians Argwohn gegen den rücksichtslosen Mann der senatorischen Fronde wachgerufen hatten und auf seine Beseitigung hinarbeiten ließen. Der Angeklagte starb aber plötzlich, noch bevor der Prozeß begann, eines natürlichen Todes[88]. Damit war das Verfahren zu Ende[89].

Schon unter Augustus war i.J. 12 der berühmte Redner und Schöpfer eines sehr beliebten neuen Redestils, Cassius Severus, wegen seiner Schmähschriften auf die Insel Kreta verwiesen worden. Dort hatte er aber sein Treiben fortgesetzt, so daß jetzt sein Vermögen eingezogen und er auf die kleine Insel Seriphos verbannt wurde[90].

Die von Tacitus übernommenen älteren Jahrbücher der römischen Geschichte bringen auf einmal von diesem Zeitpunkt ab eine merkwürdige Häufung von Prozessen[91], so daß ihn selbst vor der eigenen Geschichtsschreibung ein Grauen ergreift. »Daß gar manches von dem, das ich erzählt habe und noch erzählen werde, vielleicht kleinlich und der Erinnerung kaum wert erscheint, weiß ich sehr wohl... Während einst ungeheure Kriege, Städteeroberungen, Niederlagen und Gefangennahmen von Königen oder, in der inneren Geschichte, Zwiste der Konsuln mit den Volkstribunen, Acker- und Getreidegesetze, Kämpfe des Volkes und der Optimaten miteinander denen, die alte Geschichte geschrieben haben, reichen Stoff dargeboten, ist jetzt die Arbeit des Historikers, die nur Vorgänge erzählen muß, die den Geist ermüden und durch Traurigkeit zum Erschlaffen bringen[92], beschränkt und ohne Ruhm. Denn der Friede ist nicht unterbrochen oder war wenig gestört, der Zustand der Stadt traurig, der Prinzeps unbekümmert um die Erweiterung des Reiches. »Während man ehedem als Historiker massenpsychologisch zu denken gelernt hatte und das Studium des Senates und der Optimatenpartei im Vordergrund stand, ist man jetzt gezwungen, die Schattenseiten der Einherrschaft in den Mittelpunkt der Darstellung zu rücken. »So müssen wir grausame Befehle, fortgesetzte Anklagen, trügerische Freundschaften, den Untergang Unschuldiger, Prozesse mit immer gleichem Ausgang aneinanderreihen, und dieses ewige Einerlei bewirkt Übersättigung[93].« Ob diese in so enge Grenzen zurückweichende Berichterstattung den Tatsachen wirklich entspricht und ob nicht dieses Nachtgemälde des Tacitus lediglich aus Erziehungsgründen seinem Volke dargeboten wird, muß man zunächst wohl dahingestellt sein lassen[94].

Aber wie dem auch sei, für eines hat dieses düstere Bild uns die Augen geöffnet, nämlich dafür, daß diese Übergangszeit von dem Prinzipat des nach Wahrheit und Gerechtigkeit strebenden Tiberius zu der Gewaltherrschaft *(dominatio)* Seians eine für den römischen Adel sehr traurige Zeit gewesen ist. Dieser erste wirklich bedeutende Mann des zweiten Standes hat in dem von Augustus errichteten Ständestaat in dem Streben, Deszendenz und Gefolgschaft des Germanicus und der Agrippina völlig auszurotten, den Kampf gegen den bisher die Geschicke des Römerstaates mitbestimmenden Senatorenstand auf der ganzen Linie aufgenommen und dem späteren Sieg des Ritterstandes in wirksamer Weise vorgearbeitet. Dabei ist ein furchtbares Übel über den Staat gekommen: das Vorherrschen der gewerbsmäßigen Ankläger und Denunzianten, der »Delatoren«, die sich von nun an in grausiger Weise breit machten und an Zahl ständig zunahmen. Aber es ist schon oft mit Recht betont worden, daß die Ausführlichkeit, mit der diese Erscheinung in unserer Überlieferung behandelt wird, nicht dazu führen darf, sie in ihrer allgemeinen Bedeutung zu überschätzen. »Unsere Quellen sprechen viel von diesen Dingen, weil sie aus eben diesen Kreisen stammen – der normale Staatsbürger, der in Italien und den Provinzen seinem Gewerbe nachging, hatte seinen Ärger in dem munizipalen Leben, aber von den Delatoren und den Denunzianten merkte er sein Leben lang nichts[95]. »In unserer Biographie des Tiberius durfte und darf aber diese Entartung des Römergeistes nicht fehlen, weil der Prinzeps darunter aufs schwerste gelitten hat und weil Seians jetzt beginnende Mißwirtschaft dadurch greller beleuchtet wird als durch irgendetwas anderes.

Die zweite Hälfte d. J. 24 brachte zu diesem traurigen Kapitel einen höchst merkwürdigen Beitrag, durch den die Verrohung und Verrottung der hauptstädtischen Welt trefflich illustriert wird[96]. Der aus dem Libo-Prozeß bekannte Delator C. Vibius Serenus, der unterdessen wegen unbotmäßigen Verhaltens gegen den Herrscher nach der Insel Amorgos in die Verbannung hatte gehen müssen, wurde von seinem eigenen Sohn gleichen Namens in höchst leichtfertiger Weise angeklagt, hochverräterische Pläne gegen den Prinzeps geschmiedet und Aufwiegler nach Gallien geschickt zu haben, um dort einen neuen Aufstand zu inszenieren; der Praetorier M. Caecilius Cornutus habe das Geld dazu gegeben. Cornutus nahm diese Beschuldigung höchst tragisch und beging sofort Selbstmord. Vibius, der Vater, beteuerte, Cornutus sei völlig unschuldig und habe sich nur durch die falsche Behauptung in Schrecken jagen lassen. Darauf nannte der gewissenlose Sohn als außerdem beteiligt Cn. Cornelius Lentulus, Konsul i.J. 18, einst Drusus' Begleiter und Hauptberater bei dem panonischen Militäraufstand i.J. 14, und Seius Tubero, Seians Bruder, zwei Männer also, die in hohem Ansehen standen. Der eine war hochbetagt (er starb i.J. 25), der andere von schwächlicher Gesundheit. Beide wurden vom Prinzeps sofort außer Verfolgung gesetzt. Auch die Klage gegen den eigenen Vater verlief ungünstig für den Sohn. Dieser verließ daraufhin vorzeitig die Stadt und ging nach Ravenna, wurde aber von dort zurückgeholt und gezwungen, seine Sache zu vertreten und zu Ende zu führen. Obwohl sie keine schwere Belastung für den Vater ergab, wurde trotzdem die Todesstrafe beantragt. Dagegen erhob Tiberius, obwohl der Angeklagte sich einst unziemlich gegen ihn benommen hatte, Einspruch, und als Asinius Gallus beantragte, ihn wenigstens auf die Insel Gyaros oder Donusa zu verbannen, widersprach der Prinzeps wiederum. Beide Inseln hätten kein Wasser, und wenn man jemandem das Leben schenken wolle, müsse man auch dafür sorgen, daß er wirklich leben könne. So wurde Serenus nach Amorgos zurückbefördert. Der Fall ist typisch für das ganze Majestätsprozeßwesen. Die Anklagen kommen aus trübster Quelle. Die Senatoren sind übereifrig im Bestrafen, der Prinzeps aber sucht die viel zu weit gehenden Strafen, die die »Väter« verhängten, zu mildern[97].

Der völlig unnötige Selbstmord des Cornutus hatte im Senat noch ein Nachspiel. Es wurde beantragt, falls sich ein wegen Majestätsverbrechens Angeklagter vor der Beendigung des Verfahrens das Leben nähme, solle die Belohnung für den Kläger wegfallen. Merkwürdigerweise wurde dieser Antrag durch den Einspruch des Prinzeps selbst zu Fall gebracht. Es sprach von der Aufhebung der Gesetze und der Gefährdung des Staates, wenn der bestehende Rechtszustand nicht erhalten bleibe. Man versteht Tiberius' Verhalten in diesem Falle nur, wenn man bedenkt, daß im römischen Recht der öffentliche Ankläger von Amts wegen, das heißt also der »Staatsanwalt«, gefehlt hat. So schien der berufsmäßige Denunziant aus privaten Kreisen unentbehrlich zu sein, und immer, wenn sich der Prinzipat zur »Tyrannis« wandelte, wie unter Nero oder Domitian, trat diese übelste Menschenklasse in Erscheinung[98]. Tacitus aber ruft wütend aus: »So wurden die Angeber, diese zum Unheil aller Welt emporgekommene und nicht einmal durch Strafen in Schranken zu haltende Menschenklasse, noch durch Belohnungen hervorgelockt[99].« Hinter diesem Satz erscheint wie überall ganz unnötigerweise der »Bösewicht« Tiberius, dessen Handeln aber hier, wie so oft, nur durch formaljuristische Bedenken bestimmt worden war.

Gleich darauf bezeichnet es Tacitus als ein leidlich erfreuliches Ereignis, daß der römische Ritter C. Cominius, der wegen eines Schmähgedichtes gegen den Herrscher angeklagt war, auf die Bitte seines Bruders hin, eines Senators, begnadigt wurde. Daran knüpft der strenge Kritiker eine Erörterung, die für Tiberius im Grunde nur höchst schmeichelhaft genannt werden muß[100]. »Um so mehr wunderte man sich, daß er, der also doch das Richtigere zu wählen verstand und die Folgen einer wilden Regierung für seinen Ruf kannte, die finstere Strenge vorzog. Die Fehler, die er machte, entsprangen ja nicht seiner Unachtsamkeit. Auch zeigt sich deutlich genug, wenn die Handlungsweise eines Herrschers aufrichtig und wenn sie nur mit erheuchelter Freude gepriesen wird. Ja, man konnte bei Tiberius beobachten, daß er, der in der Regel so erzwungen sprach, der geradezu mit den Worten rang, einen fließenderen und freieren Vortrag hatte, sobald es sich darum handelte, jemandem zu helfen.« Diese anerkennenden Worte passen absolut nicht zu dem Nachtgemälde, das sonst von der Regierung des Tiberius und seinem Charakter entworfen wird. Wenn sie nur einigermaßen das Richtige treffen, war Tiberius selbst noch in diesem Stadium seiner Staatsführung nicht der grausame, menschenvertilgende Wüterich, als der er so gerne hingestellt wird.

Hart war der juristisch gut geschulte Prinzeps dagegen bei Vergehen, die das Gerichtswesen betrafen. Bei der Verurteilung eines früheren Quaestors des Germanicus, des P. Suillius, der wegen Bestechung als Richter angeklagt war, lautete der Spruch auf Ausweisung aus Italien. Der Prinzeps selbst beantragte Verbannung auf eine bestimmte Insel und sprach sich mit größter Heftigkeit dafür aus. Er beteuerte sogar unter seinem Eide, das Wohl des Staates erfordere eine so strenge Bestrafung. Im Augenblick fand man dies grausam, sagt wieder Tacitus bzw. seine Quelle, aber später nach der Rückkehr des Suillius lobte man des Prinzeps Entscheidung. Derselbe Mann wurde nämlich der allmächtige und käufliche Freund des Claudius, der von dieser Freundschaft nie zu guten Zwecken Gebrauch gemacht hat.

Zu der gleichen Strafe wie Suillius wurde der seit dem Libo-Prozeß (s.o.S. 115) übel berüchtigte Senator Firmius Catus verurteilt, weil er seine Schwester fälschlich wegen Majestätsverbrechens verklagt hatte. Tiberius sprach sich aber in diesem Falle gegen die Verbannungsstrafe aus und begnügte sich mit seiner Ausstoßung aus dem Senat.

Zum Jahre 25 weiß Tacitus zunächst nur von Prozessen zu berichten. Er beginnt mit dem berühmten Prozeß gegen den Historiker Cremutius Cordus, der ein Werk über die augusteische Zeit im republikanischen Sinne geschrieben hatte[101]. Die Anklage wurde angeblich erhoben, weil er M. Brutus gelobt und C. Cassius den letzten Römer genannt hatte. Sie wurde vertreten durch zwei Schützlinge Seians. Dadurch wird schon hinreichend kenntlich gemacht, woher der neue Geist, der sogar literarische Erzeugnisse verfolgte, seine Nahrung zog. Durch Seneca[102] wissen wir, daß Cordus den Seian durch die Bemerkung, erst durch die Aufstellung seiner Statue im geretteten Pompeiustheater gehe dieses zugrunde, gereizt und eine Versöhnung mit ihm abgelehnt hatte. Dem Prinzeps konnte man nach Tacitus bei dieser Gelegenheit nur seine finstere Miene während der Verteidigungsrede des Angeklagten zum Vorwurf machen. Die Rede selbst, die dem Cremutius Cordus in den Mund gelegt wird, ist wohl ein Erzeugnis des Tacitus, der bei dieser Gelegenheit einmal die aufrechten Geschichtsschreiber der Vergangenheit, Männer wie T. Livius, C. Asinius Pollio und M. Valerius Messala Corvinus Revue passieren läßt und eine Lanze für die geistige Freiheit der Historiker auch unter dem Prinzipate bricht[103]. Nach der Rede verließ der Angeklagte den Senat und starb freiwillig den Hungertod. Seine Bücher wurden auf Senatsbeschluß, wie das in ähnlichen Fällen schon unter Augustus vorgekommen war, durch die Aedilen verbrannt, während, wie dies nach Selbstmord die Regel war, keine Gütereinziehung verhängt wurde[104]. Cordus' Werke sind trotzdem erhalten geblieben; erst wurden sie insgeheim gelesen und später von neuem veröffentlicht. Daran knüpft Tacitus die berühmten Worte[105], die sich jeder Zensor der Literatur merken sollte: »Man muß über die Torheit der Machthaber lachen, die meinen, durch ihren augenblicklichen Einfluß den Nachruhm eines Menschen zerstören zu können. Im Gegenteil: dadurch, daß man Helden des Geistes bestraft, wächst nur ihr Ansehen. Nie haben Vergewaltiger fremder Völker oder wer ebenso grausam wütet wie sie, etwas anderes erreicht, als daß sie selber Schmach, jene aber Ruhm ernteten.« Wiederum sind die Worte an die falsche Adresse gerichtet, nämlich an jene des Tiberius, während sie eigentlich das Gewaltregiment Seians brandmarken sollten.

Tiberius wehrte auch weiterhin die öffentlichen Anklagen eher ab, als daß er sie förderte. Als Calpurnius Salvianus sogar in den Tagen des Latinerfestes, an dem alle Magistrate zum Jupitertempel auf dem Albanerberg zogen und nur ein Stadtpräfekt die Geschäfte führte, im übrigen aber alle Amtshandlungen ruhten, sich mit einer Klage gegen Sextus Marius an den Stadtpräfekten Drusus wandte, tadelte der Herrscher diesen unangebrachten Übereifer öffentlich; dem Kläger brachte die Affäre die Verbannung ein.

Der Prokonsul von Asien, Fonteius Capito, wurde freigesprochen, da sich herausstellte, daß die von Vibius Serenus dem Sohn gegen ihn erhobenen Anschuldigungen erfunden waren. Doch hatte die Angelegenheit keine weiteren Folgen für den Delator. »Je schärfer ein Ankläger vorging, desto geheiligter war seine Person«[106].

Dann trat eine gewisse Wandlung im Verhalten des Tiberius ein. Bei der Verhandlung ggen Votienus Montanus[107], der wegen Beleidigung des Herrschers angeklagt war, mußte der Prinzeps die Aussagen eines Zeugen aus dem Soldatenstand, namens Aemilius, mitanhören und erfuhr so von den Schmähungen, mit denen er im Geheimen überhäuft wurde. Er war dadurch so betroffen, daß er laut dazwischenrief, er werde sich rechtfertigen, sei es auf der Stelle, sei es im Laufe der Untersuchung. Nur mit Mühe wurde er beruhigt. Votienus wurde wegen Majestätsverbrechens verurteilt, und Tiberius gab seitdem seine mildere Praxis auf[108].

Eine gewisse Aquilia, die wegen Ehebruchs mit einem Manne namens Varius mit Relegation bestraft wurde, eine Strafe, die das Vermögen und das Bürgerrecht der Ehebrecherin unangetastet ließ, mußte auf seinen Antrag hin in die Verbannung gehen. Den Senator Apidius Merula strich er aus der Senatorenliste, weil er nicht den Eid auf die Verordnungen des Augustus leisten wollte[109].

Viel wichtiger als alles dies war, daß in d. J. 25 eine vorübergehende Trübung des Verhältnisses zu Seian fällt. Nach seinen bisherigen großen Erfolgen erkühnte sich der schon fast allmächtige Mann, um die Hand der Witwe des von ihm ermordeten Drusus anzuhalten, genauer gesagt, die ihr versprochene eheliche Verbindung zu ermöglichen, und zwar in einer schriftlichen Eingabe, wie es damals Sitte war, auch wenn sich der Herrscher in Rom befand. Das Schreiben ist offenbar den Senatsakten entnommen und daher sicher authentisch, ebenso Tiberius' Antwort[110]. Ihr Inhalt ist für beider Männer Art sehr bezeichnend.

Seian verweist auf seine Verdienste um den Staat unter Augustus und seinem Nachfolger und fährt dann fort: »Ich habe nie um die glänzenden Staatsämter gebeten; ich wollte nur über die Sicherheit meines Feldherrn wachen und kämpfen als ein einfacher Soldat. Und doch ist mir das Herrlichste zuteil geworden: ich bin der verwandtschaftlichen Verbindung mit Dir gewürdigt worden[111]. Da habe ich angefangen zu hoffen und bitte nun, da ich gehört habe, daß Augustus einmal bei der Verheiratung seiner Tochter sogar römische Ritter in Betracht gezogen hat, Du möchtest, falls Du einen Gatten für Livia suchst, an den Freund denken, der weiter nichts als die Ehre eines solchen Ehebundes haben will. Ich will mich nicht meiner amtlichen Pflichten entledigen. Ich will nichts als eine Schutzwehr gegen die ungerechten Anfeindungen der Agrippina schaffen, und zwar um der Kinder willen. Denn mein eigenes Leben ist lang genug und überlang, wenn es mit einem solchen Prinzeps wie Dir zusammen endigen kann.«

Tiberius' Antwort ist ein Meisterstück geschickter Absage in einer überaus heiklen Situation und zeigt den Herrscher noch im Vollbesitz seiner geistigen Kräfte. Er weist kurz auf die Gunstbeweise hin, die er dem Seian gegeben habe und führt mit der Bitte um Zeit für reiflichere Überlegung zunächst folgendes aus:

»Die anderen Sterblichen richten sich in ihren Entschlüssen nur danach, was sie ihrem eigenen Wohle dienlich erachten. Die Fürsten aber haben ein anderes Los: sie müssen sich in allen wichtigen Fragen nach der öffentlichen Meinung richten. Ich wähle daher nicht das Auskunftmittel, das für meine Erwiderung so nahe liegt: Livia möge selbst entscheiden, ob sie sich nach Drusus' Tode wieder vermählen oder in ihrer bisherigen Familie weiterleben will. Außerdem hat sie eine Mutter und eine Großmutter, mit denen sie sich besser beraten kann als mit mir. Ich will mich ganz offen aussprechen. Zunächst wird Agrippinas Feindschaft noch viel heftiger werden, wenn Livia wieder heiratet und dadurch das Caesarenhaus gleichsam in zwei Lager gespalten wird. Schon jetzt tritt die Eifersucht der beiden Frauen offen hervor und stört auch die Eintracht der Enkel. Was soll werden, wenn sich die Zwistigkeiten infolge der Heirat noch mehr zuspitzen? Du irrst Dich nämlich, Seian, wenn Du glaubst, Du könntest bei dieser Heirat in Deinem Stande verbleiben und Livia, die des Gaius Caesar, dann des Drusus Gattin war, wolle an der Seite eines römischen Ritters alt werden. Wenn ich selber das auch zugäbe, meinst Du, die Welt würde es dulden, die ihren Bruder (Germanicus), ihren Vater (Drusus) und überhaupt unsere Vorfahren als Inhaber höchster Würden gekannt hat? Du selbst hast gewiß die Absicht, innerhalb Deines Standes zu bleiben; aber die Beamten und Würdenträger, die sich zu Dir drängen und über alle Dinge Deinen Rat hören wollen, sagen Dir ganz offen, daß Du schon längst über die Rangstufe eines römischen Ritters hinausgewachsen bist und daß die Freundschaftsverhältnisse meines Vaters (Augustus) mit römischen Rittern gar nicht mehr mit dem meinigen zu Dir verglichen werden können. Und aus Neid gegen Dich machen sie auch mir Vorwürfe. – Aber Augustus hat doch daran gedacht, seine Tochter einem römischen Ritter zu geben! – Es ist durchaus nicht zu verwundern, daß er, der von den mannigfachsten Sorgen in Anspruch genommen war und der wohl voraussah, daß eine solche Ehe eine gewaltige Erhebung des Schwiegersohnes über alle anderen mit sich bringe, im Gespräch auch einmal den Namen des C. Proculeius und einiger anderer nannte; aber es waren Männer, die ein ungewöhnlich zurückgezogenes Leben führten und sich überhaupt nicht um die Staatsangelegenheiten kümmerten. Und wenn wir schon dieser vorübergehenden Erwägung des Augustus Bedeutung beilegen, wie viel schwerer muß es dann für uns wiegen, daß er die Tochter an Marcus Agrippa und später an mich vermählt hat! Dies war es, was ich Dir als meinem Freunde nicht verschweigen wollte. Trotzdem will ich weder Deinen noch Livias Entschlüssen hinderlich sein. Über die Pläne, die ich selbst habe, bezüglich eines Verwandtschaftsverhältnisses nämlich, durch das ich Dich noch weiter mit mir zu verknüpfen beabsichtige, möchte ich mich für den Augenblick nicht äußern. Ich will nur versichern, daß es keine Erhebung gibt, die Du durch Deine Verdienste um mich und Deine Gesinnung gegen mich nicht verdient hättest. Zu gelegener Zeit werde ich das, sei es im Senat oder aber vor dem Volke, offen bekennen.«

Der Brief zeigt die Höhe der damals schon errungenen Hausmeierstellung Seians, beweist aber auch ein diplomatisches Geschick seltener Art des Herrschers gegenüber dem allmächtig gewordenen Präfekten. Bei der unseligen Feindschaft der Agrippina mußte die Freundschaft dieses Mannes der Rückhalt bleiben. Aber die Ehe war aus Staatsinteresse unbedingt zu vermeiden.

Seian merkte, daß es nicht mehr um die Heirat, sondern um seine ganze Stellung im Staate ging. Er beschwor den Herrscher, keinen Verdacht gegen ihn zu hegen und das Gerede im Volke, die neidischen Stimmen, die sich gegen ihn erhöben, unbeachtet zu lassen.

Aber aus dem »Freund« wurde nun ein heimlicher Gegner und als solcher der stärkste Förderer der Gedanken des Tiberius, die sich bald wieder einstellten: Rom zu verlassen und sich in die Einsamkeit zurückzuziehen. Seian versprach sich mancherlei davon; er war dann alleiniger Herr in der Hauptstadt, getragen von der riesigen Gefolgschaft, die sich ständig um sein Haus versammelte. Der Zutritt zum Herrscher wurde ganz von ihm abhängig, der schriftliche Verkehr mit ihm gewissermaßen unter seine Aufsicht gestellt, da die Briefe durch seine Praetorianer besorgt werden mußten. Die eifersüchtige Spannung zwischen Prinzeps und Hausmeier würde nachlassen, wenn jener nicht mehr in Rom residierte, und die Scharen der Besucher, die bei beiden aus- und eingingen, würden einander nicht mehr in Erregung versetzen; seine eigene wirkliche Macht würde dadurch wachsen. Er schalt seitdem in Gegenwart des Herrschers gern auf die Stadt, auf das zudringliche Volk, die Masse der Besucher und lobte die Ruhe und Einsamkeit, in der es keine Verdrießlichkeiten und Anfeindungen gebe und in der man sich den wichtigsten und größten Angelegenheiten widmen könne[112]. Daß aber die Ausführung von Tiberius' Plan, Rom zu verlassen, nicht allein durch Seian veranlaßt wurde, sondern sich in erster Linie durch seinen Charakter und seine steigende Mißstimmung erklären läßt, wird bald zutage treten[113]. Die Vermählung mit Livia unterblieb, aber das Verhältnis beider Männer zueinander bekam eine neue Richtung.

In der unter Tiberius einen so breiten Raum einnehmenden Provinzialverwaltung geschah in diesem Jahr mancherlei, zunächst ziemlich Unwichtiges, wie die Entscheidung des uralten Rechtsstreites zwischen den Lakedaimoniern und Messeniern um das zwischen beiden strittige Anrecht auf den Tempel der Artemis Limnatis. Obwohl Messenien fast 400 Jahre lang spartanisches Untertanenland gewesen war, blieb der Tempel in seinem Besitz. Dieser Besitz war dem Lande von Philipp II. von Makedonien bestätigt worden und so blieb es die ganze hellenistische Zeit über. Erst der Diktator Caesar und Marcus Antonius hatten zugunsten der Lakedaimonier entschieden.

Es ist ein Beweis für das hohe Gerechtigkeitsgefühl des Tiberius, auch für seine Achtung vor der Macht des historisch Gewordenen, daß er trotz der engen Beziehungen seiner Familie zu Sparta (S. o. S. 16) seinen Schiedsspruch zugunsten der Messenier fällte, bei denen seiner Ansicht nach das größte Recht lag.

Ein Gesuch der Stadt Massilia (Marseille) um Indemnität wegen der Aufnahme eines römischen Verbannten, nämlich des Vulcatius

Moschus in ihre Bürgerschaft und wegen der Annahme seines Vermögens, das er seiner neuen Vaterstadt vermacht hatte, wurde bezeichnenderweise unter Berufung auf einen Präzedenzfall aus der Geschichte der Stadt Smyrna günstig entschieden. Den P. Rutilius Rufus hatte zu Beginn des 1. Jahrhunderts v. Chr. die Bürgerschaft dieser kleinasiatischen Stadt bei sich aufgenommen, obwohl er von Rom gesetzlich verbannt war[114].

In Massilia starb in einer Art von Verbannung damals L. Antonius, der Sohn des Iullus Antonius, der mit Augustus' Tochter Ehebruch getrieben hatte und dies mit dem Tode hatte büßen müssen, aus seiner Ehe mit Claudia Marcella I. Er war dadurch der Enkel von Augustus' Schwester Octavia aus ihrer ersten Ehe mit M. Claudius Marcellus. Trotz des Andenkens seines Vaters wurden ihm jetzt die höchsten Ehren erwiesen; seine Gebeine wurden auf Senatsbeschluß im Mausoleum des Augustus beigesetzt – gewiß nach einer letzten Bestimmung des Staatsneugründers.

Im diesseitigen Spanien (*Hispania citerior* = Nordspanien) wurde der Statthalter der Provinz, L. Calpurnius Piso, ehemals Konsul i. J. 7 n. Chr., von einem Eingeborenen, einem Bauern aus dem Stamme der Termestini (Tiermes in Portugal nördlich des Duero) ermordet, offenbar aus Rache für die allzu strenge Eintreibung von Geldern, die der Gemeinde der Termestiner unterschlagen worden waren[115]. Der ermordete Beamte war der Enkel von Caesars Schwiegervater, des Konsuls v. J. 58 v. Chr., und der älteste Sohn des Konsuls v. J. 15 v. Chr., der 17 n. Chr. *praefectus urbi* wurde und dieses bedeutende Amt bis z. J. 32 innehatte.

Das größte Ereignis dieses Jahres aber war ein Gesuch der jenseitigen spanischen Provinz, der Provinz Baetica, das den Herrscherkult betraf. In diesem Jahr griff die dem Prinzeps höchst unbequeme Bewegung im herrscherlichen Staatskult nach dem Westen über. Baetica stellte nämlich nach dem Vorbild Asiens den Antrag auf Errichtung eines Provinzialtempels zu Ehren von Sohn und Mutter. Schon Augustus hatte in dieser Beziehung den Westen des Reiches anders behandelt als den Osten. Während er hier Tempel für die Roma und den Augustus zugelassen hatte, gestattete er im Westen nur Altäre der Roma und des Augustus.

Tiberius tat nicht einmal mehr dieses, schlug auch nicht den Weg ein, den er bei dem gleichen Ansinnen der Provinz Asien i. J. 23 gegangen war, nämlich die Erlaubnis zu erteilen unter der Bedingung der Hereinnahme des Senates in die Apotheosierung (s. o. S. 132), sondern lehnte das Gesuch rundweg ab, für sich und seine Mutter, und hielt im Senat eine Rede, die für die Sinnesart dieses Mannes bezeichnender ist als jede andere[116]. Sie lautete:

»Ich weiß, versammelte Väter, daß man vielfach einen Mangel an Festigkeit und Folgerichtigkeit darin gesehen hat, daß ich jüngst das gleichlautende Gesuch der asiatischen Gemeinden, d. h. der Provinz Asien, nicht ebenfalls abgelehnt habe. So will ich denn meine damalige Willfährigkeit rechtfertigen und zugleich darlegen, wie ich in Zukunft zu verfahren gedenke. Da der verewigte Augustus nicht verwehrt hatte, daß man ihm und der Stadt Rom in Pergamon einen Tempel errichtete, seine Taten und Worte aber für mich wie ein Gesetz sind, bin ich dem von ihm gegebenen Beispiel um so bereitwilliger gefolgt, als mit dem Kult meiner Person auch die Verehrung des Senates verknüpft werden sollte. Aber wenn dadurch die einmalige Annahme eines solchen Antrages entschuldigt wird, würde es doch Eitelkeit und Überhebung sein, wenn ich mich in sämtlichen Provinzen als Gott anbeten ließe. Auch muß die Verehrung für Augustus darunter leiden, wenn sie durch wahllose Schmeichelei zu etwas ganz Gewöhnlichem wird. Versammelte Väter! Ich bekenne hier vor Euch und wünsche, daß auch die Nachwelt dieses Bekenntnis im Gedächtnis behält: ich bin ein sterblicher Mensch, menschliche Pflichten habe ich zu erfüllen. Mir ist es genug, wenn ich den Platz eines Prinzeps ausfüllen kann. Die Nachwelt erweist meinem Gedächtnis Ehre genug und übergenug, wenn sie von mir glaubt, daß ich meiner Vorfahren würdig, daß ich ein sorgender Vater für Euch, daß ich unerschrocken in Gefahren und unbekümmert um üble Nachrede gewesen bin, wenn es das Wohl des Ganzen galt. Das sind die Tempel, die ich mir in Euren Herzen errichten möchte; das sind die herrlichsten und dauerndsten Standbilder. Die aus Stein errichteten werden verachtet wie Grabsteine, sobald sich das Urteil der Nachwelt in Abneigung verwandelt. Daher richtet sich meine Bitte an die Provinzialen, an die Bürger und zugleich an die Götter selbst: Möchten mir die Götter bis ans Ende meines Lebens einen ruhigen Sinn schenken, der menschlichen und göttlichen Rechtes kundig ist, und möchten die Bürger, wenn ich einst aus dem Leben geschieden bin, meiner Taten in Ehren, meines Namens mit Freuden gedenken.«

Das Groteskeste an dem völlig verzeichneten taciteischen Tiberiusbild ist wohl die Tatsache, daß selbst nach dieser menschlich so hochstehende Rede eines tiefinnerlich unglücklichen Mannes die Kritik einsetzt und an den entscheidenden Punkten völlig achtlos vorübergeht[117]. Denn was hier einzig und allein als Bescheidenheit eines wirklich großen Menschen gewertet werden muß, wird zweifelnd als Mangel an Selbstvertrauen oder gar, nach einer ganz trüben Quelle, als niedrige Gesinnung bezeichnet. Um Tiberius auch hier herabzusetzen, rechtfertigt sein Historiker die Menschenvergottung aus Schmeichelei und Unterwürfigkeit und feiert sie als das Richtige: »Denn wer den Nachruhm verachtet, verachtet auch die Tugenden.« Wenn irgendwo, so hört man hier den immer übelwollenden Kritiker heraus, der kein gutes Haar an seinem Helden zu lassen gewillt ist. Tiberius' Ablehnung der Vergottung lag ganz in der Richtung des taciteischen Denkens, aber wenn Tiberius so etwas tat, war es nicht eine Tat, sondern eine Untat[118].

In diesem Jahr verschlechterte sich zusehens auch das Verhältnis zur Mutter. Sie durfte den Titel *mater patriae,* »Mutter des Vaterlandes«, nicht annehmen. Tiberius schränkte den Verkehr mit ihr immer mehr ein – je älter beide wurden, um so schwieriger wurde das Verhältnis[119].

Das Jahr 26 zog herauf und mit ihm der Kampf gegen Agrippinas Wühlereien und Unfriedenstiften im Herrscherhaus. Es kam zum ersten Zusammenstoß zwischen dem Prinzeps und seiner ärgsten Feindin. Er wurde ausgelöst durch einen Prozeß gegen Agrippinas Verwandte Claudia Pulchra, eine Enkelin des Octavia, Tochter ihrer Tochter Claudia Marcella II. aus erster Ehe, die mit dem bekannten P. Quinctilius Varus vermählt war[120]. Sie wurde von dem Praetor Domitius Afer des unsittlichen Lebenswandels, des Ehebruchs mit einem gewissen Furnius und des Versuches angeklagt, den Prinzeps zu vergiften und zu verhexen. Agrippina eilte zu Tiberius, um ein gutes Wort für Pulchra einzulegen und fand den Prinzeps gerade mit einem Opfer für seinen Vater beschäftigt. Spitz bemerkte sie, es passe schlecht zueinander, daß man für Augustus Opfer darbringe und gleichzeitig seine Nachkommen verfolge. Dabei rühmte sie sich ihrer Herkunft aus dem göttlichen Blute des Divus Augustus. Wie einst Sosia Galla, so werde jetzt Pulchra vorgeschoben, lediglich um sie, Agrippina, zu verderben. Der sonst so verschlossene Prinzeps faßte sie an der Hand und zitierte ihr zur Antwort den Vers eines griechischen Dichters: »Wenn Du nicht herrschen kannst, mein Töchterchen, glaubst Du gleich, daß Dir Unrecht geschieht«[121].

Da Pulchra und ihr Buhle verurteilt wurden, steigerte sich Agrippinas Groll. Als Tiberius sie während einer Krankheit besuchte, bat sie ihn, obwohl sie schon Ende der Dreißig stand, um einen neuen Gemahl. Sie sei noch jung genug, und eine ehrbare Frau könne nur in der Ehe Trost finden. Es gebe gewisse Männer in Rom, denen es eine Ehre sein werde, Germanicus' Frau und Kinder in ihr Haus aufzunehmen. Auch die Gewährung dieser Bitte wäre von großer politischer Tragweite gewesen, und Tiberius blieb ihr daher die Antwort schuldig, so sehr sie auch in ihn drang[122].

Seian begann nun sein geheimes Spiel gegen die hysterische Frau. Er ließ sie vor Vergiftung warnen; sie solle nicht zur Tafel ihres Schwiegervaters gehen. Tatsächlich rührte sie bei einem Essen in dessen Haus keine Speisen an, als ob sie vergiftet seien[123]. Dies ist möglicherweise Hofklatsch, den ihre Tochter Iulia Agrippina der Nachwelt überliefert hat[124].

Sicher ist wohl das Intrigenspiel Seians, der vielleicht erst Agrippina vernichten wollte, um dann desto leichter ihre Söhne beseitigen zu können. Tatsächlich trübte er bereits damals die Beziehungen zwischen ihnen.

Schon im Laufe d. J. 26 führte der Prinzeps einen lange erwogenen und mehrfach verschobenen Plan aus. Er reiste nämlich wie i. J. 21 wieder nach Campanien, angeblich um zwei neue Tempel zu weihen, in Capua einen für Jupiter, in Nola einen für Augustus. In Wirklichkeit aber hatte er schon jetzt den Entschluß gefaßt, sich dauernd von Rom zu entfernen[125]. Die Abreise ging ohne großes Gefolge vor sich: ein einziger Senator, der ehemalige Konsul Cocceius Nerva aus einer alten Juristenfamilie, der Großvater des späteren Prinzeps Nerva (96–98), und neben Seian ein anderer römischer Ritter, oberster Rangstufe, Curius Atticus, außerdem zu seiner Unterhaltung Gelehrte und Literaten, meist Griechen, waren des Herrschers Begleiter. Schon die Aufzählung der Männer seiner engsten Umgebung verbietet den Glauben an die elenden Klatschereien, daß er sich jetzt ungestört seiner Grausamkeit und seiner Wollust habe hingeben wollen, wie er es schon in Rhodos getan habe[126].

Der Weggang des Tiberius aus Rom lag ganz im Interesse Seians, und es ist schon darauf aufmerksam gemacht worden, daß dieser Mann den unglücklichen Fürsten in seinem Hang zur Einsamkeit bestärkt hat. Obwohl man es im Altertum geglaubt hat[127], liegt darin nicht der eigentliche Grund für diesen mehr als auffallenden Schritt des Herrschers. Auch das gespannte Verhältnis zu Livia kann man nicht als das Hauptmotiv betrachten, wie es manche antiken Schriftsteller tun. Die mit zunehmendem Alter immer herrschsüchtiger werdende Mutter war ihm sicher unbequem. Aber Tiberius war nicht der Mann, sich von einer Frau, wenn auch von einer so bedeutenden, wie es sicherlich seine Mutter war, lenken zu lassen. Der tiefste Grund lag unstreitig, wie schon angedeutet, in des Prinzeps Charakter. Er strebte während seines langen Lebens immer wieder in die

Einsamkeit. Er war ein weltflüchtiger Mensch, der in christlichen Zeiten sicher ins Kloster gegangen wäre.

Zudem war er, ein Witwer, ständig von vier Witwen umlagert: außer seiner Mutter Livia von Antonia, der Witwe seines Bruders Drusus, Livia (Livilla), der Witwe seines Sohnes Drusus, endlich von Agrippina, der Witwe des Germanicus. Am besten stand Tiberius noch mit Antonia, die, wie er selbst, überall auszugleichen suchte. Schlimm, ja schließlich unerträglich war das Verhältnis zu Agrippina. Die drei Frauen brannten vor Herrschsucht, suchten in ewigem Intrigenspiel einander zu überbieten und sich gegenseitig zu verdrängen. In einer solchen Atmosphäre zu leben und zu regieren, mußte schon einem normal veranlagten Herrscher schwerfallen, geschweige denn einem innerlich so gehemmten und nervös so überreizten, wie es Tiberius seit dem Tode seines einzigen Sohnes war. Ich sehe in dieser Weiberwirtschaft am Hofe nicht den einzigen, wohl aber einen der Hauptgründe für Tiberius' Flucht aus Rom, ähnlich wie das getrübte Verhältnis zu der sittenlosen Iulia einst mit die Veranlassung zu seiner Selbstverbannung nach Rhodos gewesen war.

Dazu kam, daß damals Tiberius mehr denn je von der Treue Seians überzeugt war. Er hatte in Campanien noch einmal Gelegenheit, sich als Retter zu betätigen, als der alte Herrscher dort in schwere Lebensgefahr geriet. Eines Tages speiste man auf dem Landgut Speluncae zwischen dem Meer von Amundae und den Fondaner Bergen, umweit Terracina, in einer natürlichen Felsgrotte[128]. Da fielen plötzlich am Eingang der Grotte Felsstücke herab und erschlugen einige Diener. Alle fürchteten sich; die Tischgäste flohen. Seian dagegen beugte sich kniend über den Herrscher und schützte ihn mit seinem eigenen Haupt und seinen Händen gegen das herabfallende Gestein. In dieser Stellung fanden ihn die Soldaten, die zur Hilfe herbeieilten. Nun stand er als der des höchsten Opfers fähige Freund da, größer als je zuvor.[128a]

Als Tiberius dann i. J. 27 aus Campanien nicht nach Rom zurückkehrte, sondern statt dessen für immer nach Capri übersiedelte, weil er von der Treue Seians jetzt felsenfest überzeugt war, begleitete ihn zunächst der Gardepräfekt auch dorthin, während er durch einen ausgesuchten Stab von getreuen Gefolgsleuten in der Hauptstadt faktisch der Herr des Staates wurde. Schon hatte er neben Agrippina deren ältesten Sohn Nero, den eigentlichen Thronfolger, als Ziel seiner Angriffe ausersehen. Er ließ ihn dauernd bespitzeln und spielte dabei den unparteiischen Richter. Nero war unterdessen mit Iulia, der Tochter des Drusus und der Livia (Livilla), verheiratet worden, die, wie sich später herausstellte, ruhig ihr Verhältnis mit Seian fortsetzte. Der junge Mann befand sich infolgedessen stets unter aufmerksamster Bewachung und Kontrolle. Seian machte außerdem Neros Bruder Drusus, einem gewalttätigen Menschen, der mit seinem Bruder nicht zum besten stand, Hoffnung auf den Thron und verfeindete dadurch die beiden Germanicussöhne. Agrippinas Liebe aber galt mehr dem älteren Sohne. Darunter litt Drusus, auch erregte dies immer wieder von neuem seinen Neid[129]. Denn er hatte einen brutalen Charakter von übernormalem Ehrgeiz, der die Abneigung zwischen den Geschwistern noch vertiefte[130].

4.

Der »Nesiarch« von Capri; Seians Wüten gegen die Drususnachkommenschaft und sein Sturz. 27–31/32 n. Chr.

Das Jahr 27, in dem Tiberius nach Capri übersiedelte, begann mit zwei schweren Unglücksfällen, dem Einsturz eines neuerbauten hölzernen Amphitheaters in Fidenae während der Vorstellung, bei dem viele Tausende von Menschen ums Leben oder zu Schaden gekommen sein sollen[1], und einer Feuersbrunst in Rom, durch die das ganze Stadtviertel auf und um den Mons Caelius niederbrannte. Tiberius kehrte nicht in die Stadt zurück, obwohl die öffentliche Meinung stark danach verlangte. Aber er bewies wieder seine großartige Mildtätigkeit, indem er überall eingriff und sogar Unbekannte aufs freigiebigste unterstützte[2]. Bei dem stadtrömischen Brande war allein ein Standbild des Prinzeps im Hause des Iunius wunderbarerweise erhalten geblieben, wie einstmals in den Jahren 111 und 3 v. Chr. das der Claudia Quinta, die vor langer Zeit (204 v. Chr.) das berühmte Kultbild der kleinasiatischen Magna Mater nach Rom eingeholt hatte. Der Mons Caelius wurde daher in Mons Augustus umgetauft, weil offenbar dort die Claudier unter besonderem göttlichen Schutze standen und dem Prinzeps durch das Wunder eine so sichtbare Ehre erwiesen worden war.

Vor der Übersiedlung nach Capri hatte Tiberius noch während seines Aufenthaltes auf dem Festland in einem Edikt das Volk gebeten, ihn nicht in seiner Ruhe zu stören, und hatte Ansammlungen der Bevölkerung der Landstädte durch Soldaten verhindern lassen. Der jetzt fast 70jährige Greis war müde geworden und empfand jegliche Volksanhäufung als Störung. Auf Capri hatte seinen Blick die Abgeschlossenheit der kleinen Insel gelenkt. Ein Hafen fehlte, nur Anlegeplätze für kleinere Fahrzeuge fanden sich hier und da. Auch das milde Klima sagte dem Alten zu. Die Nachricht von seinen Ausschweifungen dort und von Müßiggang aller Art ist eine böswillige Erfindung. Die Regierungsgeschäfte wurden weiterhin mit derselben Sorgfalt wie bisher erledigt. Nur eine starke Bauwut befiel den einsam gewordenen Mann, der früher gerade in dieser Hinsicht aus Rücksicht auf die Staatsfinanzen sehr zurückhaltend gewesen war. Schließlich besaß er zwölf verschiedene Villen und Bauwerke auf der Insel[3], die er aber wohl aus seinem Privatvermögen bezahlt haben dürfte.

Für Seian war nunmehr die Bahn für die Errichtung seiner Gewaltherrschaft in Rom frei. Er war tatsächlich der Herr von Rom, Tiberius nur ein Inselfürst (Nesiarch)[4], während der bewährte Stadtpräfekt L. Calpurnius Piso Frugi die Verwaltung entsprechend den besonderen Befehlen des Prinzeps führte[5].

Die Verfolgung der Familie des Germanicus blieb auch fernerhin Seians Hauptanliegen. Der Kampf begann i. J. 28 mit dem Prozeß gegen den schon bei dem Verfahren gegen Silius genannten Ritter Titius Sabinus. Er gehörte zu der Gefolgschaft Agrippinas und ihrer Kinder, denen er von allen Klienten auch in dieser Schreckenszeit treugeblieben war. Die Praetorier Latinius Latiaris, Porcius Cato, Petilius Rufus und Marcus Opsius waren die Ankläger. Latiaris stand mit Sabinus in Verkehr. Durch ihn begann in Seians Auftrag eine ganz üble Bespitzelung des Opfers. Er rühmte Germanicus, bedauerte Agrippina und lobte Sabinus dafür, daß er der Familie so treugeblieben sei. Dadurch gewann er allmählich so sehr sein Vertrauen, daß dieser freier gegen Seian und selbst gegen Tiberius redete. Ganz harmlos verkehrte Sabinus nun im Hause des Spitzels und schüttete ihm sein Herz aus. Um Zeugen für seine unvorsichtigen Äußerungen zu bekommen, versteckte Latiaris die drei anderen Senatoren über dem Zimmer, in dem sich die zwei trafen; von dort aus belauschten sie in gemeiner Weise durch Ritzen und Spalten die Gespräche. Als dieses schmutzige Verfahren der Bevölkerung bekannt wurde, geriet sie in Angst und Aufregung. Man wurde vorsichtig gegen jedermann: das typische Bild einer Tyrannenherrschaft[6].

Das Ergebnis der Untersuchung des Falles des Sabinus wurde von Seian dem Herrscher in Capri mit der nötigen Aufbauschung gemeldet. Dieser verlangte in seinem Neujahrsschreiben an den Senat i. J. 28 die Bestrafung des Angeklagten, der verurteilt und hingerichtet wurde. Sein letztes Wort soll gewesen sein: »So weiht man das neue Jahr ein! Seianus ist's, dem man hier ein Opfertier schlachtet«[7].

Die Luft wurde schwül. Die Tatsache, daß Seian immer mehr in den Vordergrund der Staatsleitung trat, verängstigte stark die führenden Kreise und das Volk von Rom. Von Tiberius kam ein Dankbrief für die Bestrafung des Staatsfeindes, der mit dunklen Worten endete, sein Leben schwebe in Gefahr, er habe hinterlistige Anschläge seiner Feinde zu fürchten – ohne genauer anzugeben, wen er damit meine. Asinius Gallus stellte daraufhin den freimütigen Antrag, man möge den Prinzeps ersuchen, dem Senat seine Befürchtungen genauer bekanntzugeben und ihm deren Beseitigung zu gestatten. Doch Tiberius ließ sich nicht drängen und Seian ließ ihm gern, weil er des Prinzeps Eigenart genau kannte, die nötige Zeit, offenbar weil dies gut zu seinen Plänen paßte. Der Antrag kam nicht zur Verhandlung. Die Ungewißheit blieb, aber man bezog die Andeutungen des Herrschers auf Nero und Agrippina.

Wiederholt wurden Gesuche um Rückkehr nach Rom an die beiden Machthaber gerichtet. Nur Seian kam in die der Insel nächst gelegenen Orte Campaniens. Dort drängte man sich um ihn. Aber die Unterwürfigkeit hatte bei ihm einen anderen Erfolg als einst bei Tiberius. Sie steigerte nur seine Anmaßung[8].

Es ist schwer, von diesen Jahren der Gewaltherrschaft des allmächtig gewordenen Gardepräfekten eine annähernde Vorstellung zu gewinnen. Bei Tacitus ist die Schilderung des zweiten Teiles d.J. 29 und der entscheidenden Jahre 30 und 31 schon in sehr früher Zeit verlorengegangen. Ein merkwürdiges Zusammentreffen ist es, daß unsere historische Erkenntnis gerade von dem Augenblick an unzureichender wird, in dem in Palästina das öffentliche Auftreten Jesu einsetzt, das zu seinem Tode führte[9]. Es ist daher die Vermutung geäußert worden, daß der Verlust von wertvollstem Tacitustext mit den Ereignissen in Palästina zusammenhänge und daß ein Mönch die Klosterhandschrift wegen Bezugnahme des Historikers auf die heilige Geschichte verstümmelt haben könnte. Doch fehlt für diese Vermutung jeglicher Beweis. Was in dem entlegenen Palästina damals geschah und die Grundlage einer weltumstürzenden religiösen Bewegung wurde, blieb wohl dem stadtrömischen Geschichtsschreiber verborgen.

Das einzige bedeutendere Ereignis aus der römischen Provinzialgeschichte dieser traurigen Epoche fällt in das Jahr 28. Es war der Aufstand des Klientelvolkes der Friesen[10]. Der Grund war wiederum Steuerdruck. Das kernige germanische Volk, der nördliche Nachbar der Bataver, zahlte seit seiner Unterwerfung durch Tiberius' Bruder Drusus eine mäßige Naturalsteuer in Form von Ochsenhäuten, die zu militärischen Zwecken, vor allem zur Herstellung von Schilden, verarbeitet wurden. Während man früher auf die Dauerhaftigkeit und Größe des abzuliefernden Materials keinen zu großen Wert gelegt hatte, stellte der im Friesenland damals stationierte Zenturio erster Ordnung Olennius, ein sogenannter »Primipilar«, als Maßstab für die Größe der Häute das Fell eines Auerochsen auf. Dieser Forderung des Römers war sehr schwer nachzukommen, da das Zuchtvieh des Stammes im allgemeinen nur von geringer Größe war. So konnte man die harte Steuerverpflichtung nicht erfüllen, mußte vielmehr viel Vieh, dann auch Felder verpfänden, schließlich sogar noch Frauen und Kinder als Sklaven fortgeben. Das schuf Erbitterung und führte schließlich zum Kriege. Die den Tribut eintreibenden Soldaten wurden überfallen und aufgehängt. Olennius selbst rettete sich durch schleunige Flucht in das Kastell Flevum (auf der Insel Vlieland vor der damals noch geschlossenen Zuydersee).

Der Kommandeur des unterrheinischen Heeres, L. Apronius, der schon unter Germanicus dort gedient hatte und nach seinen Erfolgen im afrikanischen Krieg gegen Tacfarinas an den Rhein zurückgekehrt war, ein tüchtiger General, muß die Gefahr als groß angesehen haben. Denn er zog auf die Meldung von dem Vorgefallenen sogar Teile des obergermanischen Heeres heran und führte sie mit den eigenen Truppen gegen die Aufständischen. Als er aber auf dem Kriegsschauplatz ankam, hatten die Feinde die Belagerung des Kastells bereits aufgehoben und waren auseinandergegangen, um ihre Heimat zu schützen. Apronius verbesserte die Straßen und die Brücken und führte dann seine Truppen in das eigentliche Feindesland. Ein Reitergeschwader der Canninefaten, eines treugebliebenen Stammes, und germanische Bundestruppen zu Fuß wurden in den Rücken des Gegners gesandt. Als es darauf zur Schlacht kam, wurden die römischen Kohorten zu langsam und in zu geringer Zahl eingesetzt, so daß man beinahe eine Schlappe erlitt. Erst der Vorstoß der Legionen, besonders der fünften, verhütete das Schlimmste. Der Ausgang war wenig rühmlich, die Verluste schwer. Immerhin muß die Ruhe wieder hergestellt worden sein. Tacitus übertreibt die Bedeutung dieses kleinen Grenzkrieges, um das Ansehen des Tiberius und des Senates herabzusetzen[11].

Das Jahr 28 brachte noch zwei Ereignisse von Bedeutung für das Herrscherhaus: ein freudiges, das bewies, daß Tiberius nicht dem gesamten Hause des Germanicus gram war, und ein trauriges. Tiberius verlobte nämlich seine Enkelin Iulia Agrippina, Germanicus' und Agrippinas Tochter, mit Cn. Domitius Ahenobarbus, dem Sohn des i.J. 25 verstorbenen L. Domitius Ahenobarbus, und der Antonia maior, der älteren Tochter von Augustus' Schwester Octavia. Domitius, ein höchst gewalttätiger Mensch, war also der Großneffe des Augustus. Er wurde i.J. 32 Konsul, starb aber schon i.J. 37. Im gleichen Jahre wurde der einzige Sohn aus dieser Ehe geboren, der spätere Prinzeps Nero.

Um dieselbe Zeit verschied Iulia, die Tochter der gleichnamigen Mutter, Enkelin des Augustus und ältere Schwester der Vipsania Agrippina. Sie war wie die Mutter von ihrem Großvater wegen Ehebruchs verurteilt und nach der Insel Trimerus (Tremiti), unweit der Küste Apuliens, verbannt worden. Dort hatte sie zwanzig Jahre lang in völliger Einsamkeit gelebt und war während dieser Zeit von ihrer Großmutter Livia mit Lebensmitteln versehen worden[12].

Im Jahre 29 ist denn endlich auch Livia, die Iulia Augusta, wie sie seit dem Tode des Gatten hieß, im 87. Lebensjahr gestorben und hat den jetzt siebzigjährigen Sohn endlich mündig werden lassen. Tiberius ist in dieser Beziehung von fern mit Eduard VII. von England zu vergleichen, der so viele Jahre seines besten Mannesalters im Schatten der alten Queen verbringen mußte. Wie sehr der Prinzeps schließlich, als er selbst alt und starr geworden war, unter der alten Mutter gelitten hatte, zeigt sich darin, daß er auf die Nachricht von ihrer schweren Erkrankung nicht, wie noch i.J. 22, nach Rom eilte, auch wegen Überhäufung mit Amtsgeschäften nicht zur Beisetzung kam. Einige der vom Senat beschlossenen Ehrungen zu ihrem Gedächtnis, wie die Ausstellung des Leichnams in einem Tempel, wie das einst Augustus für Octavia bestimmt hatte, ließ er nicht zu. Auch hielt er ihr nicht die Leichenrede, wie dies bei den Römern üblich war. Hier mußte ihr Urenkel Gaius, der spätere Prinzeps Caligula, einspringen.

Die Bestattung auf Staatskosten im Mausoleum ihres Gatten wurde natürlich genehmigt und ebenso die Anordnung des Senates, daß die römischen Frauen ein Jahr lang um sie trauern sollten. Ein Ehrenbogen, den der Senat beschloß und den der Prinzeps auf eigene Kosten übernahm, ist nie zur Ausführung gekommen. Die vom Senat gleich darauf beschlossene Vergottung konnte gegen den Willen des Sohnes, der angab, die Mutter habe die Apotheose selbst abgelehnt, nicht durchgesetzt werden[13]. Sie wurde erst von Claudius zu Beginn d.J. 42 (wohl am 17. Januar) vollzogen, sicher auch von ihm nicht aus Liebe zur Großmutter, die ihn wenig freundlich behandelt hatte, sondern um seine eigene Macht zu erhöhen. Jetzt erst wurde ihr

Standbild neben dem des Gatten im Augustustempel aufgestellt. Hier hatten die Vestalinnen die Opfer für die neue Göttin darzubringen. Die ablehnende Haltung des Tiberius war wohl durch seine Auffassung bestimmt, daß diese höchste Ehre allein dem Augustus vorbehalten bleiben müsse[14].

Livia hatte für ihre Freunde immer eine offene Hand gehabt. Dementsprechend hat sie im Testament ihre Günstlinge aufs reichste bedacht, so reich, daß der unterdessen allzu sparsam gewordene Sohn sich nicht entschließen konnte, die zahlreichen hohen Legate auszuzahlen. Erst sein Nachfolger Gaius hat den Willen der Toten verwirklicht[15]. Das Mutter-Sohn-Problem auf Fürstenthronen ist hier zur Tragödie geworden: ein bedeutender Mensch, zugleich ein Mann voll starken männlichen Stolzes ist verurteilt gewesen, in viel zu weit vorgeschrittenen Jahren noch unter der Aufsicht der Mutter zu leben und zu regieren. In einem Brief an den Senat aus Anlaß von Livias Tod machte der Prinzeps tadelnde Bemerkungen über Weiberfreundschaften; er versetzte damit dem Konsul C. Fufius Geminus einen versteckten Hieb. Er hatte bei Livia in großer Gunst gestanden, wie er sich überhaupt bei Frauen beliebt zu machen verstand. Dabei hatte er eine scharfe Zunge und pflegte auch Tiberius mit beißenden Witzen zu verspotten[16].

Mit Livia war die letzte große Repräsentantin des augusteischen Zeitalters dahingegangen. Solange die Herrschermutter lebte, war immer noch ein fester Halt vorhanden gewesen. »Jetzt brach Seian – so sagt Tacitus[17] – los wie ein Pferd, das der Zügel ledig geworden ist.« Im Senat traf ein Brief des Tiberius ein, von dem es hieß, er sei schon früher angekommen, aber von der Augusta zurückgehalten worden – eine kaum glaubhafte Version. Das Schreiben war wohl ein von Seian beeinflußtes Machwerk. Darin wurden Agrippinas Trotz und ihre anmaßenden Reden getadelt. Gegen Nero wurde die Beschuldigungen erhoben, er treibe sträflichen Verkehr mit jungen Männern, was Tacitus selbst als Verleumdung bezeichnet.

Der Senat war aufs höchste eingeschüchtert; man legte viel mehr in den Brief hinein, als tatsächlich darinnen stand. Denn es wurden in ihm keine Maßnahmen irgendwelcher Art gegen die beiden Getadelten angeordnet, weder gegen die Mutter noch gegen ihren Sohn. Eine Gruppe etwas beherzterer Senatoren wollte gerne wissen, was dahinterstecke, und der aus dem Liboprozeß als Scharfmacher bekannte Messalinus Cotta stellte einen Antrag auf Ermittelung des Tatbestandes. Als auf diesem Wege nichts zu erreichen war, wandte man sich an Iunius Rusticus, der die Bearbeitung der Senatsprotokolle und ihre archivalische Aufbewahrung unter sich hatte, in der Meinung, er sei vielleicht besser über des Herrschers Absichten unterrichtet. Er stellte sich auf die Seite der Unentschlossenen und riet den Konsuln, den Fall nicht auf die Tagesordnung zu setzen.

Die Sache wurde ruchbar; es kam zu einem Auflauf erregter Volksmassen, die vor der Kurie mit den Bildern Agrippinas und Neros unter Heilrufen auf den Prinzeps gegen Seian demonstrierten. Der Briefwechsel sei gefälscht; gegen den Willen des Prinzeps versuche man Germanicus' Haus zu vernichten. Erfundene Aussprüche Seians, die man einigen Konsularen in den Mund legte, wurden in Umlauf gesetzt; insgeheim ließ gar mancher auch seinen Witz spielen. Dem Gardepräfekten war es sichtlich unangenehm, daß sich die öffentliche Meinung so gegen ihn kehrte; er ließ seinen Zorn an Senat und Volk aus[18].

Prompt erschien ein wohl abermals bestelltes Edikt aus Capri, worin dem Volk unter Wiederholung der Anschuldigungen ein Verweis erteilt und dem Senat Übereifer vorgeworfen wurde: die Untreue eines einzigen Senators habe des Herrschers Majestät zum öffentlichen Gespött gemacht. Wieder enthielt das Schreiben nichts Positives, keinen Antrag oder irgendeine Andeutung, was zu geschehen habe. Darauf beteuerte der Senat lediglich, des Prinzeps Befehl stehe der Bereitschaft der Körperschaft zur Sühnung auch in diesem Falle im Wege[19].

Da an dieser Stelle die Erzählung des Tacitus abbricht, wissen wir nicht, auf welche Weise es Seian schließlich gelungen ist, Agrippinas und ihres ältesten Sohnes Nero Verbannung durchzusetzen. Wir wissen nur, daß Gerichtsverhandlungen gegen die Mutter wie auch gegen beide Brüder stattgefunden haben, und zwar schon i.J. 29. Caligula hat nach seinem Regierungsantritt die Prozeßprotokolle auf das Forum bringen und nach einem feierlichen Schwur an die Götter, daß er nichts davon berührt oder gelesen habe, verbrennen lassen[20]. Wir können nur die Art der Verurteilung der drei erkennen: gegen Agrippina wurde auf Verbannung nach der Insel Pandataria erkannt[21], Nero und Drusus wurden zu Staatsfeinden erklärt und dadurch als Usurpatoren gekennzeichnet. Nero wurde auf die Insel Pontia verbannt[22], wo er sich i.J. 31 noch vor Seians Sturz selbst den Tod gab. Drusus scheint etwas länger in Freiheit gewesen zu sein, ist dann aber ebenfalls interniert worden, und zwar in einem der unteren Gemächer des palatinischen Palastes[23]. Wir wissen auch, daß in Agrippinas Sturz Asinius Gallus, des berühmten C. Asinius Pollio großer Sohn, verwickelt worden ist[24]. Er schloß sich offenbar früh an

Seian als den Mächtigeren an, obwohl er jahrelang in nahen Beziehungen zu Agrippina gestanden hatte, und erregte dadurch insgeheim Tiberius' Verdacht. Er wurde vom Senat zum Tode verurteilt – angeblich während er in Capri beim Prinzeps zu Tische geladen war[25] – und auf Tiberius' Befehl dem jeweiligen höchsten Beamten übergeben. Aber die Urteilsvollstreckung wurde immer wieder hinausgeschoben, bis der Prinzeps wieder in Rom sei. Tiberius hatte sich nämlich die Revision dieses Falles ausdrücklich persönlich vorbehalten. Da Tiberius nie nach Rom zurückgekehrt ist, ist Asinius Gallus, der dem Staate durch seine Ehe mit Vipsania, Tiberius' früherer geliebter Gattin, mehrere Söhne, die später Konsuln wurden, geschenkt hatte, immer in beamtlicher Obhut geblieben und erst i. J. 33 als Häftling aus dem Leben geschieden.

Sicher ist es Seian gewesen, der den Prinzeps dazu getrieben hat, die Germanicusfamilie zu vernichten, und dadurch seine eigene Thronbesteigung zu ermöglichen. In Tiberius' hinterlassenem kurzen Lebensbericht stand geschrieben, er habe den Seian bestraft, weil er gegen die Söhne des Germanicus gewütet habe[26]. In dieser Beziehung hat also Tiberius die Schuld auf seinen Gardepräfekten abgewälzt. Am Sturz Agrippinas ist er wohl selbst schließlich mitschuldig gewesen; sie hat ihn maßlos gereizt, so daß er ihr gegenüber keine Gnade mehr kannte[27]. Vorübergehend hat der Prinzeps offenbar die Germanicus-Nachkommenschaft ganz von der Erbfolge ausschließen wollen. Denn Seian wurde auf dem Gipfel seiner Macht mit Iulia, Tiberius' Enkelin, Neros Witwe, verlobt[28]. Auch glaubte man in dieser Zeit in Rom, Tiberius wolle mit Hilfe Seians seinem leiblichen Enkel Tiberius Gemellus den Thron sichern, also auch Caligula, der damals, obwohl 18jährig, immer noch nicht das Männerkleid trug[29], übergeben[30].

Noch hatte der Gardepräfekt das feste Vertrauen des Monarchen, den der dämonische Mann völlig in seine Gewalt bekommen hatte. Ganz gegen das Staatsrecht berief er Seian unter Beibehaltung des Gardekommandos in den Senat. Kurz darauf wurde ihm die höchste Ehre zuteil, nämlich für d. J. 31 das Konsulat gemeinsam mit dem Prinzeps[31]. Dieses höchste Amt trat Seian allein in Rom an, während sich der Prinzeps zur Rückkehr in die Stadt noch nicht entschließen konnte. Das bedeutete quasi die Erhebung zum Thronfolger. Die Verleihung des prokonsularischen Imperiums für alle Provinzen folgte[32], ebenso die schon erwähnte Verlobung mit Tiberius' Enkelin. Seian stand vor der Erfüllung seines höchsten Wunsches, der Mitregentschaft, die in der Regel durch die Verleihung der tribunizischen

Gewalt erreicht wurde. Eines der letzten Opfer Seians wurde i.J. 31 der Konsul des vorangegangenen Jahres, C. Fufius Geminus, durch eine Anklage wegen Majestätsverbrechens. Der Beschuldigte bewies im Senat durch sein Testament seine Unschuld und tötete sich selbst; ihm folgte seine Gattin Publia Prisca, die im Senat erschien und sich den Dolch in die Brust stieß[33].

Der allmächtige Gardepräfekt war nun so hochgestiegen, daß er offenbar nicht mehr warten konnte, zumal Tiberius plötzlich seine Gunst dem bisher vernachlässigten Caligula zuwandte und ihn nach Bekleidung mit der Männertoga zum Pontifex ernannte[34]. Seian faßte, wie es scheint, jetzt den Sturz des Prinzeps ins Auge. Dieser war jedoch schon mißtrauisch geworden. Es heißt auch, seine Schwägerin Antonia habe ihn von den Umtrieben Seians durch einen Sklaven in Kenntnis gesetzt; ebenso einer der Vertrauten Seians, Satrius Secundus, der zum Verräter seiner letzten Pläne wurde[35]. Wie dem auch sei, die Macht des Günstlings war schon so gewaltig, daß er nicht mehr durch die herrscherliche *auctoritas* beseitigt werden konnte; Erfolg versprach vielmehr nur noch ein mit Schlauheit und Tücke vorbereiteter Handstreich. Der Prinzeps benutzte die Unbeliebtheit Seians bei seiner eigenen Truppe, der Garde, und gewann einen Stabsoffizier, Naevius Sertorius Macro, sowie den Graecinius Laco, den Befehlshaber der *Vigiles* (Feuerwehr und Nachtwachdienst) für sich. Zum 1. Oktober wurde der dem Prinzeps treu ergebene Memmius Regulus zum Ersatzkonsul *(consul suffectus)* ernannt[36].

Macro wurde nach Capri befohlen und erhielt hier mit einem Brief an den Senat insgeheim den Oberbefehl über die Garde und andere Verhaltungsbefehle. Für den Fall von Unruhen wurden die Ausrufung des zweiten Sohnes des Germanicus, des noch in Haft lebenden Drusus, vorgesehen, in Capri Schiffe für die Flucht des Prinzeps zu einem der großen Legionsheere, wohl dem des Orients, bereitgestellt und die Übermittlung der notwendigen Nachrichten durch Feuersignale vorgesehen[37]. Der Sendling des Prinzeps kam bei Nacht in Rom an und teilte sofort seine Aufträge dem Konsul und dem Laco mit.

Am Morgen des neuen Tages – es war der 18. Oktober – begab sich Macro zum Palatin, wohin die entscheidende Senatssitzung im Tempel des Apollo zur Entgegennahme eines Handschreibens des Prinzeps einberufen war. Unglücklicherweise stieß er bei dem Betreten des Raumes auf Seian, der bestürzt war, daß er keine Briefschaften von Tiberius an ihn mitgebracht hatte. Aber Macro beruhigte ihn, indem er ihm unter vier Augen mitteilte, er brächte ihm die tribunizische Gewalt. Dann entfernte er die Prätorianer und ließ Lacos *Vigiles* den Tempel umstellen, sobald der Allgewaltige im Innern verschwunden war[38].

Im Sitzungsraum überreichte er das Schreiben des Prinzeps dem leitenden Konsul Memmius und begab sich dann sofort in das Praetorianerlager, um dort etwaigen Unruhen vorzubeugen und um die Truppen im entscheidenden Augenblick von seiner Ernennung zum Oberbefehlshaber in Kenntnis zu setzen.

Memmius verlas das Schreiben. Es war sehr lang und kam nur ganz allmählich auf den Kern der Sache. Es begann mit Gleichgültigem, brachte zunächst nur einen kurzen Vorwurf gegen Seian, forderte dann die Bestrafung zweier Senatoren, die vertraute Freunde von ihm waren, erbat die Entsendung des einen Konsuls, um ihm die Sicherheit der Reise nach Rom zu garantieren und endete mit dem Befehl, den allmächtigen Gewaltmenschen sofort zu verhaften. Als der erste Senator, der aufgerufen war, seine Stimme gegen ihn abgegeben hatte, ließ der Konsul die Abstimmung gar nicht erst zu Ende führen, sondern die Verhaftung durch Laco, der unterdessen den Senatssaal betreten hatte, vornehmen und Seian in das Staatsgefängnis bringen. Der Senat versammelte sich noch am gleichen Tage zum zweiten Mal, und zwar in dem in der Nähe des Gefängnisses befindlichen Concordiatempel. Da unterdessen die Stimmung des Volkes gegen Seian umgeschlagen, auch Macros Mission im Prätorianerlager restlos gelungen war – der Herrscher hatte pro Mann tausend Denare versprochen[39] – fällte der Senat das Todesurteil gegen den Hochverräter. Das Urteil wurde sogleich vollstreckt, die Leiche aber vom Volke erst nach drei Tagen der Beschimpfung auf der Verbrechertreppe (scalae Gemoniae) in den Tiber geworfen. Auch alle seine Kinder erlitten zum Teil sofort, zum Teil später den Tod durch Henkershand[40].

Mit einer bewundernswerten Energie und Umsicht hat der greise »Nesiarch« diesen traurigsten »Zweiten« der Weltgeschichte – er war genau das Gegenteil von Agrippa – aus der Welt geschafft. Darauf brach er zusammen. Neun Monate verließ er nicht seine Hauptvilla (die Villa Iovis) in Capri[41] und ließ die Dankgesandtschaften von Senat, Ritterschaft und Volk nicht vor, nicht einmal den Konsul Regulus, der gekommen war, um ihn seinem schriftlichen Wunsch gemäß nach Rom zu geleiten[42]. In der letzten Zeit hatte er sein tiefstes Vertrauen in Seian gesetzt und hatte in seiner vermeintlichen Mannestreue gewissermaßen einen Ersatz für die oft erlebte Frauenuntreue gesucht und scheinbar auch gefunden. Nun, da ihn auch Seian verriet, hat er den Glauben an die Menschen, wie vorher schon an sich selbst, für immer verloren. Es war der letzte und furchtbarste Schlag, der den unglücklichen Fürsten getroffen hat. Bei dem Anblick der Leichen ihrer hingerichteten Kinder zog sich Seians geschiedene Gattin Apicata am 20. Oktober[43] in ihr Haus zurück und legte alle Schandtaten ihres Mannes in einem Schriftstück nieder; dann gab sie sich selbst den Tod. So wurde dem Tiberius das ganze Sündenregister des vermeintlich Getreuesten der Getreuen bekannt: Er war der Verführer seiner Schwiegertochter Livia (Livilla), der Mörder seines Sohnes Drusus, der Vernichter der Familie des Germanicus – alles um sich selbst den Thron zu sichern. Auch Livillas Schicksal erfüllte sich sehr bald. Tiberius ließ sie nach Empfang der Aufzeichnungen Apicatas durch sein Hausgericht in Capri[44] verurteilen und sie mit anderen Schuldigen ihres Hausstandes der verdienten Strafe zuführen. Noch im Todesjahr ihres Buhlen wurde sie hingerichtet oder, nach einer zuverlässigen Version, ihrer Mutter Antonia überlassen, die sie durch Speiseentzug zum Sterben brachte[45], worauf der Senat zu Beginn d. J. 32 die Verhängung der Memorialstrafen (Beseitigung ihrer Bilder usw.) folgen ließ[46]. Aller Zweifel an ihrer Schuld, der auch in der modernen Literatur geäußert wird, hat angesichts dieses scharfen Vorgehens des Tiberius und der eigenen Mutter zu verstummen.

Nachdem der schwere Druck von der Stadt durch die Beseitigung des Hauptschuldigen genommen war, ging eine Welle der Erregung durch die gequälte Bevölkerung. Man wandte sich gegen die Anhänger des gestürzten Mannes und schlug jeden nieder, den man zu Gesicht bekam. Auch die Prätorianer wurden unruhig, da man ihnen Lacos Truppen vorgezogen hatte; sie ließen sich Brandstiftungen und Plünderungen zuschulden kommen, obwohl Tiberius durch strengste Anweisungen an alle Beamte die Sicherheit der Stadt zu gewährleisten versucht hatte. Im Senat aber wurde man sich bewußt, daß man Seian viel zu große Ehren erwiesen habe und daß der Prinzeps von seinen Schandtaten das Wenigste gewußt habe oder vieles ihm nur abgerungen worden sei. Es wurde beschlossen, der Freiheitsgöttin, der *Liberta,* eine Statue auf dem Forum zu errichten und den Todestag des natürlich zum Staatsfeind erklärten Unmenschen alljährlich festlich zu begehen[47]. Private folgten dem Beispiel des Senates und feierten das Ereignis durch Stiftungen aller Art[48]. Macro und Laco wurde der Senatorenrang verliehen, Macro mit den Praetor- und Laco mit den Quaestor-Insignien geehrt, die sie aber zurückwiesen. Tiberius selbst lehnte weitergehende Ehrungen ab, so den neuen Versuch, ihn zum »Vater des Vaterlandes« zu erheben[49].

Der Rest d. J. 31 und das Jahr 32 gingen über weiteren Prozessen gegen die Freunde und Verwandten Seians hin. Anfangs war auch der aufs tiefste erschütterte Prinzeps daran beteiligt, z. B. an dem Prozeß gegen Iunius Blaesus, Seians Oheim, den Sieger über Tacfarinas, und gegen einen Unbekannten, dessen großes Sterben Tacitus ergreifend geschildert hat[50]. Bald aber war es allein der Senat, der, da er unter Seians Gewaltherrschaft schwer gelitten hatte, jetzt in der allgemeinen Panik, die ihn und das Volk ergriff, gegen seine eigenen zur Gefolgschaft des Gestürzten gehörigen Mitglieder wütete. Es ist sicher, daß die Körperschaft im Vollzug der Rache viel weiter gegangen ist als der Prinzeps selbst.

Genauer kennen wir das Schicksal des P. Vitellius, des Oheims des späteren Prinzeps Vitellius, und des bekannten Dichters P. Pomponius Secundus[51]. P. Vitellius wurde beschuldigt, die Schlüssel des *aerariums,* dessen Vorstand er gewesen war, und auch die der Kriegskasse, des *aerarium militare,* für die hochverräterischen Pläne Seians zur Verfügung gestellt zu haben. Dem Pomponius Secundus machte man die Freundschaft mit Aelius Gallus, dem Sohne des einst unter Augustus in Ungnade gefallenen Präfekten von Ägypten gleichen Namens, zum Vorwurf. Nach Seians Hinrichtung sei Gallus in Pomponius' Garten geflüchtet. Vitellius' Prozeß zog sich längere Zeit hin, er brachte sich eine Verletzung der Pulsader bei und starb schließlich in geistiger Umnachtung. Pomponius wurde verbannt und im Anfang der Regierung des Caligula begnadigt. Obwohl sich die Erbitterung des Volkes allmählich legte, wurden auch noch die beiden jüngsten Kinder Seians, ein Sohn und eine Tochter, ins Gefängnis geworfen und erdrosselt, das Mädchen, nachdem sie vor der Hinrichtung von dem Henker geschändet worden war (eine Jungfrau durfte nach dem Gesetz nicht den Tod durch den Strick erleiden[52]).

Das Auftreten eines falschen Drusus auf den griechischen Inseln des Ägäischen Meeres und dann auf dem Festlande, während der wahre Träger dieses Namens noch im Kerker saß, ist bezeichnend für das Festhalten des Volkes der Ostprovinzen an der Nachfolge der philhellenisch eingestellten Germanicus-Nachkommenschaft. Er wurde durch Poppaeus Sabinus entlarvt[53]. Daß Tiberius selbst der unglücklichen, von Seian so furchtbar verfolgten Familie nicht völlig abgeneigt war, beweist einmal die Tatsache, daß Gaius Caesar (Caligula), des Germanicus dritter Sohn, am Hofe in Capri lebte und gefördert wurde[55], und zum anderen der Umstand, daß des Germanicus Schwiegersohn, der Gemahl der Iulia Agrippina, Cn. Domitius

Ahenobarbus, i.J. 32 Konsul wurde[55], und zwar, was damals eine Seltenheit war, ganzjährig, d.h. ohne Ernennung eines Suffektkonsuls an seiner Statt[56].

5.

Das bittere Ende nach dem Sturz des Seian; die »Tyrannis« und das große Sterben der stadtrömischen Aristokratie.
32–37 n. Chr.

Das Ansehen des greisen Herrschers war durch die gelungene, glänzende Regie beim Sturz Seians unstreitig stark gewachsen. Nun hätte er, wie allgemein erwartet wurde[1], wieder nach Rom zurückkehren und die Zügel der Regierung selbst ergreifen müssen, um den wahren Prinzipat nach der Beseitigung der Tyrannis *(dominatio)* Seians wieder zu errichten. Und wirklich: kaum hatten die Konsuln d.J. 32 ihr Amt angetreten, da schien es so, als wolle er Capri verlassen! Er ging zu Schiff, kreuzte den Meeresarm zwischen Capri und der Sorrentiner Landspitze und fuhr dann an der campanischen Küste entlang. An der Nordgrenze Campaniens landete er und reiste in der Richtung auf die Hauptstadt weiter. Nach »mehreren Ausflügen«[2], offenbar in das Albanergebirge, in denen nur seine Unschlüssigkeit vor dem Betreten der Stadt zutage tritt, kam er bis zu den eigenen Gärten am Fuße des Janiculus. Dann kehrte er plötzlich wieder um und suchte sein einsames Felseneiland wieder auf. Das Wiedersehen mit Rom und den Römern ging über seine Kraft. Nicht nur seine Gesundheit, sondern auch seine seelische Konstitution hatte durch die furchtbaren Aufregungen bei Seians Beseitigung ganz offenbar schwer gelitten. Seine an und für sich schon schwache Entschlußkraft war stark gemindert. Die Furcht vor den Menschen und vor Menschenansammlungen hatte in den Jahren der selbstgewählten Einsamkeit zugenommen; jetzt, da Senat und Volk mehr denn je nach dem Führer verlangten, erreichte das Bedürfnis nach völliger Isolierung seinen Höhepunkt, und zwar gerade in dem Augenblick, in dem sich alles zum Empfang des – zwar nur im inneren Krieg – siegreich gebliebenen Prinzeps rüstete.

Sein Fernbleiben bedeutete natürlich für das Volk eine schwere Enttäuschung, die bis tief in die Massen drang. Das Staatsschiff blieb nach der furchtbaren Erschütterung ohne die unbedingt notwendige Führung durch den kundigen Steuermann sich selbst überlassen. Das wirkte wieder stark abkühlend. Mehr noch: je größere Distanz man von dem niederschmetternden Ereignis bekam, desto mehr wurde es allen klar: Tiberius hatte einen verbrecherischen Mann bis zur Stelle des »Zweiten« im Staate emporkommen lassen; darin lag seine Schuld. Nun blieb er auch fernerhin in Capri, obwohl er sich in den folgenden Jahren immer wieder bis in die Nähe der Stadt wagte[3]. Auch wies er das Delatorenunwesen nicht mehr so entschieden in seine Schranken wie bisher[4].

Ohne daß es Tiberius beabsichtigt hätte, trat nunmehr an die Stelle der milden Regierung der ersten sechs Jahre und der zehn Jahren des Überganges eine wahre Schreckensherrschaft. Seians Tyrannis über Rom blieb bestehen, auch nachdem der Tyrann gestürzt war. Der Senat tat alles, um Tiberius zu Gefallen zu sein. Am Neujahrstage d. J. 32 ging man dazu über, den alljährlich zu erneuernden Treueid für den Prinzeps nicht mehr durch einen Senator für die Gesamtheit, sondern einzeln Mann für Mann schwören zu lassen[5]. Bald darauf brachte ein gewisser Togonius Gallus einen Antrag ein, der darauf abzielte, das Leben des Prinzeps zu sichern: er möge gebeten werden, eine Anzahl von Senatoren namhaft zu machen; aus ihnen sollten zwanzig ausgelost werden, die jedesmal, wenn er im Senat erschiene, mit Schwertern bewaffnet ihn begleiten und schützen sollten[6]. Der Antrag war offenbar die Folge des von Tiberius im Anklagebrief gegen Seian geäußerten Wunsches, man möge ihm einen der beiden Konsuln mit militärischer Bedeckung zu sicherem Geleit für die Reise von Capri nach Rom senden. Der Prinzeps dankte dem Senat für den durch den Antrag bewiesenen guten Willen, behandelte aber seinen Inhalt höchst ironisch. Wen solle er dabei übergehen oder bevorzugen, fragte er. So viel sei ihm am Leben nicht gelegen, wenn es durch Waffen geschützt werden müsse. Togonius bekam einen leisen Tadel für seinen Übereifer, und die Bitte wurde ausgesprochen, den lächerlichen Antrag aus dem Senatsprotokoll zu streichen[7]. Man merkt es, Tiberius bekam allmählich einen Ekel vor der dienstbeflissenen und untereinander so neidischen Aristokratie. Denn ganz offenbar benutzten die Senatoren die Verfolgung von Seians Anhängern zur Austragung ihrer persönlichen Feindschaften[8].

Stärker als bisher ruhte Tiberius' Herrschaft auf den Prätorianern, die er durch Worte und Geschenke ehrte. Der Senat, der das merkte, beschloß, der Garde den Sold aus der Staatskasse anstatt aus der Privatschatulle des Herrschers zu zahlen. Dafür wurde er von Tiberius gelobt[9]. Als dagegen der berühmte Redner Dec. Iunius Gallio, der mit Senecas Vater eng befreundet war, den Antrag stellte, man möge den Prätorianern nach beendeter Dienstzeit das Recht einräumen, im Theater auf den Bänken der Ritter zu sitzen, fuhr ihn Tiberius in einem Schreiben heftig an. Die Prätorianer hätten wie ihre Befehle, so auch ihre Belohnungen nur von ihm, wie ehedem von Augustus, zu empfangen. Wolle dieser Trabant Seians etwa Zwietracht oder Aufruhr stiften oder unerfahrene Menschen durch scheinbare Ehrungen zum Verleugnen der soldatischen Zucht verlocken? Zum Lohn für seinen Antrag wurde Gallio aus dem Senat gestoßen und aus Italien verbannt. Als er sich die schöne Insel Lesbos zum Wohnort wählte, wurde erneut eine Anklage gegen ihn erhoben: er mache sich das Leben in der Verbannung zu leicht. Er wurde nach Rom zurückgebracht und wie Asinius Gallus (s. o.) in den Wohnungen von Beamten in Gewahrsam genommen[10]. Man mache sich klar, wie anders jetzt Tiberius sprach und handelte als zu Beginn seiner Regierung. Damals ließ er die aufständischen Legionen Pannoniens an den Senat verweisen – ihm sollten sie ihre Forderungen vortragen! (s.o.S. 62f u. 92)

Sein Brief an Gallio verursachte auch den Sturz des Prätoriers Sextius Paconianus, gegen den er selbst als Kläger auftrat. Er war schon lange unbeliebt, weil er als Werkzeug Seians galt. Als aber bekannt wurde, daß er Gaius Caesar (Caligula), der damals etwa neunzehn Jahre alt war, eine Schlinge gelegt hatte, trat die Abneigung gegen ihn offen zutage. Man war im Begriff, die härteste Strafe über ihn zu verhängen. Da rettete ihn seine Erklärung, er sei bereit, über seine Mitschuldigen Aussagen zu machen. Darunter war vor allem Latinius Latiaris, der Anstifter der Verfolgung gegen Titius Sabinus s.o.S. 159); er mußte nun zuerst büßen[11]. Paconianus aber wurde in Haft behalten, und als er im Gefängnis Schmähgedichte auf den Prinzeps verfaßte, ereilte ihn i.J. 35 sein Schicksal[12].

Der führerlos gewordene Senat dieser letzten Zeit bot einen höchst traurigen Anblick. Die meisten Anklagen gingen jetzt von ihm aus, und von ihm wurden auch die Urteile gefällt. Haß, Neid, Mißtrauen und Angst gaben seinen Verhandlungen das Gepräge. Ein eigenartiger Prozeß der Selbstzerfleischung begann; es ist eine seltsame Ironie des Schicksals, daß unter dem letzten noch einigermaßen republikanisch fühlenden und handelnden Prinzeps der Rest des Senates der republikanischen Epoche sich gegenseitig vernichtete; damit machte er den Platz frei für jenen seit der flavischen Epoche bestehenden Senat, der neben der italischen Munizipalaristokratie die besten Elemente aus den Provinzen in sich vereinigen sollte.

Der dem Herrscherhaus angehörende Dec. Haterius Agrippa[13], ein verweichlichter, aber dabei höchst grausamer Mann, griff die Konsuln des vergangenen Entscheidungsjahres 31 an, nämlich den L. Fulcinius Trio, der seit dem 1. Juli Ersatzkonsul und als Anhänger Seians anrüchig war, und den P. Memmius Regulus, das Werkzeug des Tiberius bei der Beseitigung des allmächtig gewordenen Mannes. Er fragte beide, warum sie bei dem Prozeß gegen Paconianus und Latiaris geschwiegen hätten, obwohl sie dazu mancherlei zu sagen gehabt hätten. Regulus antwortete darauf, es sei noch Zeit zur Rache, wenn der Prinzeps wieder anwesend sei. Von autoritativer Seite, nämlich von dem Konsular Sanquinius Maximus, wurde gefordert, man solle die Sorgen des Staatsoberhauptes nicht noch durch solche absichtlich hervorgesuchten Gehässigkeiten vermehren. Der Prinzeps sei stark genug, alles wieder ins Geleise zu bringen. So kam Regulus glücklich davon, und Trio blieb von dem Verderben, das über ihm schwebte, noch eine Weile verschont (s.u.S. 187)[14].

Ein trauriges Zeichen dafür, wohin man bei dieser gegenseitigen Bespitzelung und der dich daraus ergebenden Verfolgungssucht gekommen war, dürfte das Vorgehen gegen den alten Scharfmacher Messalinus Cotta sein[15]. Auch ihn wollte man wegen Majestätsverbrechens« belangen; es fehlte aber an Unterlagen. Deshalb hatte man seine Äußerungen gegen das Herrscherhaus gesammelt. Er habe die Reinheit des Gaius Caesar (Caligula), der immer mehr als der kommende Mann galt, in Zweifel gezogen. Bei dem Festmahl am Geburtstag der verstorbenen Iulia Augusta (Livia), dem 30. Januar, habe er von einem »Leichenschmaus« gesprochen, offenbar weil sie nicht vergottet worden war. Außerdem sollte er einer unwilligen Äußerung über die allzu große Macht der Konsulare Manius Lepidus und Lucius Arruntius[16], mit denen er wegen Geldangelegenheiten in Streit geraten war, die Worte hinzugefügt haben: »Der Senat wird gewiß ihnen, aber Freundchen Tiberius wird mir beistehen.« Der Monarch, an den sich der Angeklagte gewandt hatte, hob in einem Schreiben Cottas zahllose Verdienste um ihn, den Prinzeps, hervor und sprach die Bitte aus, man möge doch dem vielfach verdienten Mann solche boshaft verdrehten Worte und harmlosen Tischgespräche nicht als Verbrechen auslegen. Daraufhin wurde Cotta freigelassen. Dieses Schreiben, in dem er auf armselige Klatschereien eingehen mußte, ist mit den bekannten Worten eingeleitet: »Wenn ich weiß, was ich Euch schreiben soll und in welchem Ton ich Euch schreiben soll, ja was ich in dieser schrecklichen Zeit auf keinen Fall schreiben darf – so möge mich der Zorn der Götter und der Göttinnen noch furchtbarer verderben, als ich mich schon täglich zugrunde gehen fühle«[17]. Der Herrscher kam sich wie in einem Narrenhaus vor und befand sich dabei selbst in einer äußerst düsteren Gemütsverfassung, die durch die Beschäftigung mit diesen an ihn herangebrachten Quisquilien weiterhin ungünstig beeinflußt wurde[18]. Der Senat erhielt Vollmacht, über den Senator C. Caecilianus, der die meisten Beschuldigungen gegen Cotta vorgebracht hatte, das Urteil zu sprechen. Wie dieses ausgefallen ist, wissen wir nicht, da Tacitus nur sagt, es sei das gleiche gewesen wie das gegen die Ankläger des L. Arruntius. Dieses aber ist uns unbekannt, da der Bericht darüber verlorengegangen ist[19].

Berechtigt ist die Klage des über diese Zeit und ihre Erscheinungen so tief betrübten Historikers[20], daß sich damals die angesehensten Mitglieder des Senates mit den gemeinsten Angebereien und Bespitzelungen gegeneinander befaßten, manche im Geheimen, manche aber ganz offen. Man machte keinen Unterschied mehr zwischen Freunden und Angehörigen, Freunden und Menschen, die sich gar nicht kannten, und griff, wenn jemand zugrunde gerichtet werden sollte, gegebenenfalls weit zurück. Jeder beeilte sich, dem anderen zuvorzukommen, teils um sich selbst zu retten, meist aber, weil man von der allgemeinen Epidemie des Anklagens angesteckt war.

Bei den Prozessen gegen den Praetorier Q. Servaeus, der einst den Germanicus in den Osten begleitet hatte, und gegen Minucius Thermus, einen Angehörigen des Ritterstandes, der nur wenig Nutzen aus seiner Freundschaft mit Seian gezogen hatte, überwog sogar in dem verhetzten Senat schließlich das Mitleid. Ausnahmsweise schlug diesmal Tiberius gegen sie den schärferen Ton an und forderte den Praetor C. Cestius den Älteren auf, er möge dem Senat mitteilen, was er ihm über die beiden als die Rädelsführer bei den Verbrechen geschrieben habe. Servaeus und Minucius wurden nur leicht bestraft und traten in die Reihe der Delatoren ein, ebenso ein Iulius Africanus aus dem gallischen Stamme der Santoner (Saintonge nördlich der Garonnemündung; sein Sohn war ein gefeierter Redner unter Claudius und Nero) und Seius Quadratus, über dessen Herkunft nichts bekannt ist. Es war wohl das größte Übel, daß das gewerbsmäßige Denunziantentum in diesen letzten Jahren zu so ungeahnter Blüte kam.

Der wegen seiner Freundschaft mit Seian angeklagte römische Ritter M. Terentius wagte es als einziger, diese seine Freundschaft nicht zu verleugnen. In seiner Verteidigungsrede im Senat geißelte er die, die ihre Beziehung zu Seian plötzlich ableugneten und von ihm abrückten. Er bekannte offen, daß man bei der hohen Einschätzung, die Seian bei dem Herrscher genoß, gar nicht anders handeln konnte.

Man möge wohl Hochverrat und Pläne gegen den Prinzeps bestrafen. Aber Freundschaft mit Seian und Verbindlichkeiten gegen ihn sollten straflos bleiben, weil sich der Herrscher selbst in diesem Manne geirrt und sich von ihm habe täuschen lassen. Diese Worte machten einen so tiefen Eindruck auf die Senatoren, daß Terentius freigesprochen wurde und daß statt seiner seine Gegner mit Verbannung oder mit dem Tode bestraft wurden. Auch Tiberius war mit dieser Entscheidung einverstanden[21].

Dagegen hat der Prinzeps gegen den greisen Praetorier Sextus Vistilius, einen nahen Freund seines Bruders Drusus, den er deshalb in seine Gefolgschaft aufgenommen hatte, in einem Brief an den Senat Stellung genommen, weil er über Gaius Caesars Ausschweifungen ein Spottgedicht verfaßt oder sich über ihn irgendwie mißliebig geäußert hatte. Er schloß ihn deshalb von seinem Umgang aus. Der Greis versuchte sich aus Gram darüber die Pulsader zu öffnen; als der Versuch mißlang, bat er noch einmal um Gnade. Als er erneut eine harte Antwort erhielt, beging er Selbstmord[22]. Es ist bezeichnend für den Herrscher, daß er sich jetzt so für den letzten und unwürdigsten Sproß des Hauses des Germanicus einsetzte.

Als der Prinzeps, wie dieser Fall bewies, selbst schärfer zuzugreifen sich gewillt zeigte, wurde ein Massenverfahren wegen Majestätsverbrechens eingeleitet gegen Annius Pollio und seinen Sohn Annius Vinicianus, gegen Appius Silanus, gegen den als Prozeßredner berühmten Mamercus Aemilius Scaurus und gegen Calvisius Sabinus – alle, außer Pollios Sohn, gewesene Konsuln aus vornehmer Familie. Appius Silanus und Calvisius wurden freigesprochen, da einer der Denunzianten, Iulius Celsus, ein Tribun der städtischen Kohorten, schließlich günstiger über sie aussagte. Die Sache der anderen wurde nach Eingreifen des Herrschers vertagt, weil er persönlich mit dem Senat die Fälle untersuchen wollte. Die Vertagung kam einem Freispruch gleich.

Aber nicht nur Senatoren, sondern auch Angehörige des Ritterstandes gingen gegen Ende des Jahres an den Verfolgungen zugrunde; es waren die Ritter Geminius, der oben erwähnte Iulius Celsus und Pompeius, die noch der Teilnahme an der Verschwörung Seians angeklagt wurden. Iulius Celsus tötete sich im Kerker auf eine seltsame Weise; er löste seine Kette, legte sie um den Hals und erwürgte sich, indem er sie von beiden Seiten anzog.

Ein gewisser Rubrius Fabatus wurde, wie berichtet wird, wegen beabsichtigter Flucht zu den Parthern angeklagt. Er sei aber in der sizilischen Meerenge aufgegriffen und nach Rom zurückgebracht worden. Zu seiner Bestrafung reichte das Material dann freilich nicht aus[23].

Auch Frauen fielen dem Terror zum Opfer; so die alte Mutter des i. J. 31 hingerichteten Konsulars Fufius Geminus, angeblich weil sie über den Tod ihres Sohnes geweint habe[24] – sicher eine Verdrehung des eigentlichen Tatbestandes durch die tiberiusfeindliche Quelle des Tacitus[25].

Was gleichzeitig in Capri in der nächsten Umgebung des alten Mannes vor sich ging, ist schwer zu sagen. Wir wissen nur, daß damals seine ältesten Freunde, die ihn einst schon nach Rhodos begleitet hatten, zugrunde gegangen sind: die römischen Ritter Vescularius Flaccus, sein Mittelsmann im Liboprozeß (s. o. S. 115), und Iulius Marinus, dessen sich Seian bei dem Sturz des Curtius Atticus – die näheren Umstände sind uns nicht bekannt – bedient hatte.

Dieses Schreckensjahr brachte zu allem anderen noch eine Hungersnot in Rom. Das Volk demonstrierte gegen den Herrscher mit scharfen Forderungen. Betroffen machte Tiberius den Beamten und dem Senat Vorwürfe, daß sie nicht energisch genug zugegriffen hätten. Zu seiner Entlastung machte er in dem Schreiben genaue Angaben darüber, aus welchen Provinzen und welch große Mengen von Getreide – weit größere als Augustus – er nach Rom habe schaffen lassen. Der Senat und die Konsuln gaben das Nötige in einem Edikt bekannt, das in aller Strenge abgefaßt war. Der Prinzeps blieb im Hintergrund[26].

In das Jahr 32 fiel der Tod des 80jährigen Stadtpräfekten und Pontifex L. Calpurnius Piso, der als Sohn von Caesars Schwiegervater und politischem Mitarbeiter gleichen Namens i. J. 49 geboren war und in hohem Alter fünfzehn Jahre lang das verantwortungsvolle Amt eines Polizeipräsidenten der unruhigen Hauptstadt innegehabt hatte. Er erhielt ein Staatsbegräbnis[27]. Das neue Jahr 33 stand unter der Herrschaft zweier Konsuln mit interessanten Namen: Serius Sulpicius Galba wurde 35 Jahre später selbst Prinzeps, und sein Amtsgenosse, L. Cornelius Sulla, war sein Urenkel des Diktators Sulla oder seines Bruders. In seinem ersten Schreiben an den Senat entschuldigte sich der Prinzeps wieder einmal wegen seiner Abwesenheit von Rom. Daß er wirklich an seine Rückkehr dachte, beweist sein Ersuchen an den Senat, künftig, da er Bedrohungen ausgesetzt sei, in Begleitung des Gardepräfekten Macro sowie einiger Tribunen und Zenturionen der Garde die Kurie betreten zu dürfen[28]. Den im Vorjahr abgelehnten Antrag auf eine Schutzwache hat also der Herrscher jetzt selbst aufgegriffen. Sein Mißtrauen gegen die Menschen hatte in kurzer Zeit außerordentlich zugenommen und ihn ängstlich gemacht. Diese Angst war jetzt mit ein Grund für sein Fernbleiben von Rom, obwohl er auch in diesem Jahre bis in die Nähe der Stadt reiste. Der Senat, der dies merkte, nahm den entwürdigenden Antrag an, daß sich seine Mitglieder beim Eintritt in den Sitzungssaal durchsuchen lassen sollten, ob nicht einer heimlich einen Dolch bei sich trüge[29].

Das gleiche Schreiben enthielt auch die Mitteilung an den Senat über die Verheiratung der beiden jüngsten Töchter des Germanicus, Drusilla und Iulia Livia, mit L. Cassius Longinus und M. Vinicius. Dieser entstammte einer alten Familie des Munizipaladels von Cales in Campanien, Longinus einer stadtrömischen Plebejerfamilie, die aber alt und angesehen war. Tiberius fügte einige empfehlende Worte über die jungen Leute an den Senat bei.

Die innere Geschichte Roms, die an sozialen Maßnahmen der Regierung so arm ist, brachte ein Eingreifen des Prinzeps, das hervorgehoben werden muß. Verstöße gegen des Diktators Caesar Wuchergesetz, das den Geldbesitz und Geldverkehr in dem hochkapitalistisch gewordenen Zentralland Italien gewissen einschränkenden Bestimmungen unterworfen hatte, aber längst nicht mehr genügend beachtet wurde, begann man jetzt schärfer zu ahnden; die Denunziationen richteten sich nun auch gegen Wucherer. Der Praetor Gracchus, der dem Gerichtshof für diese Vergehen präsidierte, brachte die Angelegenheit vor den Senat. Hier aber saßen viele Männer, die nicht frei von Schuld waren. Man reichte daher ein Gnadengesuch für die Schuldigen ein. Dem wurde stattgegeben und eine Frist von anderthalb Jahren festgesetzt, innerhalb deren ein jeder sein Vermögensgebaren gemäß den Bestimmungen des erwähnten iulischen Gesetzes ordnen konnte. Die Folge war eine schwere Geldverknappung, denn alle Schuldverpflichtungen wurden gleichzeitig liquidiert und durch die zahlreichen Verurteilungen und dadurch herbeigeführten Verkäufe beschlagnahmter Güter häuften sich große Massen baren Geldes im staatlichen *fiscus* und im *aerarium* an. Um hier abzuhelfen, schrieb der Senat vor, daß jedermann zwei Drittel des Schuldkapitals in italischem Grund und Boden anzulegen hätte und daß die Schuldner nur ebensoviel sofort zu zahlen brauchten. Aber die Gläubiger kündigten trotzdem die ganzen Summen, und die Schuldner mußten, um ihren Kredit nicht zu schwächen, wohl oder übel zahlen. Es trat eine schwere Wirtschaftskrise ein. Man versuchte es mit Verhandlungen und Bitten um Aufschub. Daraus ergaben sich zahllose Prozesse vor dem Praetor. Die massenhaften Verkaufsangebote in Grundstükken drückten die Preise. Je verschuldeter der einzelne war, um so ungünstiger gestaltete sich der Verkauf für ihn. Viele verloren alles, was sie besessen hatten. In dem kapitalistisch aufgebauten Klassenstaat untergrub aber der Verlust des Vermögens die gesellschaftliche Stellung und den Ruf des einzelnen.

Der Senat erwies sich als unfähig, die Situation zu meistern. Da griff der Prinzeps ein und schuf endlich wirksame Abhilfe. Er stellte den italischen Wechslerbanken ein Kapital von hundert Millionen Sesterzien aus Staatsmitteln zur Verfügung und ließ sie zinslose Darlehen für drei Jahre an Landwirte ausgeben, aber nur an Schuldner, die dafür Grundstücke von doppeltem Wert der Staatskasse verpfändeten[30]. Man hat dies mit Recht die »erste agrarische Darlehnskasse der Welt« genannt[31]. Durch sie wurde der Kredit wiederhergestellt, und allmählich kam auch das Privatkapital wieder zum Vorschein.

Das blutige Aufräumen unter der Aristokratie dauerte auch in diesem Jahre fort[32]. So wurde Considius Proculus wegen Majestätsverbrechens angeklagt, verurteilt und hingerichtet. Seine Schwester wurde verbannt, und zwar auf Anklage des Q. Pomponius, der, wie er angab, dadurch seinen Bruder P. Pomponius Secundus (über ihn s. S. 169) retten wollte. Weiter wurde Pompeia Macrina, die mit einem Griechen verheiratet war, in die Verbannung geschickt, nachdem ihr Ehemann und ihr Schwiegervater vom Prinzeps beseitigt worden waren aus Gründen, die unbekannt sind. Ihr Vater, ein Mann ritterlichen Ranges, und ihr Bruder Pompeius Macer, Praetor i. J. 15 n. Chr., gaben sich selbst den Tod, als sie gleichfalls verurteilt werden sollten[33].

Der Fall des reichen Spaniers Sextus Marius lag auf einem ganz anderen Gebiet. Er wurde wegen Blutschande mit seiner Tochter verurteilt und von dem Tapejischen Felsen gestürzt. Sein riesiges Vermögen in Liegenschaften, auch Erze und Goldgruben, wurde zugunsten des Staates eingezogen, zum Teil aber auch der Privatschatulle des Herrschers überwiesen. Daraus konstruiert die Quelle des Tacitus den Vorwurf, Tiberius habe diesen Prozeß nur geführt, um sich an den gewaltigen Besitztümern des Mannes zu bereichern. Dieselbe mißgünstige Vorlage, die hier benützt ist[34], behauptet auch, daß der menschenfeindlich gewordene Prinzeps, durch die vielen Verurteilungen gereizt, plötzlich den Befehl erteilt habe, sämtliche der Mitschuld an Seians Verschwörung Angeklagten und noch in Haft befindlichen Personen – 21 an der Zahl, darunter auch Frauen und Kinder – kurzerhand hinzurichten, ein Bericht, der sicher erlogen ist wie auch das daran angeschlossene furchtbare Mordbild. Für Tiberius war ein gerechtes richterliches Urteil wichtiger als alles andere. Durch sein bisheriges Verhalten hatte er erwiesen, daß dies die Richtschnur seines Lebens war. Eher verdient ein von Cassius Dio überliefertes Faktum Vertrauen, er habe die berüchtigten Delatoren alle an einem Tage umbringen lassen und den Angehörigen der Armee das Denunzieren ein für allemal verboten[35]; denn er haßte nichts so sehr wie diese niedrigste aller Handlungsweisen der Menschen, die gerade unter seiner Regierung – aber ganz gegen seinen Willen – ein solches Ausmaß angenommen hatte.

Der seit drei Jahren in Haft befindliche C. Asinius Gallus starb in diesem Jahr eines freiwilligen Hungertodes. Der Prinzeps wurde durch dieses Ende des hochverdienten Mannes offenbar tief getroffen und gab auf Anfrage seine Einwilligung zu einem standesgemäßen Begräbnis, obwohl es sich um einen rechtmäßig zum Tode verurteilten Staatsverbrecher handelte (s. o. S. 164,f). Die tiberiusfeindliche Überlieferung hat auch diesen Fall arg entstellt wiedergegeben[36].

Im Jahre 33 sind auch Drusus, der zweite Sohn des Germanicus, und seine Mutter Agrippina zugrunde gegangen[37]. Obwohl der Herrscher sich einmal dahin ausgesprochen hatte, er wolle sich mit seiner Schwiegertochter und seinem inhaftierten Enkelsohne aussöhnen, blieben beide auch nach dem Sturz Seians in Ungnade. Nachdem Nero schon i.J. 31 in der Verbannung gestorben war, wurde seine Witwe Iulia, des Tiberiussohnes Drusus Tochter, mit dem Enkel eines römischen Ritters aus Tibur (Tivoli), Rubellius Blandus, verheiratet. Die Gründe, die Tiberius zu seiner starren ablehnenden Haltung gegen Drusus und seine Mutter Agrippina veranlaßt haben, kennen wir nicht. Dem Drusus ist vielleicht der seinerzeit dem Macro erteilte Befehl, im Falle einer Erhebung Seians den Jüngling aus der Haft zu entlassen und zum Herrscher auszurufen, bei dem ewig mißtrauischen Greis zum Verderben geworden. Die Mißhandlungen, die sich Seian dem unglücklichen Häftling gegenüber hatte zuschulden kommen lassen, werden von Tacitus sämtlich dem Tiberius in die Schuhe geschoben. Es wird erzählt, der Sterbende habe den Namen seines Großvaters für ewig verflucht, wonach dieser noch den Toten in häßlichster Weise verfolgt habe. Hier spricht die dem Prinzeps feindlichste Quelle zu uns. Tatsache ist, daß Drusus schließlich verhungert ist. Sein Tagebuch voll Schmähungen gegen Tiberius hat dieser dem Senat vorlegen lassen, um sein Vorgehen zu rechtfertigen[38].

Agrippina ist, nachdem sie nach Seians Hinrichtung neue Lebenshoffnung geschöpft hatte, in der Folgezeit wieder sehr anmaßend aufgetreten und hat die Kluft im Herrscherhaus noch weiter vertieft. Sie hat nach dem Verlust ihres zweitältesten Sohnes freiwillig den Tod durch Nahrungsverweigerung gesucht. Auch hier wird dem Herrscher von einem mißgünstigen Berichterstatter vorgeworfen, er habe nach ihrem Tode die ekelhaftesten Beschuldigungen gegen sie erhoben, so z.B. unkeusches Leben, u.a. mit Asinius Gallus, dessen Tod ihr die Lust am Leben endgültig genommen habe. Tacitus widerlegt selbst diese Klatschereien und Verleumdungen seiner Vorlage: Agrippina habe über ihrem Machtdurst, ihrer Herrschsucht und den anderen, durchaus männlichen Bestätigungen längst das weibliche Empfindungsleben verloren. Ihre Asche wurde, wie zwei Jahre früher die ihres ältesten Sohnes, am Verbannungsort beigesetzt³⁹. Sie ist genau zwei Jahre nach dem Sturz des Seian, d.h. am 18. Oktober 33, gestorben. Auf Beschluß des Senates wurde an diesem Tag in den folgenden Jahren ein Weihgeschenk dem capitolinischen Jupitertempel gestiftet. Bald nach Agrippinas Untergang starb auch ihre größte Feindin, Munatia Plancina, die Gemahlin des Cn. Piso, durch eigene Hand⁴⁰.

Daß Tiberius auch in diesem Stadium seines Daseins nicht die Familie des Germanicus als Ganzes verfolgte, sondern nur Agrippina und Drusus, beweist die oben erwähnte Verheiratung ihrer beiden jüngsten Töchter, wie es ausdrücklich heißt, »nach langer Überlegung«, um nämlich recht würdige Ehemänner für die beiden Mädchen ausfindig zu machen, wie schon ein paar Jahre vorher bei Iulia Agrippinas Verheiratung mit Cn. Domitius Ahenobarbus; es beweist auch sein korrektes Verhalten gegenüber dem noch lebenden jüngsten Sohn des ehemaligen Thronfolgers: Gaius Caesar. Dieser war dem Großvater nach Capri gefolgt, ein Jüngling, äußerlich von bescheidenem Benehmen, aber, wie sich bald zeigen sollte, sehr gefühlsroh, der sich bei dem einsam lebenden Greis ausgezeichnet einzuschmeicheln wußte⁴¹. Er wurde damals zum Quaestor ernannt und für seine weitere Laufbahn um fünf Jahre vorpatentiert, dem Senat gegenüber aber gleichzeitig die Bitte ausgesprochen, ihn nicht durch zu viele und vorzeitige Ehrenbezeugungen übermütig zu machen. Durch alles dies gab Tiberius zu erkennen, daß Gaius in erster Linie zum Nachfolger ausersehen war, obwohl außer ihm noch der Enkel des Prinzeps, Tiberius Gemellus, gefördert wurde. Bald darauf wurde Gaius mit Iunia Claudia (Claudilla), der Tochter des M. Iunius Silanus, des Konsuls i.J. 19, und der Aemilia Lepida (aus der Ehe der jüngeren Iulia, der Tochter der Iulia und des Agrippa, mit L. Aemilius Paulus⁴²) vermählt, also höchst standesgemäß. Die Ehe wurde i. J. 35 in Antium gefeiert, da sich Tiberius wiederum nicht bis nach Rom vorwagte[43].

Das Schwerste, das das Jahr 33 aber gebracht hatte, war der Tod des berühmten Juristen Cocceius Nerva, des Großvaters des späteren Prinzeps gleichen Namens (96–98). Er war ein vorzüglicher Kenner des gesamten heiligen und profanen Rechtes, der ständige Begleiter und Berater des Tiberius auch in Capri, wohl die eigentliche Seele der Regierung in dieser tieftraurigen Endzeit. Obwohl seine Stellung unerschüttert war und seine Gesundheit im Alter noch nicht gelitten hatte, beschloß er plötzlich, in den Tod zu gehen. Kein Bitten des Prinzeps, der tief betroffen war von diesem unseligen Entschluß, half etwas. Nerva ließ sich auch auf keine Erklärung ein und fuhr fort, die Nahrung zu verweigern. Bei Tacitus heißt es[44], die Leiden des Staates, die er aus nächster Nähe miterlebte, hätten ihm Zorn und Entsetzen eingeflößt, so daß er in Ehren zu sterben beschlossen habe, solange er noch rein und unangetastet dastehe. Nach Cassius Dio[45] soll er in den Tod gegangen sein, weil Tiberius in Sachen des caesarischen Wuchergesetzes anfangs eine schärfere Stellung einzunehmen gewillt war. Mit ihm ging der Mann dahin, der des Prinzeps rechte Hand bei der Leitung der Geschäfte gewesen war, wieder ein Getreuer, auf den er felsenfest gebaut hatte. Sein Tod ist das Zeichen allgemeinen Zerfalls.

Am Ende des Unglücksjahres starben eines natürlichen Todes Manius Lepidus aus der hervorragenden gens Aemilia, der sich zeit seines Lebens durch weises Maßhalten ausgezeichnet hatte und Aelius Lamia, der Syrien zehn Jahre lang durch seine Legaten hatte verwalten dürfen (wie L. Arruntius in derselben Weise Spanien) und schließlich noch Stadtpräfekt geworden war. Ihn ehrte Tiberius durch ein zensorisches Begräbnis. Was es mit der Verwaltung von Syrien auf sich hatte, wissen wir nicht. Nach dem Tode des syrischen Statthalters Pomponius Flaccus wurde ein Schreiben des Herrschers im Senat verlesen, in dem der Vorwurf erhoben wurde, daß alle vorzüglichen Staatsmänner und tüchtigen Heerführer diese Stellung ablehnten; er sähe sich dadurch in die Zwangslage versetzt, einfach einen Konsular um Übernahme des Postens zu bitten[46]. Die übergroße Strenge gegen die Beamten war wohl in letzter Linie die Ursache[47].

Im Jahre 34, in dem einer der Konsuln L. Vitellius, der Vater des späteren Prinzeps, war, dauerte das Morden an. Der langjährige Statthalter von Moesien, Pomponius Labeo (25–33) und seine Gattin öffneten sich die Pulsadern und begingen Selbstmord, der der Verurteilung vorzuziehen war. Denn wer vor der Verurteilung freiwillig in den Tod ging, hatte Anspruch auf eine standesgemäße Beerdigung;

auch sein Testament blieb in Kraft. Dem Verurteilten dagegen wurde das Familienvermögen genommen und die Bestattung verweigert[48]. Der Prinzeps hatte Labeo die Freundschaft gekündigt, weil er erfahren hatte, daß die Verwaltung der Provinz schlecht sei. Die Anklage gegen ihn lautete in erster Linie auf Erpressung. In dieser Beziehung hatte die Frau nichts zu befürchten; sie ging aber mit ihrem Mann in den Tod[49].

Dem schon einmal i. J. 32 angeklagten Mamercus Aemilius Scaurus wurde von neuem der Prozeß gemacht. Er war das erste Opfer des wie einst Seian allmächtig werdenden Gardepräfekten Macro, mit dem er verfeindet war. Er verklagte ihn bei Tiberius wegen einiger Verse in seiner Tragödie »Atreus«, worin es hieß: »der Herrscher Torheit muß man tragen«; außerdem aber wurde ihm ein Ehebruch mit Livia (Livilla), der Witwe des Tiberiussohnes Drusus, sowie geheimer Verkehr mit den Magiern vorgeworfen. Auch er zog mit seiner Frau den Freitod vor[50].

Dagegen entging Cn. Cornelius Lentulus Gaetulicus[51] der Verurteilung. Er war Konsul d. J. 26, seit Anfang der dreißiger Jahre Kommandeur des obergermanischen Heeres, aber als Schwiegersohn des Lucius Apronius auch bei den niederrheinischen Legionen sehr beliebt. Er war von einem Angeber angeklagt worden, er habe Seians Sohn zu seinem Schwiegersohn machen wollen. Aber er richtete an den Herrscher einen freimütigen Brief des Inhalts: Nicht eigener Entschluß, sondern Tiberius' Urteil habe ihn bewogen, ein verwandtschaftliches Verhältnis zu Seian zu erstreben. So gut wie Tiberius habe auch er sich täuschen lassen. Seine Treue sei unerschüttert. Der Prinzeps möge ihm sein Kommando lassen. Allein die Ernennung eines Nachfolgers werde er als die Verurteilung zum Tode betrachten. Er war somit der einzige aus dem Kreise des Seian, dem nichts geschah, sondern der sich dauernd der Gnade des Herrschers erfreute. Dagegen wurde sein Angeber wie die Delatoren des Mamercus Scaurus und anderer in die Verbannung geschickt. Gaeticulus aber wurde i. J. 39[52] nach Entdeckung seiner mit Drusillas Gatten M. Aemilius Lepidus angezettelten Verschwörung ein Opfer Caligulas. Er hinterließ ein Geschichtswerk seiner Zeit[53].

Im Jahre 34 waren es zwanzig Jahre, daß Tiberius die Regierung führte. Die Konsuln feierten das Ereignis unter dem Namen der zweiten Dezennalien, weil früher die Herrschaft des Augustus nach Ablauf von zehn Jahren immer erneuert worden war. Tiberius kam zur Feier nicht in die Stadt, sondern nur bis Tusculum, wo er sich, wie in anderen seiner Villen im Albanergebirge, längere Zeit aufhielt[54].

Wie aktionsfähig aber Tiberius in der Außenpolitik noch war, zeigte sich beim Ausbruch neuer Verwicklungen mit den Parthern an der Ostgrenze i.J. 35[55]. Die Regelung der Grenzverhältnisse, die Germanicus i.J. 19 getroffen hatte, war fünfzehn Jahre lang für beide Reiche grundlegend gewesen. Aber während der schweren inneren Lage des Römerreiches hatte Artabanos III. im Westen seines Staates (Medien, Babylonien und Hyrkanien) – nur diese Gebiete beherrschte er tatsächlich – seine Stellung gefestigt. Er scheint die zwanziger Jahre im wesentlichen zur Auseinandersetzung mit dem widerspenstigen persischen Klientelstaat sowie mit anderen Vasallen des Westens benutzt zu haben[56]. Auf seine Erfolge gestützt war er dann an den Ausbau seiner Machtstellung gegenüber den großen Würdenträgern des Gesamtstaates herangegangen. Aber eine starke Königsmacht war den zu mächtig gewordenen Großen dieses Lehnsstaates nicht mehr genehm[57]. Immerhin siegte Artabanos in diesem Kampfe wie in dem Ringen um Seleukeia, diese alte griechisch-makedonische Handelsstadt, in der sich die parthisch eingestellten Aristokraten und die römisch gesinnten Demokraten heftig befehdeten[58].

Da starb i.J. 35 der armenische König Artaxias ohne Erben. Dies war, wie so oft, der Anlaß für einen parthischen Angriff auf das Land, zumal offenbar Artabanos den Zustand des Römerreiches bei dem hohen Alter des Prinzeps und bei dem Fehlen eines geeigneten Thronfolgers sehr ungünstig beurteilte. Der Nachrichtendienst des Ostreiches war ausgezeichnet, sicher viel besser als der römische.

Der Großkönig zog selbst mit einem Heere nach Artaxata und setzte seinem ältesten Sohne Arsakes das armenische Diadem auf. Armenien schien im ersten Ansturm für die Parther wiedergewonnen[59]. Artabanos ging daher weiter. Es kam zu Zwischenfällen an der kappadokischen Grenze. Eine Gesandtschaft des Großkönigs forderte außerdem die Rückgabe des parthischen Königsschatzes, den Vonones I. mit nach Syrien genommen hatte. In einem Handschreiben an Tiberius warf er dem Prinzeps seine Verbrechen vor und gab ihm den Rat, durch Selbstmord dem gerechten Hasse seiner Untertanen Genüge zu tun[60]. Zugleich sprach er von den alten persischen und makedonischen Reichsgrenzen und drohte, er würde in die vordem von Kyros, später von Alexander besessenen Länder einbrechen.

Tiberius ging alte Wege, wenn er auch jetzt wie ehedem bewaffnetes Eingreifen möglichst zu vermeiden und eine Lösung der Streitfrage auf diplomatischem Wege mit der ihm eigenen Vorsicht und Klugheit zu erreichen suchte. Er kannte sehr wohl die Unzufriedenheit der parthischen Großen mit dem harten Königsregiment des

Artabanos! Es kam ihm sehr gelegen, daß eine geheime Gesandt-schaft der Häupter der aristokratischen Opposition, an der Spitze der Surén Sinnakes und der Eunuch Abdus, in Rom erschien und um Freigabe der von ihnen für Parthien ausersehenen Thronkandidaten aus der noch in Rom lebenden männlichen Linie des Arsakidenhau-ses, vor allem des Sohnes Phraates' IV., ebenfalls mit Namen Phraa-tes, bat. Artabanos erfuhr jedoch von dieser geheimen Mission, räumte den heimgekehrten Eunuchen durch Gift aus dem Wege und gewann den Surén durch Geschenke und ehrenvolle Aufträge für sich. Der schon bejahrte Phraates aber erlag in Syrien den Anstren-gungen der Reise und befreite den Großkönig von seinem gefährli-chen Gegner[61].

Inzwischen hatte der greise Prinzeps den Lucius Vitellius unmittel-bar vom Konsulat hinweg zum Legaten von Syrien und später zum Generalstatthalter des römischen Asiens gemacht und damit einen vorzüglichen Griff getan. Dieser Mann ist zwar später im Hofdienst unter Caligula und Claudius schwer entartet und ein wahres Muster-stück eines gemeinen Speichelleckers und Kriechers geworden. Aber hier im Provinzialdienst des Ostens hat er sich in seinen besten Jahren trefflich bewährt und wurde noch einmal, wie einst Germanicus, ein ausgezeichneter Bearbeiter des schwierigen orientalischen Problems[62].

Als neuer Kandidat für den Partherthron wurde alsbald Tiridates, ein Enkel des Phraates IV. und Sohn des gescheiterten Vonones I., ausersehen und von Rom aus nach dem Osten geschickt. Zum König von Armenien wurde der jüngere Bruder des iberischen Königs Pharasmanes – er hieß Mithradates – bestimmt. In seinem Interesse ließ Pharasmanes den parthischen Inhaber des armenischen Thrones ermorden. Gleichzeitig besetzte der Iberer mit starken Kräften Arta-xata und ließ hier seinem Bruder huldigen.

Die Folge war natürlich der Ausbruch eines Krieges. Als Rächer und Nachfolger seines Bruders erschien der parthische Prinz Orodes mit einem größeren Heer, das durch Söldner aus dem transkaukasi-schen Land verstärkt war, in Armenien. Pharasmanes sperrte mit Hilfe der südlich des Kaukasus am Kaspischen Meer wohnenden und ebenfalls unter römischer Oberhoheit stehenden Albaner die Kauka-suspässe und gewann sogar zahlreiche sarmatische, besonders alani-sche Söldner. In einer großen Schlacht trugen die Bundesgenossen der Römer den Sieg davon. Orodes selbst wurde im Zweikampf von Pharasmanes schwer verwundet und scheint seiner Wunde erlegen zu sein[63].

Jetzt rückte Artabanos mit dem Gesamtaufgebot seines Reiches heran, ohne jedoch Erfolge erzielen zu können. Denn in diesem Augenblick – es mag wohl Frühjahr 36 geworden sein – drohte Vitellius mit einem Einfall seiner syrischen Legionen in Mesopotamien vom Euphrat her. Dies genügte, um Artabanos zur Aufgabe von Armenien zu veranlassen sowie die Oppositionsführer im Partherreich aus dem Hause des Surén zum Losschlagen zu bringen. Der Abfall nahm bald so großen Umfang an, daß sich der Großkönig mit seiner ausländischen Leibwache nach Hyrkanien, der Heimat seines Geschlechtes, zurückziehen mußte. Hier verbrachte er einige Zeit an der dahischen Grenze und sammelte ein Skythenheer, um baldmöglichst seinen verlorenen Thron zurückzuerobern[64].

Vitellius ermunterte nun nach einer Demonstration seiner Legionen am Euphrat den Tiridates, mit ihm gemeinsam den Grenzfluß zu überschreiten. Vertreter der römerfreundlichen Partei unter den Parthern kamen in das römische Lager, als erster Ornospades, der Statthalter des parthischen Mesopotamien, an der Spitze eines Reiterkorps. Er war früher verbannt gewesen, hatte dem Tiberius bei der Niederwerfung des pannonischen Aufstandes rühmenswerte Dienste geleistet und dafür das römische Bürgerrecht erhalten. Bald folgte Sinnakes mit seinen Scharen und nachdem die Anschluß-Verhandlungen mit zwei weiter östlichen Großvasallen, Phraates und Hieron, gescheitert waren, setzte der greise Abdagaeses, die Hauptstütze der Surénpartei, nach Eroberung von Ktesiphon dem Tiridates die Tiara der Großkönige auf das Haupt – er war einer der »Königskröner« –, auch die Griechenstadt Seleukia schloß sich begeistert dem neuen Herrn an und erhielt dafür ihre demokratische Verfassung zurück[65].

Wäre Tiridates jetzt sofort in die Ostgebiete seines Reiches geeilt, er hätte die Zögernden und Schwankenden zur Entscheidung gedrängt, und alles wäre ihm zugefallen. Aber er ließ es an der nötigen Energie gegen die Anhänger des gestürzten Königs fehlen. Während er sich mit der Belagerung einer Burg zu lange aufhielt, in der Artabanos seinen Besitz und seinen Harem sichergestellt hatte, gingen Phraates und Hieron wieder zu diesem über. Vermutlich im Spätherbst 36 erschien der entthronte Großvasall mit einem unterdessen angeworbenen Skythenheer an den Grenzen Babyloniens. Die Truppen des Tiridates lösten sich bei dem schnell erzwungenen Rückzug auf, und Ende des Jahres mußte der unmilitärische Prätendent auf Römerboden in Syrien Asyl suchen. Sein Unternehmen war gescheitert.

Artabanos begnügte sich klugerweise mit der Zurückeroberung des Partherreiches und verzichtete auf Armenien, nachdem er in den abgelaufenen Kämpfen die Machtverhältnisse der beiden Großreiche wieder richtig abzuschätzen gelernt hatte, erkaufte also die römische Freundschaft mit dem Verzicht auf das so heiß umstrittene Zwischenland. Darüber ist Tiberius gestorben.

Im Frühjahr 37, nachdem Gaius am 16. März die Regierung angetreten hatte, erschien eine Gesandtschaft des Großkönigs im Hauptquartier des tüchtigen Vitellius und übermittelte den offiziellen Wunsch ihres Herrn nach Erneuerung des alten Freundschaftsvertrages. Damit war das Ziel der tiberischen Politik ohne Anwendung stärkerer militärischer Machtmittel erreicht. Es war im Grunde das schon am Rhein gegenüber den Germanenstämmen erprobte Rezept. Man überließ die Feinde tunlichst ihren inneren Zwistigkeiten und zog aus ihren Streitigkeiten so viel Nutzen wie nur irgend möglich.

Vitellius war noch von Tiberius zu dem Abschluß des Freundschaftspaktes ermächtigt worden. Deshalb vereinbarte er eine Zusammenkunft mit dem Großkönig an der Euphratgrenze. Sie fand im Sommer 37 statt. Das alte freundnachbarliche Verhältnis wurde wiederhergestellt. Artabanos ließ sich sogar beim Besuch des römischen Lagers dazu herbei, den Legionsadlern und den Herrscherbildern die übliche Reverenz zu erweisen und gab seinen Sohn Dareios als Geisel[66]. Armenischer Fürst war und blieb Mithradates, und zwar als Klientelfürst Roms. Die augusteische Ordnung in Asien war wiederhergestellt[67]. Die letzte Lösung der Orientalischen Frage im Sinne der vom Prinzipatsschöpfer inaugurierten Defensivpolitik gegenüber den Parthern hat also Tiberius nicht mehr erlebt. Aber sie war ausschließlich sein Werk, denn sie war in allen Einzelheiten von ihm vorbereitet worden. Artabanos hat den friedlichen Abschluß auch nicht lange überlebt; er ist i.J. 38/39 gestorben. Nach seinem Tode traten bald neue Verhältnisse ein; sie brachten eine mehr offensiv geführte römische Ostpolitik, wie sie vor allem unter Claudius, dann unter Seneca und Burrus zu Beginn der neronischen Regierung zutage trat. So war also Tiberius auch im Orient der letzte treue Hüter augusteischer Außenpolitik bis zu seinem Tode: kein Einsatz und Hinopfern von Menschenleben im Dienst einer großen Expansion nach Osten, wie sie Caesar und Marcus Antonius erstrebt hatten, sondern kluge Ausnutzung der gegebenen Machtverhältnisse unter Anwendung diplomatischer Mittel und Methoden, um dem Besitzstand des Reiches am Euphrat wie im Norden und Westen, an der Donau und am Rhein, sicherzustellen. Tiberius war bis zuletzt ein Meister der Politik des Nichtintervenierens und doch des Erzielens eines möglichst großen Gewinnes für das Reich[68].

In Rom fehlte während der letzten Jahre immer mehr die feste Hand. Erst von dieser Zeit gilt wohl das Wort Suetons[69], daß der zu alt gewordene Prinzeps die Geschäfte zu vernachlässigen begonnen habe. Außenpolitisch erwähnt er Verwüstungen Galliens durch die Germanen, Moesiens durch die Daker und Sarmaten. Die Heimsuchung Moesiens ereignete sich wohl nach dem Hinscheiden des tüchtigen C. Poppaeus Sabinus (35) und vor dem Eintreffen seines Nachfolgers P. Memmius Regulus, der wieder wie sein Vorgänger Generalstatthalter des Balkans auf längere Dauer (35–44) wurde[70]. Wie schon des öfteren, so entschloß sich der Prinzeps auch i.J. 35 nach Rom zu reisen. Diesmal kam er der Stadt so nahe, daß die Konsuln auf ihre Anfragen noch an demselben Tag seine Antwort bekamen[71]. Tiberius konnte aber den Entschluß, sie zu betreten, nicht mehr aufbringen. Menschenscheu und willensschwach, wie er geworden war, zog es ihn immer wieder nach Capri zurück. Auch i.J. 36 kam er nur bis Tusculum, wo ihn seines Bruders Witwe Antonia, die einzige noch Getreue, begrüßte.

Macros Regime genügte nicht in der unruhigen Stadt, und das Hofgesinde des Prinzeps, vor allem die Freigelassenen, machte sich im herrenlosen Haushalt der Paläste unangenehm bemerkbar. Nur von Zeit zu Zeit regte sich noch einmal ein ganz geringer Widerstand. Der zum Delator traurigster Sorte gewordene Konsular L. Fulcinius Trio, dessen sich schließlich selbst der Ankläger nicht mehr erwehren konnte, tötete sich i.J. 35, hinterließ aber ein Schriftstück, das von seinen Erben eigentlich geheim gehalten werden sollte, jedoch in die Hände der Polizei fiel. Es enthielt heftige Beschuldigungen gegen Macro und gegen die Freigelassenen des Herrschers. Tiberius selbst warf er Altersschwachsinn vor und nannte seine ständige Abwesenheit von Rom eine Verbannung. Der Prinzeps flüchtete in die Öffentlichkeit, d.h. er ließ das Elaborat im Senat verlesen, offenbar um im Gegensatz zu seiner Geheimpolitik unter Seian jetzt ein offenes Spiel zu treiben[72].

Das Jahr 35 endete mit der Vernichtung einer Anzahl hochgestellter Persönlichkeiten, so des Senators Granius Marcianus, der wegen Majestätsverbrechens von C. Gracchus belangt worden war und der sich selbst tötete, sowie des Praetoriers Tarius Gratianus, der aus dem gleichen Grunde zum Tode verurteilt wurde. Trebellenus Rufus fiel ebenfalls durch eigene Hand.

Im Jahre 36 ging das Morden weiter. Es fielen Lucius Aruseius, der mit dem Tode bestraft wurde, der römische Ritter Vibulenus Agrippa, der nach der Rede seiner Ankläger in der Kurie Gift nahm, aber als Sterbender noch in den Kerker geschleppt und dort stranguliert wurde. Auch der ehemalige König von Armenien Tigranes, ein Enkel des Herodes des Großen und des Königs Archelaos von Kappadokien, verfiel »bürgerlicher Strafe«[73]. Der Konsular C. Sulpicius Galba, Konsul d. J. 22, und die beiden Söhne des Iunius Blaesus, Seians Vettern, folgten. Diesen wurde das Priesteramt vorenthalten, das ihnen vorher zugesprochen worden war; darin sahen sie bereits eine Aufforderung, sich den Tod zu geben. Dasselbe tat Aemilia Lepida, die Witwe des jungen Drusus, wegen Ehebruchs mit einem Sklaven.

Das Jahr 36 brachte noch zwei Naturkatastrophen für Rom. Der Tiber überschwemmte wieder einmal einen großen Teil der Stadt, so daß man auf Kähnen fahren mußte[74]. Noch viel größeren Schaden brachte eine schwere Feuersbrunst, die einen Teil des Zirkus und des Armeleuteviertels auf dem Aventin vernichtete[75]. Der Herrscher griff wieder mit seiner bekannten Milde ein; er ersetzte den Wert sämtlicher Häuser und Mietskasernen, indem er hundert Millionen Sesterzien für diesen Zweck spendete. Das Volk rechnete ihm diese Freigebigkeit um so höher an, als er in der Errichtung von Bauten, auch öffentlichen, sehr sparsam gewesen war. So hat er in Rom nur den Augustustempel und die neue Bühne des Pompeiustheaters geschaffen, außerdem einige Tempel ausgebessert. Zur Abschätzung der Schäden wurde eine Kommission gebildet, die aus seinen vier Schwiegerenkeln, Cn. Domitius Ahenobarbus, L. Cassius Longinus, M. Vinicius und Rubellius Blandus bestand. Ihnen wurde von den Konsuln noch P. Petronius Turpilianus, der *consul suffectus* i. J. 19, als Vorsitzender der Kommision beigegeben. Vielerlei Ehrungen wurden für den Prinzeps damals noch von einzelnen Persönlichkeiten je nach ihrem Geschmack und ihrem Vermögen beschlossen, aber infolge seines baldigen Ablebens hat der Prinzeps nicht mehr viele davon erhalten.

Obwohl man schon länger mit seinem Ende rechnete, zog doch noch d. J. 37 unter seiner Regierung herauf. Die Frage der Nachfolge warf ihre Schatten voraus. Gaius Caesar stand als der kommende Mann im Vordergrund. Um seine Gunst bemühte sich jetzt der allmächtig gewordene Gardepräfekt Macro. Da des »Kronprinzen« Gattin Iunia Claudia (Claudilla) bei einer Geburt gstorben war, veranlaßte der ehrgeizige Gardekommandant seine Ehefrau Ennia Naevia, den jungen Mann in ihre Netze zu locken und ihm ein Eheversprechen abzunötigen. Tiberius blieb bei seinem ausgezeichneten Geheimdienst jedoch nichts verborgen. Er machte Macro den

Vorwurf, er verlasse die untergehende Sonne und schaue der aufge-
henden entgegen[76].

Aus der iulisch-claudischen Nachkommenschaft, die nach Augustus' Wunsch allein in Betracht kam, waren nur noch drei Thronan-
wärter übrig: Germanicus' jüngster Brüder Claudius, schon reif an
Jahren, ein Freund von Kunst und Wissenschaft, aber zum Herrscher
nicht geeignet, weiter Germanicus' letzter Sohn Gaius Caesar, damals
25 Jahre alt, endlich Drusus' Sohn Tiberius Gemellus, der Überlebende des Zwillingspaares, das Livia (Livilla) i.J. 19 geboren hatte,
also 18 Jahre alt. Er war dem Greis lieber als Gaius, doch war er noch
zu jung. Als Gaius einmal über L. Sulla spottete, prophezeite ihm
Tiberius: »Du wirst alle Laster Sullas und keine einzige von seinen
Tugenden haben.«

In seiner Bedrängnis scheint Tiberius hierzu sogar seinen Hofastrologen Thrasyllos zu Rate gezogen haben. Denn nur so erklärt sich sein
Wort zu Gaius: »Den Tiberius Gemellus wirst Du ermorden und Dich
wird ein anderer ermorden.« Schließlich ging Tiberius auch hier den
Weg des Augustus, d. h. er faßte die beiden Enkel ins Auge: Gaius
Caesar an erster Stelle und Tiberius Gemellus an zweiter. Dies bedeutete
bei dem Charakter des *primo loco* vorgesehenen Thronfolgers natürlich
den sicheren Tod des »Zweiten«[77].

Obwohl Tiberius' Zustand immer bedenklicher wurde, wies er
ärztlichen Beistand von sich. Er pflegte alle Leute zu verlachen, die
nach ihrem 30. Lebensjahr noch fremden Rat brauchten, um heraus-
zufinden, was ihrem Körper zuträglich oder unzuträglich sei[78].

Das Denunzieren und Morden dauerte bis zur letzten Stunde an.
Des Publius Vitellius' (des Bruders des Lucius Vitellius[79]) Witwe
Acutia wurde wegen Majestätsverbrechens verurteilt. Doch gegen die
Zahlung der üblichen Belohnung an den Ankläger erhob der Volks-
tribun Iunius Otho Einspruch[80].

Die berüchtigste Ehebrecherin der Zeit, Albucilla, die gewesene
Ehefrau des Satrius Secundus, der die seianische Verschwörung angezeigt hatte, wurde »wegen Unehrerbietigkeit gegen den Prinzeps«[81]
angeklagt. In ihre zahlreichen Liebeshändel waren verwickelt Cn.
Domitius Ahenobarbus, der Gemahl der Iulia Agrippina, die gerade
mit ihrem ersten und einzigen Kind, dem späteren Prinzeps Nero,
schwanger ging, der feingebildete Vibius Marsus, *consul suffectus*
d. J. 17, und der hervorragende Lucius Arruntius, einer der ersten
Männer des Staates, der schon mehrfach erwähnt wurde. Der Herrscher nahm zu diesem Skandal nicht mehr Stellung. Die Anschuldigungen gingen zumeist von Macro aus und waren zum Teil wohl

erfunden oder von Sklaven auf der Folter erpreßt. Seine Feindschaft gegen Arruntius war stadtbekannt.

Domitius verteidigte sich erfolgreich, Marsus schien sich durch Nahrungsverweigerung töten zu wollen. Arruntius machte schnell seinem Leben ein Ende, nachdem er seinen zahlreichen Freunden, die ihn sich zu erhalten wünschten, gesagt hatte[82]: »Ich habe genug gelebt, und wenn ich etwas zu bereuen habe, so ist es, daß ich mein verhöhntes und gefährdetes Greisenalter nicht längst schon von mir geworfen habe. Stets war ich einem Mächtigen verhaßt, jahrelang dem Seian, jetzt dem Macro, nicht weil ich ein Verbrechen begangen habe, sondern weil ich die Verruchtheit nicht ruhig ansehen konnte. Die wenigen Tage, die der Prinzeps noch zu leben hat, mag ich ja glücklich überstehen; aber wie soll ich mich seines jungen Nachfolgers erwehren können? Tiberius war doch ein erfahrener Mann, und trotzdem hat die Stellung als Monarch sein Wesen aufs furchtbarste erschüttert und umgewandelt. Wird der eben dem Kindesalter entwachsene Gaius Caesar, ganz unerfahren und gründlich verdorben, unter Macros Leitung sich zum Besseren wenden? Macro wurde doch als der noch Verruchtere erkoren, Seian zu stürzen, und hat den Staat durch noch zahlreichere Verbrechen zerrüttet. Ich sehe eine Zeit noch stärkerer Sklaverei kommen und entfliehe darum beiden zugleich: der Vergangenheit und der Zukunft.«

Interessant ist an diesen Worten, die sicher durch Tacitus aus der eigenen Altersresignation heraus ihre letzte Formung erfahren haben, daß lediglich die beiden Gardepräfekten für die grausige Zeit verantwortlich gemacht werden, und daß Tiberius als ein Mann geschildert wird, der nur durch seine monarchische Stellung verdorben wurde. Hier bricht noch einmal der wahre Sachverhalt durch, und die innere Nähe des Tacitus zu Tiberius, die durch die falsche Quellenwahl völlig verschüttet war, wird deutlich kenntlich. Tacitus schließt: »Nach diesen prophetischen Worten öffnete er sich die Adern. Die weitere Darstellung wird beweisen, daß Arruntius Recht daran tat, zu sterben.« Dies ist Tacitus' Altersbekenntnis.

Albucilla wurde nach einem verfehlten Selbstmordversuch auf Befehl des Senates in den Kerker geworfen. Von den Teilnehmern an ihrem ehebrecherischen Treiben wurde der Prätorier Carsidius Sacerdos zur Verbannung auf eine Insel verurteilt, der Senator Pontius Fregellanus aus der hohen Körperschaft ausgestoßen. Zur gleichen Strafe wurde aber auch der Ankläger Laelius Balbus verurteilt, weil er, »ein unverschämt beredter Mensch«, jeden Unschuldigen angriff[83]. Endlich hatte man erkannt, daß das Hauptübel der Oberschicht dieser verderbten Zeit das bezahlte Denunziantentum war.

In jenen letzten Tagen suchte Sextus Papinius, wohl der Sohn des Konsuls v. J. 36, auf schreckliche Weise den Tod. Er stürzte sich aus dem Fenster seiner Wohnung. Die Mutter, die seit langem von ihrem Manne geschieden war – so hieß es –, habe den Jüngling durch zudringliche Anträge zu etwas zu verlocken gesucht, vor dem er sich nur durch den Tod zu retten wußte. Sie wurde auf zehn Jahre aus Rom verbannt, bis der jüngere Sohn die Jahre möglicher Verführung hinter sich hätte[84].

Die beiden letzten Fälle beweisen die völlige Korruption der herrschenden Klasse. Erpressung, Ehebruch, Blutschande und andere Sittenverderbnisse machten sich immer mehr in ihr breit. Nicht nur der Prinzeps hatte sich in dieser Umwelt gewandelt, sondern diese selbst bietet das Bild zunehmender sittlicher Verwahrlosung – trotz aller Maßnahmen, die einst Augustus dagegen ergriffen hatte. Eine Selbstmordepidemie herrschte in Rom innerhalb dieser letzten fünf Jahre des tiberischen Prinzipats in einem Ausmaße wie nie vorher und nie nachher.

Der zweite Prinzeps von Rom hatte vorzüglich zu regieren begonnen, voll stärksten Verantwortungsbewußtseins und mit viel Klugheit, teilweise auch mit beachtenswertem Geschick, soweit nicht die Hemmungen seines inneren Wesens plötzlich dazwischentraten. Viele hatten ihm Schwierigkeiten bereitet, noch mehr hatten ihm mißtraut, weil sich seine Entschlußunfähigkeit mit fortschreitendem Alter immer stärker geltend machte und weil ihm von vornherein die Volkstümlichkeit fehlte, die nun einmal für die von Augustus geschaffene Führerstellung unerläßliche Vorbedingung war.

Nun stand er im 78. Lebensjahr. Seine Jahre waren gezählt, seine Kräfte nahmen zusehends ab. Wie in den Vorjahren versuchte er noch einmal nach Rom zu reisen. Aber er kam diesmal nur bis zum siebenten Meilenstein der Appischen Straße[85]. Bei der Rückkehr von dieser letzten verunglückten Romfahrt mußte er eines Schwächeanfalls halber in Astura etwas verweilen; dann kam er bis Circei, wo er bei einer Tierhatz eigenhändig einen Eber erlegte. Auf der Weiterreise wurde die tägliche Ordnung streng eingehalten. In der einst von Lucullus erbauten Villa am Kap von Misenum, die jetzt sein Eigentum war, machte er vor der Überfahrt nach Capri halt. Er hatte einen sehr geschickten Arzt Charikles bei sich, der den eigenwilligen Alten zwar nicht behandelte, aber ihm, wenn nötig, mit seinem Rat zur Seite stand. Als dieser in eigener Angelegenheit verreisen mußte, fühlte er beim Abschiednehmen und Handreichen dem Prinzeps versteckt den Puls. Tiberius merkte das, ließ ein Mahl auftragen und nahm länger als gewöhnlich daran teil, als täte er es dem scheidenden Freund zu Ehren. Charikles aber gab bei der Abreise dem Macro die Versicherung, es gehe zu Ende und könne nicht mehr länger als zwei Tage dauern[86].

Am 16. März 37 fühlte der Greis sein Ende nahe. Er zog den Siegelring vom Finger, gleich als wolle er ihn in die Hände eines Nachfolgers legen. Doch der Anfall ging vorüber, und der Alte steckte den Ring wieder an. Man ließ ihn allein. Als man wieder nach ihm sah, fand man ihn tot neben dem Bette liegen. So ist er völlig allein, wie er in den letzten Jahren gelebt hatte, eines natürlichen Todes – offenbar an Altersschwäche – gestorben[87].

Das Märchen[88], daß Macro und Gaius Caesar freudig herbeigeeilt seien und Gaius sich zu früh habe beglückwünschen lassen, während Tiberius noch einmal erwachte, und daß dann auf Befehl Macros der Sterbende durch übergeworfene Decken erstickt worden sei, ist allzu durchsichtig, als daß es entgegen der besseren, uns durch Seneca überlieferten Erzählung geglaubt werden könnte. Die schlichte Darstellung ist auch hier wie so oft die wahre. An falschen Mord- und Vergiftungsgeschichten ist die Historie der Kaiserzeit nur allzu reich. Sie werden schon längst nicht mehr für bare Münze genommen.

Der Todestag des Tiberius war also der 16. März 37. Das Ende erfolgte in der Nähe von Misenum im 78. Jahre seines Lebens, im 23. seiner Regierung[89]. Der unwürdige Nachfolger hatte offenbar im Sinne, dem verstorbenen »Großvater«, wie er ihn zu nennen pflegte, dieselben Ehrungen zukommen zu lassen, wie sie einst i. J. 14 Augustus zuteil geworden waren[90]. Ein feierlicher Leichenzug brachte die irdischen Überreste des unglücklichsten aller Principes nach der Hauptstadt, in der man in der Nacht zum 29. März ankam und wo mit Tagesanbruch die Leiche in öffentlicher Aufbahrung gezeigt wurde. Am 3. April wurde Tiberius in ehrenvollem Staatsbegräbnis nach der Verbrennung im Mausoleum des Augustus beigesetzt[91]. Die Leichenrede hielt Gaius selbst, in der er aber mehr den Augustus und den Germanicus gelobt haben soll als den Toten.

Die Totenehrung war damit zu Ende. Der zweite Akt d. J. 14, die Konsekration, folgte diesmal nicht. In der betreffenden Senatssitzung verlas auf Gaius' Veranlassung der Prätorianerpräfekt Macro das Testament des Verstorbenen. Die Tradition will uns glauben machen, diese letzte Willensäußerung sei wegen »Unzurechnungsfähigkeit« für null und nichtig erklärt worden. Davon kann keine Rede sein: Tatsache ist, daß nur die Erbeinsetzung des Tiberius Gemellus zu gleichen Teilen mit Gaius und damit seine Mitregentschaft außer Kraft gesetzt wurde, alles übrige jedoch Geltung behielt[92]. Mit dieser teilweisen Annullierung des Testamentes begann die ablehnende Haltung des Senates und mit der Verweigerung der Konsekration endete sie. Eine Aufhebung seiner acta, die sogenannte *rescissio actorum*, fand aber nicht statt, nur die eidliche Bindung an sie unterblieb[93]; dies war aber nicht so bedeutsam, weil Tiberius schon zu Lebzeiten darauf verzichtet hatte. Tiberius' Name stand deshalb nicht im Beamteneid, fehlte aber bezeichnenderweise nicht in der Aufzählung der anerkannten Principes in dem Bestallungsgesetz Vespasians, in der *lex de imperio Vespasiani*. Tiberius ist nicht wie Augustus *divus* geworden, aber auch nicht zum Staatsfeind *(hostis)* erklärt worden wie sein Nachfolger. Das Ergebnis seiner dreiundzwanzigjährigen, im Anfang so segensreichen Regierung blieb dem Staate erhalten.

IV.
Wertung der Persönlichkeit und Ausblick

1.

Tiberius als Offizier, Staatsmann und Mensch; der Märtyrer des Menschengeschlechtes und der Märtyrer des römischen Staates; die Zeitgenossen

So hoch auch Tiberius zu seinen Lebzeiten geschätzt worden ist, wie die Schilderung seines Zeitgenossen Velleius Paterculus erkennen läßt, das »Totengericht«[1] ist im entgegengesetzten Sinne ausgefallen. Der Senat hat ihm die Apotheose verweigert, die seinem Vorgänger bereitwillig zuteil geworden war, und die Historiker aus der damals teileise hingemordeten oder, besser gesagt, sich selbst hinmordenden Aristokratie haben unter dem Eindruck der letzten Schreckensjahre, so viel der Prinzeps auch jetzt noch zu mildern und zu helfen versucht hatte, den Stab über ihn gebrochen: *Tiberium in Tiberium!* Tacitus hat die in seinen Quellen bereits vorgefundene ungünstige Wertung[2] in seine Sprache und in seine Art, alles hintergründig zu sehen, umgesetzt[3]. Das Schlußkapitel des sechsten Buches der Annalen lautet:

»Sein Leben war schon seit seiner frühesten Kindheit wechselvoll. Er folgte seinem geächteten Vater in die Verbannung. Als er in Augustus' Haus als Stiefsohn eintrat, hatte er gegen seine vielen Nebenbuhler einen schweren Stand, erst gegen Marcellus und Agrippa, dann gegen dessen Söhne, Gaius und Lucius Caesar. Auch sein Bruder Drusus war beim Volke beliebter als er. Am meisten gefährdet war aber seine Stellung, als er sich mit Iulia verheiratet hatte, ihre Unkeuschheit erleben mußte und dann nach Rhodos entwich. Nach seiner Rückkehr lebte er zwölf Jahre als einziger Sohn in dem verödeten Haus des Prinzeps und war dann fast 23 Jahre lang Herrscher des römischen Reiches.

Auch sein Charakter zeigte im Laufe seines Lebens Veränderungen. Solange er Privatmann und Heerführer in Augustus' Auftrag war, waren sein Wandel und Ruf vortrefflich. Als Herrscher suchte er, solange noch Germanicus und Drusus am Leben waren, seine Laster geheim zu halten und Tugendhaftigkeit zu heucheln. Auch bis zum Tode seiner Mutter war er noch schwankend zwischen Gutem und Bösem. Solange er dann Seian liebte oder fürchtete, verbarg er immerhin noch seine unnatürlichen Lüste, wenn seine Grausamkeit ihm auch den allgemeinen Abscheu zuzog. Als ihm schließlich jede Scham und Furcht abhanden gekommen und nur noch seine eigene Willkür sein Führer war, trat beides, Verruchtheit und Lasterhaftigkeit, offen zutage[4].« Ein weltberühmtes Schlußurteil, das aber psychologisch vollkommen unmöglich ist, wie auch der von anderer Seite dem Tiberius gemachte Vorwurf der Trunksucht jeglicher Grundlage entbehrt[5].

Sicherlich war sein Menschendasein, das von beiden Eltern her mit der claudischen Erbmasse belastet war, schon seit seiner frühesten Kindheit »wechselvoll« gewesen. In der Jugend fehlte vor allem der Sonnenschein eines glücklichen Elternhauses. Der Vater wurde dem Knaben, als er erst neun Jahre alt war, entrissen. Das Leben in dem unruhigen Hause des ganz anders veranlagten Stiefvaters, man möchte fast sagen, in seiner feindlichen Umwelt, bedeutete für den innerlich stark gehemmten Jüngling eine neue schwere Belastung, geeignet, dieses unglückliche Leben immer von neuem zu verwirren, ja schließlich teilweise zu zerstören.

Man hat einmal richtig gesagt, daß Kinder, die ohne Sonnenschein aufgewachsen sind, im Leben wirkliche Freude nie empfinden, noch viel weniger zeigen können[6]. Dazu kamen harte Lebensschicksale. Der frühe Tod des Vaters war der erste Schlag. Dann hat man ihm die so heiß geliebte erste Gattin genommen und als zweite Frau ein Wesen an ihn gefesselt, das viel zu leichtfertig geartet war, um dem schwerblütigen ernsten Mann bei seiner harten Arbeit im Dienste des Staates einen häuslichen Ausgleich zu bieten. Als Prinzeps verlor er den Adoptivsohn und den eigenen Sohn, die Stützen seiner herrscherlichen Tätigkeit. Aber das Schlimmste war: man hat ihm das heiligste Gefühl in eines jeden Menschen Brust, die Liebe zur Mutter, geraubt. Das arge Schicksal hat ihn noch am Ende die Untreue seines bedeutendsten Gefolgsmannes, des Seian, und den Freitod des Einzigen, der ihm treu geblieben war, des großen Juristen Cocceius Nerva erleben lassen. Zu alledem verfolgte ihn noch ständig der Haß der Vipsania Agrippina, gegen die sich schließlich der gepeinigte alte Mann aufbäumte.

Früh hat ihn die Angst vor dem eigenen Ich befallen. Dies war die tiefste Ursache dafür, daß er immer wieder die Einsamkeit gesucht und gefunden hat, je lärmender ihn die Welt in ihrem Wunsch nach Betätigung seiner reichen Gaben umrauschte, je lauter Augustus nach ihm zunächst als dem »Zweiten« in seinem Staatsneubau und als

Lückenbüßer, schließlich aber als dem »Ersten« der Bürger verlangte. Als Mann auf der Höhe seines Schaffens im Dienste des Reiches ging er plötzlich nach Rhodos, um nur der Wissenschaft zu leben, als Greis nach Capri, um in der Philosophie, aber auch in letzter strengster Pflichterfüllung für den Staat mit ganz wenigen ihm treu gebliebenen Gefährten ein menschenfernes Dasein zu führen, zweimal ein »Inselfürst«, ein »Nesiarch«, voll Menschenscheu, am Ende voll tiefster Menschenverachtung.

Tiberius hatte ganz offenbar von Natur aus die Anlagen zu einem führenden Manne. Vor allem war er, was auch Augustus immer rückhaltlos anerkannt hat, ein großer Feldherr, wenn auch nicht von dem Format eines Alexander, Hannibal, Caesar oder eines Napoleon. Er war auch in der Kriegführung der Vertreter jener altrömischen außerordentlich bedachtsamen und umsichtigen Art der Leitung, der nach dem Grundsatz handelte, den einst schon der Sieger von Pydna, Aemilius Paullus, seinem Sohne Scipio Aemilianus ans Herz gelegt hatte, daß man nämlich eine Schlacht nur im Falle des unzweifelhaft sicheren Erfolges wagen dürfe. Wie taktisch waren auch strategisch alle seine Operationen bis ins Einzelnste durchdacht, und ihre Ausführung wurde peinlich genau kontrolliert. Wie groß das Ansehen dieses prinzlichen Generals bei seinem Offizierskorps war, geht aus jeder Zeile des Büchleins seines Mitkämpfers und wackeren Offiziers Velleius Paterculus hervor, selbst wenn man von der Darstellung das, was höfische Servilität ist, abstreicht. Auffällig ist, daß Tiberius als Prinzeps keinen Gebrauch mehr von seinen militärischen Fähigkeiten gemacht hat. Unter seinem Amtsvorgänger, der ihn schließlich auch an seinen imperatorischen Akklamationen teilnehmen ließ, war er siebenmal Imperator geworden: als Alleinherrscher ist er nur noch ein achtes Mal akklamiert worden, vielleicht i. J. 18 aus Anlaß des Sieges des Germanicus in Armenien[7].

Aber dieser bedeutende General zog es vor, das Schwert überhaupt nicht zu ziehen, sondern auf dem Wege der Diplomatie die Situation zu meistern. Dies führt uns zu dem Staatsmann Tiberius, dem weder in der äußeren noch in der inneren Politik die Größe abgestritten werden kann. Als Staatsmann zeichneten ihn hohe Arbeitsfreudigkeit, Pflichttreue, eine im ganzen vorurteilsfreie Unparteilichkeit[8], starker Sinn für Gerechtigkeit, die seit Iulius Caesar von einem Herrscher verlangte Milde *(clementia)*[9], auch Mäßigung[10] und eine unendliche Hilfsbereitschaft[11] aus, endlich die höchste aller römischen Tugenden, die *Pietas* und die Ehrfurcht, die er selbst seinem menschlichen Antipoden Augustus gegenüber bis zuletzt bewahrt hat. Unstreitig hat er, wie am Leben überhaupt, so auch an dem viel größeren Emporkömmling, der ihm vorausgegangen war und in dessen Schatten er so lange leben und wirken mußte, unendlich schwer getragen. Aber trotz allem Furchtbaren, das er durch Augustus erfahren hat, hat er ihn immer wieder von neuem bewundert. Denn der praktisch eingestellte Römer kennt nur eines, das er schätzt, ja anbetet: das ist die Tat, voran die politische Tat, die große Erfolge im Dienste des Staates aufzuweisen hat. Der Prüfstein wahren staatsmännischen Könnens ist aber allein die auswärtige Politik eines Herrschers. Von hier aus gesehen, hat sich Augustus keinen besseren Nachfolger in der Ausführung seiner letzten Pläne wünschen können als gerade Tiberius. Es muß einmal klipp und klar ausgesprochen werden, daß nach Augustus im ersten Jahrhundert nur zwei Staatsmänner eine römische Außenpolitik großen Stils getrieben haben: das sind Tiberius und Seneca, jener in strengster Fortführung augusteischer Grundsätze, dieser zu Beginn der neronischen Regierung unter allerdings teilweiser Aufgabe der augusteischen Defensivpolitik im Orient. An sie reichen dann nur noch – aber auch nur von ferne – Domitian und Traian heran.

Tiberius hat nicht nur außen- sondern auch innenpolitisch die engste Anlehnung an Augustus zur Richtschnur seines Handelns gemacht. Im Jahre 15 heißt es bei der Erwähnung der Befreiung der Schauspieler von körperlichen Strafen durch Augustus, daß Tiberius es unstatthaft fand, seinen Entscheidungen zuwider zu handeln[12], und in der berühmten ablehnenden Rede zu dem Antrag auf Errichtung eines Provinzialtempels der Baetica, der für ihn und seine Mutter die Vergottung forderte, hat es der Prinzeps öffentlich ausgesprochen, daß des verewigten Augustus Taten und Worte für ihn wie ein Gesetz seien[13]. Damit ist erwiesen, daß der zweite Staatschef seine Regierung durchaus von den Grundsätzen des Staatsgründers beherrscht wissen wollte, Grundsätze, an denen er viel strenger festhielt als Augustus vor Actium an denen des Diktators Caesar[14].

Zwei Tatsachen haben diese neue Regierung empfindlich gestört: einmal die allzu große Unterwürfigkeit des von Tiberius stärker zur Mitverantwortung und Mitregierung herangezogenen Senates und zum anderen die frühzeitig zutage tretende Anmaßung des Seian. An beiden ist Tiberius gescheitert, und zwar deshalb, weil die sein innerstes Wesen beherrschenden Hemmungen ihn nicht Herr der Situation werden ließen.

Nach der Verfassung des Augustus stand der Prinzeps im Mittelpunkte der Staatsmaschinerie, er war das Zentralrad in dem vielgestaltigen Räderwerk, das der Reichsorganismus darstellte[15]. Von seiner treffsicheren Entscheidung hing alles ab. Und gerade hier versagte Tiberius, der ganz unnötigerweise seine Stellung eingeengt hatte, einmal dadurch, daß er der alten republikanischen Körperschaft des Senates viel mehr entgegenkam und zweitens dadurch, daß er von der doppelten Besetzung der Gardepräfektur abging.

Es war Tiberius nicht wie Augustus gegeben, die Lage intuitiv schnellstens zu erfassen und die Kernpunkte herauszustellen. Er zauderte, war oft unsicher, ja unschlüssig. Meist heißt es in dem Augenblick, in dem aller Augen auf ihn gerichtet waren, in dem alle Ohren von ihm zu hören verlangten: »er schwieg« – nicht weil er nicht sprechen wollte, sondern weil seine Veranlagung ein sofortiges Regieren nicht zuließ. Zum führenden Staatsmann in der Innenpolitik fehlten Tiberius die wichtigsten Eigenschaften: die starken Nerven, das Vertrauen in die eigene Kraft und das eigene Können, endlich die Hoffnungsfreudigkeit und der Optimismus, alles Eigenschaften, die wir mit Tiberius immer wieder an Augustus bewundern.

Tiberius war also zum Prinzeps weder geboren noch erzogen. Seine Unentschlossenheit brachte nur allzu oft Unsicherheit in die zu fassenden Beschlüsse, veranlaßte manche führenden Senatoren zum Eingreifen, und zwar in der Richtung, die sie als die vom Prinzeps gewollte voraussetzten, wobei man aber bei der komplizierten Psyche des Herrschers oft in die Irre ging. Darunter litt das Kostbarste in der Verfassung: die *auctoritas* des Prinzeps, worauf Augustus' Führerstellung im Grunde beruht hatte, die ihm stillschweigend von der Masse und dem Senat zugebilligte Anerkennung seiner höheren Erkenntnis auf allen Gebieten staatlichen und sozialen Daseins. In ihr verbarg sich unter republikanischer Maske ein monarchisches Element, die Verkörperung des stärksten Geistes und des höchsten Wollens im Dienste des Staates in der leitenden Persönlichkeit[16].

Diese *auctoritas* war angeboren. Man besaß sie oder sie fehlte. Wurde sie künstlich von einem Prinzeps usurpiert, so trat sie nach dem inneren Wesen des neuen Mannes entweder zu wenig oder zu übertrieben in Erscheinung. Bei Tiberius kam sie infolge seiner angeborenen Bescheidenheit und seiner ewigen Zurückhaltung in den wichtigsten Momenten nicht genügend zum Ausdruck. Bei seinem Nachfolger Gaius, dem auch der dem Tiberius angeborene Takt – ebenfalls ein Attribut der *auctoritas* – fehlte und der sich viel zu weitgehend als verkörpertes Gesetz fühlte, schlug sie nach der entgegengesetzten Seite aus. Der Prinzeps war im Grunde einmalig und hat nur noch in Männern wie Vespasian, Nerva und Marcus Aurelius eine Verkörperung gefunden, die aber im innersten Wesen nur ganz von fern dem Idealprinzeps nahekam.

Bei Tiberius muß unbedingt anerkannt werden, daß er heiß um die Ausfüllung der neuen Staatsstellung gerungen hat, mit einem hohen Pflichtbewußtsein, das fast das des Augustus erreichte. Aber leider war er von Natur in dieser Beziehung nicht so begabt, daß er den Anforderungen, die an ihn gestellt wurden, genügen konnte. Der das Beste wollende, aber immer menschenscheuer werdende Herrscher trug für die von ihm nach schwersten Bedenken übernommene Führerstellung, die größten Takt, innere Geschlossenheit des Wollens, schnellste Entschlußfähigkeit sowie verbindliche Aufgeschlossenheit nach allen Seiten hin verlangte, nun einmal zu schwer an seinen psychischen Abwegigkeiten, eben an seiner durch allerlei Hemmungen belasteten Eigenart, an seiner bleischweren Persönlichkeit.

So hat die neue Staatsform ihren ersten schweren Schlag durch die komplizierte Psyche des zweiten Machtinhabers erhalten. Er brachte sehr viel mit, dieser überaus ernste, durch schwere Lebensschicksale früh gereifte Mann, der immer streng höchste Gerechtigkeit walten ließ, ja er besaß etwas, das wiederum vor ihm nur Augustus besessen hatte, und das als Erbgut der besten früheren Zeiten im Wesen der größten Römer tief verankert war: das Gefühl nämlich, daß der Staat alles, der einzelne und seine Familie aber, daran gemessen, nichts bedeute. Nach dem Tode des Germanicus sprach er, um den übertriebenen Schmerzbezeugungen ein Ende zu bereiten, das berühmte Wort: »Die Fürsten sind sterblich, nur der Staat ist ewig«[17].

Das stoische Glaubensbekenntnis wurzelte in diesem zweiten Prinzeps viel tiefer als in dem ersten, der überall – nicht nur in der Politik – zu Kompromissen neigte. Tiberius erkannte, weil er innerlich zu stark gehemmt war, die großen Schwierigkeiten, die seiner Übernahme des Prinzipates entgegenstanden. Ihm, der seine eigene Ungeeignetheit zutiefst fühlte, war die neue Würde von vornherein eine ungeheure Bürde. Bei dem Kleinmut, der ihn immer wieder überkam, glaubte er in dem Senat eine Stütze zu finden und wies ihm eine höhere Stellung im Staatsganzen an, als sie ihm Augustus zugedacht hatte. Aus einer seiner Senatsreden sind die Worte erhalten: »Ich habe jetzt und schon oft bei anderer Gelegenheit gesagt, der gute und heilsame Prinzeps muß dem Senate dienen und oft auch der Gesamtbürgerschaft, sehr viel auch den einzelnen Bürgern. Und es reut mich nicht, dies gesagt zu haben, daß ich in Euch gute, billigdenkende und freundliche Herren gehabt habe und noch habe[18].« Dies war eine

Verbeugung vor der Volkssouveränität, die auf den Senat übergegangen war.

Nur dem Zwang gehorchend und klagend hat Tiberius den Prinzipat übernommen mit den bekannten Worten, die an die ganz ähnlichen des größten Stoikers auf einem Fürstenthron, an die des Makedonen Antigonos Gonatas, des Sohnes des Demetrios Poliorketes, erinnern, »ein elender, lastenreicher Knechtsdienst« werde ihm aufgeladen[19]. Sein Ausspruch, daß ein guter Fürst dem Senat und dem Volk dienen müsse, steht fast einzig da unter den uns überlieferten Worten römischer Imperatoren und ist in der schönen Form vom Fürsten als dem ersten Diener des Staates durch den großen königlichen Philosophen von Sanssouci neu geprägt worden. Das Tragische an Tiberius' Regierung war, daß er, der möglichst auf alle großen Titel verzichtete, und sich wie Augustus auch die Anrede »Herr« (*dominus*) – nebst dem Handkuß, dem Zeichen der Devotion von Sklaven[20] – verbat, vielmehr wirklich und im wahrsten Sinne des Wortes nur »erster Bürger« sein wollte[21], als »Tyrann« geendet hat.

Nach dem Tode des Germanicus, noch einmal nach dem Tode seines Sohnes Drusus, ist in diesem eigenartigen Mann innerlich etwas zerbrochen, das bisher seinem Leben und staatsmännischen Auftreten Linie und Halt gegeben hatte. Der Satz des Tacitus in seinem Urteil über Tiberius, der den vorzüglichen Anfang aus der notwendigen Rücksicht auf die glänzenden Eigenschaften des Germanicus, weniger des Drusus, zu erklären sucht[22] und dem Dahingegangenen unterstellt, so lange noch Germanicus und Drusus gelebt hätten, habe er seine Laster geheim gehalten und Tugendhaftigkeit zu heucheln versucht, dieser Satz des Tacitus bringt das Moment der »Heuchelei« herein, das diesem Wahrheitsfanatiker vollkommen fremd gewesen ist. In Wirklichkeit ist es etwas ganz anderes, das den Wandel hervorgerufen hat. Dieses Andere kam aus der innersten Tiefe des unglücklich veranlagten Menschen heraus; bei den Ereignissen d. J. 22 wird erzählt, er habe beim Verlassen der Kurie auf griechisch ausgerufen: »Oh, Ihr nur zur Knechtschaft willigen Menschen, oh, Ihr Sklavenseelen[23].« Den alten Römer in ihm ekelte diese niedrige Dienstfertigkeit der Senatoren an. Die Kriecherei, die ihn umgab, verlangte von ihm etwas, das seinem innersten Wesen zuwider war.

Erst seit dem Verrat des Seian ist dann der schon innerlich zerbrochene Greis völlig irre an der Welt geworden, weil jetzt alles in ihm zerschlagen war, woran er noch geglaubt hatte. Von nun an hat er, wie es scheint, keine Schonung mehr gekannt gegenüber den

Sklavenseelen, die ihn umgaben. Allein in den letzten fünf Jahren kann man Spuren von Grausamkeit bei ihm erkennen, die neben der angeblichen »Heuchelei« von Tacitus' Quelle so stark in den Vordergrund geschoben wird: sicherlich erst das Endergebnis traurigster Lebenserfahrungen. Die Menschenscheu war in Menschenverachtung umgeschlagen.

Daß ein solcher Mann bei den Massen nicht beliebt sein konnte und auch nicht beliebt sein wollte, ist natürlich. Dem im allgemeinen lebensbejahenden und optimistisch eingestellten antiken Menschen in einer Welt, die kulturell bereits zu verflachen begann, dazu in einer Zeit höchsten materiellen Wohlseins der oberen Klassen, die den Armen nur so viel Anteil an den Gütern gewährte, wie die Grandseigneurs der spätrepublikanischen Zeit für nötig erachteten, lag diese geflissentlich zur Schau getragene altrömische Strenge und diese fast finstere pessimistische Art des neuen Monarchen nicht mehr. *Non est nostri saeculi:* er paßt nicht in unsere Zeit, hätte man unter Abwandlung eines späteren Kaiserwortes von ihm sagen können. Seine Ablehnung der Volksbelustigungen, wie Spiele, Theater und Zirkus, wirkten im neuen Rom der »Kaiserzeit« abkühlend, um nicht zu sagen abstoßend. »Er war eben aus Liebe zur Strenge selbst in Fällen rücksichtslos, in denen er nach Recht und Billigkeit verfuhr[24].« Die Menge aber war nur zu leicht geneigt, sein finsteres Wesen mit der leutseligen Art des Augustus zu vergleichen und dadurch den Kontrast noch deutlicher zu empfinden.

Nach Augustus war für die Plebs von Rom ein Prinzeps leichter zu ertragen, der wie Nero lebte und leben ließ und die Massen dazu noch durch sein Wesen belustigte, als ein Mann wie Tiberius, der wie ein altrömischer Zensor oft tadelte und aus der Vergangenheit seine Ideale nährte. Gar vieles, was er tat, wirkte altmodisch und gewann ihm nicht die Herzen des Volkes. Er litt zeitweise selbst darunter; aber was er tat, war in seinem innersten Wesen begründet. Er war viel mehr Aristokrat im alten Sinne des Wortes als der *homo novus* Augustus und fand nicht den Weg zur Seele des einfachen Mannes wie der Reichsneugründer, der viel volksnäher war bis zu seiner bekannten Liebe zum derben grobitalischen Witzwort, dabei voll tiefen Verständnisses für das römisch-italische Bürgertum seiner Zeit[25]. Auch Tiberius' persönlicher Lebensstil war aristokratischer. Er ironisierte gern[26] und sprach wie Menschen von höherer Kultur mit Vorliebe in Bildern[27]. So stand er mehr abseits des Volkes und über ihm als in dem Volk. Er war ein claudischer Einspänner wie so viele seiner großen Ahnen aus diesem in vielem so eigenartigen Geschlecht.

Als ausgesprochener Aristokrat kannte er die Vorzüge der großen Geschlechter *(gentes),* die Roms Geschichte geformt hatten, und behandelte die jüngsten Sprossen der berühmten Familien, wenn sie würdig waren, gemäß den Verdiensten ihrer Vorfahren[28]. In diesem Punkt glich er mehr dem Diktator Caesar, der in der Grabrede auf seine Tante Iulia, des Gaius Marius Witwe, in altrömischer Weise seine Bindung an die Familie und an das iulische Geschlecht betont sowie die Notwendigkeit der öffentlichen Pflege der Familientradition hervorgehoben hatte[29].

Tiberius, dem allerdings – im Gegensatz zu Caesar – »alles Geniale fehlte«, kann daher, im Ganzen gesehen, »mit seiner nüchternen, durchdringenden Klugheit, mit seiner nach vorsichtiger Überlegung dreinfahrenden harten Tatkraft«, mit »seinem kräftigen Pflichtbewußtsein« und mit seiner durchaus starken, echtrömischen Staatsgesinnung eher mit den besten Römern der alten Zeit, etwa mit Cato Censorius, verglichen werden[30]. Er, der aristokratische Stadtrömer, war noch stärker und vielfach in ganz anderer Weise an Altrom gebunden als Augustus, der mehr die italische Bourgeoise repräsentierte.

In seinem Verhältnis zum Griechentum war Tiberius noch römischer als Augustus, den er in seiner strengen, sparsamen und gerechten Art übertraf. Im Privatleben gebrauchte er wohl auch die griechische Sprache und beschäftigte sich wie jeder gebildete Römer mit der griechischen Literatur bis zur eigenen poetischen Gestaltung dieser Sprache. Aber im amtlichen Verkehr war er sehr streng auf die Reinerhaltung des Lateinischen bedacht. Er duldete keine Fremdwörter, und vor Gericht ließ er nur die Verhandlung in der Muttersprache zu[31]. Dem Germanicus erteilte er eine Rüge wegen seines Auftretens in griechischer Tracht während seiner ägyptischen Reise[32], obwohl er selbst sie als Privatmann in Rhodos getragen hatte. Das Wort vom letzten Römer an der Spitze des Staates hat seine volle Berechtigung. In dieser Beziehung kann nur sein Neffe Claudius mit ihm verglichen werden, der aber durch die Bevorzugung griechischer Freigelassener seine besten Vorsätze durchbrochen hat, die auf die Erneuerung des altrömischen Wesens hinzielten[33].

Aus verschiedenen Stellen des Tacitus kann man eine Art von Fürstenspiegel zusammenstellen, nach dem Tiberius gelebt und gehandelt hat. Er war schlichter und einfacher als Augustus[34]. Alles monarchisch aussehende Gebaren lag ihm nicht: er trat als Tiberius Caesar den Prinzipat an und lehnte anfangs den Imperator- und den Augustustitel ab. Oft wird gerade seine bescheidene Haltung geprie-

sen. Alle Übertreibungen in Huldigungen, in Freude- und Schmerzbezeugungen mochte er nicht. Seine Wohltätigkeit war nicht nur aus
politischen Rücksichten bedingt, sondern sie kam wirklich von Herzen. Er mußte aus innerer Notwendigkeit helfen und wurde freier in
seinem Auftreten, wenn er diesen Trieb zum Helfen befriedigen
konnte[35]. Ein gewisser Ernst und eine große Strenge lagen über
seinem ganzen Handeln. Er nahm nichts leicht. Jene berühmte altrömische *gravitas,* d.h. das würdige, stets verantwortungsbewußte
Auftreten der Amtsperson, war in ihm noch einmal vollendet verkörpert; aber es fehlte ihm das leutselige Wesen des Augustus, eine
Tatsache, die immer und immer wieder hervorgehoben wird[36]. Tiberius kämpfte allenthalben für Wahrhaftigkeit und Echtheit! Alles
Unechte, alles Unmännliche lag ihm fern. Er nannte stets die Dinge
beim rechten Namen. Selbst über die Eigenschaften seines ihm nicht
ganz gleichgearteten Sohnes sprach er, als er ihn zu seinem Nachfolger empfahl, »einfach und ohne falsche Übertreibung«[37]. So war
Tiberius vor allem ein durchaus ehrlicher Mensch. Wenn man dies
betont, wird man an Mommsens schönes Wort über Cato Uticensis
erinnert, daß »alle Hoheit und Herrlichkeit der Menschennatur
schließlich nicht auf der Klugheit beruht, sondern auf der Ehrlich-
keit«[38].

Obwohl er infolge der einengenden Gebundenheit seines innersten
Wesens nicht immer sein höchstes Ziel in der Staatsführung erreichen
konnte, so hat er es doch gelegentlich ausgesprochen: vom Prinzeps
verlangt man eine gewisse Höhenlage in allen Situationen. In der
Frage, ob ein Luxusgesetz angebracht sei, das von den Ädilen verlangt wurde, äußerte er sich folgendermaßen[39]: »Hätten die pflichteif-
rigen Männer zuvor meinen Rat eingeholt, ich weiß nicht, ob ich
ihnen nicht geraten hätte, an diese übermächtig gewordenen Laster
lieber nicht zu rühren als jedermann unsere Ohnmacht, sie zu beseitigen, vor Augen zu führen. Trotzdem haben sie ihre Pflicht getan; ich
wünsche, daß jeder Beamte seine Obliegenheiten ebenso gut erfüllt.
Für mich dagegen schickt es sich weder zu schweigen noch kann ich
mich ohne weiteres aussprechen, weil ich weder Ädil noch Praetor
noch Konsul bin. Vom Prinzeps verlangt man Größeres und
Höheres. Trifft sein Beschluß das Richtige, so schreibt sich jeder
das Verdienst daran zu, und doch ist jeder auch für den Haß
verantwortlich, den eine falsche Maßregel hervorruft und den das
Volk auf einen einzigen häuft.«

Dann geht er auf den Kern der Sache ein. Das Verlassen der alten
Sparsamkeit und Einfachheit des römischen Volkes ergibt sich aus

seiner Entwicklung zum Herrenvolk, dem nun einmal seit der Eroberung der Provinzen die Reichtümer der Welt zur Verfügung stehen. »Wie unerheblich sind die Dinge, die die Ädilen rügen! Wie wenig wollen sie besagen, wenn man die Verhältnisse im Ganzen bedenkt. Niemand fällt es ein, zur Sprache zu bringen, daß Italien von fremden Reichtümern lebt, daß das römische Volk von den Lebensmitteln abhängig ist, die über das schwankende Meer kommen und täglich vom Sturm geschaukelt werden. Erhalten uns eines Tages nicht mehr die Provinzen, uns Herren samt den Sklaven und den Ländereien, so leben wir vermutlich vom Ertrage unserer Parks und Lusthäuser[40]. Das ist die Sorge, die den Prinzeps drückt. Nachlässigkeit in diesem Punkt reißt den ganzen Staat in den Abgrund. Im übrigen muß die Gesinnung von innen kommen. Möge uns das Ehrgefühl, möge die Armen die Not, die Reichen der Ekel auf einen besseren Weg führen. Glaubt einer der Staatsbeamten, Tatkraft und Strenge genug zu besitzen, um dem Übel engegentreten zu können, so will ich ihn loben und bekennen, daß meine Arbeitslast durch ihn erleichtert worden ist. Können sie aber nur Mißstände rügen, die öffentliche Anerkennung einheimsen, mir aber die daraus erwachsenden Unannehmlichkeiten überlassen, so dürft ihr mir glauben, versammelte Väter, daß ich ebenfalls kein Verlangen habe, mich verhaßt zu machen. Da ich schon ernste und meist ungerechte Anfeindungen genug auf mich zu nehmen habe, weil das Staatswohl es erfordert, habe ich das Recht, mir nichtige, zwecklose, weder für mich noch für Euch wertvolle zu verbitten.«

Die Behandlungen der Provinzialen, d.h. der im Reich am tiefsten stehenden Bevölkerungsschicht, war für Tiberius der Prüfstein, nach dem er Menschen und insbesondere die Beamten beurteilte[41]. Während des Prozesses gegen den Prokonsul von Asien, C. Silanus, wegen Erpressung, führt er gegenüber der im Senat geäußerten Absicht, ein Präventivgesetz gegen dieses unausrottbare Übel zu erlassen, aus: »Gar mancher hat sich in der Provinz anders betragen, als man gehofft oder befürchtet hat. Der eine wird durch die große Aufgabe aufgerüttelt und auf bessere Wege gebracht, der andere verliert ihr gegenüber seine Kraft. Der Prinzeps kann nicht alles wissen und beurteilen, und, wenn er sich von den parteiischen Ansichten anderer leiten läßt, so ist das nicht minder von Übel. Darum befassen sich die Gesetze nur mit vollendeten Tatsachen; in die Zukunft kann man nicht schauen. Unsere Vorfahren haben darum auch die Strafen als Folgen begangener Verbrechen festgesetzt. Wir wollen diese weislich geschaffenen und stets befolgten Grundsätze nicht verlassen. Der

Herrscher hat schon Lasten genug, auch Machtvollkommenheiten genug. Das Recht verliert, wenn die Macht gewinnt. Man soll nicht befehlen, wenn man nach den Gesetzen verfahren kann.« Wundervolle Maximen einer wahrhaft konservativen Staatsführung auf dem Gebiete der Rechtspflege! Immerhin, Tiberius neigte zum Theoretisieren, während Augustus praktisch handelte und, ohne viele Worte zu machen, zupackte und in der Regel den Nagel auf den Kopf traf.

Und weiter: Tiberius fühlte sich unter den Gesetzen stehend, war nicht »*legibus solutus*«. Er hatte einen ungeheueren Respekt vor dem Recht und seiner richtigen Anwendung. Auf dem Gesetz ruht der Staat.

In der Wertung der tiberischen Staatspraxis wird daher auch ausdrücklich von Tacitus hervorgehoben: »Die Gesetze wurden, wenn man von den Majestätsprozessen absieht[42], vernünftig gehandhabt«, und im folgenden Kapitel steht der bemerkenswerte Satz: »Kamen Streitfälle des Herrschers mit einzelnen Bürgern vor, so trat das gewöhnliche Rechtsverfahren in Kraft.« Der Prinzeps nahm also vor dem Richter keine Sonderstellung für sich in Anspruch, wie sein Verhalten bei dem Prozeß der Urgulania schlagend bewies[43].

In dem Staatsaufbau des Tiberius wurde dem Senat eine größere Rolle eingeräumt, als der hohen Körperschaft selbst Augustus, der des Diktators Caesar ablehnende Haltung nicht teilte, zugedacht hatte.

Beim Regierungsantritt umgab sich Tiberius mit einem Staatsrat von zwanzig dem Senat entstammenden sogenannten *principes civitatis,* d.h. gewesenen Konsuln[44]. Als Bittgesuche verarmter Senatoren i.J. 15 zu zahlreich wurden, verwies er sie zur Begutachtung an den Senat[45]. Gesandtschaften von Gemeinden und Provinzen empfing er nie allein, sondern zog auch Senatoren, meist frühere Statthalter der betreffenden Gebiete, bei der Entscheidung der Anliegen zu Rate[46]. Im Prozeß eines Procurators der Senatsprovinz Asia wegen Erpressung hob Tiberius die Anmaßung richterlicher und polizeilicher Befugnisse durch den Beklagten als erschwerendes Moment hervor[47]. Der Procurator aus dem Ritterstand hatte sich Rechte angeeignet, die nur einem Manne senatorischen Ranges zustanden. Zu der Erhebung seines eigenen Sohnes Drusus zum Mitregenten i.J. 22 holte er die Zustimmung des Senates ein, was Augustus im gleichen Falle nicht getan hätte[48]. Daß der zweite Prinzeps in demselben Jahr 22 der Körperschaft die gesamte Untersuchung in Sachen des Asylrechtes der Tempel in den östlichen Senatsprovinzen überließ, ist bereits eingehend behandelt worden. Das schon einmal zitierte Kapitel des Tacitus, das über die tiberische Staatspraxis handelt[49], hebt ausdrücklich als bezeichnend für die Handhabung der Geschäfte hervor: »Die Staatsangelegenheiten und die wichtigsten Einzelfälle wurden im Senat verhandelt. Die bedeutendsten Senatoren fanden Gelegenheit, sich zur Sache zu äußern und der Herrscher selbst wehrte denen, die sich allzu unterwürfig zeigten.« M. Gelzer[50] hat einmal mit Recht den Finger auf eine Stelle in den sogenannten Fasti Amiternini[51] gelegt, in denen es bei der Erhebung von Libos Todestag[52] zum Staatsfeiertag (13. September) heißt: das sei geschehen, weil der Übeltäter ruchlose Pläne »gegen das Wohlergehen des Tiberius Caesar und seiner Söhne sowie anderer *principes civitatis*« und gegen das Staatswohl geschmiedet habe. Hier erscheinen neben dem Prinzeps bzw. der Mehrzahl der Principes aus der gens Iulia auch Senatoren in der Rangklasse der *principes civitatis,* was nur bei der hohen Stellung der Körperschaft unter Tiberius möglich gewesen ist.

Das Tragische war, daß dieser Prinzeps, der aus dem Senat eine Art Reichsparlament machen wollte, selbst absolut keine Befähigung zum Parlamentarier besaß.

Seine Fähigkeiten lagen vielmehr außer auf dem Gebiete des Militärwesens auf dem der Verwaltung, die im Römerstaat lange vernachlässigt worden war und jetzt nach größerer Beachtung drängte. Es wird Tiberius an der eben angezogenen Stelle des Tacitus[53] bescheinigt, daß er im allgemeinen – von wenigen Fehlgriffen abgesehen – die tüchtigen Männer auszuwählen verstand, und zwar unter Berücksichtigung des »alten Adels, der kriegerischen Verdienste, des Ruhms in den Leistungen und Künsten des Friedens.« Die Beamten von den Konsuln abwärts genossen den Schutz des Prinzeps und konnten sämtlich in ihren Ressorts vollen Gebrauch von ihren Amtsbefugnissen machen. In der Staatsverwaltung und in der Betreuung des herrscherlichen Hausgutes legte er Wert darauf, nur bewährte Kräfte auf die wichtigsten Posten zu berufen. Wer seine Stellung ausfüllte, wurde jahrelang in seinem Amt belassen, wurde in demselben Amt oft alt und grau und bekam schließlich als letzte Ehrung ein feierliches Staatsbegräbnis[54]. Der römische Beamtenstaat, den Augustus' Reformen aufgebaut hatten und der im zweiten Jahrhundert, vor allem durch Hadrian, zur Vollendung kam, hat unstreitig unter diesem Prinzeps eine wichtige Etappe durchlaufen. Die vielen Prozesse wegen Erpressung zeigen, daß er viel mehr als der in der Provinzialverwaltung nicht so rücksichtslos durchgreifende Augustus auf reine Hände seiner Beamten Wert legte.

Tiberius' Sparsamkeit im Staatshaushalt wirkte fast altrömisch. Das Finanzwesen rückte bei diesem um das Gemeinwohl stets besorgten Prinzeps noch mehr in den Mittelpunkt des Staates als unter dem schon außerordentlich finanztüchtigen Augustus. Die Fürsorge für die Provinzen und ihre Bewohner ist auch vom Standpunkt der steuerlichen Belastung der Provinzialen aus ein Ruhmeskapitel des tiberischen Prinzipates. Der Herrscher war ängstlich bemüht, daß sie nicht durch neue Steuern beunruhigt wurden und die alten tragen konnten. In Indien sind Goldmünzen des Tiberius in besonders hoher Zahl gefunden worden. Dies hat zu der Theorie geführt, daß die Römer besondere Münzen mit Tiberius' Bild für den indischen Handel auch noch nach seinem Tode geprägt hätten, also etwas Ähnliches wie die Maria-Theresientaler der Wiener Münze im Levantehandel[55]. Ist diese Theorie richtig, so wirft sie ein helles Licht auf das große Ansehen des tiberischen Finanzsystems.

Tiberius' Hauptsorge aber war die aus der republikanischen Mißwirtschaft überkommene Nahrungsmittelversorgung mit der Proletariern überfüllten Hauptstadt. Hier hat er das Menschenmögliche getan, wie auch bei großen Naturkatastrophen und unvorhergesehenen Unglücksfällen sein Eingreifen mustergültig war. In der hauptstädtischen Lebensmittelbelieferung, der sogenannten *annona,* suchte er gegebenenfalls die Lieferanten durch Zuschüsse aus der Staatskasse vor Überspannung ihrer Leistungsfähigkeit zu bewahren[56]. Bereits Augustus hatte durch seine *lex Iulia de annona*[57] den Privathandel, d.h. die Großkaufleute *(negotiatores)* und die Reeder *(navicularii),* für den Transport und Verkauf von Getreide nach Rom besonderer staatlicher Beaufsichtigung und staatlichem Schutz unterstellt. Auch darin ist Tiberius den von Augustus gewiesenen Weg weitergegangen und hat bei der begonnenen Zurückdrängung der Steuerpächter *(publicani)* die Privatinitiative durch Staatszuschüsse zu heben versucht. Er hat damit allerdings den ersten Schritt getan in der Umwandlung der freien Genossenschaften der *negotiatores* und *navicularii* in die Zwangsverbände der Spätzeit[58].

Für einen Römer, zumal für einen Angehörigen des claudischen Geschlechtes, das so viele Einspänner asozialer Art in seinen Reihen zählte, besaß Tiberius einen sehr entwickelten sozialen Sinn und hat ihn, wo immer es möglich war, auch bestätigt. Es war ihm wirklich ernst mit dem Helfen und mit dem Lindern von Not, und zwar tat er dies immer mit vollen Händen[59]. Ernst nahm er auch seine Hingabe und Fürsorge für den Staat, aus denen er, wie er einmal betont, »Kraft und Trost« für sich selbst gewann[60]. Von einer übertriebenen

Freigelassenenwirtschaft in den höchsten Amtsstellen konnte unter seiner Regierung noch nicht die Rede sein. Die Zahl der Sklaven und Freigelassenen im Herrscherhaushalt war noch mäßig, was ausdrücklich einmal hervorgehoben wird. Der Besitz an Landgütern des Prinzeps in Italien, der besonders unter Nero so unmäßig anschwoll, war noch gering[61]. Das überfeudale Gebaren der nach Tiberius zur Regierung gelangten Nachkommenschaft seines Bruders Drusus, das der folgenden Zeit den Stempel aufgedrückt hat, lag diesem bescheidenen Mann an höchster Stelle noch vollkommen fern. Auch in dieser Beziehung war Tiberius ein zweiter Augustus, ja, er übertraf ihn noch an Zurückhaltung bezüglich äußeren Gepränges und Aufwandes für seine Person.

Nichts aber ist so bezeichnend für Tiberius wie das Gesetz gegen die Wucherer und gegen die als Folge dieses Gesetzes auftretende Wirtschaftskrise[62], in der er durch Einrichtung seiner »agrarischen Darlehnskasse« zum ersten Male den landwirtschaftlichen Kredit zu stützen bzw. zu heben versucht hat.

Bei dem Überhandnehmen der Majestätsprozesse hat Tiberius lange mildernd und retardierend eingegriffen. Wenn er aber einmal losbrach, hat er harten Worten furchtbare Taten folgen lassen. Die im Zug der Zeit liegende Umbiegung des Majestätsverbrechens in einen Gottesfrevel[63] hat er nicht zu verhindern vermocht. Zur Beleidigung der Herrscherpersönlichkeit ist schließlich die des heiliggesprochenen Herrscherbildes gekommen, ein Vergehen, das immer häufiger geworden ist.

In einem Punkt war er ein Kind seiner Zeit, nämlich in bezug auf die Zukunftserforschung und -deutung. Sie suchte er wie seine Zeitgenossen in der astrologischen Pseudowissenschaft, der er noch viel stärker zugewandt war als Augustus. Hielt er sich doch als erster Herrscher in Thrasyllos einen eigenen »Hofastrologen«, der ihn nach Rhodos wie auch nach Capri begleiten mußte[64]. Und dies tat er, obwohl er die Astrologen und Wahrsager aus Italien vertrieb und zwei von ihnen hinrichten ließ[65]. Das berühmte Fortuna-Orakel bei Praeneste hat er – aus welchen Gründen, wissen wir nicht – aufzuheben versucht[66]. Wie stark der in Rom seit alters heimische Aberglaube seit Tiberius' Zeiten zugenommen hat, davon zeugen die Schriften des Tacitus, der sogar die Geschichte von dem Ägypten nach vielen Jahrhunderten wiedererschienenen Vogel »Phönix« auftischt[67] und über die berühmten Wunderheilungen des Prinzeps Vespasian in Alexandria berichtet[68]. Wir treten mit der Zeit des Augustus und des Tiberius bereits in das große Glaubenszeitalter der mittelmeerischen

Menschheit ein, in dem die Entstehung des Christentums das weltge-schichtlich bedeutungsvollste Ereignis ist. Auch dadurch ist diese Epoche ein »Wende der Zeiten« geworden.

Unter Tiberius, dem ein unerbittlich schweres Schicksal Schlag auf Schlag versetzt hat und dem aus tiefstem Leid immer wieder Kraft zugeströmt ist, wie allen leiderprobten Menschen, wurde der unter Augustus i. J. 7 v. Chr. geborene Jesus für seinen neuen Glauben von dem Prokurator Pontius Pilatus (26–36) gerichtet. Er hat des Hei-lands Anspruch auf die Rolle des Messias für den Versuch einer politischen Usurpation gehalten und hat das Epitheton »König der Juden« ins Protokoll und ans Kreuz schreiben lassen[69], obwohl dadurch der rein religiösen Bewegung ein ganz fremder Charakter verliehen wurde. Es ist das große Wunder der »Fülle der Zeit«: mitten in dieser korrupten Welt, in der Tiberius aus Angst vor sich selbst und vor seinen von ihm verachteten Mitmenschen nach Capri geflohen war und Seian sein Terrorregiment in Rom aufrichtete, gründete ein gotterfüllter Mann im Osten des Reiches an den Ufern des Jordan eine neue Religion mit einer neuen Ethik, deren Anhänger seine Auferstehung am dritten Tage verkündeten, und die alle Kon-kurrenzreligionen des Orients, obwohl auch sie von ihrem Gotte sagten, daß er gelitten habe und auferstanden sei, dereinst überwin-den sollte.

Zu dem einsam gewordenen »Inselfürsten« von Capri drang nichts von alledem, was weit in der Ferne im kleinen Palästina geschah. Erst unter seinem zweiten Nachfolger, seines Bruders Sohn Claudius, hören wir, daß unter der stadtrömischen Judengemeinde »wegen eines gewissen Chrestos« Unruhen ausbrachen und polizeili-cher Zugriff verlangt wurde[70]. Wie sich Tiberius und Seian zu dem neuen Glauben verhalten hätten, darf man vielleicht aus ihrer Hal-tung dem Judentum gegenüber schließen, das gerade unter ihnen stark missionierend auftrat. Es werden uns i. J. 19 Judenausweisun-gen aus Rom gemeldet[71], allerdings wegen grober Unterschlagungen bei der Sammlung der freiwilligen Juden-Tempelsteuer und bei ande-ren Kollekten, aber auch wegen Versammlungen, die der Proselyten-macherei[72] dienten.

Neben dem Judentum entfalteten auch die Anhänger des ägypti-schen Isiskultes eine erfolgreich fortschreitende Missionstätigkeit – erfolgreich beide, weil sie offenbar den neu erwachten religiösen Bedürfnissen einer in rohem Materialismus versunkenen Welt, vor allem dem Streben nach Vergebung der Sünden, entgegenkamen und göttliche Offenbarung anstelle des irdischen Wissens setzten, wie schon der eigentliche Schöpfer der neuen Glaubenswelt, der syrische Grieche Poseidonios aus Apameia, gelehrt hatte. Auch den Isistempel von Rom hat Tiberius vor die Stadt verwiesen, wohl nicht so sehr aus Bedenken gegen die Lehre als vielmehr wegen der üblen Exzesse, die diesem Kult nachgesagt wurden[73]. Er hat auch Germanicus getadelt, weil er sich bei seinem Besuch in Ägypten nicht Augustus' Zurückhaltung den ägyptischen Göttern gegenüber auferlegt hatte. Der claudische Throninhaber war also in dieser Beziehung noch exklusiver als sein großer Vorgänger. Das wäre auch dem neuen Heiland des Menschengeschlechtes widerfahren, wenn sein Märtyrertod und seine Auferstehung dem Nesiarchen von Capri bekannt geworden wäre. Religiös waren es zwei Welten, die noch nicht zueinander gefunden hatten so nahe sie sich auch standen in all den Leiden, die die Großen dieser Übergangzeit durchmachen mußten.

In Rom ging bald nach Jesus' Tod auch der letzte der großen Herrscher der »Zeitenwende« dahin. Auch Caesar, Augustus und Tiberius waren Märtyrer, allerdings nicht aus religiösen Gründen wie Jesus, sondern Märtyrer des damals größten Staatsgebildes der Weltgeschichte. Die Umformung des Reiches von der Vielherrschaft des Senates zur Einherrschaft ist nicht ohne schwerste Opfer vor sich gegangen. Caesar, der größte Römer aller Zeiten, hat sein Leben, Augustus hat seine Familie, Tiberius sein Menschentum dem Staate geopfert. Das Opfer des Claudiers war noch schwerer als das seiner Vorgänger. Dieses hohe Menschentum, dieses Leben, das innerlich so reich, aber innerlich auch so schwer gehemmt war, hingeben zu müssen, war ein furchtbarer Zusammenbruch individuellen Erdendaseins; es mußte hingegeben werden an ein Staatsgefüge, das trotz aller Aufbauarbeit des Augustus zum Absterben und zum Untergang verurteilt war.

Es ist ein merkwürdiges Zusammentreffen, daß die neue Macht der Weltgeschichte, das Christentum, durch Jesus' Kreuzigung und Tod seine höchste Weihe und Wirkungsmöglichkeit für alle Zeiten in derselben Stunde erhalten hat, in der auch der größte Märtyrer des römischen Staates seinem so traurigen Ende entgegenging. Kaum war das »Kreuziget ihn« über den größten Märtyrer der Menschheit ausgesprochen, da ertönte nach des zweiten Prinzeps Tod der Ruf der römischen Massen: »*Tiberium in Tiberim* – Werft den Tiberius in den Tiber!«

Das gewaltige Eroberer- und Herrschervolk der großen Geschlechter ertrug den wirklich hervorragenden Einzelnen nicht mehr, schon deshalb nicht mehr, weil er seines Volkes Eigenart so rein und offensichtlich verkörperte, aber in einer Zeit, die ihn nicht mehr verstand. Eine neue Zeit hob an, in der über Rom die griechische Oikumene-Idee und ihr früh graecisierter Heiland triumphierten.

2.

Antithese: Augustus, Tiberius und die Drusus-Nachkommenschaft Caligula, Claudius, Nero. Die später Rache des Antonius für Actium und die beiden Agrippinen. Tacitus als Verkünder ihres Haßgesanges gegen Livia und Tiberius: keine historische Gerechtigkeit trotz »sine ira et studio«.

Das gewaltige Werk des Augustus, die Neuformung vom Staat und Gesellschaft, hat einen merkwürdigen Gang genommen – auf alle Fälle gerade entgegengesetzt dem, den sein Schöpfer beabsichtigt hatte. Sein letzter und höchster Wunsch war sicher gewesen, den Germanicus und damit die Nachkommenschaft des geliebteren der beiden Stiefsöhne, des Drusus, an der Spitze des Reiches zu sehen[1]. Tiberius war als Zwischenfigur und Aushilfe gedacht. Es war ja auch bei seinem Alter zur Zeit der Regierungsübernahme und bei seinem Gesundheitszustand mit einem baldigen Wechsel in der Leitung des Staates zu rechnen. Das Schicksal hat es anders gefügt. Tiberius ist 78 Jahre alt, noch zwei Jahre älter als sein Vorgänger geworden und hat 23 Jahre allein regiert. Germanicus dagegen ist im Alter Alexanders des Großen dahingerafft worden.

Die Folge war: nicht der glänzende Sohn des Drusus, Philhellene vom Scheitel bis zur Sohle, sondern der alte, ganz römisch ausgerichtete Tiberius hat das große Erbe des Augustus verwalten müssen. Und wie hat er es verwaltet! Bei aller Verschiedenheit der Charaktere von »Vater« und »Sohn« hat es der zweite Prinzeps in geradezu vorbildlicher Weise als seine Lebensaufgabe betrachtet, das bewundernswerte Werk des größten europäischen Staatsmannes der Antike der Nachwelt zu erhalten, allerdings mit einer gewissen Erhöhung der Stellung des Senates im Reichsorganismus und mit einer strafferen Führung der Provinzialverwaltung, die manche Eigentümlichkeiten des Beamtenstaates des zweiten Jahrhunderts vorausgenommen hat. Die erste Neuerung bedeutete ein gewisses Entgegenkommen gegenüber der alten Führerschicht des republikanischen Staates, die zweite dagegen nahm ihr zum Teil die gewaltigen Einkünfte, die auf das alte Raubstaatsystem in den bisher nur als Ausbeutungsobjekt betrachteten

Provinzen zurückzuführen waren, und zwar in einer Weise, wie das Augustus noch nicht gewagt hatte. Es lag hier also wirklich ein Schwimmen gegen den Strom vor, zu dem schon Mut gehörte. Es hat »wesentlich zu der Güte des Kaiserregimentes beigetragen, die der Provinziale Strabo in seiner Erdbeschreibung aus den ersten Jahren des Tiberius rühmt²«. Der Versuch einer Hebung des Senates als mitregierender Körperschaft hätte eine Weiterbildung des augusteischen Prinzipates über den Schöpfer hinaus bringen können, und zwar in der Richtung auf eine republikanische Rückbildung des Staates, wenn nicht, wie es Tacitus an einer berühmten Stelle des Annalen-Anfangs³ ausgedrückt hat, sich alle der Knechtschaft in die Arme geworfen hätten, Konsuln, Senatoren und Ritter. Eine »Dyarchie«, d.h. die Zweiherrschaft von Prinzeps und Senat, die Mommsen fälschlich schon für die Zeit des Augustus angenommen hat, jetzt noch zu schaffen, erwies sich bei dem korrupten Zustand der Aristokratie als unmöglich. Aber vor allem hat Seian durch seine starke Machtstellung, die er sich als einziger Gardepräfekt, zuletzt als allmächtiger Hausmeier geschaffen hatte, die Möglichkeit einer ernstlich erstrebten dauernden Erhaltung und Weiterbildung des Prinzipates zerstört, zum größten Schaden für den in neue Bahnen gelenkten Römerstaat.

Die persönlichen charakterlichen Gegensätze zwischen Augustus und Tiberius und die daraus sich ungewollt ergebenden Verschiedenheiten von beider Prinzipat waren in keinem Punkte derart, daß sie Augustus' Werk gefährdet hätten. Im Gegenteil, es hätte durch die unablässige Arbeit dieses getreuen Ekkehart noch verbessert und ausgestaltet werden können. Augustus hätte sich auch innenpolitisch – abgesehen von den ihm wohlbekannten Schwierigkeiten, die sich aus der Veranlagung des Tiberius ergaben – keinen besseren Nachfolger wünschen können. Der innerlich ganz anders geartete Mann konnte nichts dafür, daß ihm die glückliche Gabe des Augustus versagt war, »das Notwendige mit Anmut und Leichtigkeit zu tun und so die Bevormundung durch den Herrscher einer stolzen Aristokratie tragbar zu machen«⁴.

Aber auf dem Prinzipatsschöpfer lastet die Verantwortung dafür, daß er dem Mitregiment von Frauen, wenn auch noch in wenig hervortretender Form, durch die Verleihung des Augusta-Titels an die überlebende Gattin Tür und Tor in dem so männerstolzen Rom geöffnet hat. Und neben Augustus selbst trug seine Tochter Iulia die Schuld. Ihr Vermächtnis war der stolze, starre und herrschsüchtige Sinn der beiden Agrippinen, der Tochter und der Enkelin, die den

Übergang in die monarchische Form des Staatswesens nicht zu vollziehen vermocht und Tiberius' ernstes Bemühen um die Erhaltung der großen Staatsschöpfung in mehr republikanischer Form sabotiert haben. Der eigentliche Gegenspieler des unglücklichen Fürsten war Seian, der die caesarische Militärmonarchie und Autokratie allzufrüh wieder aufleben ließ und damit für die Nachfolger des Tiberius zum Vorbild wurde.

Nicht Tiberius, sondern seine Nachfolger auf dem Thron tragen die Schuld an der großen Enttäuschung über die Weiterentwicklung des augusteischen Prinzipates. Zeitlebens hatte Augustus auf Drusus und, als dieser ihm und Livia in dem blühenden Alter von noch nicht dreißig Jahren genommen wurde, auf seine Nachkommenschaft alle Hoffnung gesetzt. In der stark übertreibenden Licht- und Schattenverteilung der taciteischen Schilderung von Germanicus und Tiberius spielt die Figur des nur von Licht umstrahlten kommenden Mannes, des ersten »liberalen Kronprinzen der Weltgeschichte« eine große Rolle⁵. Aber i. J. 19 fiel der Vorhang, und Germanicus sank vorzeitig ins Grab. Die Welt konnte nicht die Probe aufs Exempel machen, ob des Drusus Sohn das Reich besser regiert hätte als des Drusus älterer Bruder, dem alle Menschen, trotz seines redlichen Bemühens, seine Pflicht zu erfüllen, so übel wollten.

Am 16. März 37, als der überalterte zweite Prinzeps abberufen wurde, atmete die Welt auf. Des Drusus Enkel, Germanicus' dritter Sohn, Gaius Caesar, genannt Caligula, übernahm die erste Stelle im Staate. Wie nicht anders zu erwarten war, wurde der junge Mann aus der schon lange volkstümlichen Familie mit größtem Jubel als Bringer der Freiheit begrüßt, nachdem der Sturz des Seian nur die Errichtung einer Statue der Freiheit durch den Senat, nicht aber diese selbst gebracht hatte. Man erwartete das Paradies auf Erden nach der Hölle der letzten Jahre⁶. Am 18. März wurde Gaius vom Senat, der dem Beispiel der Praetorianer folgte, als Imperator begrüßt und zehn Tage später mit allen Befugnissen eines Prinzeps ausgestattet. Es schien, als ob der neue Herrscher die großen Hoffnungen, die man auf ihn setzte, erfüllen werde. Er verzichtete auf den Vornamen Imperator, und seine Nachfolger sind ihm darin zunächst gefolgt, offenbar um rein äußerlich die Form der alten *res publica* zu wahren. Alles war aber, wie sich sehr bald zeigen sollte, mehr oder weniger Schein. Vor allem hat Gaius das bei seinem Regierungsantritt gegebene Versprechen, die Herrschaft mit dem Senat nach dem Vorbild des Tiberius teilen zu wollen, sofort gebrochen. Demütigungen, ja Bedrohungen der hohen Körperschaft folgten. Schnell gewann die Richtung Seians

Oberwasser; sie wurde später von Nero fortgesetzt, der ja in der Zeit seiner Selbstregierung sogar mit dem Gedanken einer völligen Beseitigung des Senates gespielt hat.

Nicht Tiberius' Prinzipat, sondern Seians auf die Praetorianer gestützte Militärherrschaft, d. h. die reine Autokratie, wurde Caligulas Vorbild. Der junge Mann, in dessen Adern Antonius' Blut pulste, war von Natur, wie sich bald zeigte, eine durchaus selbstherrliche Persönlichkeit, der alle Vorbedingungen für die Einhaltung der dem Prinzipat verfassungsmäßig gesetzten Schranken, besonders jeglicher Takt, fehlten. Sofort wurde daher die von Augustus fein ausgeklügelte Ausbalancierung des Verhältnisses von Prinzeps zu Senat wieder aufgegeben, und dies nach Tiberius' Versuch, der Körperschaft eine gehobenere Stellung im Staate einzuräumen. Auch das größte »Geheimnis der Herrschaft« *(arcanum imperii)* im Prinzipat, nämlich die Verhüllung seiner militärischen Grundlage, wurde schnell enthüllt. Gaius ließ sich im Hinblick auf seine Geburt und darauf, daß er unter den Soldaten aufgewachsen war, nicht nur »Sohn des Militärlagers (filius castrorum)« nennen, sondern bald auch »Vater der Heere *(pater exercituum)*«. Endlich erhielt die erhöhte *auctoritas* des Prinzeps, der entscheidende Faktor seiner Machtstellung, eine Auslegung, die den jungen Herrscher sofort allmächtig werden ließ. Gaius betrachtete sich nämlich als Verkörperung des Gesetzes und tat ohne Rücksicht auf die Verfassung alles, was er wollte, im Bedarfsfall bis zur freien Verfügung über das Privateigentum der Reichsangehörigen und bis zu schwersten Eingriffen in das Erbrecht, beginnend mit der Anfechtung von Tiberius' Testament.

Daß dieser sämtliche Schranken überspringende Prinzeps auch alle Konsequenzen aus dem Herrscherkult zog und sich bald als Iuppiter Optimus Maximus selbst fühlte, ist leicht begreiflich. Augustus' Schwäche gegenüber Livia aber ist es zuzuschreiben, daß Gaius mit seinen Schwestern, vor allem mit seiner Lieblingsschwester Drusilla, einen unerhörten Kult trieb. Hatte schon der Dynastiegründer durch die Annahme seiner Gattin an Kindesstatt im Testament das Vorbild für eine, wenn auch nur ganz künstliche, Bruder-Schwester-Herrschaft (Tiberius – Iulia Augusta) gegeben, so wurde jetzt Gaius sehr zum Unsegen der neuen Regierungsform in dieser Beziehung sein gelehrigster Schüler. Er ließ die Schwestern in den Treueid und in die staatlichen Gebete für das Heil des Prinzeps aufnehmen. Ja, während einer schweren Krankheit setzte er sogar die Lieblingsschwester zur Erbin nicht nur seines Vermögens, sondern auch der Herrschaft ein. Die von dem entarteten Antoniusurenkel schließlich beabsichtigte

Geschwisterheirat nach ptolemäischem Muster wurde nur durch Drusillas frühen Tod verhindert. Dafür ist sie nach ihrem Ableben zur ersten herrscherlichen Göttin *(Diva)* erhoben worden. Dies hat zu der Merkwürdigkeit geführt, daß die erste Apotheose nach Augustus' Vergottung einer Frau zuteil geworden ist, und zwar nicht Livia[7], was im Sinne des Augustus gewesen wäre, sondern dieser unbedeutenden Drusus-Enkelin.

So haben Augustus' übergroße Liebe zur Gattin und Antonius' unrömisches Gebaren im Orient gleichermaßen auf diesen entarteten Sprößling des Germanicus abgefärbt, und haben nach der gewaltigen Menschentragödie des Tiberius das Satyrspiel nicht fehlen lassen. Bis zu einem gewissen Grade kann das, was hier vor sich ging, als die späte Rache des Antonius für seine Niederlage bei Actium bezeichnet werden.

Man sieht deutlich, was aus der Prinzepsstellung im Staate gemacht werden konnte, wenn sie, wie hier, in die unrechten Hände kam. Hatte Tiberius, tief durchdrungen von den hohen Pflichten, die ihm die Führerstellung im Staate auferlegte, sein hohes Amt in stoischem Geiste und, wie schon manche hellenistische Herrscher, als Knechtsdienst am Volk und an der Menschheit aufgefaßt, so war für Caligula dieselbe Stellung nur das Mittel zur schrankenlosen Befriedigung seines wilden Trieblebens auf allen Gebieten. Der Genuß der persönlichen Macht war das einzige Ziel seines kurzen Lebens. Der Gedanke, daß mit einer so hohen Stellung außergewöhnliche Pflichterfüllung und Verantwortlichkeit verbunden sind, ist ihm offenbar gar nicht in den Sinn gekommen.

Die caesarische Autokratie in der Form, in der sie Antonius im Orient verkörpert und sie Seian von neuem beabsichtigt hatte, wurde auf diese Weise bereits ein Vierteljahrhundert nach Augustus' Tod Wirklichkeit. Den augusteischen Prinzipat in völlig reiner Form zu erhalten, hat eigentlich nur Tiberius versucht. Jetzt wurde er ersetzt durch die Kaiserherrschaft.

Immerhin war Gaius der einzige Fürst, der den Staat noch selbst geleitet hat, so sehr er auch durch seine Despotie die Verfassung außer Kraft gesetzt hat. Er büßte mit dem Tode durch Mörderhand und durch die Erklärung zum Staatsfeind, dessen Regierungsakte von seinem Nachfolger für ungültig erklärt wurden *(rescissio actorum[8])*.

Was danach kam, war der Versuch eines Ersatzes der schon von Augustus für nötig erachteten Mitregentenschaften und Gehilfenstellungen, durch neue Lösungen von Stellvertretungen, die den Prinzeps nicht nur bei der wachsenden Fülle der Aufgaben, sondern auch –

und dies vor allem – wenn ein Machthaber für die Riesenposition ungeeignet war, entlasten sollten. Dies zeigte sich bereits bei dem für die hohe Stellung gänzlich untauglichen Claudius, dem Bruder des Germanicus, auf den in Ermangelung eines passenden Thronkandidaten aus der Drususdeszendenz zurückgegriffen wurde.

Wie Caligulas Ermordung, so ist auch des Claudius Erhebung von der Praetorianergarde ausgegangen, und der Senat, der bei dieser Gelegenheit, gestützt auf die städtischen Kohorten *(cohortes urbanae)*, vorübergehend an die Beseitigung des Prinzipates und an die Wiederherstellung der Republik gedacht hatte, mußte nachträglich seine Zustimmung zu der Wahl der Soldaten geben. Dem Historiker Tacitus ist das Wort vom »Gaukelspiel des Menschendaseins *(ludibria rerum mortalium)*« entschlüpft[9], als er mißbilligend feststellen mußte, daß ein solcher Mann zum Throne gelangen konnte. Die Wahl des alten Herrn, der wissenschaftlich wohl mancherlei Verdienste hatte, aber im praktischen Leben, abgesehen vom Richterberuf, den er zeitlebens bevorzugte, nichts bedeutete, war eine Notlösung allerschlimmster Art.

Im Gegensatz zu dem Gebaren des Gaius betonte man unter seiner Regierung stärker den patriarchalischen Charakter des Staates, während sich der Herrscher mehr als bisher in den Palast zurückzuziehen begann und andere für ihn die Regierung führten und die Arbeit verrichteten.

Dadurch, daß die Garde bei der Kür des neuen unglücklichen Throninhabers entscheidend eingegriffen hatte, schwebte Seians Geist bis zu einem gewissen Grad auch über diesem Prinzipat. Die Garde wurde unter Claudius so recht die Palasttruppe des Herrschers mit dessen Gesamthaus sie gleichsam ein familiäres Band umschlang[10].

Infolge des erneuten und verstärkten Eindringens haus- und privatwirtschaftlicher Vorstellungen und Einrichtungen in den Staats- und Hofhaushalt – wie schon unter Caesar – ging unter Claudius die bis dahin ganz persönliche Führung der Geschäfte durch den Prinzeps selbst an die Hofämter über, denen Freigelassene, meist griechischer Herkunft, vorstanden, vor allem an die drei großen Hauptämter, das Geheimsekretariat für die Korrespondenz des Herrschers *(ab epistulis,* an der Spitze der Freigelassene Narcissus), das Finanzamt *(a rationibus* unter Pallas) und das Bittschriften- und Audienzen-Vermittlungssekretariat *(a libellis* unter Polybios). Der hervorragendste unter diesen Gehilfen des Schwächlings war Narcissus, der als Mensch und Staatsmann von wirklicher Bedeutung war. Er hat den

Sturz der Messalina, der dritten Frau des Prinzeps, herbeigeführt und Claudius' Nichte, Iulia Agrippina, Neros Mutter, auf den Thron gebracht.

Was Drusilla unter Gaius gewesen war, das bedeutete unter Claudius in erhöhtem Maße ihre jüngere Schwester, eben diese Iulia Agrippina. Wie einst Livia wurde sie Augusta, diesmal nicht nur dem Namen, sondern auch der Sache nach. Seit d.J. 50 hatte sie tatsächlich die Leitung des römischen Reiches in Händen, während sich Claudius immer mehr auf die Rechtsprechung, sein Steckenpferd, zurückzog und statt Prinzeps immer mehr der erste Richter und ein beachtlicher Rechtsreformer seines Staates, auch zugunsten der Provinzen, wurde. Darin erinnerte er an Tiberius[11]. Im Palast aber entwickelte sich neben der Freigelassenenwirtschaft nun auch ein Weiberregiment, in dem die Auswüchse des claudischen Systems besonders zutage traten. Das Ende war die Vergiftung des Claudius, die Beiseiteschiebung seines Sohnes Britannicus (des Sohnes der Messalina) und die Erhebung Neros auf den Thron – aber auch die Apotheose des Ermordeten, die man mit Recht als einen »politisch berechneten Akt und Ausdruck der Machtstellung Agrippinas« bezeichnet hat[12].

Wieder wurde dem dynastischen Prinzep entsprechend, wie Caligula, ein völlig ungeeigneter Jugendlicher zum Prinzeps erhoben, zunächst unter Führung seiner Mutter, die aber klugerweise zwei Männer von Bedeutung zu Beratern nahm, den Praetorianerpräfekten Afranius Burrus und des neuen Prinzeps Lehrer und Erzieher Seneca. Dieser aber hat durch seine gesalzene Spottschrift, die *Apokolokyntosis*, die Herrschermutter in einem meisterhaften Schachzug politisch matt gesetzt[13]. So wurde diesmal der junge Herrscher entlastet oder, besser gesagt, ausgeschaltet, nicht durch untergeordnete Organe aus der Schicht der Freigelassenen des Hofes, sondern durch Vertreter der Bildung und der höheren Gesellschaftsschicht. Sie hielten nicht nur den Prinzeps von der Rechtspflege fern, sondern führten auch eine reinliche Scheidung zwischen Hof- und Staatsleitung durch. Unstreitig wurde Seneca, bis dahin der größte Theoretiker des Prinzipates, in praxi die Seele der neuen Regierung und verwirklichte Platons Satz, daß der Philosoph den Staat regieren solle. Durch diese weise Führung zählten, wie noch Traian später anerkannte, die ersten fünf Jahre der neronischen Regierung zu den besten, die der Prinzipat durchlebt hat, aber nur dadurch, daß der Prinzeps von der Regierung möglichst ferngehalten wurde – eine Lösung, die natürlich Augustus' Wollen völlig zuwiderlief.

Aber der glückliche Zustand, der Senecas Weitblick und Sach-kenntnis zu verdanken war, ließ sich nicht lange aufrecht erhalten. Je älter und selbstbewußter Nero wurde, um so schwieriger wurde dies. Im Jahre 59 beschuldigte er die Mutter, sie habe die Absicht, sich von der hauptstädtischen Bevölkerung und den Truppen den Gefolg-schaftstreueid leisten zu lassen. Sie fiel als erstes Opfer des selbstän-dig gewordenen Unmenschen. Bald starb Afranius Burrus eines natürlichen Todes. Im Jahr 65 ging Seneca bei der pisonischen Verschwörung, dem größten Blutbad in der vornehmen Gesellschaft Roms seit den Tagen des Seiansturzes, zugrunde. Nero schaltete seitdem wie einst Caligula nach reiner Willkür und Laune.

Octavian und Agrippa waren als Jugendliche an die Spitze des Staates getreten und hatten der Welt gezeigt, was innerlich früh gefestigte, in strengster Selbstzucht lebende, gottbegnadete Jugend nach einem bis dahin unerreichten Vorbild, dem des großen Alexan-der, für einen Staatsneubau zu leisten vermochte. Caligula und Nero, ebenfalls zwei in jungen Jahren Emporgekommene, haben erwiesen, was Jugend, an die gleiche Stelle gesetzt, aber ohne die Verpflichtung zu empfinden, aus sich heraus die neue Stellung erst zu erobern, zu verderben imstande ist. Den Muttermörder, der schon bei Lebzeiten zum Staatsfeind erklärt, d.h. abgesetzt und zum Tode verurteilt worden war[14], ereilte im Juni 68 das verdiente Schicksal. So endete der Prinzipat in Mord und Totschlag, weil er nach dem Willen des Augustus an das iulische und claudische Blut gebunden war.

Es scheint fast, »die Narren und Bösewichte« aus der Drusus-Nachkommenschaft haben das erhabene Werk des Augustus, das mit Recht ein Forscher einmal als »eine der genialsten Konzeptionen der Weltgeschichte« bezeichnet hat[15], nicht mehr verstanden, vielleicht nicht mehr verstehen wollen. Sie haben es daher vernichtet. Der Führerstaat war von Augustus errichtet und von Tiberius in durchaus loyaler Weise weitergeführt worden, aber der wahre Prinzeps fehlte nur allzu bald. Nach dem Narrenregiment des Caligula versuchte man, ihn durch Organisation und Weiberregiment zu ersetzen. Aber Organisation ersetzt, mag sie auch noch so fein ausgeklügelt sein, niemals die lebendige Kraft, die von der wirklich großen Persönlich-keit ausströmt. Noch mehr aber rächte es sich, daß Augustus durch die Übernahme von Caesars dynastischen Plänen den Prinzipat mit einem Fremdkörper belastet hatte, nämlich mit der Vererbung der Führerstellung auf Angehörige des eigenen Hauses. Dadurch hat er das Suchen nach dem »Ersten der Bürger«, der natürlich auch »der Beste« sein mußte, auf einen kleinen Kreis von Degenerierten eingeengt, anstatt die Möglichkeit zu geben, die Auslese auf die gesamte Senatorenschicht, wie es später seit Nerva geschah, auszudehnen[16].

Aber das traurigste Kapitel in der Geschichte des Frühprinzipates war das der Frau. Der Mangel eines Sohnes trotz dreier Ehen des Augustus hat der sittenlosen einzigen Tochter Iulia eine bedauerliche, überragende Bedeutung im augusteischen System gegeben. Als die Katstrophe über sie i. J. 2 v. Chr. hereingebrochen war und ihre beiden ältesten Söhne, die von Augustus adoptiert und für die Nachfolge in Aussicht genommen waren, frühzeitig starben, hat Livia in dem Prinzipat des Tiberius durch die letztwillige Adoption in die *gens Iulia* eine mitbestimmende Rolle erhalten, die sich für die neue Staatsform nicht günstig ausgewirkt hat.

Jedoch wirklich geschadet hat ihr erst Iulias Tochter Vipsania Agrippina, die nach ihres Gatten Germanicus Tod die Gegenspielerin des Tiberius geworden ist. Ihre Tochter, Iulia Agrippina, Neros Mutter und Claudius' vierte Gemahlin, ist es dann gewesen, die das Frauenregiment erst voll ausgebildet hat. Die beiden Agrippinen wurden die lebendigen Zeuginnen für den oben aufgestellten Satz, daß die Frauen der Dynastie bei dem Übergang in die Monarchie sich in die neuen Verhältnisse nicht richtig hineingefunden haben. Und dafür trägt Augustus letzlich allein die Schuld, weil er Livia zur Augusta erhob, ehe noch ein männlicher Nachfolger den Namen Augustus übernommen hatte. Der Römerstaat hat wohl Augusti, nicht aber Augustae zu ertragen vermocht. Die weiblichen Träger dieses hehren Namens sind ihm zum Unglück geworden. Die zweite der Agrippinen, die schließlich das Opfer ihres eigenen Sohnes wurde, hat dies am sinnfälligsten erwiesen[17].

Sie ist es gewesen, die der neuen Staatsform, die Tiberius so ernst und voll tiefsten Verantwortungsbewußtseins im Sinne ihres Schöpfers erhalten wollte, auch in der Überlieferung an die Nachwelt den Todesstoß versetzt hat. Wie ihre Mutter durch ihr Auftreten und ihre Handlungsweise, so hat sie nicht nur dadurch, sondern auch durch ihre Memoiren dem Prinzipat wie kein anderer geschadet. Denn sie hat der Mutter Haßgesang gegen Livia und ihren ältesten Sohn mit seinen Entstellungen und Verzeichnungen in der historischen Literatur zu einer Geltung verholfen, die alle anderen Auffassungen und Beurteilungen kaum zu Worte kommen ließ.

Ihre Darstellung der beiden hochwertigen Menschen ist offenbar indirekt, durch eine Zwischenquelle, auch zu Tacitus gelangt. Er hat Tiberius als den immer ungerechten, heuchlerischen, grausamen und boshaften Tyrannen dargestellt, Tiberius, der in Wirklichkeit das gerade Gegenteil davon war. Das Problem »Tiberius und Tacitus« ist viel behandelt worden, aber immer noch nicht in seiner ganzen Tiefe erfaßt: der bedeutende, noch einmal altrömisch ausgerichtete Staatsmann und der ganz ähnlich empfindende größte Historiker aus Roms Spätzeit haben sich nicht gefunden. Dies ist das Merkwürdigste an Tacitus' Alterswerk, den Annalen. Denn seltsamerweise waren die beiden Männer als Menschen wie als Römer gar nicht so verschieden voneinander. Beide waren keine Philhellenen im üblichen Sinne des Wortes, sondern bewußte Römer, die vieles ablehnten, das das jüngere Griechentum an sich hatte[18]. Aber trotzdem, welch' ein verzerrtes Tiberiusbild ist unter dem Einfluß tendenziöser Vorlagen und durch die falsche Benutzung der Historie zu Erziehungszwecken[19] zustande gekommen!

Wenn man dieses völlig verzeichnete Bild seiner Entstehung nach begreifen will, muß man davon ausgehen, daß bei Tacitus nicht nur Tiberius, sondern bereits Augustus in seiner Größe verkannt ist. Schon die Stoffwahl der Annalen »Vom Ende des verewigten Augustus *(ab excessu Divi Augusti)*« und nicht, wie man doch erwarten sollte, von dem Regierungsanfang des großen Staatsneugründers an, gibt sehr zu denken. Schon dieser wenig glückliche Anfang einer Geschichte »der Kaiserzeit« ist ein für moderne Forscher unbegreifliches Vorübergehen an dem größten Problem der letzten zwei Jahrhunderte römischer Geschichte, nämlich an der Frage nach den Ursachen des Unterganges der aristokratisch-republikanischen Staatsform und ihres Ersatzes durch die Einherrschaft, also an einer Frage, die jedem wirklich historisch Denkenden nach dem Sturz der zweiten »Kaiser«-Dynastie gestellt war[20]. Statt dessen wird dieses Problem in der Einleitung zu den Annalen kurz beiseite geschoben: »Ich habe den Entschluß gefaßt, von Augustus nur einiges und nur die letzte Zeit zu geben, vielmehr den Prinzipat des Tiberius und seiner Nachfolger darzustellen, und zwar ohne Antipathie und Sympathie *(sine ira et studio)*, wozu hier keine Veranlassung vorliegt[21].« Was dann der glänzende Schriftsteller zur Würdigung des von Augustus geschaffenen Lebenswerkes zu sagen hat, wirkt nach dem hervorragenden Überblick über den Zustand des Reiches bei Neros Tod im Beginn der zehn Jahre früher auf dem Höhepunkt seines Schaffens geschriebenen »Historien« (1, 4–7) geradezu kläglich. Ja, man empfindet es peinlich, daß in der Zeichnung des Augustusbildes durch die Gegenüberstellung der günstigen und ungünstigen Urteile über den großen Staatsreformator die öffentliche Meinung dadurch verfälscht wird, daß die Verkleinerer und die mißgünstigen Bewerter in völlig einseitiger Berichterstattung solcher Größe gegenüber aufs stärkste bevorzugt zu Worte kommen[22]. Nach diesen einleitenden Kapiteln liegt schon klar zutage: die Annalen bringen nicht mehr eine gerecht abwägende Geschichtsdarstellung, geben also nicht, obwohl es vorher ausgesprochen wird, eine *sine ira et studio* gehaltene Bewertung. Was dabei herauskommt, steht zu der Wirklichkeit in einem schreienden Mißverhältnis. Der Begründer des Prinzipates wird nicht als der schöpferische Mann erkannt, der er gewesen ist, sondern ist nur einer von vielen, »nur eine gewöhnliche Gestalt aus der Reihe der Despoten[23].« Dies kann nur in folgender Weise erklärt werden: der Autor der »Historien« hatte unterdessen die neue Staatsform trotz aller Lichter, die ihr der damals regierende Prinzeps Traian aufgesteckt hatte, als für das Römertum nicht passend erkannt. Daher wird ihr Schöpfer gleich an dieser Stelle der Annalen gewissermaßen vom Volke gerichtet und in dieses Gericht wird auch seine tüchtige Frau, die Livia, mit eingeschlossen. Sie wird zur Vertreterin weiblicher Zügellosigkeit[24], zur Giftmischerin[25] und Mörderin[26] gestempelt; ja, am Tode des großen Gatten soll sie nicht unschuldig sein[27].

Wenn man sich alles dies vor Augen hält, ist die Verzeichnung des Tiberiusbildes nicht mehr so überraschend, zumal sofort eine moralisierende Betrachtungsweise anhebt, die nur allzu oft nicht mehr fragt, ob die Geschichte wahr, sondern nur noch, ob sie im Sinne der erzieherischen Aufgabe dieser Art der Geschichtsschreibung wirksam ist. Tacitus brauchte auch im Rahmen seiner gerade im Annalenanfang so hochkünstlerischen Komposition neben der Lichtgestalt des Germanicus eine kontrastierende Schattenfigur. Deshalb übernahm er so bereitwillig den »Tyrannen« aus seiner Hauptvorlage, die das Gift der Agrippina-Memoiren in sich aufgesogen hatte. Und obwohl der Historiker wußte, daß seine Vorgänger fast alle so gern »alles Ungünstige gegen Tiberius hervorsuchten und noch übertrieben[28]« — Worte des Tacitus selbst —, hat er die seiner Quelle entnommene verfälschte Menschentragödie noch an manchen Punkten aus den Akten, aus Spezialwerken sowie aus mündlicher Tradition zu ergänzen, stilistisch zu verfeinern und zu »verbessern« gesucht. Das einzig Wertvolle ist die ausgiebige Benutzung der Senatsakten[29] und damit die Übernahme von Reden und Briefen des Tiberius, zum Teil im Wortlaut, falls nicht auch hier schon die Vorlage vorgearbeitet hatte.

Mit Recht ist betont worden[30]: »Es bleibt ewig merkwürdig, daß dem scharfen Kritiker und vorzüglichen Gestalter die ganz offenkundigen Widersprüche zwischen der mißgünstigen Erzählung seiner Vorlagen und dem Inhalt der auf uns gekommenen Aussprüche und

Handlungen des innerlich so schwer gehemmten und daher oft schon von seiner Umgebung so gründlich mißverstandenen Mannes verborgen geblieben sein sollten.« Man ist fast versucht zu sagen, Tacitus wollte sie nicht sehen. Denn die von ihm zu schildernde gesteigerte Lasterhaftigkeit der erbmonarchisch aufgebauten iulisch-claudischen Epoche nach Augustus erforderte gleich am Anfang, um wirksam zu sein, das Erscheinen eines Bösewichtes. Damit ist Tiberius der Sündenbock geworden.

So heben also die Annalen mit den verzeichneten Gestalten des Augustus, der Livia und des Tiberius an, um für das folgende grausige Nachtgemälde der Zeit der Drusus-Nachkommenschaft die wirkungsvolle Einleitung zu schaffen. Vom Tode des Tiberius an brauchte die Welt nicht mehr schwärzer gemalt zu werden als sie in Wirklichkeit war. Im zweiten Teil der Annalen steigern sich die Leidenschaften bei allen handelnden Personen ganz von selbst ins Ungemessene. Die Bilder zeigen immer dunklere Farben, die ihre höchste Intensität in Iulia Agrippinas und ihres Sohnes Nero letzten Jahren erreichen – alles so grell beleuchtet, um Abscheu zu erwecken und auf Herrscher und Volk von Rom für alle kommenden Zeiten erzieherisch zu wirken.

Freigesprochen, wie schon hervorgehoben, muß Tacitus werden von dem lang gehegten Verdacht, er habe aus blindem Haß gegen den Prinzipat dieses falsche Tiberiusbild geformt. Aber verurteilt muß er werden, daß er es an Kritik seinen üblen Quellen gegenüber hat fehlen und daß er trotz der gegenteiligen Versicherung keine Gerechtigkeit hat walten lassen bei der Wertung eines unglücklichen Mannes, der selbst instinktiv geahnt hat, daß man ihn auch nach dem Tode verkennen und verketzern werde[31]. So ist das Zerrbild des Tiberius, das schon im Altertum verbreitet war, das letzte Verbrechen, das an diesem einsamen, auf der Menschheit Höhen ganz wider seinen Willen emporgehobenen Mannes begangen worden ist.

Letztlich ist der Haß der Vipsania Agrippina an all diesem Unheil schuld gewesen, nicht zum wenigsten die Ausstreuung des falschen Gerüchtes, Livia und Tiberius hätten den Germanicus nicht gemocht und seinen Tod durch Piso und Plancina herbeigeführt. Iulia Agrippina vollendete literarisch, was ihre Mutter im Leben begonnen hatte. Ich vermute, daß mit dem Zerrbild der historisch verfälschten Livia der Anfang gemacht worden ist, weil hassende Frauen vor allem ihresgleichen zur Zielscheibe ihres Hasses wählen. Wie die angeblich unmoralische Stief- und Schwiegergroßmutter mußten dann auch ihr Gatte, noch mehr aber ihr Sohn an den Pranger gestellt werden. Alle

drei haben nichts getaugt. Bei den beiden Männern sind mit ihrem
»schlechten Charakter« auch ihre Taten, so groß sie in der
Geschichte auch dastanden, völlig abgelehnt worden. So ist es
gekommen, daß mit der liederlichen bzw. degenerierten Drususbrut
auch die beiden ersten großen Principes von Rom und die menschlich
so hoch stehende Livia verdammt worden sind und daß einzig und
allein Germanicus Gnade vor den Augen des Historikers gefunden
hat – eine Zerstörung des wahren Geschichtsbildes, wie sie die
Historie wohl kaum ein zweites Mal erlebt hat[32].

V.

Die Nachwirkung des Tiberius-Prinzipates in der Geschichte der Kaiserzeit

Die letzte Frage, die der Historiker zu beantworten hat, ist zu allen Zeiten die nach den geschichtlichen Folgen des von ihm behandelten Tatsachenkomplexes oder einer historischen Persönlichkeit.

Es besteht nach meinen Ausführungen wohl kein Zweifel darüber, daß der Prinzipat des Tiberius sich, wenn auch nicht stark, von dem augusteischen unterscheidet und eine eigenständige Form dieser antiken Führerverfassung darstellt. Sie zeigt sich einmal in der noch stärkeren Verbürgerlichung der Prinzepsstellung und zweitens in der Hebung des Senates zu einer mehr als bisher mitregierenden Behörde im Sinne der von Mommsen fälschlich schon für Augustus postulierten »Dyarchie«. In dem, was ich Verbürgerlichung des Prinzipates nannte, ist Tiberius' Wirkung nicht groß gewesen, da Livia die mehr monarchisch ausgerichtete augusteische Haltung auch weiterhin einnahm und alles, was der bescheidenere Sohn in entgegengesetztem Sinne tat, gewissermaßen sabotierte. So ist des zweiten Prinzeps Stellungnahme zum Herrscherkult, dem gegenüber er sich für seine Person sehr zurückhielt, nicht durchgedrungen, sondern Episode geblieben.

Um so mehr verdient der Versuch einer Hebung der Senatsposition unsere Aufmerksamkeit[1]. Hier war es der religiöse Nimbus, der der hohen Körperschaft durch die Aufnahme in die vergottete Dreiheit Tiberius – Livia – Senat verliehen worden war, der die stärkste Wirkung in die Ferne ausgelöst hat.

Bekanntlich hat Augustus' Wiederaufnahme des durch Caesar stark begünstigten Herrscherkultes im Bürgergebiet des Reiches die gemilderte Form des *Genius Augusti*-Kultes angenommen. Eine parallele Entwicklung ist bei des Tiberius' Konsekrierung des Senates zu beobachten: sie hat zu der Verehrung des *Genius senatus* geführt[2]. Dies trat bei der ersten möglichen Gelegenheit ein, als nämlich nach der senatsfeindlichen Haltung der Nachfolger des zweiten Prinzeps aus der Drususdeszendenz die Körperschaft durch Neros Tod wieder Aktionsfreiheit erhalten hatte.

In diesem Augenblick traten bei dem Fehlen eines weiteren Sprosses aus dem iulisch-claudischen Haus der Senat und das römische

Volk in einer bis dahin lange nicht gekannten Weise – allerdings durchaus verfassungsmäßig – in den Vordergrund des Staates[3]. Der Sturz des »Tyrannen« i. J. 68 erfolgte von einer legionslosen Provinz, nämlich von Gallien aus, durch den dortigen Statthalter C. Iulius Vindex mit Hilfe der heimischen Milizen, also weder von Rom aus durch die Praetorianer, noch von einem der großen Legionslager an den Grenzen aus. Vindex ließ seine Miliztruppen schwören, »alles für den Senat und das römische Volk zu tun[4].« Denn sie stellten die Rechtsinstanz dar, die den neuen Prinzeps zu küren hatte.

Als dann Galba, gestützt auf die unter ihm stehende Legion des diesseitigen Spaniens, nach Ablehnung der Herrschaft durch Verginius Rufus, den Kommandeur des oberrheinischen Heeres, die Macht an sich riß, ließ er sich zunächst weder Caesar noch Imperator, sondern »Legat des Senates und des römischen Volkes« nennen. Erst durch eine Gesandtschaft des Senates, die ihn auf seinem Marsch nach Rom in Narbo (Narbonne) etwa im Juli 68 traf, wurde er legitimiert, d. h. wurde er wirklich Prinzeps und Augustus. Entsprechend haben damals die gallischen und spanischen Münzstätten diesen Aufstieg des Galba zur höchsten Stelle durch Bilder und Umschriften wie »Freiheit *(libertas)*[5]« und »Eintracht *(concordia)*« gefeiert. Diese »Freiheit« hatte aber nur einen negativen, keinen positiven Sinn: sie bedeutete das wiedergewonnene Freisein von der *dominatio,* dem *dominus,* wie schon nach dem Sturze Seians und wieder bei der zweiten Senatsreaktion unter Nerva nach der Überwindung von Domitians Zwingherrschaft, der zweiten »*dominatio*«. Diese Form der Freiheit aber wurde beide Male durch die »Eintracht« von Senat, Bürgerschaft und Heer garantiert. Beide Male brachte also der wahre Prinzipat, der durch diese Münzen verherrlicht werden soll, nicht die volle Freiheit, d. h. die der Republik, wie noch Mommsen[6] gemeint hatte, sondern nur jenes »Surrogat von Freiheit«, an das die Welt seit Augustus' Staatsänderung längst gewöhnt war[7].

Die letzte Ausprägung gerade mit stärkerer Betonung des Anteils des Senates hatte sie durch Tiberius erfahren, ehe Seians Gewaltherrschaft zerstörend eingegriffen hatte, und es ist vielleicht kein Zufall, daß sich der alte Galba – er war schon über siebzig Jahre alt – durch seine Behauptung, mit Livia verwandt zu sein, zu legitimieren versucht hat[8]. Auch Tiberius soll auf Grund eines astrologischen Spruches dem Galba die Errichtung des Prinzipates geweissagt haben[9].

Nebenbei bemerkt sind die drei ephemeren Herrscher von 68/69 bezüglich der Art ihres Emporstieges gleichsam Musterbeispiele der unter Tiberius im Prinzipat zum ersten Mal hervorgetretenen Spannungen. Galba war Senatskaiser, d. h. er wurde Kaiser auf legalem Wege wie Tiberius; Otho war Kandidat der Praetorianer, die erst durch Seian in Rom kaserniert worden waren und damit die Möglichkeit bekommen hatten, bei der Prinzepskür mitzuwirken. Vitellius war Kandidat der Rheinarmee wie Germanicus und Verginius Rufus. Daß die rheinischen Legionen, d. h. die größte Armee des Reiches, jetzt zum zweiten und zum dritten Male in Anspruch auf die Besetzung des Thrones anmeldeten, lag in der Zwiespältigkeit der neuen Verfassungsform (s. o. S. 72 f.).

Wir sahen: den Imperator schuf seit alters das Heer, den Augustus aber kreierte der Senat, der jedoch seit Seian auf die Praetorianer Rücksicht nehmen mußte. Tiberius und Galba hatte der Senat zu Principes gemacht. Germanicus wäre beinahe durch die Rheinarmee Herrscher geworden, Vitellius wurde es wirklich durch sie. Dem Prinzeps erwuchs mit anderen Worten im Imperator der größte Feind. Noch drang er nicht durch. Denn Vespasian, obwohl durch die Orientarmee kreiert, also im Grunde auch ein Heereskandidat, griff auf Galba zurück und gab dem legalen Verfahren des Prinzepskürens den Vorzug. Dies zeigt das Senatsbestallungsgesetz für den Prinzeps aus dem Osten, die *lex de imperio Vespasiani*, der nach der Wahl durch das Heer offiziell seine Rechte durch den Senat normieren, also sich gewissermaßen legalisieren ließ.

Wenn man sich so den Hergang der Dinge in dem stürmischen Mehrkaiserjahr 68/69 unter stetem Rückblick auf den letzten wahren Prinzipat, den des Tiberius, rekonstruiert, versteht man auch, daß nun neben der wiedererlangten Scheinfreiheit gerade seit Galba auf den Münzen zum ersten Mal der *Genius senatus* erscheint, die größte Neuerung der senatorischen Reaktionszeit, die letztlich auf den Tiberiusprinzipat zurückzuführen ist. Der *Genius senatus* ist auch in der Darstellung etwas Neues; er tritt im Gegensatz zu den früheren Kupferprägungen der Städte in den augusteischen Senatsprovinzen, die mit dem Kopf des früh personifizierten Senates[10] geschmückt sind (das Gegenstück zu dem Kaiserkopf in den »Kaiserprovinzen«), immer in ganzer Figur auf. Diese Figur ist ältlich und bärtig dargestellt, mit der *toga praetexta* bekleidet *(togatus)* und trägt auf dem Kopfe einen Kranz. Eine genaue Beschreibung gibt Cassius Dio[11] nach einem Traum Traians vor seinem Regierungsantritt. In ihm erscheint der *Genius senatus* dem Kaiser und drückt ihm den Siegelring erst auf die linke, dann auf die rechte Seite der Kehle. Da der Senat unter Tiberius endgültig an die Stelle des Volkes getreten ist, versteckt sich hinter dieser kaiserzeitlichen Verehrung des Senatsgenius wohl die alte Verehrung des *Genius populi Romani* und ist daher so schnell populär geworden.

Wenn deshalb unter Hadrian und unter Verus der *Genius senatus* mit dem längst antiquierten *Genius populi Romani* zusammen erscheint – unter Hadrian aus Anlaß eines *votum publicum*[12]), unter Verus zu beiden Seiten eines Ehrenschildes[13] – so sind dies Höflichkeiten einer archaisierenden Epoche gegenüber den großen Mächten der Vergangenheit, in der »Senat und Volk« von Rom die Träger der Souveränität gewesen waren[14].

Der so als *togatus* zum ersten Mal unter Galba auf den Münzen dargestellte *Genius senatus* steht hinter dem neuen Herrscher, der als Imperator gekleidet ist, und bekränzt ihn mit dem Lorbeerkranz (dies ist eine Konzession an das neue Heeresherrschertum). Der Senat ist also auf diesem Bilde wieder der Schöpfer des Prinzipates, mit der Umschrift *concordia senatus*[15]. Bezeichnenderweise wurde dieser Bild- und Umschrifttypus unter Vespasian erneuert[16]. Der Senat wird demnach beide Male bei diesen neuen Herrschern legalen Emporstieges nach der Tyrannis des Nero als der schöpferische Rechtsträger zur Erneuerung der augusteisch-tiberischen Verfassung gefeiert. Sein Genius schwebt über der Zeit, die neben dem echten Prinzipat wieder die »Freiheit« gebracht hat, eine Freiheit, die erst durch die Mitwirkung des Senates verbürgt wird.

Auch die zweite Dynastie, die flavische, endete durch Domitian in der Tyrannis. Im Jahre 96 wiederholte sich noch einmal, was bereits i. J. 68/69 Gestalt gewonnen hatte. Aber die zweite Senatsreaktion, die unter Nerva, bedeutete einen weiteren Fortschritt. Jetzt bringen die Münzen die Darstellung einer Art von idealler Mitherrschaft der »Väter«. Der *Genius senatus* hält nämlich zusammen mit dem Prinzeps Nerva, der im Bürgerkleid dargestellt ist, den Globus, d. h. die Weltherrschaft mit der Umschrift *providentia senatus*. Durch diese Umschrift wird der Körperschaft die Priorität eingeräumt bzw. die Zulassung des neuen Monarchen zur Herrschaft durch ihn betont[17]. Deutlich erscheint hier noch einmal und zum letzten Male der tiberische Prinzipat, wenn auch nur noch als ideelle Zielsetzung. Tacitus beschreibt die neue Herrlichkeit, die er selbst miterlebt hat, mit den bekannten Worten: »Jetzt erst kehrt der Mut wieder, und Nerva hat ehemals Unvereinbares, Prinzipat und Freiheit, gepaart, und gleich Nerva mehrt täglich Traian das Glück des Reiches[18].« Entsprechend weisen die Münzen Traians[19] und Hadrians[20] das gleiche Bild auf wie die Nervas.

Unter Hadrian zeigt sich endlich zum ersten Mal eine neue Form der gemeinsamen Weltherrschaft von Prinzeps und Senat: die Göttin Roma steht zwischen dem Herrscher und dem *Genius senatus,* faßt den Prinzeps am Handgelenk und legt seine Hand in die des Senates[21]. Außer diesem findet sich noch das Münzbild mit ineinander gelegten Händen von Herrscher und Senat, eine Form, die sich die ganze Zeit des Adoptivkaisertums über bis auf Commodus bewahrt hat[22].

Alle diese Münzbilder sind aber nur die Widerspiegelung der damaligen historischen Reliefplastik. In ihr steht die Gestalt des Senates neben oder hinter dem jeweils regierenden Herrscher wie ein Schattenbild[23].

Wie die ausgezeichneten Münzkenner P. L. Strack und A. Alföldi übereinstimmend, aber unabhängig voneinander, festgestellt haben, ist die nur noch ideelle Teilhaberschaft des Senates an der Herrschergewalt ausschließlich durch die Adoptivkaiser zur Darstellung gebracht worden[24]. Alföldi gibt dafür folgende Erklärung[25], die mir erwägenswert erscheint: die große republikanische Senatstradition war bis z. J. 98 wirksam. Solange dauerte noch die Senatsopposition. Mit Nerva ist diese Opposition siegreich geworden, zugleich leuchtete es der Körperschaft ein, daß die Monarchie eine unvermeidliche Notwendigkeit sei; jetzt erst konnten es sich die Gewalthaber erlauben, die Souveränität des Senates formell anzuerkennen, sie sogar ostentativ zu betonen. Der Senat bemühte sich nunmehr aufrichtig, den Regierungshandlungen eine »parlamentarische« Sanktion zu verleihen.

Aber gleichzeitig »mit diesen gegenseitigen Verbeugungen« wurden die politischen Kompetenzen und Vorrechte des Senates abgebaut. Von dieser Entwicklung gilt das Wort des Rechtshistorikers Stefan Brassloff[26]: »Der Senat sank langsam zu einer Versammlung von Dignitäten herab, die zur Kenntnisnahme einer vom Kaiser getroffenen Verfügung einberufen worden war.« Schon unter Traian ging bei aller zur Schau getragenen Senatsfreundlichkeit des Herrschers das Recht des Senates, sich selbst zu ergänzen, endgültig verloren. So wurde die »freiheitliche« Gesinnung des *optimus princeps,* der durch die senatorische Opposition auf den Thron gelangt war, nur zu »einer Fassade«, zu einer »grandiosen Fiktion«, wie sowohl Strack[27] als auch Alföldi[28] sehr richtig erkannt haben. Wir erleben das seltsame Schauspiel: der endgültige Untergang der Senatsmacht im zweiten Jahrhundert kontrastiert merkwürdig mit der formellen Zuerkennung einer Art von Mitherrschaft an die »Väter«. Immerhin, daß sie sich, wenigstens in der Theorie bei der zweiten Senatsreaktion noch einmal hervorwagen konnte, ist meines Erachtens das Verdienst des Tiberius und seiner Bestrebungen auf Hebung des Senates bis zur Heiligsprechung, die seit Galba im *Genius senatus* weiterlebte. Tiberius' höhere Bewertung der alten, einst so mächtigen Körperschaft der Republik hat ihr, ich möchte sagen, noch eine Art von Ehrenbegräbnis im zweiten Jahrhundert gebracht.

Aber sicherlich war dies alles nur eine künstliche Wiederbelebung der ehemaligen, einst so stolzen »Versammlung von Königen«. Denn seit den brutalen Eingriffen des Afrikaners Septimius Severus, der nicht nur die Praetorianergarde, sondern auch den Senat aller seiner alten Funktionen entkleidete[29], waren neue Zeiten im Anzug. In ihnen verliehen (im Gegensatz zu der ganz anachronistisch anmutenden Wiedererrichtung sogar eines doppelköpfigen Senatskaisertums, um den Thraker Maximinus i. J. 238 niederzuwerfen) auf den Münzen göttliche Patrone dem Herrscher den Erdball[30], nicht mehr wie früher die Göttin Roma[31] oder Iuppiter[32], sondern der im dritten Jahrhundert allmächtig gewordene, unbesiegte Sonnengott bzw. neben ihm ab und zu höchstens noch Mars als Vertreter des siegreichen Heeres[33].

Das Kind wird jetzt beim rechten Namen genannt. Nicht mehr der Senat schafft den Prinzeps, sondern das Gottesgnadentum wird die Grundlage der aus dem Prinzipat längst erwachsenen Kaiserherrschaft und Kaiserherrlichkeit des Dominates[34]. Unter Commodus wagt sich auch der göttlich nackte (heroische) *Genius Augusti* auf den Münzen wieder hervor, wie schon einmal verfrüht unter Nero[35].

In der Theorie hatte also noch einmal die durch Tiberius gewandelte Ideologie vom augusteischen Staat gesiegt, in der Praxis aber war der Senat in dem neuen kaiserlichen Beamtenstaat des zweiten Jahrhunderts, zu dem ebenfalls der zweite Prinzeps Bausteine geliefert hatte, längst zu Grabe getragen worden. Der *Genius senatus,* der seit Galba auf den Münzen erschien, war der letzte Ausläufer von Tiberius' Ringen um seine rechtliche und sakrale Höherstellung. Daß sich der Senat nach der schweren Mißhandlung durch Caesar nicht mehr als lebensfähig erwies, das war nicht des unglücklichen zweiten Prinzeps Schuld.

Immerhin ist die Körperschaft auf diese Weise wenigstens in Ehren gestorben, nachdem die zweimalige Rehabilitierung zuerst durch Galba und Vespasian, dann durch Nerva und Traian, sie nicht zu beleben vermocht hatte. Das Heer und das Streben nach Vergottung der Imperatoren siegten. Der *Genius Augusti* wurde zuletzt mächtiger als der *Genius senatus.* Unter Valerian erscheint der Senatsgenius noch, ja, einmal verspätet sogar unter dem letzten »Senatskaiser« Tacitus[36], obwohl Valerians Sohn Gallienus die Senatoren aus dem Heer und aus den höheren Beamtenstellen entfernt hatte und in der Armee stark auf den von unten her ergänzten Ritterstand zurückgegriffen worden war[37].

Des Tiberius Gegenspieler und Nachfolger in der Herrschaft, die Abkömmlinge seines Bruders Drusus, die im Hinblick auf Germanicus mit den größten Hoffnungen im Sinne einer mehr freiheitlichen Entwicklung des Prinzipatsstaates begrüßt worden waren, hatten dem römischen Staate gerade das Gegenteil von dem gebracht, was von ihnen erwartet worden war.

Die Drusus-Nachkommenschaft war früh vom Geiste Iulius Caesars erfaßt worden. Gleichzeitig hatte das Blut ihres Ahnherrn Antonius sie vorwärts getrieben in der Richtung auf eine Autokratie, die besonders unter Nero stark hellenistisch beeinflußt war[38]. Die konservative Haltung des Tiberius und sein altes Römertum wurden also von dem modernen, viel stärker griechisch offizierten Römertum der Drususbrut überschattet. Ihm gehörte die Zukunft, nicht dem zu stark nach rückwärts orientierten Tiberius.

Aber noch einmal konnte der Senat, nachdem die Claudier mit ihrem überfeudalen Gebaren abgewirtschaftet hatten, eine kleine Nachblüte erleben, und an ihr ist Tiberius' Wirken mittelbar beteiligt gewesen in einer auf den ersten Blick nicht leicht erkennbaren, aber um so gewisseren Weise. Die römischen Aristokraten, die nach dem ruhmlosen Ausgang der iulisch-claudischen Dynastie das große Wagnis auf sich nahmen, dem römischen Prinzipat auch außerhalb der Sprossen des Augustus, der Livia und des Antonius ein Weiterleben zu ermöglichen, erinnerten sich des letzten großen Römers, der wirklich im Wortsinne nur »Erster der Bürger« hatte sein wollen, nicht mehr und gaben dem Senat, aus dem sie hervorgegangen waren, einen letzten Schimmer seiner ehemaligen gewaltigen Größe zurück.

Was sie erstrebten, war allerdings nicht mehr realisierbar, da die von den Drusus-Abkömmlingen eingeschlagene Richtung auf autokratische Einherrschaft der Zeitströmung viel mehr entsprach, vor allem im zweiten und dritten Jahrhundert, als die außeritalische und außereuropäische Oberschicht die Zügel der Regierung ergriff und von dem alten Römertum immer weiter abrückte.

Der aus dem politischen Bereich mehr oder weniger verbannte Senat flüchtete nach der letzten großen Umformung des Reiches unter Septimius Servus und später unter Diokletian und Konstantin im Laufe des noch einmal antik empfindenden vierten Jahrhunderts in das Gebiet des kulturellen Lebens. Er wurde der letzte Träger des nationalen Gedankens, soweit man von einem solchen in der Spätantike überhaupt sprechen kann, wenigstens im religiösen und geistigen Sektor. Die Verteidigung des immer mehr in eine hoffnungslose Defensive gedrängten alten Glaubens gegen das vordringende staatlich protegierte Christentum und die Erhaltung der antiken Literatur durch die Symmachi und Nicomachi ist sein Werk. Dies hat den Sieg des Christentums etwas verzögert, durch die Übernahme des antiken Erbes zugleich aber auch vergeistigt, also einen ersten Humanismus geschaffen, den Vorläufer aller späteren[39].

Auch diese letzte Phase seiner Langlebigkeit verdankt der Senat vielleicht dem Tiberius. Keiner in der neuen Welt des Römertums, die wir die »Kaiserzeit« nennen, hat so viel Verständnis für den Senat aufgebracht, aber auch soviel bittere Erfahrungen mit ihm gemacht. Der Senat war Tiberius' unglückliche Liebe. Das oft gestörte Zusammenspiel von Prinzeps und Senat hat, wie gerade oft unglückliche Lieben, größere Folgen gezeigt, als glückliche Verhältnisse und glatte Lösungen manchmal zu erzeugen vermögen. Nachdem die Senatsopposition endlich zum Schweigen gebracht worden war, konnte Tiberius' Bemühungen um eine der großen Vergangenheit der Körperschaft würdige Behandlung noch einmal, wenn auch spät, Früchte bringen. Darauf ruht die Bedeutung der tiberischen Prinzipatsform, die natürlich an die des Augustus nicht von ferne heranreicht, aber am besten bezeichnet werden kann als ein letzter Versuch, zwischen Republik und Monarchie eine Mittlerstellung zu finden. In Tiberius hat noch einmal die ältere Republik Roms Gestalt angenommen und hat das Aristokratische, das Kostbarste in der Geschichte dieses gewaltigen Staates, eine Nachblüte erleben lassen, eine Nachblüte, die der Bluts- und Geistesauffrischung zu verdanken war, einem Geschenke Italiens und der Provinzen, die Tiberius so liebevoll hatte regieren lassen, viel liebevoller als Augustus.

ZEITTAFEL

v. Chr.

42	Tiberius in Rom geboren (16. Nov.)
38	Eheschließung zwischen Octavian und Tiberius' Mutter Livia. Tiberius' Bruder Drusus (I.) geboren
33	Tiberius' Vater gestorben. Tiberius im Hause des Octavian
26–25	Marcellus und Tiberius mit Augustus in Spanien
23	Tod des Marcellus. Agrippa heiratet Iulia
20	Tiberius in Armenien, gewinnt die Feldzeichen von den Parthern zurück
17	C. u. L. Caesar von Augustus adoptiert. Tiberius Praetor (i. J. 17 oder 16)
15	Germanicus, S. d. Drusus (I.), und Drusus (II.), S. d. Tiberius, geboren. Tiberius und Drusus besetzen das Gebiet der Zentralalpen
13	1. Konsulat des Tiberius (mit P. Quinctilius Varus)
12	Tod des Agrippa. Tiberius heiratet Iulia; er übernimmt das Donaukommando
9	Tod des Drusus (I.). Tiberius übernimmt das Kommando in Germanien
7	2. Konsulat (mit Cn. Calpurnius Piso)
6	Tiberius erhält die *tribunicia potestas* auf 5 Jahre, wird Generalstatthalter des Ostens
5 v.–2 n.Chr.	Tiberius im freiwilligen Exil in Rhodos
2 v.	Scheidung von Iulia

n. Chr.

2	Tod des L. Caesar. Rückkehr des Tiberius nach Rom
4	Tod des C. Caesar. Tiberius wird von Augustus adoptiert, erhält erneut die *tribunicia potestas*
4–6	Kommando in Germanien
6–9	Kommando in Pannonien (Pannonischer Aufstand)
9–12	Kommando in Germanien (nach der Varusniederlage)
12	Triumph über Pannonien
13	Tiberius erhält das *imperium proconsulare maius*
14	Tod des Augustus (19. Aug.). Regierungsantritt des Tiberius (17. Sept.). Meutereien in Pannonien und Germanien
14–16	Feldzüge des Germanicus in Germanien
15	Beginn der Majestätsprozesse

Anmerkungen

1 Gut dargelegt von J. H. Thiel, Kaiser Tiberius. Ein Beitrag zum Verständnis seiner Persönlichkeit. Mnemosyne III. Serie 2 (1935) 245 ff.; 3 (1935/6) 177 ff.; 4 (1936/7) 17 ff. [jetzt: ND Darmstadt 1970 = Libelli 316. Einen reichhaltigen Überblick über die Claudier-Familie vermitteln E. Groag u.a. in RE III 2 (1899), 2662 ff. und B. M. Levick, Tiberius the Politician (London 1976) 11 ff. Für die Zeit der ausgehenden Republik vgl. T. P. Wiseman, Pulcher Claudius. Harvard Studies in Classical Philology 74 (1970) 207 ff.; E. Rawson, The Eastern Clientelae of Clodius and the Claudii. Historia 22 (1973) 219 ff.; vgl. dens., Historia 26 (1977) 340 ff.; E. Badian, The Thessalian Clients of Tiberius Nero. Class. Review 88 (1974) 340 ff.]

2 Tacitus, Annalen IV 31, 2. [Anders Sueton, Tiberius 70 f.]

3 Da er erst geboren wurde, als seine Mutter schon mit Octavian verheiratet war, ging das Gerede, er sei der Sohn des neuen Gatten. Davon kann keine Rede sein; s. S. 16

4 E. Kornemann, Große Frauen des Altertums (Leipzig 1942, 3. Aufl. Wiesbaden 1947, ND Bremen 1958) 181 ff.

5 Vgl. F. Münzer, Römische Adelsparteien und Adelsfamilien (Stuttgart 1920). [R. Paribeni, La famiglia romana (Roma 1929); M. Kaser, Das römische Privatrecht. 1. Abschnitt. Das altrömische, das vorklassische und das klassische Recht (München ²1971. Handbuch der Altertumswissenschaften X 3, 3, 1).]

6 J. Liegle, Die Münzprägung Octavians nach dem Siege von Actium und die augusteische Kunst. Jahrb. d. Dtsch. Arch. Inst. 56 (1941) 118 u. Abb. 13. [Vgl. des weiteren H. v. Heintze (Hrsg.), Römische Porträts (Darmstadt 1974. Wege d. Forschung 348); P. Zanker, Studien zu den Augustus-Porträts. I. Der Actium-Typus. Abh. d. Akad. Wiss. Göttingen, phil.-hist. Kl., 3. F., Nr. 85 (²1978); P. Zanker u. K. Vierneisel, Die Bildnisse des Augustus (München 1979); P. Zanker, Principat und Herrscherbild. Gymnasium 86 (1979) 353 ff.; G. Grieco, A propos de la statue d'Auguste de Prima Porta. Confirmation de la thèse de la création tibérienne par l'analyse de certains traits caractéristiques de cette statue symbolique. Latomus 38 (1979) 147 ff.]

7 Am schönsten wohl der Kopf von Neapel (Privatbesitz); S. Fuchs, Ein neues Bild des Kaisers Tiberius. Pantheon 20 (1937) 270.

8 Sueton, Tib. 51, 1. [Zum Charakter des Tiberius vgl. K. Scott, The Diritas of Tiberius. American Journal of Philology 53 (1932) 139 ff.; R. I. Goar, Horace, Velleius Paterculus and Tiberius Caesar. Latomus 35 (1976) 43 ff.; B. M. Levick, A Cry from the Heart from Tiberius Caesar. Historia 27 (1978) 95 ff.]

9 Sueton, Tib. 21, 2

10 Sueton, Tib. 42, 1; dazu V. Gardthausen, Augustus und seine Zeit I 2 (Leipzig 1896) 682

11 Stammbaum z.B. bei V. Gardthausen, a.a.O. II 1 (1896) 103.

12 Lord Tweedsmuir, Augustus (dt. Berlin 1939) 172 [ND: John Buchan (Lord Tweedsmuir), Augustus (Frankfurt 1979) 139. Vgl. Cassius Dio LIII 27, 5; Valleius Paterculus II 93, 1; Prosopogr. Imp. Rom.² C 925.]

13 E. Kornemann, Doppelprinzipat und Reichsteilung im Imperium Romanum

(Leipzig–Berlin 1930) 9 f. [Vgl. auch J. Gagé, L'idée dynastique chez les empe-
reurs Iulio-Claudiens. Rev. Arch. V 34 (1931) 11 ff.; D. Timpe, Untersuchungen
zur Kontinuität des frühen Prinzipats (Wiesbaden 1962. Historia Einzelschriften
5); E. Meise, Untersuchungen zur Geschichte der Julisch-Claudischen Familie
(München 1969. Vestigia 10); E. Badian, The Quaestorship of Tiberius Nero.
Mnemosyne IV 27 (1974) 160 ff. Vgl. ferner R. Bauman, Tiberius and Murena.
Historia 15 (1966) 420 ff.; G. V. Sumner, Varrones Murenae. Harvard Studies in
Class. Philology 82 (1978) 187 ff. sowie B. Levick, The Beginning of Tiberius'
Career. Class. Quarterly 65 (1971) 478 ff.]

14 E. Kornemann, Volkstribunat und Kaisertum. Festschrift für Leopold Wenger I
(München 1944) 184 ff. [Zum Stand der Forschung vgl. R. Klein (Hrsg.),
Prinzipat und Freiheit (Darmstadt 1969. WdF 135); W. Schmitthenner (Hrsg.),
Augustus (Darmstadt 1969, WdF 128); W. Kunkel, Bericht über neuere Arbeiten
zur römischen Verfassungsgeschichte. Zeitschrift der Savignystiftung für Rechts-
geschichte, Roman. Abteilung 72 (1955) 288 ff., 73 (1956) 307 ff., 75 (1958)
302 ff.; L. Wickert, Neue Forschungen zum römischen Principat. ANRW =
Aufstieg und Niedergang der römischen Welt, hrsg. v. H. Temporini u. W. Haase.
II 1 (Berlin–New York 1974) 3 ff.; J. Bleicken, Verfassungs- und Sozialgeschichte
des römischen Kaiserreiches. 2 Bde. (Paderborn 1978 = UTB 838/9).]

15 E. Kornemann, Römische Geschichte II⁷ (1977) 147; etwas zurückhaltender Lord
Tweedsmuir (s. o. Anm. 12) 179 f. (ND 145 f.).

Seite 22–26

1 [Da Gaius und Lucius nicht *sui iuris*, sondern in der *patria potestas* des Agrippa
waren, adoptierte sie Augustus *per assem et libram emptos a patre Agrippa* (Suet.
Aug. 64, 1; zur Erklärung der Stelle vgl. M.-H. Prévost, Les adoptions politiques
à Rome sous la République et le Principat. Publ. de l'Inst. de droit romain de
l'Université de Paris 5 (1949) 37 f.]

2 W. Schur, RE XVIII 4 (1949) Art. Parthia, 1999 f. [Vgl. auch N. C. Debevoise, A
Political History of Parthia (1937, ND New York 1968) 141 f.; H. D. Meyer, Die
Außenpolitik des Augustus und die augusteische Dichtung (Köln 1961. Kölner
Hist. Abh. 5) 7; 53 ff.; 72 ff.; 84 f.; K. H. Ziegler, Die Beziehungen zw. Rom u. d.
Partherreich (Wiesbaden 1964) 45 ff.; allg. M. Pani, Roma e i Re d'Oriente da
Augusto a Tiberio (Cappadocia, Armenia, Media Atropatene. Bari 1974). Zu den
Münzen mit der Legende *signis Parthicis receptis* u. ä. s. K. Christ, Antike
Siegesprägungen. Gymnasium 64 (1957) 524 f. Vgl. zuletzt D. Timpe, Zur
augusteischen Partherpolitik zwischen 30 und 20 v. Chr. Würzburger Jahrbb. f.
Altertumswiss. N. F. 1 (1975) 155 f.]

3 E. Kornemann, Doppelprinzipat und Reichsteilung im Imperium Romanum
(Leipzig–Berlin 1930) 11; ders., Denkschr. f. Sp. Lampros (Athen 1935) 222 f.,
im Anschluß an K. Scott, Greek and Roman honorific months. Yale Class. Studies
2 (1931) 207 ff.

4 Hierzu und zum Folgenden F. Staehelin, Kaiser Augustus (Brugg 1939) 12 f. [jetzt
in: Reden und Vorträge, hrsg. v. W. Abt (Basel 1956) 258 ff. – Vgl. inzwischen
u. a.: J. Formigé, Le trophée des Alpes (La Turbie). Gallia, Suppl. 2 (Paris 1949);
K. Christ, Zur römischen Okkupation der Zentralalpen und des nördlichen
Alpenvorlandes. Historia 6 (1957) 416 ff.; G. Winkler, Die Statthalter der
römischen Provinz Raetien unter dem Prinzipat. Bayer. Vorgeschichtsblätter 36
(1971) 50 ff.; C. M. Wells, The German Policy of Augustus (Oxford 1972); F.

Fischer, P. Silius Nerva. Zur Vorgeschichte des Alpenfeldzuges. Germania 54 (1976) 147ff.; K. Christ, Zur augusteischen Germanenpolitik. Chiron 7 (1977) 149ff. (spez. 159f. zu Kornemanns Ansichten); A. Mócsy, Zur Entstehung und Eigenart der Nordgrenzen Roms. Vorträge der Rhein.-Westfäl. Akad. Wiss., Geisteswiss. G 229 (Opladen 1978); allgemein J. C. Mann, The Frontiers of the Principate. ANRW II 1 (1974) 508ff.]

5 Nicht Kolonie, wie Tac. Germ. 41, 1 behauptet

6 F. Wagner, Die Römer in Bayern (München 1923) 14. [Vgl. jetzt H.-J. Kellner, Die Römer in Bayern (München (S. 71) 27f.]

7 F. Wagner, a.a.O. 15. [Die Auflassung des Lagers Oberhausen ist wohl erst 16–17 n. Chr. zu datieren; vgl. etwa H.-J. Kellner, a.a.O. 30; 204 A. 15 (Lit.)]

8 Horaz, carm. IV 4, 73

9 A. Alföldi, Zur Geschichte des Karpatenbeckens im 1. Jh. v. Chr. (Ostmitteleurop. Bibliothek, hrsg. v. E. Lukinich, Nr. 37. Budapest 1942) 34f. [Zu den nordöstlichen Provinzen zuletzt A. Dobó, Die Verwaltung der römischen Provinz Pannonien von Augustus bis Diokletian (Amsterdam 1968); J. J. Wilkes, Dalmatia (London 1969); A. Móscy, Pannonia and Upper Moesia (engl. London 1974).]

Seite 27–32

1 A. Alföldi, a.a.O 35ff.

2 Vgl. die von A. v. Premerstein, Jahreshefte d. Österr. Arch. Inst. 28 (1933) 140ff. behandelte Inschrift des Vinicius und A. Alföldis Verbesserungen dazu, a.a.O. A. 120. [Vgl. dazu aber den Forschungsbericht von B. Saria, Noricum und Pannonien. Historia 1 (1950) 443.]

3 *Res gestae Divi Augusti* c. 30; A. Alföldi a.a.O. 38

4 E. Kornemann, RE XXII 1 (1953) Art. Postwesen, Sp. 1012

5 Suet. Tib. 10, 2; M. Gelzer, RE X 1 (1918) Art. Iulius (Tiberius), Sp. 485

6 Cassius Dio LV 9, 5; V. Gardthausen, Augustus I 3 (Leipzig 1904) 1107

7 Suet. Tib. 10, 1; 11, 5; Vell. II 99. [Über die Hintergründe des rhodischen Aufenthaltes s. jetzt auch M. L. Paladini, A proposito del ritiro di Tiberio a Rodi e della sua posizione prima dell' accessione all' impero. Nuova Rivista Storica 41 (1957) 1ff.; J. A. Weller, Tacitus and Tiberius Rhodian Exile. Phoenix 12 (1958) 31ff.; P. Sattler, Iulia und Tiberius. Zuletzt in: W. Schmitthenner, Augustus, a.a.O. 486ff.; B. M. Levick, Tiberius Retirement to Rhodos in 6 B. C. Latomus 31 (1972) 779ff.; zur innenpolitischen Situation Roms vgl. W. Speyer, Zur Verschwörung des Cn. Cornelius Cinna. Rheinisches Museum 99 (1958) 227ff.; F. Norwood, The Riddle of Ovid's Relegatio. Classical Philology 58 (1963) 150ff.; D. C. A. Shotter, Iulians, Claudians and the Accession of Tiberius. Latomus 30 (1971) 1117ff.; ders., Cn. Cornelius Cinna Magnus and the Adoption of Tiberius. Latomus 33 (1974) 306ff.; B. M. Levick, The Fall of Iulia the Younger. Latomus 35 (1976) 301ff.]

Seite 32–37

1 Suet. Tib. 11, 1

2 Interessant ist, daß wir dieselbe Mischung von kontemplativer und aktiver Lebensbetätigung bei seinem Neffen Claudius antreffen

3 Tac. ann. VI 20, 2; Suet. Tib. 14, 4; 62, 3; Cass. Dio LV 11. Die bei Tacitus

erzählte Geschichte ist ein Märchen; zu Thrasyllos vgl. C. Cichorius, Römische Studien (Leipzig–Berlin 1922) 390ff.; W. Gundel, RE VI A 1 (1936) 581ff., Nr. 7. [Zur Bedeutung der Astrologie und okkulter Praktiken z.Z. des Tiberius vgl. des weiteren Suet. Tib. 67, 2; 69; 72, 2; 74; Tac. ann. I 76, 3; III 49ff.; 22, 2; IV 52, 2; 64; VI 20ff.; 28; Cass. Dio LVII 27, 1f.; 15, 7f.; 18, 2f.; 20, 3f.; LVIII 28, 1. Vgl. ergänzend G. Wissowa, Ausstellung von Naturmerkwürdigkeiten. In: L. Friedländer, Darstellungen aus der Sittengeschichte Roms in der Zeit von Augustus bis zum Ausgang der Antonine. IV (Leipzig⁹⁻¹⁰, 1921) 1ff.; zum Kreis der amici des Tiberius Friedländer, a.a.O. 60ff. und zuletzt J. Crook, Consilium Principis. Imperial Councils and Councellers from Augustus to Diocletian (Cambridge 1955) 148ff.]

4 Cass. Dio LV 9, 8; dazu V. Gardthausen, Augustus I 3, 1103
5 Tac. Ann. VI 10, 2
6 V. Gardthausen, Augustus I 3, 1113
7 Suet. Tib. 11, 1; dazu M. Gelzer, RE X 1, 485
8 Cass. Dio LV 9, 6. Der Tempel wurde erst i. J. 10 n. Chr. geweiht, Cass. Dio LVI 25, 1; s. u. S. 54
9 Suet. Tib. 11, 1; V. Gardthausen, Augustus I 3, 1110
10 Suet. Tib. 11, 2
11 Suet. Tib. 11, 3
12 Suet. Tib. 32, 2; M. Gelzer, RE X 1, 486
13 Inschrift einer ihm zu Ehren dem olympischen Zeus geweihten Statue: Syll.³ 782 [= V. Ehrenberg–A. H. M. Jones, Documents illustrating the reigns of Augustus and Tiberius (2. Aufl. Oxford 1955) Nr. 78; Datierung nicht sicher!]
14 V. Gardthausen, Augustus II 3, 725f. A. 17. [Vgl. ergänzend H. Heinen, Zur Begründung des römischen Kaiserkultes. Chronologische Übersicht von 48 v. Chr.–14 n. Chr. (Bonn 1910) 48f.; L. R. Taylor, The Divinity of the Roman Emperor (Middletown (Conn.) 1931. Monogr. Amer. Phil. Ass. 1) 270ff.]
15 Syll. 781, aus d. J. 1 v. Chr. [= Ehrenberg–Jones, a.a.O. Nr. 316]
16 Suet. Tib. 11, 4
17 Suet. Tib. 11, 5; M. Gelzer, RE X 1, 486
18 Suet. Tib. 12, 1. [Sueton bezeichnet die Stellung des Tiberius als mit *quasi legatus Augusto*.]
19 M. Gelzer, RE X 1, 486f.
20 CIL IX 2443 = H. Dessau, Inscr. Lat. selectae I 147; Suet. Tib. 13, 1
21 Cass. Dio LV 10, 6. [Zum Forum Augustum zuletzt P. Zanker, Forum Augustum. Das Bildprogramm (Tübingen o. J., Monumenta Artis Antiquae 2) 22ff.]
22 Cass. Dio nennt fälschlich Chios als Treffpunkt
23 Suet. Tib. 12, 2; Tac. Ann. III 48; bei Vell Pat. II 101, 1 ist Tiberius' Demütigung ins Gegenteil verkehrt
24 Suet. Tib. 13, 1. Zur Orientmission des Gaius s. u. S. 80–81
25 Suet. Tib. 15, 1
26 Suet. Tib. 70, 2

Seite 37–52

1 Suet. Tib. 21, 3
2 Zuletzt vertreten von L. Wickert, Klio 34 (1941) 138
3 H. Siber, Zschr. d. Savigny-Stifg. 64 (1944), Roman. Abt. 271ff.

4 Suet. Tib. 23. Ich lehne Sibers Interpretation der Stelle a.a.O. 273 ab. [Im Sinne Sibers urteilt die neuere Forschung; vgl. H. U. Instinsky, Augustus und die Adoption des Tiberius. Hermes 94 (1966) 324 ff.; J. H. Corbett, The Succession Policy of Augustus. Latomus 33 (1974) 87 ff.]

5 Tiberius wurde in der Form der *adrogatio* adoptiert; diese galt für Personen, die, wie Tiberius, bisher *sui iuris* waren (Suet. Tib. 15, 2; Aug. 65, 1; ausdrücklich Aurel. Vict. de Caesaribus 2, 1); vgl. im Gegensatz dazu die Adoption des C. und L. Caesar (s. o. S. 22). [Vgl. M.-H. Prévost, Les adoptions politiques à Rome sous la République et le Principat. Publ. de l'Inst. de droit romain de l'Université de Paris 5 (1949) 39 ff.]

6 Wie später Titus seinen Bruder Domitian bezeichnete: Suet. Tit. 9, 3; E. Kornemann, Doppelprinzipat, a.a.O. 31 u. 66. [Zur politischen und rechtlichen Situation 4 n. Chr. immer noch wichtig H. Dickmann, Die effektive Mitregentschaft des Tiberius. Klio 15 (1918) 339 ff.; zuletzt dazu L. Lesuisse, La nomination de l'empereur et le titre d'imperator. L'Antiquité Classique 30 (1961) 415 ff.; M. L. Paladini, I poteri di Tiberio Cesare dal 4 al 14 d. C. Collection Latomus 102 (Brussel 1969) 573 ff.; A. Ferrill, Prosopography and the Last Years of Augustus. Historia 20 (1971) 718 ff.; J. Straub, Dignatio Caesaris, zuletzt in: ders., Regeneratio imperii (Darmstadt 1972) 36 ff.; K. Bringmann, Imperium proconsulare und Mitregentschaft im frühen Prinzipat. Chiron 7 (1977) 219 ff.]

7 E. Kornemann a.a.O. 24 ff.

8 Dazu H. Siber a.a.O. 269 ff. und Anm. 13: »Die römische Familie umfaßte bekanntlich nur *sui* und fingierte *sui*, also nur agnatische Verwandte.« [Zur Nachfolgeordnung von 4 n. Chr. zuletzt B. M. Levick, Drusus Caesar and the Adoptions of A. D. 4. Latomus 25 (1966) 227 ff.; G. V. Sumner, Germanicus and Drusus Caesar. Latomus 26 (1967) 413 ff.; B. M. Levick, Atrox fortuna. Classical Review 86 (1972) 309 ff.]

9 Tac. Ann. I 3, 4 weiß ihm keinen anderen Vorzug nachzurühmen, als daß er keine Verbrechen begangen hatte; dazu H. Siber a.a.O. 272. Lord Tweedsmuir, Augustus, 271 sagt echt englisch: »Er war ein leidenschaftlicher Angler, und Angler sind selten ganz schlecht.« [Vgl. ND 1979, 218]

10 Vell. II 108, 2. [Dazu zuletzt J. Dobiáš, King Maroboduus as Politician. Klio 38 (1960) 155 ff.]

11 R. Egger, Die österr. Länder im Altertum, in: Österreichs Erbe und Sendung im deutschen Raum, hrsg. v. J. Nadler u. H. v. Srbik (1936) 5 f.

12 Über sie Tac. Germ. 41

13 E. Kornemann, Klio 9 (1909) 422 ff.

14 J. Klose, Roms Klientelstaaten am Rhein und an der Donau (Diss. Breslau 1934) 40 f.; E. Hohl, Hist. Zeitschr. 167 (1942) 467. [Zum nördlichsten Punkt, den je ein Römer erreicht habe, vgl. aber Tac. Agr. 10.]

15 E. Kornemann, Klio 9 (1909) 445; M. Gelzer, RE X 1, 489

16 Vell. Pat. II 107, 1–2

17 E. Hohl, Histor. Zeitschr. 167 (1942) 466

18 Vell. Pat. II 107, 3

19 Suet. Tib. 16, 1: dazu M. Gelzer RE X 1, 489

20 Vell. Pat. II 97, 4

21 Cass. Dio LVI 18, 2 f.; Florus II 30, 27 f.

22 Tac. Ann. II 46, 2; Cass. Dio LV 28, 7. [Zu den Kriegshandlungen vgl. jetzt E. Koestermann, Der pannonisch-dalmatische Krieg 6–9 n. Chr. Hermes 81 (1953) 345 ff.]

23 U. Kahrstedt, Kulturgeschichte der römischen Kaiserzeit (2. Aufl., Bern 1958) 141 f.
24 Cass. Dio LV 29, 3; 30, 3; A. Stein. Die Legaten von Moesien. Diss. Pannon. ser. I, fasc. 11 (1940) 15 f. Moesien war damals noch nicht Provinz, sondern ein selbständiger Heeresbezirk unter Caecina, der, mit konsularischem Rang ausgestattet, mindestens zwei Legionen kommandierte
25 R. Rau, Klio 19 (1925) 313 ff.; C. Patsch, Beiträge zur Völkerkunde Südosteuropas V 1 (S.-Ber. Akad. Wien 214, 1 [1932] 110 f. (der Raus Arbeit übersehen hat); A. Alföldi, Zur Gesch. des Karpatenbeckens im 1. Jahrh. v. Chr. (Budapest 1942) 40 ff.; Lord Tweedsmuir, Augustus, 344 ff.[ND 266 ff.]
26 Suet. Tib. 16, 1; M. Gelzer, RE X 1, 491
27 Vell. Pat. II 114, 1–3
28 Tiberius entging einmal selbst nur mit Mühe der Einschließung (Suet. Tib. 20); s. V. Gardthausen, Augustus II 3, 783 A. 57; M. Gelzer, RE X 1, 492
29 CIL XIV 3606 = Dessau, Inscr. Lat. sel. 921; Cass. Dio LV 34, 6 f.; M. Gelzer, RE X 1, 492
30 Cass. Dio LVI 16, 3
31 U. Kahrstedt, Kulturgeschichte der röm. Kaiserzeit (²1958) 29 u. 142
32 Tac. Ann. I 24–30; II 44; 62; III 11, 1
33 Im 3. Jahrh. n. Chr. wurde Pannonien der Träger des Reichsgedankens
34 Siegerbeinamen wie Pannonicus, Invictus wurden aber abgelehnt, Suet. Tib. 17, 2; dagegen wurden zwei Triumphbögen in Pannonien errichtet: Cass. Dio LVI 17, 1 f. [Dazu neuerdings P. Kneissl, Die Siegestitulatur der römischen Kaiser. Untersuchungen zu den Siegesbeinamen des ersten und zweiten Jahrhunderts (Göttingen 1969. Hypomnemata 23) 27 ff.; R. Frei-Stolba, Inoffizielle Kaisertitulaturen im 1. und 2. Jahrh. n. Chr. Museum Helveticum 26 (1969) 18 ff.; J. Deininger, Von der Republik zur Monarchie: Die Ursprünge der Herrschertitulatur des Prinzipats. ANRW I 1 (1972) 982 ff. (Lit.)]
35 Cass. Dio LVI 1, 1 und Suet. Tib. 17, 2 (mit zu spätem Ansatz); dazu D. M. Pippidi, Recherches sur le culte impérial. Institut Roumain d'études latines 2 (1938) 58 ff. Zum Datum (16. Jan.) vgl. Fasti Praenestini CIL I² p. 231, auch p. 308, und dazu die kritischen Erörterungen Pippidis, a.a.O. 47 ff.
36 Über *Numen* F. Pfister, RE XVII 2 (1937) 1273 ff. *Numen* ist nicht = *genius*, wie Pippidi meint. [Zur Datierung und Bedeutung der *ara Numinis Augusti* zuletzt A. Alföldi, Die zwei Lorbeerbäume des Augustus (Bonn 1973. Antiquitas 3, 14) 39 ff.; vgl. auch H. Kunkel, Der römische Genius (Heidelberg 1974) 22 ff.; W. Pötscher, ›Numen‹ und ›numen Augusti‹. ANRW II 16, 1 (1978) 355 ff.]
37 Bei obiger Datierung der stadtrömischen *ara Numinis Augusti* ergibt sich die Dedikation der gleichartigen Altäre in Narbonne vom 22. Sept. 11 n. Chr. (CIL XII 4333) und etwa gleichzeitig in Forum Clodi (CIL XI 3303) deutlich als Nachahmung des stadtrömischen Altars. Tiberius ist also der Schöpfer dieses mehr familiären Kultes des Augustus und hat damit Schule gemacht; so richtig D. M. Pippidi, a.a.O. 73
38 Suet. Aug. 21, 4–7; Lord Tweedsmuir, Augustus, 280 f. u. 359 f. [ND 225 f. u. 275 f.)
39 Lord Tweedsmuir, a.a.O.
40 E. Kornemann, Neue Jahrbb. 49 (1922) 42 ff.; Gestalten und Reiche (1943. ND Bremen 1980) 274 ff. [Vgl. auch E. Hohl, die Siegesfeiern des Tiberius und das Datum der Schlacht im Teutoburger Wald. Sitz. ber. Akad. Wiss. Berlin 1952, 1; zur Grabinschrift des M. Caelius (CIL XIII 8648) zuletzt G. Bauchhenss, Corpus

Signorum Imperii Romani, Deutschland 3, 1 Germania Inferior (1978) 18 ff., Nr. 1 mit Taf. 1–4; vgl. auch Literaturangaben Kap. III 2, Anm. 11.]

41 John Buchan (Lord Tweedsmuir), Augustus 367 (ND285)

42 Tiberius war schon Ende d. J. 9 kurz in Germanien, wie längst gesehen worden ist; falsch V. Gardthausen, Augustus II 3, 827 f.; das Richtige bei D. M. Pippidi (vgl. o. Anm. 35) 61 f.

43 John Buchan (Lord Tweedsmuir), a.a.O. 356 (ND 273 f.)

44 M. Gelzer, RE X 1, 494. [Zur Bevölkerung Italiens neuerdings P. A. Brunt, Italian Manpower 225 B. C. – A. D. 14 (Oxford 1971) 113 ff.]

45 F. Wagner, Die Römer in Bayern (München 1923) 15

46 Fasti Praenestini, CIL I² p. 231; Cass. Dio LVI 25, 1; zu spät notiert bei Suet. Tib. 20; danach V. Gardthausen, Augustus II 3, 833 A. 40; richtig M. Gelzer RE X 1, 493 f. und D. M. Pippidi (s. o. Anm. 35) 68 A. 1. [Zum *Forum Romanum* zuletzt P. Zanker, Forum Romanum. Die Neugestaltung durch Augustus. (Tübingen 1972. Mon. Artis Antiquae 5) 20 ff.; zur Bedeutung des Concordia-Tempels auch Th. Pekáry, Tiberius und der Tempel der Concordia in Rom. Röm. Mitt. 73/74 (1966/67) 105 ff. und zuletzt B. Levick, Concordia at Rome, in: Scripta Nummaria Romana. Essays to H. Sutherland (London 1978) 217 ff.]

47 Cass. Dio LVI 25, 2–3

48 Suet. Tib. 18

49 M. Gelzer, RE X 1, 494

50 Suet. Tib. 19; Vell. Pat. II 121, 3

51 Suet. Tib. 21, 5 f.

52 V. Gardthausen, Augustus II 3, 830 A. 26

53 Vell. Pat. II 121, 1

54 Fasti Praenestini CIL I² p. 231; Suet. Tib. 20; Vell. Pat. II 121, 2–3. Das neue Fragment der Fasti Praenestini, hrsg. v. Marucchi, Diss. Pontif. Accad. Rom. serie II 15 (1921) 313 ff., ist datiert von C. Huelsen, ebda. 323 ff.; dazu D. M. Pippidi (s. o. Anm. 35) 49 ff. u. 56 ff.

55 Suet. Tib. 20

56 A. Alföldi, Röm. Mitt. 49 (1934) 54; 59. [Die beiden Aufsätze A. Alföldis: Die Ausgestaltung des monarchischen Zeremoniells am röm. Kaiserhof und: Insignien und Tracht der röm. Kaiser, Röm. Mitt. 49 (1934) und 50 (1935), wurden unter dem gemeinsamen Titel »Die monarchische Repräsentation im römischen Kaiserreiche« 1970 (2. Aufl. 1977) in Darmstadt nachgedruckt mit einem Register für beide Aufsätze; die alte Seitenzählung ist beibehalten; Kornemanns Hinweise mußten daher nicht verändert werden.]

57 Tac. Germ. 37, 3: »Schlimmer als das Reich des Arsakes (Parther) ist der Freiheitsdrang der Germanen.«

58 Vgl. Tac. ann. I 13 mit Namen anderer Principatskandidaten, die alle gegenüber Tiberius in den Hintergrund traten. [Dazu R. Syme, Marcus Lepidus, *capax imperii*, Journal of Roman Studies 45 (1955) 22 ff., zuletzt in: Ten Studies on Tacitus (Oxford 1970) 30 ff.; ders., Senators, tribus and towns. Historia 13 (1964) 105 ff.; A. Bergener, Die führende Senatorenschicht im frühen Prinzipat (14–68 n. Chr., Bonn 1965); H. Hill, Nobilitas in the Imperial Period. Historia 18 (1969) 230 ff.]

59 Tac. Ann. I 5, 3–4

1 Daß Tiberius und Livia an der Ermordung des Postumus unschuldig sind, hat E. Hohl, Hermes 70 (1935) 350 glänzend erwiesen. [Das Bild der Forschung ist uneinheitlich. In der Regel wird die Verantwortung für diesen Mord Augustus angelastet: so M. P. Charlesworth, Amer. Journ. Phil. 44 (1923) 156 f.; R. S. Rogers, Criminal Trials and Criminal Legislation under Tiberius (Middletown 1935) 2 ff.; B. Levick, Latomus 25 (1966) 242; A. Minto, Arch. Stor. Ital. 105 (1947) 131 ff., M. L. Paladini, Acme 7 (1954) 313 ff., E. Koestermann, Historia 10 (1961) 333, R. Detweiler, Class. Journ. 65 (1970) 289 ff. und D. C. A. Shotter, Latomus 30 (1971) 1120 versuchen, eine Verantwortung Tiberius' bzw. Livias nachzuweisen. A. E. Pappano, Class. Phil. 36 (1941) 30 ff. denkt an ein Komplott des A. Postumus, das seinen Tod verursachte. W. Allen, Transactions Amer. Phil. Ass. 78 (1947) 131 ff. nimmt einen natürlichen Tod an. S. Jameson, Historia 24 (1975) 314 lastet die Ermordung der Eigeninitiative des S. Crispus an.]

2 Tac. Ann. II 39, 1–2. [Vgl. dazu J. Mogenet, La conjuration de Clemens. L'Antiqu. Class. 23 (1954) 321 ff.; M. L. Paladini, La morte di Agrippa Postumo e la congiura di Clemente, Acme 7 (1954) 313 ff.]

3 Tac. Ann. I 6

4 Tac. Ann. I 6

5 Th. Mommsen, Röm. Staatsrecht II³ 2, 795; vgl. 761

6 L. Ollendorf, RE XIII 1 (1926) Art. Livia 916. [Vgl. dazu neuerdings W. H. Gross, Iulia Augusta. Untersuchungen zur Grundlegung einer Livia-Ikonographie (Göttingen 1962. Abh. Akad. Wiss., phil.-hist. Kl., 3. F. 52) 9 ff.; H. W. Ritter, Livias Erhebung zur Augusta. Chiron 2 (1972) 313 ff.]

7 Suet. Tib. 25, 1; das Sprichwort bei Terent. Phormio 506; Polyb. XXX 20, 9; M. Gelzer, RE X 1, 496

8 E. Hohl, Zu den Testamenten des Augustus. Klio 30 (1937) 323 ff.

9 W. Schur, Tac. Annalen-Übers. (1953) 693

10 Zum Folgenden E. Hohl, Hermes 68 (1933) 106 ff. [Die staatsrechtliche Situation ist unklar, das Bild der Quellen uneinheitlich: Tac. (Ann. I 7 ff.), Sueton (Tib. 22 ff.) und Velleius (II 123 f.) sehen Tiberius nach dem Tod des Augustus als Herrscher; C. Dio (LVII 3, 5) läßt auf einen späteren Zeitpunkt schließen (vgl. auch Tac. Ann. VI 50, 7; Suet. Tib. 73, 2; Ios. B. J. II 180; Ios. A. J. XVIII 224). A. Lang, Beiträge zur Geschichte des Kaisers Tiberius (Jena 1911) 22 und A. v. Premerstein, Vom Werden und Wesen des Prinzipats (Abh. Bay. Akad. Wiss., phil.-hist. Abt. NF 15, 1937) 58 plädieren für einen Termin Anfang Oktober; J. Béranger, Recherches sur l'aspect idéologique du principat (Basel 1953, Schw. Beitr. Alt. wiss. 6) 24 und P. Grenade, Essai sur les origines du principat. Investiture et renouvellement des pouvoirs impériaux (Paris 1961) 408 entscheiden sich für ein Datum um den 10.10.; F. Klingner, Tacitus über Augustus und Tiberius (zuletzt in: Tacitus, hrsg. v. V. Pöschl. Darmstadt 1969. WdF 97) 526 Anm. 28 folgt ihnen. Hohls Ansicht folgen Timpe, Kontinuität a.a.O. 48 ff. und D. Flach, Der Regierungsanfang des Tiberius. Historia 22 (1973) 552 ff. K. Wellesley, The Dies imperii of Tiberius, Journ. Rom. Stud. 57 (1967) 23 ff. spricht unpräzise von 4–6 Tagen; zur ägyptischen Datierung vgl. D. M. Pippidi, Autour de Tibère (1944, ND Rom 1965. St. Hist. 9) 123 ff.]

11 Etwas anders F. Vittinghoff, Der Staatsfeind in der röm. Kaiserzeit (Berlin 1936) 77 A. 323

12 Tac. Ann. I 7

13 Suet. Tib. 23
14 Tac. Ann. I 8
15 Nur von Cass. Dio LVII 2, 4 berichtet. [Zu den Vorgängen bei der Principats-
übernahme, speziell dem Zögern des Tiberius, immer noch grundlegend J.
Béranger, Recherches a.a.O. bes. 137 ff. und L. Wickert, RE XXII 2 (1954) Art.
Princeps 2258 ff., bes. 2261; ihrer Ansicht, in der *cunctatio* und der *recusatio
imperii* nur eine Zeremonie zu sehen, folgten zuletzt P. Grenade, Essai a.a.O. 394
und D. Flach, Regierungsanfang a.a.O. 561 ff.; D. Timpe, Kontinuität a.a.O.
48 ff. nimmt den Willen des Tiberius zur Niederlegung der Gewalten als historisch an. – Zu der etwas weiter oben erwähnten Erhebung des verstorbenen
Augustus zum *Divus* und allgemein zum *Divus*-Begriff E. J. Bruck, Political
Ideology, Propaganda and Public Law of the Romans: ius imaginum and consecratio imperatorum. Seminar 7 (1949) 1 ff.; F. Taeger, Charisma. Studien zur
Geschichte des antiken Herrscherkultes (Stuttgart 1960) II 86 ff.; J. C. Richard,
Incinération et inhumation aux funérailles impériales. Histoire du rituel de
l'apothéose pendant le Haut-Empire. Latomus 25 (1966) 784 ff. Zur Apotheose
des Augustus G. Wissowa, RE IV 1 (1900) Art. Consecratio 896 ff.; L. R. Taylor,
Divinity a.a.O. 239 ff.; W. Weber, Princeps. Studien zur Geschichte des Augustus
(1936, ND Aalen 1969) 23 ff.; U. Geyer, Der Adlerflug im römischen Konsekra-
tionszeremoniell (Diss. Bonn 1967); G. Grether, Livia and the Roman Imperial
Cult. Amer. Journ. Phil. 67 (1946) 222 ff.; H. Gesche, Die Divinisierung der
römischen Kaiser in ihrer Funktion als Herrschaftslegitimation. Chiron 8 (1978)
377 ff.; einen Überblick bietet A. Wlosok (Hrsg.), Römischer Kaiserkult (Darmstadt 1978. WdF 372). Vgl. auch Kap. III 2 Anm. 83.]
16 Tac. Ann. I 11
17 Tac. Ann. I 11–13; Suet. Tib. 25, 2; Cass. Dio LVII 2, 5. Letzterer spricht – sicher
nicht historisch – von der Dreiteilung: Rom und Italien – die Provinzen – das
Heer; dazu H. Dessau, Gesch. der röm. Kaiserzeit II 1, 7; E. Kornemann,
Doppelprinzipat und Reichsteilung (Leipzig–Berlin 1930) 48 ff. [Zu A. Gallus vgl.
A. Bergener, Die führende Senatorenschicht im frühen Prinzipat (14–68 n. Chr.)
(Bonn 1965) 34 ff.; D. C. A. Shotter, Tiberius and Asinius Gallus. Historia 20
(1971) 443 ff.]
18 Tac. Ann. I 12
19 Dabei soll sich nach Suet. Tib. 24, 1 ein Senator über den Zauderer lustig
gemacht haben durch den Zwischenruf: *aut agat aut desistat!*
20 A. Alföldi, Röm. Mitt. 49 (1934) 26 A. 2: »Tiberius meidet mit aller Gewalt den
Schein von Herrschergelüsten…«
21 Ebda.: »… die bezeichnend negative Haltung des Princeps (ist gegründet) auf das
Positivum der unterwürfigen Dienstbarkeit des Senates.« [Weitere Literatur s. o.
Anm. 6.]
22 Tac. Ann. I 15. Zur Wahlreform s. u. S. 97

Seite 61–117

1 H. Dessau, Gesch. d. römischen Kaiserzeit I 223 ff.; II 1, 8. [Vgl. zur Soldaten-
Problematik der frühen Principatszeit A. Neumann, RE Suppl. IX (1962) Art.
Veterani 1597 ff.; H. C. Schneider, Das Problem der Veteranenversorgung in der
späten römischen Republik (Bonn 1977) 206 ff.]
2 Tac. Ann. I 25. Zu den Vorgängen in Pannonien s. allg. Tac. Ann. I 16 ff.; Suet.
Tib. 25; Cass. Dio LVII 4. [Vgl. Literaturangaben Kap. III 1 Anm. 10; darüber

hinaus E. Liechtenhan, Das Ziel des Aufstandes der Rheinarmee. Mus. Helv. 4 (1947) 52 ff.; H. H. Schmitt, Der pannonische Aufstand des Jahres 14 n. Chr. und der Regierungsanfang des Tiberius. Historia 7 (1958) 378 ff.; J. J. Wilkes, A Note on the Mutiny of the Pannonian Legions A. D. 12. Class. Quart. 57 (1963) 286 ff.; J. Šašel, Drusus Tib. f. in Emona. Historia 19 (1970) 122 ff.]

3 Das Lob des Tacitus (Ann. II 72) für Germanicus gipfelt in den Worten: »Er wußte nichts von Neid und Einbildung«; dazu E. Howald, Vom Geist antiker Geschichtsschreibung (München–Berlin 1944) 219. [Vgl. dazu Literaturangaben im bibliographischen Nachwort.]

4 H. Dessau, Gesch. d. röm. Kaiserzeit II 1, 8 u. A. 1

5 Tac. Ann. I 31. Über die Vorgänge bei der Rheinarmee: Tac. Ann. I 31 ff.; Suet. Tib. 25; Cass. Dio LVII 5

6 Tac. Ann. I 35

7 Grundlegend J. Stroux, Imperator. Die Antike 13 (1937) 208 ff. und J. Liegle, Die Münzprägung Octavians und der Sieg von Actium. Jahrb. d. Dt. Arch. Inst. 56 (1941) 91 ff.; E. Kornemann, Volkstribunat und Kaisertum. Festschrift für L. Wenger I (1944) 299 ff. [Weitere Literatur s. o. Kap. I Anm. 14; zum Imperator-Namen vgl. bes. H. Nesselhauf, Von der feldherrlichen Gewalt des römischen Kaisers. Klio 13 (1937) 306 ff.; neuerdings R. Frei-Stolba, Kaisertitulaturen a.a.O. 20 ff.]

7a [Zum Folgenden vgl. neuerdings K. Kraft, Zu den Schlagmarken des Tiberius und Germanicus (1950/1, jetzt in:) ders.: Gesammelte Aufsätze zur antiken Geldgeschichte und Numismatik (Darmstadt 1978), I 3 ff.; K. Christ, Drusus und Germanicus (Paderborn 1956) 85 ff.; E. Koestermann, Die Feldzüge des Germanicus 14–16 n. Chr. Historia 6 (1957) 429 ff.; D. Timpe, Der Triumph des Germanicus. Untersuchungen zu den Feldzügen 14–16 n. Chr. in Germanien (Bonn 1968. Antiquitas 1, 16); ders., Der römische Verzicht auf die Okkupation Germaniens. Chiron 1 (1971) 267 ff. Zur Biographie des Germanicus vgl. zuletzt W. K. Aakfeld, Germanicus (Groningen 1961. Hist. Stud. 18); zu den germanischen Legionen neuerdings auch H. v. Petrikovits, Die römischen Streitkräfte am Niederrhein (Düsseldorf 1967. Kunst u. Altert. 13); G. Alföldy, Die Hilfstruppen in der römischen Provinz Germania Inferior. (Düsseldorf 1968. Epigr. Stud. 6)]

8 E. Kornemann, Gestalten und Reiche (1943, ND Bremen 1980) 289 ff.; s. auch u. A. 31

9 Tac. Ann. I 78, 2

10 Sein Schicksal ist uns unbekannt. Tac. hat es in den verlorenen Annalenbüchern VII–XI erzählt

11 Über dessen Lage E. Kornemann, Gestalten und Reiche (1943) 291 ff. [S. jetzt u. a. W. John, Die Örtlichkeit der Varusschlacht bei Tacitus (Göttingen 1950); E. Sander, Zur Varusschlacht. Arch. f. Kulturgesch. 38 (1956) 129 ff.; E. Koestermann, Historia 6 (1957) 440 ff.; Timpe, Triumph a.a.O. 5 f.; vgl. Angaben Kap. II 4, Anm. 40; Kap. III 2, Anm. 25]

12 Tac. Ann. I 61 f.

13 Tacitus nennt hier (Ann. I 70, 5) die Weser, deren Namen an dieser Stelle wohl eine Textverderbnis darstellt. [Dazu C. O. Brink, Journ. of Roman Stud. 42 (1952) 39 ff.; R. Syme, Tacitus II (1958) 747]

14 E. Kornemann, Klio 9 (1909) 446; M. Gelzer, RE X 1, 447

15 Tac. Ann. II 7

15a [S. dazu E. Koestermann, Historia 6 (1957) 450 f. m. Literatur]

16 Tac. Ann. II 9–10. [Zur Benützung des Albinovanus Pedo durch Tacitus s. auch

V. Bongi, Rendic. Ist. Lombardo 82 (1959) 28 ff.]

17 Der Prinzeps gab aber dieser Akklamation keine Folge; M. Gelzer, RE X 1, 448.
[Dazu neuerdings H. Gesche, Die Datierung der 8. imperatorischen Akklamation
des Tiberius. Chiron 2 (1972) 339 ff.]

18 Tac. Ann. II 21, 2. [Zu Idistaviso s. E. Koestermann, a.a.O. 454 ff. mit Literatur;
zuletzt dazu M. P. Speidel, Germanicus' Gardereiter: Ein neues Zeugnis zur
Geschichte der niederrheinischen Ala praetoria und zur Entstehung der Singula-
res. Germania 53 (1975) 165 f.]

19 Tac. Ann. II 41, 1

20 Suet. Tib. 52, 2

21 Tac. Ann. II 26

22 Tac. Ann. II 44–46

23 Tac. Ann. II 62–63. [Zum Regnum Vannianum s. u. a. A. Alföldi, Süd-Ost-
Forschungen 15 (1956) 48 ff.]

24 Tac. Ann. II 88

25 E. Hohl, Hist. Zeitschr. 167 (1942) 461. [S. ferner dens., Um Arminius, Biogra-
phie oder Legende? SB Akad. Berlin, Kl. f. Ges.-Wiss. 1951, 1; weitere Arminius-
Literatur bei K. Christ, Drusus und Germanicus (Paderborn 1956) 120 f.; H. v.
Petrikovits, Arminius. Bonn. Jahrb. 166 (1966) 175 ff.]

26 L. Wickert, Arminius (Köln 1943) 29 f.

27 Wie nahe sich Tiberius und Tacitus auch hier stehen, zeigt Tac. Germ. 33, wo
Tacitus über die Vernichtung der Brukterer durch die Angrivarier i. J. 98
geradezu in einen Freudentaumel gerät und die Zwietracht der Feinde als das
höchste Glück für Rom preist; dazu E. Kornemann, Gestalten und Reiche (1943)
293

28 A. Alföldi, Zur Geschichte des Karpatenbeckens im 1. Jh. v. Chr. (Budapest
1942) 42. [Vgl. Literaturangaben Kap. II 1, Anm. 9.]

29 Tac. Ann. II 64 ff.

30 Tac. Ann. II 1 ff.

31 Vgl. die vom Senat geschlagene Münze *signis recept(is) devictis Germ(anis)*;
Mommsen, Röm. Staatsrecht II³ 871; M. Gelzer, RE X 1, 450. [Zur Bedeutung
des *S(enatus) C(onsulto)* vgl. zuletzt K. Kraft, S(enatus) C(onsulto). Jahrb. Num.
Geldgesch. 12 (1962) 7 ff. Die Münzen s. BMC Empire I, Gaius Nr. 49–51,
93–100; H. Mattingly–E. Sydenham, The Roman Imperial Coinage (London
1923) I, S. 108 Tiberius Nr. 36 = S. 119 Caligula o. Nr., dazu S. 120. Die
Münzen wurden erst unter Caligula geschlagen, wahrscheinlich um die von
Tiberius beschränkten Ehrungen des Germanicus zu erhöhen; vgl. C. H. V.
Sutherland, Coinage in roman Imperial Policy... (London 1951) 112; K. Christ,
Antike Siegesprägungen, Gymnasium 64 (1957) 516 f; vgl. auch J. Colin, Les
consuls du César-Pharaon Caligula et le héritage de Germanicus. Latomus 13
(1954) 394 ff.; zuletzt W. Trillmich, Familienpropaganda der Kaiser Caligula und
Claudius. Agrippina Maior und Antonia Augusta auf Münzen (Berlin 1978.
Antike Münzen u. geschn. Steine 8) 179 ff. Zur Rückgewinnung der Adler aus der
Varusschlacht U. Kahrstedt, Germania 1954, 216 f.]

32 Tac. Ann. III 12, 1; dazu H. Dessau, Gesch. d. römischen Kaiserzeit, II 1, 18. [R.
Syme, Tacitus (1958) I 401; zu Piso zuletzt D. C. A. Shotter, Cnaeus Calpurnius
Piso, Legate of Syria. Historia 23 (1974) 229 ff.]

33 Tac. Ann. ebda.: *auctore senatu*

34 Er hat bekanntlich Arats *Phaenomena* in Versen übersetzt; vgl. W. Kroll, RE X 1
(1918) 458 ff.

35 [Zur Orientreise des Germanicus s. C. Questa, Il viaggio di Germanico in Oriente e Tacito. Maia 9 (1957) 291 ff.; E. Koestermann, Die Mission des Germanicus im Orient. Historia 7 (1958) 331 ff.; J. v. Ooteghem, Germanicus en Égypte, Étud. Class. 27 (1959) 241 ff.; D. G. Weingärtner, Die Ägyptenreise des Germanicus (Bonn 1969. Papyr. Texte u. Abh. 11); D. Hennig, Zur Ägyptenreise des Germanicus. Chiron 2 (1972) 349 ff.]

36 Tac. Ann. II 56

37 Noch der bekannte palmyrenische Zolltarif aus dem 2. Jahrh. (OGI 629, 154) erwähnt einen Brief des Germanicus; M. Gelzer, RE X 1, 453; E. Kornemann, Große Frauen des Altertums (Wiesbaden 1947) 290

38 E. Kornemann, Röm. Geschichte II³ 175 u. 200 ff.

39 W. Schur, Die Orientpolitik des Kaisers Nero. Klio-Beih. 15 (1923). [Vgl. auch J. G. C. Anderson, The Eastern Frontier from Tiberius to Nero. Cambr. Anc. Hist. X (1934) 758 ff.; neuere Literatur s. E. Manni, Dall' avvento di Claudio all' acclamazione di Vespasiano. ANRW II 2 (1975) 138 ff.; vgl. auch Kap. II 1, Anm. 2]

40 Hierzu und zum Folgenden s. W. Schur, RE XVIII 4 (1949) Art. Parthia 1999 ff.; ders., Tac. Annalen-Übersetzung (1953) 686 ff. [Vgl. Literaturangaben Kap. II 1, Anm. 2]

41 W. Schur, Tac. Annalen-Übers. 659 f.

42 W. Schur, RE XVIII 4, 2004. [Zu Artabanos s. jetzt v. a. U. Kahrstedt, Artabanos III. und seine Erben. Diss. Bernenses, ser. I, 2 (Bern 1950)]

43 Tac. Ann. II 57, 1

44 Das Ergebnis wurde im Münzbild gefeiert, was kein Übergriff des Germanicus war; vgl. H. Dessau, Gesch. d. röm. Kaiserzeit II 1, 16 A. 2, gegen Th. Mommsen, Röm. Staatsrecht II³ 831. [BMC Empire I, S. 162 Nr. 104; H. Mattingly-E. Sydenham, The Roman Imperial Coinage I (London 1923) S. 104, Tiberius Nr. 8–10. Neuerdings wird die Emission des Didrachmons erst unter Caligula, 37/38 n. Chr., angesetzt; vgl. C. H. V. Sutherland, Coinage in Roman Imperial Policy 31 B. C. – A. D. 68 (London 1951) 108 u. A. 4; doch vgl. C. Küthmann, Schweiz. Münzblätter 1952, 40]

45 Tac. Ann. II 64, 1

46 Tac. Ann. II 58

47 Von Neid des Tiberius kann auch hier keine Rede sein

48 Tac. Ann. II 57

49 Tac. Ann. ebda.

50 U. v. Wilamowitz-Moellendorff u. F. Zucker, Zwei Edikte des Germanicus auf einem Papyrus des Berliner Museums. (SBAkad. Berlin (1911) 794 ff.; U. Wilcken, Zum Germanicus-Papyrus. Hermes 63 (1928) 48 ff. [Jetzt auch bei V. Ehrenberg–A. H. M. Jones, Documents illustrating the Reigns of Augustus and Tiberius (Oxford ²1955) Nr. 320. Vgl. F. de Visscher, Un incident du séjour de Germanicus en Égypte. Muséon 1946, 259 ff.; allgemein K. Meister, Eranos 1948, 94 ff. Weitere Literatur s. o. Anm. 35.]

51 Das mißfiel Tiberius (Tac. Ann. II 59), obwohl er einst selbst in Rhodos Ähnliches getan hatte (Suet. Tib. 13, 1); dazu A. Alföldi, Röm. Mitt. 50 (1935) 150

52 Suet. Cal. 3, 3

53 Tac. Ann. II 69 ff.; III 1 ff.

54 Tac. Ann. II 83; dazu A. Alföldi, Röm. Mitt. 50 (1935) 135 f. [Neuere Literatur zu den posthumen Ehrungen für Germanicus, die die sog. Tabula Hebana ans

Licht brachte, bei A. Piganiol, Hist. de Rome (⁴1954) 551 f.; K. Christ, Drusus u. Germanicus (Paderborn 1956) 122; W. K. Aakfeld, Germanicus a.a.O. 105 ff.; zur Tabula Hebana zuletzt P. A. Brunt, The lex Valeria Cornelia, Journ. Rom. Stud. 51 (1961) 71 ff.]

55 Tac. Ann. III 3
56 Tac. Ann. III 6
57 Es stand das Fest der Megalesischen Spiele für die Magna Mater Idaea (vom 4. bis 10. April) vor der Tür
58 Tac. Ann. III 7 ff. [Vgl. dazu neuerdings W. Kierdorf, Die Einleitung des Piso-Prozesses. Hermes 94 (1969) 246 ff.]
59 Tac. Ann. III 12
60 Es handelt sich dabei um das ordentliche Gericht für Mordsachen, das unter dem Vorsitz des Praetors tagte; H. Dessau, Gesch. d. röm. Kaiserzeit II 1, 21 u. 24
61 Tac. Ann. III 14 enthält der Text eine Lücke, die keine volle Klarheit gewinnen läßt
62 Tac. Ann. II 78, 1
63 Tiberius erhob dadurch das Verhalten des Augustus bewußt zur Norm für den Prinzipat; so richtig F. Vittinghoff, Der Staatsfeind in der röm. Kaiserzeit (Berlin 1936) 35
64 Tac. Ann. III 18, 1–2
65 Es ist unbegreiflich, wie noch H. Dessau, Gesch. d. röm. Kaiserzeit II 1, 27 den Standpunkt vertreten konnte, Tiberius habe den Tod des Germanicus »gewiß nicht ehrlich betrauert, vielleicht in der Stille gewünscht«
66 Vgl. E. Kornemann, Große Frauen des Altertums (Wiesbaden 1947) 180 ff. [Die politische Bedeutung der Frauen aus dem Kaiserhaus in der julisch-claudischen Principatszeit ist bislang noch nicht befriedigend dargestellt worden. Vgl. dazu bislang F. Sandels, Die Stellung der kaiserlichen Frau aus dem julisch-claudischen Hause (Gießen 1912); R. D. Hoffsten, Roman Women of Rank of the Early Empire in Public Life as Portrayed by Dio, Paterculus, Suetonius, and Tacitus (Philadelphia 1939). Verstreute Hinweise sind A. Bergener, Die führende Senatorenschicht im frühen Prinzipat (14–68 n. Chr.) (Bonn 1965), E. Meise, Untersuchungen zur Geschichte der Iulisch-Claudischen Dynastie (München 1969. Vestigia 10), D. Hennig, L. Aelius Seianus. Untersuchungen zur Regierung des Tiberius (München 1975. Vestigia 21) sowie zuletzt H. Temporini, Die Frauen am Hofe Trajans. Ein Beitrag zur Stellung der Augustae im Principat (Berlin–New York 1978) 26 ff. zu entnehmen]
67 E. Kornemann, ebda. 221 ff.
68 Ausdruck von Frank Thiess, Das Reich der Dämonen (1942) 23
69 Tac. Ann. I 77
70 Tac. Ann. I 10, 6–8. [Literaturangaben s. o. Kap. III 1, Anm. 14 a]
71 Tac. Ann. I 54
72 Tac. Ann. I 78, 1
73 Tac. Ann. II 41, 1
74 Suet. Tib. 50, 1
75 Tac. Ann. I 53
76 Tac. Ann. II 39 f. [Zu Clemens vgl. die Literaturangaben Kap. III 1, Anm. 1 u. 2; ein ähnlicher Vorgang beim Tod des Germanicus-Sohnes Drusus: Tac. Ann. V 10]
77 Tac. Ann. I 72, 1; Suet. Tib, 26, 2; 67, 2; Cass. Dio LVII 8, 4; LVIII 17, 3
78 F. Vittinghoff, Der Staatsfeind in der röm. Kaiserzeit (Berlin 1936) 75 ff.

79 Cass. Dio LI 20, 1 z. J. 29; LIII 28, 1 z. J. 24; LIV 10, 6 z. J. 19 v. Chr.; dazu M. Hammond, The Augustan Principate in Theory and Practice during the Iulio-Claudian Period (1933. ND New York 1968) 104

80 Tac. Ann. I 72, 1

81 Tac. Ann. IV 42, 3. [Vgl. dazu W. Weber, Princeps (1936, ND Aalen 1969) 104ˣ Anm. 439]

82 Cass. Dio LVII 8, 4f.

83 E. Kornemann, Neue Dokumente zum lak. Kaiserkult. Abh. d. Schlesischen Gesellsch. f. vaterl. Kultur I (1929) 15. [= SEG XI 922f.; auch bei V. Ehrenberg–A. H. M. Jones, Documents Illustrating the Reigns of Augustus and Tiberius (Oxford ²1955) 87 Nr. 102. Vgl. auch L. R. Taylor, Tiberius' Refusal of Divine Honours. Transactions and Proceedings of the American Philological Association 60 (1929) 87ff.; M. P. Charlesworth, Some Observations on Ruler-Cult especially in Rome. Harvard Theological Review 28 (1935) 5ff.]

84 Als Salus auf einer Münze, abgebildet bei K. Lange, Herrscherköpfe des Altertums in Münzbildern (1938) Tf. 102 u. bei Lord Tweedsmuir, Augustus 368 (irrtümlich unterschrieben ›Livia Augusta‹ statt ›Iulia Augusta‹). [Vgl. u.a. C. H. V. Sutherland, Coinage in Roman Imperial Policy... (1951) 97f. u. Tf. VIII; s. auch Literaturverweise Kp. III 1, Anm. 6]

85 Darüber A. Alföldi, Röm. Mitt. 49 (1934) 74

86 Vgl. F. Taeger, Zur Vergottung des Menschen im Altertum (Marburg 1943) 1ff.; auch bei A. Alföldi, Röm. Mitt. 49 (1934) 47ff.; 50 (1935) 71ff.; z. T. auch auf Grund meiner Forschungen, Klio 1 (1901) 51ff.

87 Tac. Ann. II 87

88 Cass. Dio LVII 8, 2

89 Cass. Dio LVII 8, 3

90 Cass. Dio ebda.

91 A. Alföldi, Röm. Mitt. 49 (1934) 26

92 Tac. Ann. I 75, II 37f., 48. [Zum Thema Tiberius und der Adel vgl. allgemein G. Tibiletti, Principe e magistrati repubblicani (Rom 1953) 229ff.; R. Syme, Senators, tribus and Towns (1964), jetzt in: ders., Roman Papers I (Oxford 1979) 218ff.; A. Bergener, Die führende Senatorenschicht im frühen Principat (14–68 n. Chr.) (Bonn 1965) 34ff.; H. H. Pistor, Princeps und Patriziat in der Zeit von Augustus bis Commodus (Freiburg 1965); H. Hill, Nobilitas in the Imperial Period. Historia 18 (1969) 230ff.]

93 Vell. Pat. II 124, 3

94 Tac. Ann. I 15, 1. [Zur Wahlreform vgl. besonders F. de Visscher, Tacite et les réformes électorales d'Auguste et de Tibère. Studi in onore di V. Arangio-Ruiz II (Neapel o. J.) 419ff.; Tibiletti (s. o. Anm. 92) 141ff.; R. Syme, Tacitus (1958) I 389f.; II 756ff.; weiterführende Literatur zu diesem und zum Bereich von destinatio und nominatio A. H. M. Jones, The Elections under Augustus. Journ. Rom. Studies 45 (1955) 9ff.; R. Frei-Stolba, Untersuchungen zu den Wahlen in der römischen Kaiserzeit (Diss. Zürich 1967) 130ff.; B. Levick, Imperial Control of the Elections under the Early Principate: commendatio, suffragatio, and ›nominatio‹. Historia 16 (1967) 207ff.; A. E. Astin, ›Nominare‹ in Accounts of Election in the Early Principate. Latomus 28 (1969) 863ff.; D. Flach, Destinatio und nominatio im frühen Prinzipat. Chiron 6 (1976) 193ff.]

95 Tac. Ann. I 81 z. J. 15; H. Dessau, Gesch. d. röm. Kaiserzeit II 1, 38f.

96 Tac. Ann. I 25, 3; 26

97 Tac. Ann. I 75

98 Tac. Ann. IV 6 z. J. 23 in der bekannten Übersicht über des Tiberius bisherige Verwaltungstätigkeit

99 Tac. Ann. I 13. [Vgl. Literaturverweise Kap. III 1, Anm. 10]

100 Tac. Ann. I 74. [Vgl. R. Katzoff, Tacitus, Annales I, 74: The Case of Granius Marcellus. Amer. Journ. Philol. 92 (1971) 680 ff.]

101 Tac. Ann. I 77

102 Tac. Ann. II 32, 2, am Ende des Berichtes über den Libo-Prozeß

103 Tac. Ann. II 33

104 Tac. Ann. II 35

105 Tac. Ann. II 36. [Literaturangaben s. o. Anm. 17]

106 Tac. Ann. I 76; 79; dazu U. Kahrstedt, Kulturgeschichte der römischen Kaiserzeit (²1958) 79 u. 338

107 Suet. Tib. 31, 1; H. Dessau, Gesch. d. röm. Kaiserzeit II 1, 35 f.

108 Tac. Ann. II 37 f.

109 So richtig W. Schur, Tac. Annalen-Übersetzung (1953) 76 Anm. [Zu diesem Vorgang neuerdings J. Geiger, M. Hortensius M. f. Q. n. Hortalus. Class. Rev. 84 (1970) 132 ff.]

110 E. Kornemann, Große Frauen des Altertums (Wiesbaden 1947) 208

111 Tac. Ann. II 50

112 Tac. Ann. II 43, 4

113 Tac. Ann. II 34

114 Tac. Ann. ebda.

115 Tac. Ann. II 51

116 Seine Mutter Claudia Marcella war eine Tochter der Octavia aus ihrer Ehe mit M. Claudius Marcellus (gest. 40 v. Chr.)

117 Sie waren miteinander verschwägert, da Drusus mit des Germanicus Schwester Livia (Livilla) verheiratet war

118 Suet. Tib. 52, 1; Tac. Ann. III 37, 2. [Vgl. A. Stein, Drusus Castor. Hermes 53 (1918) 217 ff.; K. Scott, Drusus, nicknamed ›Castor‹. Class. Phil. 25 (1930) 155 ff.; vgl. auch Literaturangaben Kap. II 4 Anm. 8]

119 Tac. Ann. II 44, 1

120 Tac. Ann. I 76, 3

121 Tac. Ann. II 84. [Dazu zuletzt E. Meise, Der Sesterz des Drusus mit den Zwillingen und die Nachfolgepläne des Tiberius. Jahrb. Num. u. Geldgesch. 16 (1966) 7 ff.; vgl. auch F. de Visscher, La politique dynastique sous le règne de Tibère, in: Synteleia V. Arangio-Ruiz (Neapel 1964) 54 ff.]

122 Tac. Ann. I 54, 2

123 Tac. Ann. I 76, 4

124 U. Kahrstedt, Kulturgeschichte der röm. Kaiserzeit (²1958) 255

125 Tac. Ann. I 54, 2

126 Tac. Ann. I 77

127 Tac. Ann. IV 14, 3

128 Vgl. Tac. Ann. III 37, 2

129 Suet. Tib. 37, 3

130 Suet. Tib. 31, 1; zu beiden Fällen H. Dessau, Gesch. d. röm. Kaiserzeit II 1, 35 f.

131 Tac. Ann. I 76, 1

132 Tac. Ann. VI 12

133 Tac. Ann. II 41, 1

134 Tac. Ann. II 49

135 U. Kahrstedt, Kulturgeschichte der röm. Kaiserzeit (²1958) 340

136 Tac. Ann. II 32, 3
137 U. Kahrstedt, a.a.O. 368. [Vgl. zur Judenfrage in Rom zuletzt D. Hennig, L. Aelius Seianus. Untersuchungen zur Regierung des Tiberius (München 1975. Vestigia 21) 160ff. (Lit), der den eigentlichen Grund für die Vertreibung darin sieht, »daß diese fremden und letztlich unerwünschten Kulte in Rom in wachsendem Umfang Anhänger fanden« (162). Zu Pilatus vgl. mittlerweile H. Volkmann, Die Pilatusinschrift von Caesarea. Gymnasium 75 (1968) 124 ff.; P. L. Maier, The Fate of Pontius Pilate. Hermes 91 (1971) 362ff.]
138 Tac. Ann. II 85, 4
139 U. Kahrstedt, a.a.O. 368
140 Tac. Ann. I 81 z. J. 15. [Vgl. o. Anm. 94]
141 E. Kornemann, Röm. Gesch. II³ 67. [Zur Provinzpolitik jetzt maßgeblich W. Orth, Die Provinzialpolitik des Tiberius (München 1970) (Lit.)]
142 W. Schur, Tac.-Annalen-Übers. 326 A. 1
143 Tac. Ann. I 80; V 10, 2
144 Darüber sehr anerkennend Tac. Ann. IV 6, 4 z. J. 23
145 Cass. Dio LVII 10, 5; Suet. Tib. 32, 2
146 Tac. Ann. I 78, 2
147 Tac. Ann. II 42, 4
148 Tac. Ann. I 76, 1; 78
149 Tac. Ann. II 47
150 Tac. Ann. IV 6, 4
151 Tac. Ann. I 76, 2 z. J. 15
152 Tac. Ann. II 87; s. darüber schon o. S. 95 f. [Zur Problematik der Versorgungskrisen vgl. u. a. H. P. Kohns, Wirtschaftsgeschichtliche Probleme der Historia Augusta. (Historia-Augusta-Colloquium Bonn 1964/5 (1966) 99ff.]
152a [Dazu R. S. Rogers, The Roman emperors as heirs and legatees. Transact. Amer. Philos. Assoc. 78 (1947) 140ff.]
153 Tac. Ann. I 75, 2
154 Tac. Ann. II 86
155 Tac. Ann. III 72, 2. Im Bauen hat sich Tiberius mit Rücksicht auf die Staatsfinanzen große Zurückhaltung auferlegt oder aber er hat Private dazu herangezogen; die damals gleichfalls erneuerte Basilica Aemilia auf dem Forum verdankte ihre Wiederherstellung dem M. Lepidus, einem Großneffen des Triumvirn (Tac. ebda.)
156 Tac. Ann. I 75, 2; vgl. dazu die Bemerkung III 18, 1 (z. J. 20), als Tiberius dem Sohne des Cn. Piso sein Vermögen beließ: »Dem Gelde gegenüber war er ja, wie schon mehrfach erwähnt, durchaus nicht schwach.«
157 Tac. Ann. II 33
158 Tac. Ann. II 85, 1–3
159 Tac. Ann. III 25–28
160 Tac. Ann. III 25
161 Zu Tiberius' Abscheu gegen die übertriebene Gesetzmacherei vgl. auch u. S. 122ff. u. 125
162 U. Kahrstedt, Kulturgeschichte d. röm. Kaiserzeit (²1958) 31. [Zum Gerichtswesen vgl. neuerdings A. H. M. Jones, Imperial and Senatorial Jurisdiction in the Early Principate (1955, jetzt in:) ders., Studies in Roman Government and Law (Oxford 1960) 67ff.; J. M. Kelly, Princeps Iudex. Eine Untersuchung zur Entwicklung und zu den Grundlagen der kaiserlichen Gerichtsbarkeit (Weimar 1957. Forschungen zum römischen Recht 9); H. Bellen, Zur Appellation vom Senat an den Kaiser. Zeitschr. der Savignystift. f. Rechtsgesch., Roman. Abt. 79

(1962) 143 ff.; J. Bleicken, Senatsgericht und Kaisergericht. Eine Studie zur Entwicklung des Prozeßrechtes im frühen Prinzipat (Göttingen 1962. Abh. Akad. d. Wiss., philol-hist. Kl., 3. F. Nr. 53); W. Kunkel, Die Funktion des Konsiliums in der magistratischen Strafjustiz und im Kaisergericht II. Zeitschr. d. Savigny-stift. f. Rechtsgesch., Roman. Abt. 85 (1968) 253 ff.; ders., Über die Entstehung des Senatsgerichtes (München 1969, Sitzber. Bay. Akad. d. Wiss., Philol.-hist. Kl., 1969 H. 2)]

163 Tac. Ann. IV 22
164 Tac. Ann. I 75, 1
165 Tac. Ann. III 64, 4
166 Tac. Ann. III 71, 2–3
167 Tac. Ann. IV 16
168 U. Kahrstedt, a.a.O. 53 f.
168a [Für neuere Literatur zu den Majestätsprozessen s. das Nachwort!]
169 Tac. Anm. III 24
170 U. Kahrstedt, a.a.O. 20
171 Zum Folgenden W. Schur, Tac.-Annalen-Übersetzung 73 Anm. 1; A. Alföldi, Röm. Mitt. 49 (1934) 65 ff.; 50 (1935) 76 ff. Grundlegend Th. Mommsen, Röm. Strafrecht 537 ff.; B. Kübler, RE XIV 1 (1928) 543 ff.; F. Vittinghoff, Der Staatsfeind in der römischen Kaiserzeit (Berlin 1936) 9 ff. [Zur Entwicklung des Maiestas-Begriffes in augusteischer Zeit vgl. neuerdings R. Bauman, The Crimen Maiestatis in the Roman Republic and Augustan Principate (Johannesburg 1967) 171 ff.; H. G. Gundel, Der Begriff *maiestas* im Denken der augusteischen Zeit. Palingenesia 4 (1969) 279 ff.; Taeger, Charisma a.a.O. 266 ff. Zur Lex Iulia Maiestatis vgl. insbesondere H. Wagenvoort, Imperium. Studien over het ›Mana‹-begrip in zede en taal der Romeinen (Amsterdam 1941) 103 ff.; H. Drexler, Maiestas. Aevum 30 (1956) 195 ff.; J. E. Allison–J. D. Cloud, The Lex Iulia Maiestatis. Latomus 21 (1962) 711 ff.; P. Garnsey, The Lex Iulia and Appeal under the Empire. Journ. Rom. Studies 56 (1966) 167 ff.; R. Bauman, Impietas in principem. A Study of Treason against the Roman Emperor with special Reference to the First Century A. D. (München 1974. Münchn. Beitr. 67) 1 ff. (Lit.)]
172 Tac. Ann. I 72, 3. [Vgl. neuerdings dazu D. Hennig, T. Labienus und der erste Majestätsprozeß de famosis libellis. Chiron 3 (1973) 245 ff.]
173 Ausdrücklich bezeugt bei Suet. Tib. 28
174 Suet. Aug. 51. 3; dazu Lord Tweedsmuir, Augustus, 278 f. [ND 1979, 224]
175 Suet. Tib. 28
176 Tac. Ann. III 38, 2; VI 18, 2; dazu Th. Mommsen, Röm. Strafrecht 592 f.; F. Vittinghoff, a.a.O. 11
177 Cass. Dio LVII 22, 5; F. Vittinghoff a.a.O. 12. [Vgl. neuerdings M. Fuhrmann, RE XXIII 2 (1959) 2484 ff.; P. Garnsey, Social Status and Legal Privilege in the Roman Empire (Oxford 1970) 111 ff.]
178 A. Alföldi, Röm. Mitt. 50 (1935) 76
179 Ausdruck bei Tac. Ann. VI 47, 2 [dazu R. Syme, Tacitus (1958) I 415]
180 F. Vittinghoff, a.a.O. 11; dazu H. Dessau, Gesch. d. röm. Kaiserzeit II 1, 50 f.; H. Volkmann, Zur Rechtsprechung im Prinzipat des Augustus. Münch. Beitr. z. Papyrusfschg. u. ant. Rechtsgesch. 21 (1935) 93 ff.
181 Tac. Ann. I 72, 3–4
182 Tac. Ann. I 73
183 Tac. Ann. I 74
184 Tac. Ann. II 27 ff. [Zum Libo-Prozeß vgl. A. Passerini, Studi giuridici in memoria

di P. Ciapessoni (Studia Ghisleriana I, Pavia 1948) 195 ff.; E. F. Leon, Class. Journ. 53 (1957) 77 ff.; R. Syme, Tacitus (1958) I 399 ff.; E. J. Weinrib, The Family Connexions of M. Livius Drusus Libo. Harvard Stud. in Class. Philol. 71 (1967) 247 ff.; D. C. A. Shotter, The Trial of M. Scribonius Libo Drusus. Historia 21 (1972) 88 ff.]

185 Cass. Dio LV 5, 4. Tacitus macht fälschlich Tiberius zum Erfinder; richtig darüber M. Gelzer, RE X 1, 504, 24 ff.

186 Tac. Ann. II 32

187 H. Dessau, Gesch. d. röm. Kaiserzeit II 1, 22 ff.

188 Tac. Ann. II 50

189 Tac. Ann. III 22 f. [Zuletzt G. B. Townsend, The Trial of Aemilia Lepida in A. D. 20. Latomus 21 (1962) 484 ff.; D. C. A. Shotter, Tiberius' Part in the Trial of Aemilia Lepida. Historia 15 (1966) 312 ff.]

190 Tac. Ann. III 48

191 Dies erkennt auch H. Dessau, Gesch. d. röm. Kaiserzeit II 1, 54 f. an, der doch Tiberius wenig gut gesinnt ist.

Seite 118–158

1 E. Kornemann, Doppelprinzipat und Reichsteilung im Imperium Romanum (Leipzig u. Berlin 1930) 41 f.

2 Tac. Ann. III 29

3 Tac. Ann. III 56. [Literaturverweise s. o. Kap. II 4 Anm. 6; vgl. auch R. S. Rogers, Studies in the Reign of Tiberius. Some Imperial Virtues of Tiberius and Drusus Caesar (Baltimore 1943) 91 ff.]

4 Tac. Ann. IV 4, 2; Suet. Tib. 54, 1; technisch der Ausdruck *patribus commendavit.*

5 E. Kornemann, Doppelprinzipat 42 ff.

6 Tac. Ann. III 31, 1–2

7 Tac. Ann. III 31, 3–5

8 Tac. Ann. III 33 f.

9 Tac. Ann. III 32

10 Tac. Ann. III 35

11 Tac. Ann. III 36

12 Über die Heiligung der Herrscherbilder vgl. A. Alföldi, Röm. Mitt. 49 (1934) 70

13 Tac. Ann. III 37

14 Tac. Ann. III 38, 1

15 Tac. Ann. III 70, 1

16 Tac. Ann. III 38, 2

17 Tac. Ann. III 49 ff. [Vgl. dazu D. C. A. Shotter, The Trial of Clutorius Priscus. Greece and Rome 16 (1969) 14 ff.]

18 H. Dessau, Gesch. d. röm. Kaiserzeit II 1, 55 ff.

19 Tac. Ann. III 52 ff.

20 Über das Kapitel »Luxus« lese man U. Kahrstedt, Kulturgesch. d. röm. Kaiserzeit (²1958) 234 ff.

21 Tac. Ann. III 53–54

22 Nach H. Dessau, Gesch. d. röm. Kaiserzeit II 1, 27 ist dem Senatsbeschluß die Bestätigung durch das Volk gefolgt. Es fehlt hierfür jeglicher Beleg in den Quellen. Befragt ist das Volk nur noch einmal worden, nämlich bei der Verleihung des Oberpontifikats an Tiberius, am 10. März 15 n. Chr.; CIL I² p. 311 [vgl.

V. Ehrenberg–A. H. M. Jones, Documents illustrating the reigns of Augustus and Tiberius (²Oxford 1955) S. 47]; H. Dessau, a.a.O. II 1, 6 A. 1

23 Tac. Ann. III 56

24 Dies gehört in die Reihe der Neuerungen des Tiberius zugunsten des Senats! Augustus hatte die tribunizische Gewalt an den Mitregenten auf dem Wege der tribunizischen Kooptation verliehen. Th. Mommsen, Röm. Staatsrecht I³ 220; vgl. auch H. Dessau, Gesch. d. röm. Kaiserzeit II 1, 27 m. Anm. 2

25 Die Titulatur des Mitregenten CIL XII 147 = H. Dessau, Inscr. Lat. sel. I 169; E. Kornemann, Doppelprinzipat und Reichsteilung im Imperium Romanum (Leipzig u. Berlin 1930) 43 A. 3

26 Tac. Ann. III 57; 59

27 Tac. Ann. III 64, 2

28 Tac. Ann. III 71, 1

29 S. o. S. A. 84!

30 Tac. Ann. III 66 ff. [Dazu E. Badian, Class. Rev. 8 (1958) 216 ff.]

31 Tac. Ann. III 70

32 Tac. Ann. III 60 ff.

33 U. Kahrstedt, Kulturgesch. d. röm. Kaiserzeit (²1958) 343

34 Tac. Ann. III 62, 4; 63, 3

35 Tac. Ann. III 60, 3; ganz augenscheinlich unter Benutzung der Senatsakten

36 H. Dessau, Gesch. d. röm. Kaiserzeit II 1, 45

37 Tac. Ann. III 63, 4; dazu Th. Mommsen, Röm. Strafrecht 460 A. 1; H. Dessau, a.a.O.

38 Suet. Tib. 37, 3; vgl. F. v. Woeß, Das Asylwesen Ägyptens in der Ptolemäerzeit und die spätere Entwicklung. Münch. Beitr. z. Papyrusfschg. u. ant. Rechtsgesch. 5 (München 1923), bes. 206 f.; 218 ff.

39 Tac. Ann. III 75

40 Tac. Ann. III 76; über die Bildstrafe F. Vittinghoff, Der Staatsfeind in der röm. Kaiserzeit (Berlin 1936) 13 ff. [R. S. Rogers, An incident of the opposition to Tiberius. Class. Journ. 47 (1951) 114 f.]

41 Tac. Ann. III 72, 2–3; H. Dessau, Gesch. d. röm. Kaiserzeit II 1, 28

42 Tac. Ann. IV 2; Suet Tib. 48, 2; dazu A. Alföldi, Röm. Mitt. 49 (1934) 68

43 Tac. Ann. IV 3

44 Tac. Ann. IV 4, 1

45 Erhalten bei Tac. Ann. IV 5

46 Tac. Ann. IV 6

47 Tac. Ann. IV 10 auf Grund »der meisten und zuverlässigsten Autoren«; H. Dessau, Gesch. d. röm. Kaiserzeit II 1, 32 f. glaubt an einen natürlichen Tod des Drusus, auf keinen Fall an eine Mittäterschaft der Livilla. [In diesem Sinne auch D. Hennig, L. A. Seianus a.a.O. 33 f.; weitere Literatur s. dort.]

48 Ein ungeheuerliches Gerücht, das die tiberiusfeindliche Berichterstattung in die Überlieferung einzuschmuggeln versucht hat, Tiberius selbst habe den Tod seines Sohnes herbeigeführt, hat sogar Tacitus (Ann. IV 11) eingehend zurückgewiesen. »Kein Schriftsteller hat sich durch seinen Haß gegen Tiberius soweit hinreißen lassen, ihm die Schuld zuzuschreiben, so gern sie sonst alles Ungünstige gegen ihn hervorsuchten und noch übertrieben«; dazu E. Howald, Vom Geist antiker Geschichtsschreibung (München–Berlin 1944) 204 [und danach R. Syme, Tacitus (1958) I 401 f.]

49 Tac. Ann. IV 8

50 Tac. Ann. IV 12

51 Tac. Ann. IV 13

52 Tac. Ann. IV 14 ff.

53 Tac. Ann. IV 15, 1–2

54 Tac. Ann. IV 15, 3. Der »vergöttlichte Senat« wurde als lockiger Jüngling dargestellt, anderswo mit weiblichen Zügen, nämlich als »ἱερὰ σύγκλητος«, wie es auf griechisch hieß; H. Dessau, Gesch. d. röm. Kaiserzeit II 1, 47. [Vgl. zum Herrscherkult zuletzt A. Wlosok (Hrsg.), Römischer Kaiserkult (Darmstadt 1978. WdF 372) (Lit); weitere Angaben s. o. Kap. III 1 Anm. 14a. Zum Genius Senatus zuletzt H. Kunkel, Der römische Genius (Heidelberg 1974. Mitt. Dt. Arch. Inst., Röm. Abt. 20) 10 ff., 33 ff.]

55 Tac. Ann. IV 15, 3

56 Tac. Ann. IV 55 f. Damit wurde Smyrna neben Pergamon, der offiziellen, und neben Ephesos, der tatsächlichen Provinzhauptstadt, zur dritten Stadt der Provinz Asia.

57 F. Altheim, Die Krise der Alten Welt I (²1952) 173 ff. [Vgl. auch R. Syme, Tacfarinas, the Musulamii and Thubursicu (1951, jetzt in:) ders., Roman Papers I (Oxford 1979) 218 ff.; M. Rachet, Rome et les Berbères. Un problème militaire d' Auguste à Dioclétien (Bruxelles 1970. Coll. Latomus 110) 82 ff. (Lit); J. M. Lassère, Ubique populus. Peuplement et mouvement de population dans l' Afrique romaine de la chute de Carthage à la fin de la dynastie des Sévères (146 a. C. – 235 p. C.) (Paris 1977) 201 ff. (Lit.); E. Fentress, Numidia and the Roman Army (Brit. Arch. Reports, Int. Ser. 53, 1979) 66 ff.; allgemein P. D. A. Garnsey, Rome's African Empire under the Principate, in: P. D. A. Garnsey, C. R. Whittaker (Ed.), Imperialism in the Ancient World (Cambridge 1978) 223 ff.]

58 Tac. Ann. II 52

59 H. Dessau, Gesch. d. röm. Kaiserzeit II 1, 42

60 Tac. Ann. IV 72, 4–74

60a [Nach Lipsius und Mommsen, die für ›Thubuscum‹, ›Tupusuctu‹ (heute Tiklat) setzen. Für Nipperdeys Emendation ›Thubu(r)s(i)cum‹, nämlich Thubursicu Numidarum (heute Khamissa), nördlich des Schott el Hodna, vgl. R. Syme, Tacfarinas a.a.O. 218 ff.; M. Rachet, Rome et les Berbères a.a.O. 117 f. 120.]

61 Tac. Ann. IV 23–26, 1

62 Tac. Ann. IV 26, 2. H. Dessau, Gesch. d. röm. Kaiserzeit II 1, 41 bezieht hierher die Nachricht des Sueton (Tib. 30), wonach der Wortlaut des an einen verbündeten König zu richtenden Schreibens im Senat festgelegt wurde.

63 H. Dessau, a.a.O. II 1, 44

64 Tac. Ann. III 40 ff. [Vgl. zuletzt I. Paar, Der Bogen von Orange und der gallische Aufstand unter der Führung des Iulius Sacrovir 21 n. Chr. Chiron 9 (1979) 215 ff. mit Tafeln 9–13]

65 U. Kahrstedt, Kulturgeschichte d. röm. Kaiserzeit (²1958) 113

66 Plin. N. H. XXX 13

67 Tac. Ann. III 47; dazu A. Alföldi, Röm. Mitt. 49 (1934) 92, der darauf aufmerksam macht, daß Tiberius' unwürdiger Nachfolger eine solche Auszeichnung gern angenommen hat (Cass. Dio LIX 16, 11). Nero betrat sogar nach seiner griechischen Kunstreise in einem Triumphzug die Stadt (Tac. Ann. XIV 13, 2; Suet. Nero 25; Cass. Dio LXIII 20, 1)

68 M. Rostovtzeff, The Social and Economic History of the Roman Empire (Oxford ²1957) I 251, II 648 A. 93. [Dazu neuerdings überblicksartig Th. Pekáry, Die Wirtschaft der griechisch-römischen Antike (Wiesbaden ²1979. Wiss. Paperbacks Sozial- u. Wirtschaftsgeschichte 9) 96 ff.]

69 U. Kahrstedt, a.a.O. 144

70 Tac. Ann. IV 47, 2

71 Über das Jahr des Übergangs in den Provinz-Status vgl. A. Stein, Die Legaten von Moesien. Diss. Pannon. ser. I fasc. II (1940) 17 A. 6; B. Lenk, RE VI A 1 (1936) Art. Thracia, 452. [Neuerdings dazu C. M. Danov, Die Thraker auf dem Ostbalkan. ANRW II 7, 1 (1979) 131 ff.; B. Gerov, Die Grenzen der römischen Provinz Thracia bis zur Gründung des Aurelianischen Dakien. Ebenda 212 ff.; vgl. auch Literaturangaben oben Kap. II 1 Anm. 9]

72 Über die Ausdehnung der *ripa Thraciae* s. B. Lenk, a.a.O. 446 f. Sie wurde begrenzt vom Balkan, Pontos, der Donau und reichte westwärts wohl bis Dimum östlich vom Isker, das deshalb auch später Zollgrenzort war. Die griechischen Küstenstädte am Schwarzen Meer waren eximiert und gehörten zur Provinz Macedonia, so daß Ovid dorthin verbannt werden konnte; dazu A. Stein, a.a.O. 14 u. 17

73 Tac. Ann. II 64 ff.

74 Appian. Illyr. 30; über den Zeitpunkt A. Stein, a.a.O. 17

75 Er unterstand wie seine Nachfolger in Moesien dem C. Poppaeus Sabinus, der als Generalstatthalter des Balkans (s. o. S. 107) wahrscheinlich die bisherige Militärgrenze in Moesien zu einer eigenen Provinz umgestaltet hatte.

76 Vell. Pat. II 129; Tac. Ann. II 67; Suet. Tib. 37, 4. Bemerkenswert ist, daß ein Mann konsularischen Ranges diesmal dem Poppaeus Sabinus untergeordnet wurde. Flaccus wurde wegen seiner großen Erfahrung noch einmal in das thrakische Gebiet beordert, und außerdem war die Rangfolge der Provinzialstatthalter damals noch nicht so fest geordnet wie später; so richtig A. Stein, a.a.O. 20

77 Tac. Ann. III 38 f.

78 Tac. Ann. IV 46 ff.

79 B. Lenk, RE VI A 1, 451 f.

80 Tac. Ann. IV 27. [Vgl. neuerdings R. F. Newbold, Social Tension at Rome in the Early Years of Tiberius' Reign. Athenaeum 52 (1974) 118 ff.; zum Problem allgemein N. Brockmeyer, Antike Sklaverei (Darmstadt 1979. Ertr. d. Forsch. 116) 178 ff.]

81 U. Kahrstedt, Kulturgesch. d. röm. Kaiserzeit (²1958) 239 f.

82 Tac. Ann. IV 17; Suet. Tib. 54, 1

83 Er hieß mit vollem Namen C. Silius A. Caecina Largus. [Dagegen A. E. u. J. S. Gordon, Amer. Journ. Philol. 72 (1951) 283 ff.] Sein Sohn war der berüchtigte Liebhaber der Messalina, Tac. Ann. XI 35, 1. [Vgl. auch D. C. A. Shotter, The Trial of Gaius Silius (A. D. 24). Latomus 26 (1967) 712 ff.]

84 Hierzu und zum Folgenden Tac. Ann. IV 18 ff.

85 Dies ergibt sich aus Tac. Ann. XI 35, 1 gelegentlich der Verfolgung seines Sohnes; vgl. zu dieser Stelle die Ausführungen von F. Vittinghoff, Der Staatsfeind in der röm. Kaiserzeit (Berlin 1936) 54 ff. und im übrigen 16 ff.; 31; ferner H. Dessau, Gesch. d. röm. Kaiserzeit II 1, 59

86 Tac. Ann. IV 20, 1

87 Tac. Ann. IV 21, 1–2

88 E. Groag, RE III 1 (1897) 1383 Nr. 74; F. Vittinghoff, a.a.O. 62 u. A. 268

89 Dazu F. Vittinghoff, a.a.O. 62 A. 269

90 Tac. Ann. IV 21, 3

91 Tac. Ann. IV 28 ff.

92 Die eingeklammerten Satzteile eingeschoben aus der Parallelstelle Tac. Ann. XVI 16, 1

93 Tac. Ann. IV 32 f.; dazu meine Anmerkungen in der Einleitung zur Annalenübersetzung (Wiesbaden 1953, bereits separat erschienen Wiesbaden 1946) S. XXXIII f. (bzw. 33 f.)

94 Tac. Ann. VI 7, 5 bemerkt der Historiker, daß seine Vorgänger aus dem Wust der Majestätsprozesse manche Prozesse und Todesurteile weggelassen hätten aus Rücksicht auf den Überdruß der Leser; »uns aber hat sich sehr vieles als der Kenntnisnahme würdig erwiesen, obgleich es von den anderen unerwähnt geblieben war«; dazu E. Howald, Vom Geist antiker Geschichtsschreibung (München – Berlin 1944) 204 f.

95 U. Kahrstedt, Kulturgesch. d. röm. Kaiserzeit (²1958) 49

96 Tac. Ann. IV 28 ff.

97 U. Kahrstedt, a.a.O. 20. Der Prinzeps war in erster Linie Richter, ebda. 44; das macht sich hier schon bei Tiberius geltend, noch mehr später bei Claudius, der sich nur noch mit Rechtsprechen beschäftigte und die Hauptaufgaben des Prinzipats anderen überließ.

98 U. Kahrstedt, a.a.O. 49

99 Tac. Ann. IV 30, 3

100 Tac. Ann. IV 31, 1–2

101 Tac. Ann. IV 34 f.; Suet. Tib. 61, 3; Cass. Dio LVII 24, 2–4. [Dazu neuerdings W. Suerbaum, Der Historiker und die Freiheit des Wortes. Die Rede des Cremutius Cordus bei Tac. A. IV 34, 35 in: G. Radke (Hrsg.), Politik und literarische Kunst im Werk des Tacitus (Stuttgart 1971) 61 ff.]

102 Seneca, cons. ad Marciam 1 u. 22; dazu F. B. Marsh, The Reign of Tiberius (²1959) 292

103 So schon L. v. Ranke, Weltgeschichte III 2, 243; B. Hardinghaus, Tacitus und das Griechentum (Diss. Münster 1932) 43

104 F. Vittinghoff, Der Staatsfeind in der röm. Kaiserzeit (Berlin 1936) 54

105 Tac. Ann. IV 35, 5

106 Tac. Ann. IV 36

107 Tac. Ann. IV 42

108 In diese Zeit gehört vielleicht sein Wahlspruch *oderint dum probent:* Suet. Tib. 59, 2

109 Tac. Ann. IV 42, 3

110 Tac. Ann. IV 39–40. [Vgl. zum Problem der wörtlichen Rede bei Tacitus zuletzt N. P. Miller, Tiberius Speaks. An Examination of the Utterances Ascribed to him in the Annals of Tacitus. Amer. Journ. Philol. 89 (1968) 1 ff.]

111 Anspielung auf die Verlobung seiner Tochter mit einem Sohn des späteren Prinzeps Claudius, also mit einem Großneffen des Tiberius

112 Tac. Ann. IV 41

113 Tacitus folgt hier nicht der Mehrzahl der Quellen, sondern macht Tiberius' Charakter mitverantwortlich: Ann. IV 57

114 Tac. Ann. IV 43

115 Tac. Ann. IV 45

116 Tac. Ann. IV 37 f.; auch H. Dessau, Gesch. d. röm. Kaiserzeit II 1, 48 A. 1 halt die Rede in der Hauptsache für authentisch. [S. o. Anm. 110; zu Baetica vgl. J. Deininger, Zur Begründung des Provinzialkultes in der Baetica (1964, jetzt in:) A. Wlosok (Hrsg.), Römischer Kaiserkult (Darmstadt 1978. WdF 372) 441 ff.]

117 Tac. Ann. IV 38, 4–5

118 Richtig schon als unbegreiflich gekennzeichnet von H. Drexler, Tacitus (Frankfurt 1939) 151

119 Tac. Ann. IV 57, 3; Suet. Tib. 50, 2–51
120 Tac. Ann. IV 52 u. 66; nach der zweiten Stelle hat Domitius Afer auch den Sohn aus dieser Ehe vor Gericht gezogen, damit aber kein Glück gehabt.
121 Das Zitat in latein. Übersetzung bei Suet. Tib. 53, 1
122 Tacitus (Ann. IV 53) beruft sich für diese intime Nachricht auf die Memoiren der jüngeren Agrippina, Neros Mutter. Er hat diese Memoiren vielleicht nicht nur durch Mittelsmänner, sondern auch direkt benutzt.
123 Tac. Ann. IV 54; Suet. Tib. 53, 1
124 S. o. Anm. 122
125 Tac. Ann. IV 57 ff.; Suet. Tib. 39 f. [Zum Folgenden vgl. R. S. Rogers, Tiberius' travels, A. D. 26–27. Class. Weekly 39 (1945/6) 26 ff., 42 ff.]
126 Tac. Ann. IV 57, 1–2; Suet. Tib. 42 ff.
127 Tacitus (Ann. IV 57) führt »der Mehrzahl der Quellen folgend« Seians Machenschaften als Hauptgrund des dauernden Fernbleibens von Rom an; aber dann kommen ihm selbst psychologische Bedenken, ob nicht, da Tiberius auch nach dem Sturz Seians ferngeblieben ist, die letzten Gründe in ihm selbst zu suchen sind; vgl. E. Howald, Vom Geist antiker Geschichtsschreibung (München–Berlin 1944) 201
128 Tac. Ann. IV 59; Suet. Tib. 39
128a Vgl. hierzu P. Grimal, Das antike Italien (erw. Neuausg. 1979 Frankfurt/M.); Baldassare Conticello u. Bernard Andreae, Die Skulpturen von Sperlonga, in: Antike Plastik, 14 (1974). Die Auffindung der Grotte von Sperlonga (Speluncae) i. J. 1957 durch E. Bellante u. die spätere Interpretation durch G. Jacopi, B. Conticello u. B. Andreae hat erwiesen, daß es sich bei diesem Vorfall um einen Besuch des Kaisers in seiner den Homer-Mythen gewidmeten Meervilla gehandelt haben dürfte. Für die Homer-Mythologie hatte Tiberius starkes Interesse. Die Grotte von Sperlonga war mit Gruppen von Skulpturen hierzu ausgestattet, die dann später von unbekannter Hand in einer Art von Exorzismus in zahllose Fragmente zerschlagen worden sind. Trifft diese Deutung zu, wäre mit dieser Entdeckung ein kaiserliches »praetorium mit seiner gesamten Ausstattung« (B. Andreae) wiedergefunden (Anm. d. Verlages)
129 Tac. Ann. IV 60
130 E. Howald, a.a.O. 219

Seite 158–170

1 Tac. Ann. IV 62 f.; Suet. Tib. 40. [Der Bauherr wurde verbannt.] Ein Senatsbeschluß verbot damals die Veranstaltung von Spielen, falls der Veranstalter weniger als 400000 Sesterzien Vermögen hatte, verbot außerdem den Bau von Amphitheatern, wenn nicht der Grund und Boden von erprobter Festigkeit war, Tac. Ann. IV 63, 1; U. Kahrstedt, Kulturgesch. d. röm. Kaiserzeit (²1958) 256
2 Tac. Ann. IV 64; Suet. Tib. 40. [Tiberius setzte lediglich aufs Festland über und erteilte Audienzen, betrat aber die Stadt nicht]
3 Tac. Ann. IV 67; Suet. Tib. 40; Plin. N. H. III 82
4 Vell. Pat. II 127 f.; Cass. Dio LVIII 5, 1. [Für das folgende Kapitel vgl. vor allem E. Meissner, Seian, Tiberius und die Nachfolge im Prinzipat (Erlangen 1968); D. Hennig, L. Aelius Seianus. Untersuchungen zur Regierung des Tiberius (München 1975. Vestigia 21) mit ausführlichen Literaturangaben; J. Nicols, Antonia and Sejanus. Historia 24 (1975) 48 ff. zum Sturz des Seian]
5 Seneca ep. 83, 14; Joseph. Ant. Iud. XVIII 169. Böse Zungen behaupteten, er

habe zweimal 24 Stunden mit dem Herrscher durchkneipen können, Plin. N. H. XIV 145; Suet. Tib. 42, 1, bösartigster Klatsch aus jener Quelle, die den Tiberius der Trunksucht zieh

6 Tac. Ann. IV 68 f. [Zum Namen (Lucanius oder Latinius?) s. R. Syme, Tacitus (1958) II 747]

7 Tac. Ann. IV 70. Cass. Dio LVIII 1, 3 erzählt dazu noch eine rührende Geschichte von der Treue seines Hundes. Er folgte ihm in den Kerker, verließ seine Leiche nicht und sprang ihr schließlich in den Fluß nach

8 Tac. Ann. IV 74

9 A. Vezin, Das Evangelium Jesu Christi (1938) 326 ff. u. 350 ff.: wohl 5. Mai 30 n. Chr., das wahrscheinlichste Datum des Todes Christi

10 Tac. Ann. IV 72 f. [Vgl. Literaturangaben oben Kap. II 1 A. 4]

11 Tac. Ann. IV 74, 1

12 Tac. Ann. IV 71, 4

13 Tac. Ann. V 1 f.; Suet. Tib. 51, 2; Cass. Dio LVIII 2, 1 ff. [Vgl. Literaturangaben oben Kap. III 1 A. 14a]

14 Vgl. Tac. Ann. IV 37, 3; F. Vittinghoff, Der Staatsfeind in der röm. Kaiserzeit (Berlin 1936) 82 f. Die Öffentlichkeit hatte allgemein die Konsekrierung erwartet; Vell. Pat. II 130, 5; Tac. Ann. VI 5, 1

15 Tac. Ann. V 1, 3; Suet. Tib. 51, 2; Cal. 16, 3; Cass. Dio LVIII 2, 3a

16 Tac. Ann. V 2, 2

17 Tac. Ann. V 3, 1

18 Tac. Ann. V 4

19 Tac. Ann. V 5

20 Suet. Cal. 15, 4

21 Suet. Tib. 53, 2 [dazu R. Syme, Tacitus (1958) I 404]

22 Suet. Tib. 54, 2

23 Suet. Tib. 54, 2; Vell. Pat. (II 130, 4), der i. J. 30 schrieb, kennt die Haft des Drusus noch nicht; vgl. M. Gelzer, RE X 1, 512, 48 ff.

24 Cass. Dio LVIII 3. [Vgl. neuerdings D. C. A. Shotter, Tiberius and Asinius Gallus. Historia 20 (1971) 443 ff.]

25 Dies ist nur bei Cass. Dio LVIII 3, 3 überliefert

26 Suet. Tib. 61, 1

27 Suet. Tib. 53, 2

28 Suet. Tib. 65, 1; Cass. Dio LVIII 3, 9

29 Suet. Cal. 10, 1; dazu E. Kornemann, Doppelprinzipat und Reichsteilung im Imperium Romanum (Leipzig–Berlin 1930) 46

30 Suet. Tib. 55; M. Gelzer, RE X 1, 512 f.

31 Cass. Dio LVIII 4. [Zur Konsulwahl des Seian s. R. Syme, Seian on the Aventine. Hermes 84 (1956) 257 ff.]

32 Cass. Dio LVIII 7, 4

33 Tac. Ann. VI 10, 1. Cass. Dio LVIII 4, 5 f. [Wohl Mutilia Prisca; vgl. M. Fluß, RE XVI 1 (1923) 938 f.]

34 Suet. Cal. 10, 1; Cass. Dio LVIII 8, 1

35 Tac. Ann. VI 47, 2; Joseph Ant. Iud. XVIII 181 f.

36 Cass. Dio LVIII 9. [Zum Sturz des Seian zuletzt ausführlich Hennig, Seianus a.a.O. 139 ff.; bzgl. der Rolle der Antonia mit gleichem Ergebnis Nicols, Antonia, a.a.O. 57; zu Macro vgl. F. de Visscher, La politique dynastique sous le règne de Tibère. Synteleia Arangio-Ruiz (Napoli 1964) 54 ff.]

37 Suet. Tib. 65, 2; Cass. Dio LVIII 13, 1

38 Cass. Dio LVIII 9
39 Suet. Tib. 48, 2
40 Tac. Ann. V 9; Cass. Dio LVIII 10f.
41 Suet. Tib. 65, 2
42 Cass. Dio LVIII 13, 2–3
43 Fasti Ostienses, CIL XIV suppl. 4533
44 Suet. Tib. 62, 1
45 Cass. Dio LVIII 11, 6f. Man hat an der Richtigkeit dieser Version Zweifel geäußert (vgl. M. Gelzer, RE X 1, 514, 54ff.), wohl kaum mit Recht, denn gerade, wenn sie richtig ist, erklärt sich am besten Zeit zwischen dem Urteilsspruch des Hausgerichtes und der Verhängung der Memorialstrafe durch den Senat; vgl. F. Vittinghoff, Der Staatsfeind in der röm. Kaiserzeit (Berlin 1936) 51 A. 223
46 Tac. Ann. VI 2, 1; dazu F. Vittinghoff, a.a.O. 50f.
47 Über die Chronologie richtig F. Vittinghoff, a.a.O. 50f.
48 CIL XI 4170; H. Dessau, Inscr. Lat. sel. I 157f.; ders., Gesch. d. röm. Kaiserzeit II 1, 79
49 Cass. Dio LVIII 12
50 Tac. Ann. V 6f.
51 Tac. Ann. V 8
52 Tac. Ann. V 9; Valer. Max. IX 11, ext. 4; Cass. Dio LVIII 11, 5. Über die Roheit des antiken Strafvollzugs vgl. U. Kahrstedt, Kulturgesch. d. röm. Kaiserzeit (²1958) 57f.
53 Tac. Ann. V 10; Cass. Dio LVIII 25, 1 (fälschlich erst zum Jahr 34)
54 Cass. Dio LVIII 7, 4; 8, 1
55 Cass. Dio LVIII 17, 1
56 Cass. Dio LVIII 20, 1

Seite 170–193

1 Das Erscheinen des Regulus in Capri hing damit zusammen (s. o. S. 170)
2 Tac. Ann. VI 1, 1
3 M. Gelzer, RE X 1, 515
4 Tac. Ann. VI 1. Die Fabeleien, die hier über seine Scham wegen seines Hanges zu geschlechtlichen Ausschweifungen zu lesen sind, können auf sich beruhen bleiben; zum Schluß muß auch noch die angebliche Knabenliebe des Greises herhalten
5 Cass. Dio LVIII 17, 2
6 Tac. Ann. VI 2
7 Tac. Ann. VI 2; Cass. Dio LVIII 17, 3–18, 1
8 M. Gelzer, RE X 1, 516, 24ff.
9 Cass. Dio LVIII 18, 3
10 Tac. Ann. VI 3; Cass. Dio LVIII 18, 3–4
11 Tac. Ann. VI 3, 4–4, 1
12 Tac. Ann. VI 39, 1
13 Vgl. den Stammbaum des Hauses der Octavia und des Marcellus bei W. Schur, Tac.-Annalen-Übers. 672
14 Tac. Ann. VI 4, 2–4
15 Tac. Ann. VI 5
16 Gegen L. Arruntius war inzwischen ein Prozeß angestrengt worden, über den wir

im einzelnen nichts wissen. Arruntius war einer der bedeutendsten Männer der tiberischen Zeit

17 Tac. Ann. VI 6, 1; Suet. Tib. 67, 1
18 Was Tacitus aus den Worten folgert, daß ihm seine Untaten und seine Laster zur Qual geworden seien, ist wieder völlig abwegig
19 S. o. Anm. 16
20 Tac. Ann. VI 7, 3
21 Tac. Ann. VI 7, 2–9, 1; Cass. Dio LVIII 19, 1–5
22 Tac. Ann. VI 9, 2
23 Tac. Ann. VI 14
24 Tac. Ann. VI 10, 1; vgl. Suet. Tib. 61, 2
25 M. Gelzer, RE X 1, 516, 43 ff.
26 Tac. Ann. VI 13
27 Cass. Dio LVIII 19, 5; Tac. Ann. VI 10, 3. Tacitus (VI 11) gibt aus diesem Anlaß einen Exkurs über die Geschichte der Stadtpräfektur seit ihrer Entstehung unter Augustus. [Vgl. zu ihr jetzt G. Vitucci, Studi sulla praefectura urbi in età imperiale (Rom 1956)]
28 Tac. Ann. VI 15
29 Cass. Dio LVIII 18, 6
30 Tac. Ann. VI 16 f.; Suet Tib. 48, 1; Cass. Dio LVIII 21, 4–5. [Vgl. zuletzt H. Bellen, Die Krise der italischen Landwirtschaft unter Kaiser Tiberius. Historia 25 (1976) 217 ff.]
31 U. Kahrstedt, Kulturgesch. d. röm. Kaiserzeit (²1958) 79
32 Tac. Ann. VI 18
33 Tac. Ann. VI 18, 2. Die hier angegebene Ursache, ihr Urgroßvater Theophanes von Mytilene, Pompeius' Freund, habe von den Griechen seiner Heimat göttliche Ehren empfangen, ist natürlich eine Entstellung des Tatbestandes; M. Gelzer, RE X 1, 516, 38 ff.; dazu auch B. Hardinghaus, Tacitus und das Griechentum (Diss. Münster 1932) 38 f. [R. Syme, Tacitus (1958) II 748 f.]
34 Tac. Ann. VI 19; Suet. Tib. 61, 4; Cass. Dio LVIII 22
35 Cass. Dio LVIII 21, 5
36 Tac. Ann. VI 23, 1; Cass. Dio LVIII 23, 6; dazu F. Vittinghoff, Der Staatsfeind in der röm. Kaiserzeit (Berlin 1936) 51 A. 226
37 Tac. Ann. VI 23 f.; Suet Tib. 54, 2; Cass. Dio LVIII 24, 4 f.
38 Tac. Ann. VI 24
39 Suet. Cal. 15; Cass. Dio LIX 3, 5
40 Tac. Ann. VI 26, 3
41 Tacitus (Ann. VI 20, 1) berichtet bei dieser Gelegenheit das viel zitierte Wort des Redners Passienus: »nie hat es einen besseren Sklaven, nie einen schlechteren Herrn gegeben«; ebenso Suet. Cal. 10, 2
42 S. den Stammbaum bei W. Schur, Tac.-Annalen-Übers., 674
43 Tac. Ann. VI 20, 1; Cass. Dio LVIII 25, 2
44 Tac. Ann. VI 26, 1–2
45 Cass. Dio LVIII 21, 4
46 Tac. Ann. VI 27, 2–4
47 M. Gelzer, RE X 1, 532 f.
48 F. Vittinghoff, Der Staatsfeind in der römischen Kaiserzeit (Berlin 1936) 53 f. [Vgl. neuerdings D. C. A. Shotter, The Case of Pomponius Labeo. Latomus 28 (1969) 154 ff.]
49 Tac. Ann. VI 29, 1–2; Cass. Dio LVIII 24, 3

50 Tac. Ann. VI 29, 3–4; Cass. Dio LVIII 24, 3–5
51 Tac. Ann. VI 30
52 CIL VI 2029 d, 7; dazu F. Vittinghoff, a.a.O. 33 A. 149
53 Suet. Cal. 8
54 Cass. Dio LVIII 24, 1
55 Der eine Konsul dieses Jahres war M. Servilius Nonianus (Tac. Ann. VI 31), der als Historiker einer der bedeutendsten Vorgänger des Tacitus war
56 Zum Folgenden W. Schur, RE XVIII 4 (1949) Art. Parthia, 2008 ff. [Ferner U. Kahrstedt, Artabanos III. und seine Erben. Diss. Bernenses, ser. I 2 (1950)]
57 Tac. Ann. VI 31
58 Tac. Ann. VI 42
59 Tac. Ann. VI 31; Cass. Dio LVIII 26
60 Suet. Tib. 66
61 Tac. Ann VI 31, 2–32, 2
62 Suet. Vitell. 2, 4
63 Tac. Ann. VI 32 ff.; Cass. Dio LVIII 26
64 Tac. Ann. VI 36
65 Tac. Ann. VI 37; 41, 2–42. Zwischendurch wird VI 41, 1 der Abfall des kilikischen Stammes der Cliten – ehemals abhängig von König Archelaos von Kappadokien – erzählt, die sich aus dem Rauhen Kilikien wegen Abneigung gegen Zensus und Steuerzahlung auf die Höhen des Taurosgebirges zurückgezogen hatten. Vitellius' Legat M. Trebellius zwang mit 4000 Mann Legionssoldaten die Rebellen schließlich durch Hunger zur Übergabe. [Vgl. E. Bammel, Historia 7 (1958) 469 ff.]
66 Joseph. Ant. Iud. XVIII 101. [Dazu jetzt A. Garzetti, La data dell'incontro all'Eufrate di Artabano III e L. Vitellio legato di Siria. Studi in onore di A. Calderini e R. Paribeni I (1956) 211 ff. (Ende Frühj./Anfg. Sommer 37 n. Chr.)]
67 W. Schur, Tac.-Annalen-Übers. 660
68 Nur gegen den Nabatäerkönig Aretas hatte er Vitellius ein schärferes Vorgehen befohlen, weil er den Klientelkönig Herodes Antipas angegriffen und besiegt hatte. Aber auf dem Marsch nach Petraea erfuhr der Statthalter den Tod seines Prinzeps und brach den Feldzug ab; M. Gelzer, RE X 1, 519
69 Suet. Tib. 41
70 Tac. Ann. VI 39, 3; Cass. Dio LVIII 25, 4–5; A. Stein, Die Legaten von Moesien. Diss. Pannon. ser. I. fasc. 11 (1940) 20 f.
71 Tac. Ann. VI 39, 2
72 Tac. Ann. VI 38, 2–3; Cass. Dio LVIII 25, 2–3
73 Tac. Ann. VI 38, 4–40
74 Cass. Dio LVIII 26, 5
75 Tac. Ann. VI 45, 1
76 Tac. Ann. VI 45 f.; Suet. Cal. 12, 2; Cass. Dio LVIII 28, 3 f.
77 Tac. Ann. VI 46; dazu E. Kornemann, Doppelprinzipat und Reichsteilung im Imperium Romanum (Leipzig–Berlin 1930) 47 f.
78 Tac. Ann. VI 46, 5
79 Suet. Vitell. 2, 2
80 Tac. Ann. VI 47, 1
81 Tac. Ann. VI 47, 2; *impietas in principem.* Dieser Ausdruck entspricht dem griechischen ἀσέβεια und zeigt, daß der religiöse Standpunkt bei der Majestätsbeleidigung gesiegt hat – trotz der ablehnenden Haltung des Tiberius. Th. Mommsen, Röm. Strafrecht 539 f.; A. Alföldi, Röm. Mitt. 50 (1935) 76. [Zum Ausdruck

s. auch R. Syme, Tacitus (1958) I 415; zuletzt R. Bauman, Impietas in principem. A Study of Treason against the Roman Emperor with Special Reference to the First Century A. D. (München 1974. München. Beitr. 67) 1 ff.]

82 Tac. Ann. VI 48; Cass. Dio LVIII 27, 4–5. [Vgl. dazu schon R. S. Rogers, Lucius Arruntius, Class. Philol. 26 (1931) 31 ff.; neuerdings P. Y. Forsyth, A Treason Case of A. D. 37. Phoenix 23 (1969) 204 ff.]

83 Tac. Ann. VI 48

84 Tac. Ann. VI 49

85 Tac. Ann. VI 50, 1; Suet. Tib. 72, 1

86 Tac. Ann. VI 50, 2–3; Suet. Tib. 72,2–3

87 Seneca bei Suet. Tib. 73, 2

88 Tac. Ann. VI 50, 4–5; Suet. Tib. 73, 2; Cal. 12, 2; Cass. Dio LVIII 28, 3

89 Suet. Tib. 73, 1

90 Cass. Dio LIX 3, 7; zu den Schwierigkeiten des Berichses vgl. F. Vittinghoff, Der Staatsfeind in der röm. Kaiserzeit (Berlin 1936) 85 f.

91 CIL XIV suppl. 4535

92 Cass. Dio LIX 1, 2; Suet. Cal. 14, 2; dazu E. Kornemann, Doppelprinzipat und Reichsteilung im Imperium Romanum (Leipzig–Berlin 1930) 47 f.; F. Vittinghoff, a.a.O. 86

93 Dies hat jetzt F. Vittinghoff, a.a.O. 75 u. 86 erwiesen

Seite 194–210

1 Der Ausdruck stammt von Theodor Mommsen. Aber seine Prämisse von der Möglichkeit eines Prozesses gegen einen Toten ist von F. Vittinghoff, Der Staatsfeind in der röm. Kaiserzeit (Berlin 1936) 81 ff. und 104 ff., als nicht richtig dargetan worden

2 Sie erscheint in den Grundzügen auch bei Cass. Dio LVII 1 und LVIII 28, 5

3 Darüber H. Drexler, Tacitus (Frankfurt 1939), und E. Howald, Vom Geist antiker Geschichtsschreibung (München–Berlin 1944) 209: »Das pathologisch verzeichnete, aber so ungeheuer eindrucksvolle Portrait des Tiberius muß weitgehend schon in seinen Quellen vorgezeichnet gewesen sein.« E. Schwartz' Versuch (RE III 2 [1899] 1716), dieses Tiberiusbild einem genialen Annalisten, der unmittelbar nach Tiberius' Tod geschrieben habe, zuzuweisen, ist quellenmäßig nicht genügend gesichert; ablehnend auch H. Dessau, Gesch. d. röm. Kaiserzeit II 1, 399. [S. auch das Nachwort!]

4 Tac. Ann. VI 51

5 Suet. Tib. 42, 1

6 E. Kornemann, Gestalten und Reiche (Wiesbaden 1943) 270

7 H. Dessau, Gesch. d. röm. Kaiserzeit II 1, 35

8 Vgl. Tac. Ann. III 69, 3 z. J. 22: »Der Prinzeps kann nicht alles wissen und beurteilen; wenn er sich von den parteiischen Ansichten anderer leiten läßt, ist das nicht minder vom Übel.«

9 Tac. Ann. III 68, 2

10 Tac. Ann. III 69, 5: »er war klug genug, um maßvoll zu sein«

11 Bezeichnend Tac. Ann. IV 31, 2: »Tiberius, der in der Regel so gezwungen sprach, daß er geradezu mit den Worten rang, hatte einen fließenden und freien Vortrag, sobald es sich darum handelte, jemandem zu helfen.«

12 Tac. Ann. I 77

13 Tac. Ann. IV 37, 3 z. J. 25

14 Zu diesem Thema vgl. E. Kornemann, Volkstribunat und Kaisertum. Festschr. f. Leopold Wenger I (1944) 28 ff.

15 Th. Mommsen, Röm. Staatsrecht II³ 2, 745 ff.

16 A. v. Premerstein, Vom Werden und Wesen des Prinzipates. Abh. d. Bayer. Akad. d. Wiss. N. F. 15 (1937)

17 Tac. Ann. III 6, 3: *principes mortales, rem publicam aeternam esse*

18 Suet. Tib. 29

19 Suet. Tib. 24, 2

20 U. Kahrstedt, Kulturgesch. d. röm. Kaiserzeit (²1958) 13 u. 246

21 Cass. Dio LVII 8, 2: »Ich bin Herr für die Sklaven, Imperator für die Soldaten, für die andern aber Prinzeps«

22 W. Schur, Tac.-Annalen-Übers. 351 A. 1

23 Von Tacitus (Ann. III 65, 3) auf die unnachahmliche lateinische Formel gebracht: »*o homines ad servitutem paratos!*«

24 Tac. Ann. I 75, 4

25 E. Kornemann, Röm. Gesch. II³ (1954) 164 f.

26 Tac. Ann. VI 2

27 Suet. Tib. 25, 1; 32, 2

28 Vgl. z. B. Tac. Ann. VI 27, 4

29 E. Kornemann, Gestalten und Reiche (Wiesbaden 1943) 188

30 M. Gelzer, RE X 1, 534, 42 ff.

31 Suet. Tib. 70–71; Cass. Dio LVII 15, 2

32 Tac. Ann. II 59

33 Zum Ganzen B. Hardinghaus, Tacitus und das Griechentum (Diss. Münster 1932) 11 ff.

34 Tac. Ann. II 34

35 Tac. Ann. IV 31

36 Tac. Ann. I 76; IV 7 ff.

37 Tac. Ann. III 56, 3

38 Th. Mommsen, Röm. Gesch. III⁹ 459

39 Tac. Ann. III 53 ff. (aus d. J. 22)

40 Eine wunderbare Parallele zum modernen England!

41 Tac. Ann. III 69

42 Tac. Ann. IV 6, 2. Hier aber nimmt Tacitus einen parteiischen, der Milde des Prinzeps nicht gerecht werdenden Standpunkt ein

43 Tac. Ann. II 34; s. o. S. 116 f.

44 Suet. Tib. 55; dazu M. Gelzer RE X 1, 522, 31 ff. [Zum Staatsrat des Tiberius s. jetzt J. Crook, Consilium principis (Cambridge 1955) Index s. v. Tiberius.]

45 Tac. Ann. I 75, 4

46 Cass. Dio LVII 17, 9; M. Gelzer, RE X 1, 522, 31 ff.

47 Tac. Ann. VI 15, 2; Cass. Dio LVII 23, 5

48 H. Dessau, Gesch. d. röm. Kaiserzeit II 1, 27

49 Tac. Ann. IV 6, 2 z. J. 23

50 RE X 1, 504 f.

51 CIL I² p. 244; M. Gelzer, RE X 1, 504, 62 ff.

52 Über den Libo-Prozeß s. o. S. 115

53 Tac. Ann. IV 6, 2

54 Tac. Ann. VI 11. Demgegenüber ist Ann. I 80 ein gehässiges Fehlurteil.

55 G. Mickwitz, Geld u. Wirtsch. im röm. Reich d. 4. Jahrh. n. Chr. (1932) 29. [Die Funde von Arikamedu-Pondicherry, die eine Blüte des Indienhandels in den ersten

Jahrzehnten d. 1. Jahrh. n. Chr. gezeigt haben (vgl. z.B. M. Wheeler, Rome beyond the Imperial Frontiers, London 1955, 129; 145 ff.), machen diese Theorie unnötig]

56 Tac. Ann. II 87; IV 6, 4
57 Suet. Aug. 42; Dig. XLVIII 12, 2; E. Stöckle, RE XVI 2 (1935) 1913, 25 ff.
58 Darüber E. Kornemann, RE IV 1 (1900) Art. Collegium, 444 ff.
59 Tac. Ann. IV 64: »ohne Parteilichkeit und ohne auf die Gesuche seiner nächsten Umgebung Rücksicht zu nehmen, hat er (beim Brande des Mons Caelius) eingegriffen«
60 Tac. Ann. IV 8, 3
61 Tac. Ann IV 6, 4
62 Tac. Ann. VI 16 f.; s. o. S. 207
63 A. Alföldi, Röm. Mitt. 50 (1935) 76 ff.
64 C. Cichorius, Röm. Studien (1922) 390 ff.; B. Hardinghaus, Tacitus und das Griechentum (Diss. Münster 1932) 53
65 Cass. Dio LVII 15, 8; H. Dessau, Inscr. Lat. sel. I 153; M. Gelzer, RE X 1, 505
66 U. Kahrstedt, Kulturgesch. d. röm. Kaiserzeit (²1958) 340
67 Tac. Ann. VI 28
68 Tac. Ann. IV 81
69 U. Kahrstedt, a.a.O. 394
70 U. Kahrstedt, a.a.O. 390: »In dieser Form hat die Regierung von dem Einbruch des Christentums in der Hauptstadt Notiz genommen.« Suet. Claud. 25, 4
71 Tac. Ann. II 85, 4; Suet. Tib. 36. Tacitus billigte das Vorgehen des Tiberius; vgl. B. Hardinghaus (o. Anm. 64) 52
72 U. Kahrstedt, a.a.O. 389 f. Die Ausgewiesenen hielten sich in der Umgegend von Rom auf und kehrten nach Seians Sturz zurück. Generelle Maßnahmen gegen die jüdischen Privilegien, abgesehen von der Heranziehung zum Militärdienst, hat Tiberius nicht getroffen. [S. auch o. S. 106 u. A. 137]
73 U. Kahrstedt, a.a.O. 368

Seite 211–223

1 Tac. Ann. IV 57, 3
2 W. Schur, Tac. Annalen-Übers. 80 A. 3
3 Tac. Ann. I 7, 1
4 W. Schur, a.a.O. 76 A. 1
5 Tac. Ann. I 33, 2
6 Vgl. die Eidschwüre von Assos (Kleinasien) und Aritium (Lusitanien) für den neuen Herrscher. M. Gelzer, RE X 1, 385, 46 ff.
7 Ihre Apotheose ist erst unter Claudius im Anfang d. J. 42 vollzogen worden
8 F. Vittinghoff, Der Staatsfeind in der röm. Kaiserzeit (Berlin 1930) 102 f., hat nachgewiesen, daß Claudius die posthume Ächtung seines ihm unsympathischen Vorgängers verhindert hat, um den Schein einer Überordnung der Senatsgewalt über die »kaiserliche« zu vermeiden. »Für die Prinzepsdamnatio waren noch keine festen Formen gefunden.« »Die Gesamtpolitik des Claudius stand in einer gewissen Gegnerschaft und Zurückdrängung des Senates.« A. Momigliano, L'opera dell'imperatore Claudio (1932) 93 f. u. 118. Auch gegen das »Senatsrecht«, den Prinzepsmord zu legalisieren, wehrte sich Claudius: F. Vittinghoff, a.a.O. 104
9 Tac. Ann. III 18, 4

10 Vgl. A. v. Premerstein, Vom Werden und Wesen des Prinzipats. Abh. Bayer. Akad. Wiss. N. F. 15 (1937) 83

11 J. Stroux, Imperator. Die Antike 13 (1937) 208 ff.

12 F. Vittinghoff, a.a.O. 83

13 Th. Birt, Preuß. Jahrb. 144 (1911) 297; F. Vittinghoff, a.a.O. 83 m. Anm. 362

14 F. Vittinghoff, a.a.O. 99

15 F. Schachermeyr, Indogermanen und Orient (Stuttgart 1944) 610, A. 16, mit Rücksicht auf das Nebeneinander der Prinzipatsstellung in Rom und Italien und der mehr absoluten Stellung in den Provinzen (S. 393). Das Buch hat in Einzelheiten manche Vorzüge, ist aber als Ganzes abzulehnen.

16 Einen Augenblick hat vielleicht Augustus an die andere, die außerdynastische Lösung gedacht, falls die Nachricht Tac. Ann. I 13 richtig ist, nach der L. Arruntius bzw. Cn. Piso als mögliche Kandidaten genannt wurden. Doch ist wohl kaum anzunehmen, daß der Staatsneuschöpfer selbst je ernstlich einen anderen Nachfolger als Tiberius bzw. Germanicus ins Auge gefaßt hat.

17 Vgl. dazu E. Kornemann, Große Frauen des Altertums (1947, ND Bremen 1958. Samml. Dieterich 86) in dem Kap. über Livia und Iulia Agrippina (172 ff., 221 ff.)

18 Dazu B. Hardinghaus, Tacitus und das Griechentum (Diss. Münster 1932), passim, bes. S. 3

19 Auch E. Kornemann, Einleitung zur Tac.-Annalen-Übers., Wiesbaden 1953, (separat erschienen Wiesbaden 1946) S. XXXI ff. (bzw. 31 ff.)

20 Dies hat J. Vogt, Tacitus und die Unparteilichkeit des Historikers. Hosius-Festschrift, Würzb. Stud. z. Altertumswiss. 9 (1936) 13 ff. ausgezeichnet herausgestellt

21 Tac. Ann. I 1, 3 *sine ira et studio* will nur besagen: frei von Parteileidenschaft; E. Howald, Vom Geist antiker Geschichtsschreibung (München–Berlin 1944) 199 ff.; H. Drexler, Tacitus (1939) 67 A. 13 u. 175. [R. Syme, Tacitus (1958) I 420]

22 Tac. Ann. I 9 f.

23 J. Vogt, a.a.O. 13

24 Tac. Ann. I 4, 5

25 Tac. Ann. III 17, 2

26 Tac. Ann. I 3, 3; 6, 2

27 Tac. Ann. I 5, 1; merkwürdig zahm ist der Nachruf nach ihrem Tode i. J. 29: Ann. V 1

28 Worte des Tacitus selbst, Ann. IV 11, 2, gelegentlich der Zurückweisung des unerhörten Gerüchtes, daß Tiberius am Tode seines eigenen Sohnes Drusus mitschuldig sei

29 A. Stein, Die Protokolle des Senats (Prag 1904)

30 J. Vogt (s. o. Anm. 20), 15

31 Tac. Ann IV 38, 2

32 Die Folgen dieser Geschichtsklitterung erstrecken sich bis in die neue Zeit; man lese nur den berüchtigen Roman von R. von Ranke-Graves, Ich, Claudius, Kaiser und Gott (Leipzig 1934); aber auch die ausgezeichnete Kritik, die ihm E. Hohl, Neue Jahrbb. 1943, 8 ff. hat zuteil werden lassen

Seite 224–231

1 Vgl. zum Folgenden E. Kornemann, Der Prinzipat des Tiberius und der Genius senatus. S.-Ber. Akad. München 1947, H. 1

2 Über den *genius senatus* zum erstenmal in ausgezeichneter Weise A. Alföldi, Insignien und Tracht d. röm. Kaiser, Röm. Mitt. 50 (1935) 12 ff., ohne allerdings die Beziehung zum tiberischen Prinzipat herzustellen

3 E. Kornemann, Röm. Kaiserzeit, bei Gercke-Norden, Einleitung in die Altertumswissenschaft III³ (1933), 59 u. 71

4 Zonaras XI 13 = Cass. Dio LXIII 23 (III p. 86 Boissevain)

5 Nachgeahmt in der Spätantike auf Kontorniaten mit dem Kopfe des Galba; vgl. A. Alföldi, Die Kontorniaten (Budapest–Leipzig 1943) S. 115 A. 104; Taf. XLVIII 1–3

6 Ges. Schr. IV 333 ff., 347 ff.

7 E. Hohl, Propyläen-Weltgeschichte, hrsg. v. W. Goetz, II (1931) 406 f.

8 A. Alföldi, Röm. Mitt. 50 (1935) 83

9 Tac. Ann. VI 20, 2

10 Über sie Th. Mommsen, Röm. Staatsrecht III 1259 f.; A. Alföldi, a.a.O. 16

11 LXVIII 5, 1; dazu A. Alföldi, a.a.O.

12 A. Alföldi, a.a.O. Taf. I, 2

13 A. Alföldi, a.a.O. Taf. III, 4

14 A. Alföldi, a.a.O. 17 A. 1. Auch auf dem Triumphbogen von Benevent erscheinen beide: A. v. Domaszewski, Abh. z. röm. Religion (Leipzig–Berlin 1909) 33 Fig. 6; E. Rink, Die bildlichen Darstellungen des röm. Genius (Diss. Gießen) 6; 25; 41 ff.; P. L. Strack, Unters. zur röm. Reichsprägung des 2. Jahrh. I (1931) 148 f.

15 H. Mattingly, BMC Empire I (1923) 359 Nr. 260a

16 H. Mattingly, BMC Empire II (1930) XLVIII u. 113; A. Alföldi, Röm. Mitt. 50 (1935) 15 u. Taf. III 1

17 A. Alföldi, a.a.O. 16 u. 118 f.; Taf. III 2

18 Tac. Agric. 3, 1

19 P. L. Strack (o. Anm. 14) Taf. 4, 343

20 A. Alföldi, Röm. Mitt. 50 (1935) 16 f.; Taf. III 3 mit der Legende *Dac. Parth. P. M. Tr. Cos.*, zur Erinnerung an Traians Eroberungen

21 A. Alföldi, a.a.O. 17, Taf. I 1 u. III 5

22 A. Alföldi, a.a.O. Taf. I 8

23 A. Alföldi, a.a.O. 17 A. 1; nach E. Strong, La scultura romana II (1926) 210 fig. 122; 214 fig. 127; 252 fig. 158; 255 fig. 163; 256 fig 164

24 P. L. Strack, (s. o. Anm. 14) I (1931) 45 f.; 108; II (1933) 122; A. Alföldi, a.a.O. 16

25 A. Alföldi, a.a.O. 13 f.

26 Staat und Gesellschaft der römischen Kaiserzeit (1933) 22 f.; A. Alföldi, a.a.O. 13 u. A. 5

27 A. Alföldi, a.a.O. 43 f.

28 A. Alföldi, a.a.O. 14

29 E. Kornemann, Röm. Gesch. II³ (1954) 301 ff.

30 A. Alföldi, a.a.O. 119

31 A. Alföldi, a.a.O. Taf. VIII 13 (schon unter Vespasian)

32 A. Alföldi, a.a.O. Taf. VIII 15 (unter Hadrian)

33 A. Alföldi, a.a.O. 119

34 P. L. Strack (s. o. Anm. 14) II 45; A. Alföldi, a.a.O. 119; J. Straub, Vom Herrscherideal in der Spätantike (1939) 76 ff.; W. Ensslin, Gottkaiser und Kaiser von Gottes Gnaden (1943) 46 ff.

35 A. Alföldi, a.a.O. 110, 1

36 A. Alföldi, a.a.O. 17

37 E. Kornemann, Röm. Gesch. II³ (1954) 335

38 Darüber gut G. Schumann, Hellenistische und griechische Elemente in der Regierung Neros (Diss. Leipzig 1930)

39 Darüber zuletzt ausgezeichnet F. Klingner, Vom Geistesleben im Rom des ausgehenden Altertums. Vorträge und Schriften des Freien Deutschen Hochstifts 3 (Frankfurt 1941) [zuletzt abgedr. in: Römische Geisteswelt (4. Aufl. München 1961) 514 ff.]; danach E. Kornemann, Zwischen zwei Welten, in: Gestalten und Reiche (Wiesbaden 1943) 390 ff.

HÄUFIG ZITIERTE WERKE

Die Literatur wurde in den Anmerkungen nach Möglichkeit ausführlich zitiert; soweit nötig, wurden neuere, nach E. Kornemanns Tod erschienene Auflagen berücksichtigt. Folgende häufig genannten Werke konnten nicht an jeder Stelle ausführlich zitiert werden:

Andreas Alföldi, Die Ausgestaltung des monarchischen Zeremoniells am römischen Kaiserhofe. Röm. Mitt. 49 (1934) 1 ff.; Insignien und Tracht der römischen Kaiser, ebd. 50 (1935) 1 ff.

Hermann Dessau, Geschichte der römischen Kaiserzeit. I (Berlin 1924); II 1 (Berlin 1926).

Viktor Gardthausen, Augustus und seine Zeit. 2 Bände in 6 Teilen (Leipzig 1891–1904).

Matthias Gelzer, Artikel Iulius Nr 154 (Tiberius), in: Pauly-Wissowa, Realencyclopädie der classischen Altertumswissenschaft (RE), Band X 1 (1918), Sp. 478 ff.

Ernst Kornemann, Römische Geschichte, Band II, ist zitiert nach der 3. Auflage, hg. v. Hermann Bengtson (Kröners Taschenausgabe, Bd. 133, Stuttgart 1954).

Ernst Kornemann, Große Frauen des Altertums (erstmals erschienen Wiesbaden 1941) ist zitiert nach der 3. Auflage (Sammlung Dieterich Bd. 86, Wiesbaden 1947).

»W. Schur, Tac. Annalen-Übers.« bedeutet: Tacitus, Annalen. Deutsch von August Horneffer, hg. von Werner Schur, mit einer Einleitung von Ernst Kornemann (Sammlung Dieterich, Bd. 60, Wiesbaden 1953). W. Schur hat diese Übersetzung mit zahlreichen Anmerkungen und einem alphabetisch geordneten »Erklärenden Anhang« (S. 657 ff.) sowie Stammtafeln (S. 671 ff.) ausgestattet, worauf E. Kornemann häufig verweist. Die Einleitung aus E. Kornemanns Feder ist bereits früher separat erschienen: E. Kornemann, Tacitus (Wiesbaden 1946). Die Horneffersche Übersetzung mit W. Schurs Anmerkungen ist, diesmal mit einem Vorwort von Joseph Vogt, erneut erschienen Stuttgart 1957 (Kröners Taschenausgabe, Bd. 28). In diesem Buch wird nach der Wiesbadener Ausgabe von 1953 mit Kornemanns Einleitung zitiert.

Bibliographisches Nachwort von Paul Schrömbges

Revidiert und ergänzt von Prof. Dr. Hatto H. Schmitt

Das von Ernst Kornemann (†4.12.1946) in seiner Tiberiusbiographie entworfene Bild vom zweiten Princeps darf auch heute noch als maßgeblich für den Stand der Forschung angesehen werden – unbeschadet W. Schmitthenners berechtigten Rezensionshinweises auf die sentimentalisierende und psychologisierende Darstellungsweise (vgl. Gnomon 34 [1962] 65 ff.). Wie schon bei der ersten Edition 1960 soll ein bibliographisches Nachwort ergänzende Hinweise auf neuere Forschungsarbeiten geben. Literatur zu Einzelfragen ist in chronologischer Ordnung – in eckigen Klammern – bereits den Anmerkungen beigefügt worden; dort wie im Folgenden ist Vollständigkeit nicht intendiert, jedoch kann die Beschränkung auf die tiberische Zeit aufgrund des jeweiligen Forschungsansatzes nicht immer eingehalten werden.

Neben Hinweisen in den neueren Einzelbeiträgen sind bibliographisch weiterführend L. Wickert, Neue Forschungen zum römischen Prinzipat. ANRW II 1 (1974) 3 ff.; J. P. V. D. Balsdon, The Principates of Tiberius and Gaius. ANRW II 2 (1975) 86 ff.; G. Downey, Tiberiana. ANRW II 2 (1975) 95 ff.; K. Christ, Römische Geschichte. Eine Bibliographie (Darmstadt 1976) 223 ff. Zu den inschriftlichen Quellen vgl. M. Clauss, Ausgewählte Bibliographie zur lateinischen Epigraphik der römischen Kaiserzeit (1.–3. Jh.). ANRW II 1 (1974) 796 ff. Eine praktische, wenngleich nicht vollständige Sammlung nichtliterarischer Texte bieten V. Ehrenberg u. A. H. M. Jones, Documents Illustrating the Reigns of Augustus and Tiberius (Oxford ²1955).

Einen guten Einblick in die *neuere Tiberius-Forschung* vermitteln vor allem die beiden neuesten Biographien: R. Seager, Tiberius (London 1972) ist dem Kornemannschen Bild eng verbunden, während B. Levick, Tiberius the Politician (London 1976) in T. weit mehr einen kühl rechnenden, durchaus machtbewußten Politiker sieht. Für die Zeit vor 14 n. Chr. vgl. neuerdings auch J. F. Bogue, Tiberius in the Reign of Augustus (Urbana 1970. Diss. Univ. Illinois).

Weitere Biographien bzw. Aufsatzsammlungen über Tiberius sind: J. C. Tarver, Tiberius the Tyrant (London 1902); A. Lang, Beiträge zur Geschichte des Kaisers Tiberius (Jena 1911); M. Gelzer, RE X 1 (1918) Art. Iulius (Tiberius) 478 ff.; O. Kuntz, Tiberius Caesar and the Roman Constitution (1924. Washington, D.C., Publ. in Social Sciences 2); G. P. Baker, Tiberius Caesar (1929. New York ²1967); F. B. Marsh, The Reign of Tiberius (1931, ND Oxford 1959); E. Ciaceri, Tiberio successore diAugusto (1934, Rom ²1944); J. H. Thiel, Kaiser Tiberius. Ein Beitrag zum Verständnis seiner Persönlichkeit (Mnemosyne 1935/37, ND Darmstadt 1970. Libelli 316); C. E. Smith, Tiberius and the Roman Empire (Baton Rouge 1942, ND 1972); R. S. Rogers, Studies in the Reign of Tiberius. Some Imperial Virtues of Tiberius and Drusus Caesar (Baltimore 1943); D. M. Pippidi, Autour de

Tibère (1944, ND Rom 1965. Studia Historica 9); O. Montevecchi, Tiberio Imperatore (Brescia 1946); A. Passerini, Per la storia dell' imperatore Tiberio. Studi giuridici in memoria di P. Ciapessoni (Pavia 1948).

Skeptisch bezüglich ihrer historiographischen Bedeutsamkeit wird man die psychopathologischen Untersuchungen zur Person des Tiberius beurteilen müssen; die Beiträge des Nervenarztes G. Marañón, Tiberius. Geschichte eines Ressentiments (1939; dt. München 1952) und von F. Pezzella, L'imperatore Tiberio e la psico-patologia (S. Maria Vetere 1956) werden wohl eher als Studien zum Menschenbild antiker Historiker zu verstehen sein. Einen Beitrag über die Porträtdarstellungen des Tiberius liefert E. Müller, Caesarenporträts. Beiträge zur Physiognomik und Pathographie der römischen Kaiserhäuser nach ihren Münzen und anderen antiken Denkmälern.Bd. III (Berlin 1927) 58 ff., gegen dessen Darstellung man die gleichen Vorbehalte wird geltend machen müssen. Weit vorsichtiger als die zuletzt Genannten urteilt der Medizinhistoriker Albert Esser im Tiberius-Kapitel (S. 74–103) seiner Untersuchung Cäsar und die julisch-claudischen Kaiser im biologisch-ärztlichen Blickfeld (Janus Suppl. I, Leiden 1958); er findet im Bild des Tiberius keinerlei pathologische Züge.

Drei neuere Publikationen über Tiberius, die Kornemanns Tiberius-Bild weitgehend übernehmen, wenden sich, trotz anderslautenden Prätentionen, eher an ein weiteres Publikum; ihre Lektüre ist gleichwohl informativ: W. Gollub, Tiberius (München 1959); M. Grant, Roms Caesaren. Von Julius Caesar bis Domitian (1975, dt. München 1978) 107 ff.; Hubertus Prinz zu Löwenstein, Tiberius. Der Republikaner auf dem Cäsarenthron (München-Wien 1977).

Zur *Ikonographie* des Tiberius liegt als Überblickswerk das, mittlerweile erneuerungsbedürftige, Buch von L. Polacco, Il volto di Tiberio. Saggio di critica iconografica (Rom 1955) vor; richtungsweisend jetzt die Dissertation von E. D. Hertel, Untersuchungen zu Stil und Chronologie des Kaiser- und Prinzenporträts von Augustus bis Claudius (Bonn 1978, mschr.) 22 ff., 128 ff.

Das Verhältnis des *Tacitus* zu Tiberius und den anderen Angehörigen der domus Augusta, dem auch E. Kornemann viele Seiten seiner Darstellung gewidmet hat, ist weiterhin ein zentraler Gegenstand der Forschung. Unerläßlich für die Beschäftigung mit diesem Thema sind die Arbeiten von R. Syme, Tacitus (2 Bde. Oxford 1958; s. bes. das Kapitel »Tacitus and Tiberius« [Bd. I S. 420 ff.]) und der Kommentar E. Koestermanns zu Annalen I–VI, Bd. I u. II (Heidelberg 1963/65); eine gute Darstellung zur Parallelüberlieferung bietet D. Flach, Tacitus in der Tradition der antiken Geschichtsschreibung (Göttingen 1973. Hypomnemata 39). Eine – inzwischen erweiterungsbedürftige – Aufsatzsammlung hat V. Pöschl (Hrsg.), Tacitus (Darmstadt 1969. WdF 97) zusammengestellt; bibliographisch weiterführend sind G. Downey, Tiberiana. ANRW II 2 (1975) 105 ff. und K. Christ, Tacitus und der Prinzipat. Historia 27 (1978) 449 ff. Aus der Fülle der Schriften zu Einzelproblemen seien einige neuere herausgegriffen: A. D. Castro, Tacitus and the Virtues of the Roman Emperor: the Role of Imperial Propaganda in the Historiography of Tacitus (Diss. Indiana 1972); K. H. Volkmann-Schluck, Die Gestalt des Tiberius bei Tacitus. Bemerkungen zu Tac. Ann. I–VI. Würzb. Jahrbb. f. Altertumswiss. NF 1 (1975) 137 ff.; R. F. Newbold, The Vulgus in Tacitus. Rhein. Museum 119 (1976) 85 ff.; M. Ducos, La liberté chez Tacite: Droits de l'individu ou conduite individuelle? Bulletin de l'Association G. Budé (1977) 194 ff.; J. Deininger, Brot und Spiele. Tacitus und die Entpolitisierung der plebs urbana. Gymnasium 86 (1979) 278 ff.; C. Grassi, Ambiguità di Tacito nella valutazione di Tiberio. Athenaeum 57 (1979) 27 ff.; zu Germanicus zuletzt: C. Rambaux, Germanicus ou la conception tacitéenne de l'histoire. Antiquité Classique 41 (1972) 174 ff.; D. O. Ross, The Tacitean Germanicus. Yale Class. Stud. 23 (1973) 209 ff.

Aus der umfangreichen Literatur zu *Sueton* seien die Bücher von W. Steidle, Sueton und die antike Biographie (München ²1963. Zetemata 1), H. Gugel, Studien zur biographischen Technik Suetons (Wien–Köln–Graz 1977. Wiener Stud. 7) und E. Cizek, Structures et idéologie dans 'Les Vies des Douze Césars' de Suétone (Bucarest–Paris 1977) genannt; immer noch wichtig ist der leider unvollständige Kommentar von J. R. Rietra, C. Suetoni Tranquilli vita Tiberii – C. 24 – C. 40 (Amsterdam 1928). An neueren Spezialuntersuchungen sind erwähnenswert: K. Bringmann, Zur Tiberius-biographie Suetons. Rhein. Museum 114 (1971) 268 ff.; S. Döpp, Zum Aufbau der Tiberiusvita Suetons. Hermes 100 (1972) 444 ff.; W. Wittke, Das Tiberiusbild und seine Periodisierung in der Tiberiusvita Suetons (Diss. Freiburg 1974); M. A. Giua, Sulla biografia suetoniana di Tiberio: tradizione e struttura. Athenaeum 56 (1978) 329 ff.

Weiterführende Literatur zu *Cassius Dios* Bericht über Tiberius ist kaum vorhanden; neben den älteren Untersuchungen von J. Bergmann, Die Quellen der Vita Tiberii (Buch 57 des Historia Romana) des Cassius Dio (Diss. Heidelberg 1903) und H. Jaeger, De Cassii Dionis librorum 57 et 58 fontibus (Diss. Berlin 1910) ist vor allem B. Manuwald, Cassius Dio und Augustus (Wiesbaden 1979. Palingenesia 14) zu erwähnen, dessen Buch inhaltliche und bibliographische Ansätze zur Weiterarbeit enthält.

Zur *Velleius Paterculus* ist nach I. Lana, Velleio Patercolo o della propaganda (Turin 1952), neuerdings vor allem der Kommentar von A. J. Woodman, Velleius Paterculus. The Tiberian Narrative (2, 94–131) (Cambridge–London–New York–Melbourne 1977) heranzuziehen; dort nicht angeführt sind E. Cizek, L'image du renouvellement chez Velleius Paterculus. Studii Clasice 14 (1972) 85 ff.; J. Goar, Horace, Velleius Paterculus and Tiberius Caesar. Latomus 35 (1976) 43 ff.; R. Syme, Mendacity in Velleius. Amer. Journ. Philol. 99 (1978) 45 ff.

Die *Münzprägungen* der tiberischen Zeit sind zusammengestellt in RIC (The Roman Imperial Coinage, hrsg. v. H. Mattingly u. E. A. Sydenham) I (1923. ND London 1972) und, mit reichhaltigem Bildmaterial, in BMCRE (The Coins of the Roman Empire in the British Museum, hrsg. v. H. Mattingly) I (1923. ND London 1965). Eine bibliographische Übersicht vermitteln K. Christ, Antike Numismatik. Einführung und Bibliographie (Darmstadt 1967) 67 ff. und – weniger übersichtlich – R. Göbl, Antike Numismatik (München 1978) I 76 ff., II 30 ff. (Anm. 382–394), II 62 ff. Aus dem dort angeführten Kompendium ist wieder erschienen M. Grant, Roman Anniversary Issues (1950. ND Cambridge 1979). Zu den programmatischen Aussagen der Münzen vgl. u. a. O. Th. Schulz, Rechtstitel und Regierungsprogramme auf römischen Kaisermünzen. (Von Caesar bis Severus.) (Paderborn 1925. Studien zur Gesch. und Kultur des Altertums XIII H. 4); C. H. V. Sutherland, Coinage in Roman Imperial Policy, 31 B. C. – A. D. 68 (London 1951. ND 1971); D. Mannsperger, ROM. ET AUG. Die Selbstdarstellung des Kaisertums in der römischen Reichsprägung. ANRW II 1 (1974) 919 ff. Zu Einzelfragen vgl. besonders: H. Gesche, Datierung und Deutung der Clementiae-Moderationi-Dupondien des Tiberius. Jahrb. Numism. Geldgesch. 21 (1971) 37 ff.; B. Levick, Mercy and Moderation on the Coinage of Tiberius, in: dies., The Ancient Historian and his Materials (London 1975) 123 ff.; H.-W. Ritter, Adlocutio und corona civica unter Caligula und Tiberius. Jahrb. f. Numismatik u. Geldgeschichte 21 (1971) 81 ff.; zur Aesprägung: C. Rodewald, Money in the Age of Tiberius (Manchester 1976); mit einem neuen Datierungsversuch G. F. Carter u. T. V. Buttrey, Chemical Compositions of the Copper-Based Roman Coins II: Augustus and Tiberius. Amer. Numism. Society, Museum Notes 22 (1977) 49 ff.; zu übergreifenden Themen vgl. neuerdings auch G. G. Belloni, Significati storico-politici delle figurazioni e delle scritte delle monete da Augusto a Traiano (Zecche di Roma e ›imperatorie‹). ANRW II 1 (1974) 1038 ff.; D. W. MacDowall, The Organisation of the Julio-Claudian Mint at Rome, in: Scripta Nummaria Romana. Essays to H. Sutherland (London 1978) 32 ff.; s. ferner Kapitel III 2, Anm. 121.

Neben den oben in Kap. I 1, A. 14 erwähnten Schriften zur rechtlichen und ideologischen Grundlegung der *Principatsverfassung* führen folgende Darstellungen tiefer in die Verfassungsproblematik ein (u. a.): W. Suerbaum, Vom antiken zum frühmittelalterlichen Staatsbegriff. Über Verwendung und Bedeutung von res publica, regnum, imperium und status von Cicero bis Jordanis (Münster ³1977. Orbis Antiquus 16/17); G. Lieberg, Die Ideologie des Imperium Romanum, mit einer Schlußbetrachtung über Ideologie und Krise, in: G. Alföldy u. a. (Hrsg.), Krise in der Antike. Bewußtsein und Bewältigung (Düsseldorf 1975. Bochumer Hist. St. 13) 70 ff.; H. Kloft, Ideologie und Herrschaft in der Antike (Darmstadt 1979. Wege der Forschung 528), mit einer Bibliographie 497 ff. Interessant für Aspekte der tiberischen ›Nesiarchie‹ P. Ceausescu, Altera Roma. Histoire d' une folie politique. Historia 25 (1976) 79 ff. Nach wie vor von Bedeutung ist die Arbeit C. Wirszubskis, Libertas als politische Idee im Rom der späten Republik und des frühen Prinzipats (1950; dt. Darmstadt 1967); zuletzt dazu auch M. Hammond, Res olim dissociabiles: principatus ac libertas. Liberty under the Early Roman Empire. Harvard Studies Class. Phil. 67 (1963) 93 ff.

Grundlegend zu Fragen des *Kaisereides* ist die Arbeit von P. Herrmann,

Der römische Kaisereid. Untersuchung zu seiner Herkunft und Bedeutung (Göttingen 1968. Hypomnemata 20); zum kyprischen Treueid auf Tiberius zuletzt J. Seibert, Der Huldigungseid an Tiberius. Historia 19 (1970) 224 ff.; für die voraugusteische Zeit jetzt R. Beare, The Imperial Oath under Iulius Caesar. Latomus 38 (1979) 469 ff.

Eine hinreichende Darstellung zum *Herrscherkult* für die Zeit des Tiberius liegt noch nicht vor; bibliographische Hinweise geben P. Herz, Bibliographie zum römischen Kaiserkult (1955–1975). ANRW II 16, 1 (1978) 833 ff., A. Wlosok (Hrsg.), Römischer Kaiserkult (Darmstadt 1978. WdF 372) 551 ff. sowie ergänzend H. Kloft (Hrsg.), Ideologie und Herrschaft a.a.O. 497 ff.; vgl. auch die Angaben oben Kap. II 3 A. 14, II 4 A. 36, III 1 A. 14a, III 2 A. 83. Neuerdings übergreifend J. Ferguson, The Religions of the Roman Empire (London 1970) 88 ff. und der Symposions-Bericht von W. den Boer (Hrsg.), Le culte des souverains dans l'empire romain (Genève 1972. Entretiens sur l'Antiquité Classique 19).

Wichtigste neuere Forschungsergebnisse zu den *Majestätsprozessen* sind bereits in den Anmerkungen angeführt worden (vgl. bes. Kap. III 2 A. 162, 171); immer noch wichtig ist die den Tiberius belastende Arbeit von E. Koestermann, Die Majestätsprozesse unter Tiberius. Historia 4 (1955) 72 ff.; vgl. weiterhin zur Änderung des Strafrechts M. Fuhrmann, RE XXIII 2 (1959) Art. publicatio 2484 ff.; überblicksartig W. Seibt, Die Prozesse vor dem Senatsgericht (Diss. Wien 1969); C. Zäch, Die Majestätsprozesse unter Tiberius in der Darstellung des Tacitus (Diss. Zürich 1970); zur Lex Iulia zuletzt J. F. Allison u. J. D. Cloud, The Lex Iulia maiestatis. Latomus 21 (1962) 711 ff.; P. Garnsey, The Lex Iulia and Appeal under the Empire. Journ. Rom. Stud. 56 (1966) 167 ff.; B. Levick, Poena legis maiestatis. Historia 28 (1979) 358 ff.

Eine Fülle von Untersuchungen ist in den letzten Jahren zur *Sozialordnung* der frühen Kaiserzeit erschienen. Einführend sind die Arbeiten von G. Alföldy, Römische Sozialgeschichte (Wiesbaden ²1979. Wiss. Paperbacks 8) und: Die römische Gesellschaft – Struktur und Eigenwert. Gymnasium 83 (1976) 1 ff.; weiterführend immer noch L. Friedländer, Darstellungen aus der Sittengeschichte Roms (4 Bde. Leipzig 9.–10. Aufl. 1921/23) und R. Syme, The Roman Revolution (Oxford 1939) sowie neuerdings J. Bleicken, Verfassungs- und Sozialgeschichte des Römischen Kaiserreiches (2 Bde. Paderborn 1978. UTB 838/9) und Recherches sur les structures sociales dans l'antiquité classique. Colloques Centre Nat. Rech. Scientifique (Paris 1970); zum ordo-Begriff zuletzt B. Cohen, La notion d' ›ordo‹ dans la Rome antique. Bulletin de l'Association G. Budé (1975) 259 ff.; zur Bevölkerung: G. Hermansen, The Population of the Imperial Rome: The Regionaries. Historia 27 (1978) 129 ff.

Zum Senat: Zur Prosopographie vgl. S. de Laet, De Samenstelling van den Romeinschen Senaat gedurende de Eerste Eeuw van het Principaat (28 vóór Chr. – 68 na Chr.) (Antwerpen 1941), K. Th. Schneider, Die Zusammensetzung des römischen Senates von Tiberius bis Nero (Diss. Zürich

1942) und H.-G. Pflaum, Les progrès des recherches prosopographiques concernant l'époque du Haut-Empire durant le dernier quart de siècle (1945–1970). ANRW II 1 (1974) 113 ff.; zur ausgehenden augusteischen Zeit s. T. P. Wiseman, New Men in the Roman Senate 139 B. C. – A. D. 14 (Oxford 1971). Die Untersuchung von I. Shatzman, Senatorial Wealth and Roman Politics (Brüssel 1975. Coll. Latomus 142) reicht leider nur bis in augusteische Zeit; der Beitrag von C. Nicolet, Le cens senatorial sous la republique et sous Auguste. Journ. Rom. Stud. 66 (1976) 20 ff. führt ein in die kaiserliche Senatspolitik; zum Eherecht vgl. J. Geiger, Tiberius and the Lex Papia Poppaea. Scripta Class. Israel. 2 (1975) 150 ff.; vgl. ergänzend Angaben in Kap. III 2 A. 92 und u. zu Provinzen.

Zum Ritterstand liegen drei neuere Versuche zur ständischen Differenzierung vor: P. A. Brunt, The Valeria Cornelia. Journal of Roman Studies 51 (1961) 71 ff.; T. P. Wiseman, The Definition of ›Eques Romanus‹ in the Late Republic and Early Empire. Historia 19 (1970) 67 ff. und A. Chastagnol, Le laticlave de Vespasien. Historia 25 (1976) 253 ff. S. ferner unten die Angaben zum Einsatz der Ritter in der kaiserlichen Verwaltung.

Zur *Sozial- und Verwaltungsstruktur Roms* (auch der Decurionen) vgl. zuletzt P. Garnsey, Aspects of the Decline of the Urban Aristocracy in the Empire. ANRW II 1 (1974) 229 ff.

Das Problem der *Freigelassenen* hat zuletzt umfassend behandelt A. M. Duff, Freedmen in the Early Roman Empire (Cambridge ²1958); zur tiberischen Zeit jetzt auch S. Mrozek, Abundantia pecuniae. A propos de la richesse des affranchis à Rome. Historia 25 (1976) 122 f.; vgl. auch die Angaben zur kaiserlichen Verwaltung u.

Zur Geschichte der *Plebs* in der frühen Kaiserzeit liegen zwei neuere Publikationen vor: Z. Yavetz, Plebs and Princeps (Oxford 1969); R. Gilbert, Die Beziehungen zwischen Princeps und Plebs im frühen Principat (Bochum 1976); vgl. auch die Einzelstudien von C. Nicolet, Tessères frumentaires et tessères de vote, in: Mélanges J. Heurgon (Rom 1976. École Franç. de Rome 26/27) 695 ff.; L. Gavazzi, Plebs e Princeps. Nuova Riv. Stor. 61 (1977) 1 ff.; E. Tengström, Theater und Politik in Rom. Eranos 75 (1977) 43 ff.

Zur *Sklaven-Problematik* vgl. K. Hopkins, Conquerors and Slaves. Sociological Studies in Roman History (Cambridge–London–New York––Melbourne 1978) und N. Brockmeyer, Antike Sklaverei (Darmstadt 1979. Erträge der Forschung 116).

Besonderer Aufmerksamkeit der jüngeren Forschung erfreut sich die *kaiserliche Verwaltung*. Zur Entwicklung des kaiserlichen *patrimonium* zuletzt ausführlich H. Bellen, Die Verstaatlichung des Privatvermögens der römischen Kaiser im 1. Jh. n. Chr. ANRW II 1 (1974) 91 ff.; zum *Grundbesitz der Kaiser* immer noch grundlegend O. Hirschfeld, Der Grundbesitz der römischen Kaiser in den ersten drei Jahrhunderten (1902, zuletzt in:) ders., Kleine Schriften (Berlin 1913) 516 ff.; vgl. auch R. S. Rogers, The Roman Emperors as Heirs and Legatees. Trans. Proc. Amer. Phil. Ass. 78 (1947) 140 ff.; G. Parassoglou, Imperial Estates in Roman Egypt (Amsterdam 1978.

Amer. Stud. Papyrol. 18). Zum *fiscus* zuletzt G. Ürögdi, RE Suppl. X (1965) Art. fiscus 222 ff. u. Der Fiscus: Ein Pfeiler der Augusteischen Politik. Acta Antiqua 16 (1968) 190 ff. sowie P. A. Brunt, The ›fiscus‹ and its Development. Journ. Rom. Stud. 56 (1966) 75 ff. Die *Staatskassen* behandelte zuletzt M. M. Corbier, L'aerarium Saturni et l'aerarium militare. Administration et prosopographie sénatoriale (Rome 1974. Coll. École Franç. de Rome 24). Zur *Besteuerungspolitik* vgl. für Italien C. Nicolet, Tributum. Recherches sur la fiscalité directe sous la republique romaine (Bonn 1976. Antiquitas 1, 24); für die direkte Besteuerung der Provinzen vgl. H. Braunert, Der römische Provinzialzensus und der Schätzungsbericht des Lukas (1957, jetzt in:) ders., Politik, Recht und Gesellschaft in der griechisch-römischen Antike. Gesammelte Aufsätze und Reden (Stuttgart 1980. Kieler Hist. St. 26) 213 ff., und zuletzt L. Neesen, Untersuchungen zu den direkten Staatsabgaben der römischen Kaiserzeit (27 v. Chr.–284 n. Chr.) (Bonn 1980. Antiquitas 1, 32); für die indirekte Besteuerung S. de Laet, Portorium. Étude sur l'organisation douanière chez les Romains, surtout a l'époque du Haut-Empire (Brügge 1949) sowie G. Ürögdi, RE Suppl. XI (1968) Art. publicani 1184 ff. Zur *personellen Zusammensetzung* der kaiserlichen und Reichsverwaltung: H.-G. Pflaum, Les procurateurs équestres sous le Haut-Empire Romain (Paris 1950) und Les carrières procuratoriennes équestres sous le Haut-Empire (4 Bde. Paris 1960/61); H. Zwicky, Zur Verwendung des Militärs in der Verwaltung der römischen Kaiserzeit (Diss. Zürich 1944). Immer noch wichtig E. Kornemann, RE IV 2 (1901) Art. cura 1761 ff.; dazu u.a. neuerdings H. P. de Escurac, La préfecture de l'annone. Service administratif imperial d'Auguste à Constantin (Paris 1977. Bibl. des écoles franç. d'Athènes et de Rome 226). K. Wachtel, Freigelassene und Sklaven in der staatl. Verwaltung von Augustus bis Diokletian (Diss. Berlin 1966); ferner: H. Chantraine, Freigelassene und Sklaven im Dienst der römischen Kaiser: Studien zu ihrer Nomenklatur (Wiesbaden 1967. Forsch. z. ant. Sklaverei 1); ders., Kaiserliche Sklaven im römischen Flottendienst. Chiron 1 (1971) 253 ff.; P. R. C. Weaver, Familia Caesaris. A Social Study to the Emperor's Freedmen and Slaves (Cambridge 1972); M. Cébeillac, Les ›Quaestores principis et candidati‹ aux Ier et IIeme siècle de l'empire (Milano 1972. Centro St. e Docum. sull' Italia Rom. 4); S. Treggiari, Jobs in the Household of Livia. Pap. Brit. School at Rome 43 (1975) 48 ff.; N. Rouland, A propos des servi publici populi Romani. Chiron 7 (1977) 261 ff.

Zur kaiserlichen *Liberalitas* vgl. G. E. F. Chilver, Princeps and Frumentations. Amer. Journ. Phil. 70 (1949) 7 ff.; H. Kloft, Liberalitas Principis. Herkunft und Bedeutung, Studien zur Principatsideologie (Köln–Wien 1970. Kölner Hist. Abh. 18); A. U. Stylow, Libertas und Liberalitas. Untersuchungen zur innenpolitischen Propaganda der Römer (Diss. München 1972); zur gleichen Problematik ergänzend ders., Die Quadranten des Caligula als Propagandamünzen. Chiron 1 (1971) 285 ff.; eine Auflistung der kaiserlichen *Bautätigkeit* im frühen Principat ist F. C. Bourne, The Public Works of the Julio-Claudians and Flavians (Princeton 1946) zu entnehmen.

Zur *Wirtschaftsgeschichte* liegt eine Fülle von Überblickswerken vor (vgl. zu Einzelfragen oben Kap. III 3 A. 68, Kap. III 5 A. 30). Immer noch wichtig trotz der Überbewertung des Stadt-Land-Gegensatzes M. Rostovtzeff, The Social and Economic History of the Roman Empire (2 Bde. Oxford ²1957) I 77 ff.; ein neueres Überblickswerk liegt vor von M. I. Finley, Die antike Wirtschaft (1973, dt. München 1977. dtv Wiss. Reihe 4277); vom gleichen Autor hrsg. mit interessanten Einzelstudien: Studies in Roman Property (Cambridge–London–New York–Melbourne 1976); zum Mittelmeerhandel vgl. J. Rougé, Recherches sur l'organisation du commerce méditerranée sous l'empire romain (Paris 1966. École pratique des Hautes-Études 21); speziell zur tiberischen Zeit S. Mitchell, Requisitioned Transport in the Roman Empire; a New Inscription from Pisidia. Journ. Rom. Stud. 66 (1976) 106 ff.

Veröffentlichungen zur Geschichte der *Provinzen* im frühen Principat liegen in großer Zahl vor. Einen ersten Überblick geben K. Christ, Römische Geschichte a.a.O. 261 ff. (Fasten), 236 ff. (Senat und Ritter), 349 ff. (Provinzen) und die Bände der ANRW zum Prinzipat, deren Beiträge nach Provinzen geordnet sind: II 3 (1975): Britannien, Hispanien, Gallien; II 4 (1975); Gallien, Germanien; II 5 (1976): Germanien, Alpenprokuraturen, Raetien; II 6 (1977): Lateinischer Donau- und Balkanraum; II 7 (1979): Griechischer Balkanraum, Kleinasien; II 8 (1978): Syrien, Palästina, Arabien; II 9 (1976): Mesopotamien, Armenien, Iran, Südarabien, Rom und der Ferne Osten; vgl. auch die Angaben oben Kap. II 1 A. 2, II 4 A. 40, III 2 A. 7a, 11, 31, 35, 39. Zu Germanien jetzt aus marxistischer Sicht B. Krueger, Der Freiheitskampf germanischer Stämme während der römischen Offensive in den Jahren 12 v. u. Z. bis 16 u. Z., in: Die Rolle der Volksmassen in der Geschichte der vorkapitalistischen Gesellschaftsformationen, hrsg. v. J. Hermann u. I. Sellnow (Berlin 1975) 159 ff. Für die Provinzverwaltung des Tiberius ist die Darstellung von W. Orth, Die Provinzialpolitik des Tiberius (München 1970) maßgeblich; G. Alföldys Beitrag: La politique provinciale de Tibère. Latomus 24 (1965) 824 ff. skizziert im ganzen zu negativ; erwähnenswert zu diesem Problem auch P. A. Brunt, Charges of Provincial Maladministration unter the Early Principate. Historia 10 (1961) 189 ff.; zu Strukturfragen vgl. neuerdings den Versuch von M. Stahl, Imperiale Herrschaft und provinziale Stadt. Strukturprobleme der römischen Reichsorganisation im 1.–3. Jh. der Kaiserzeit (Göttingen 1978. Hypomnemata 52); speziell zu Senatoren in der Reichsverwaltung: E. Birley, Senators in the Emperor's Service (London 1953. Proc. Brit. Acad. 39); F. Millar, The Emperor, the Senate, and the Provinces. Journ. Rom. Stud. 56 (1966) 156 ff.; prosopographisch orientiert H. Halfmann, Die Senatoren aus dem östlichen Teil des Imperium Romanum bis zum Ende des 2. Jh. n. Chr. (Göttingen 1979. Hypomnemata 58) und (angekündigt) U. Vogel-Weidemann, Die Statthalter von Africa und Asia in den Jahren 14–68 n. Chr.: eine Untersuchung zum Verhältnis Princeps und Senat (Bonn 1980. Antiquitas 1, 31).

Verzeichnis der Abbildungen

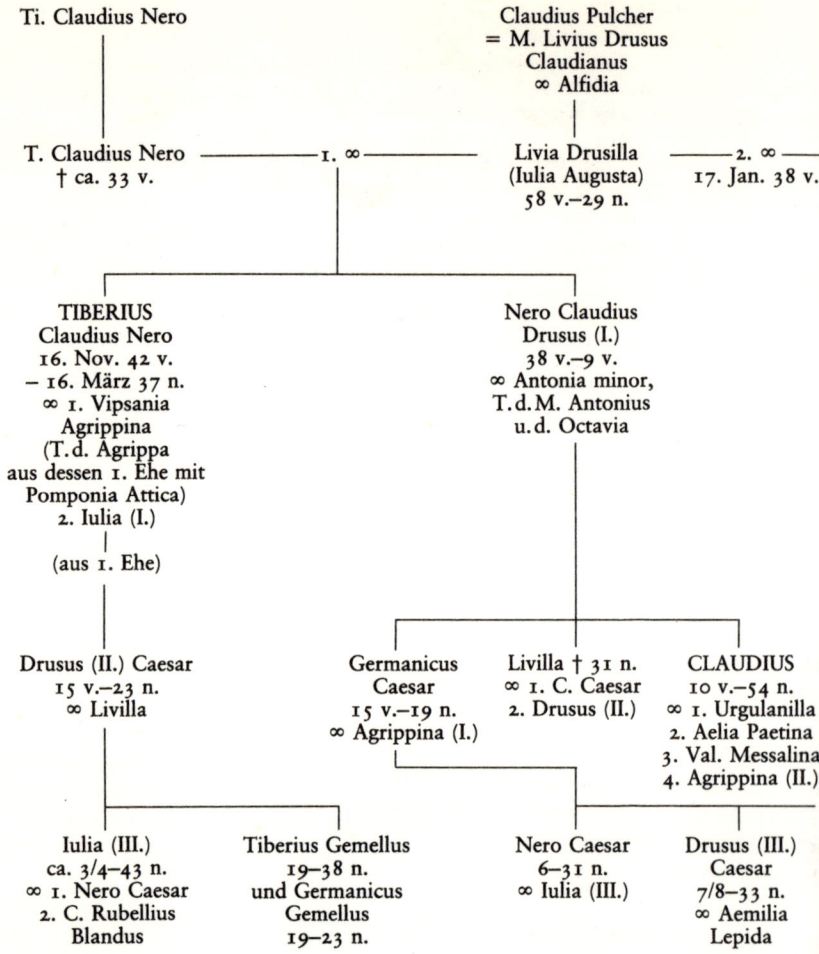

Ti. Claudius Nero

Claudius Pulcher
= M. Livius Drusus
Claudianus
∞ Alfidia

T. Claudius Nero ——————— 1. ∞ ——————— Livia Drusilla ———— 2. ∞
† ca. 33 v. (Iulia Augusta) 17. Jan. 38 v.
58 v.–29 n.

TIBERIUS
Claudius Nero
16. Nov. 42 v.
– 16. März 37 n.
∞ 1. Vipsania
Agrippina
(T.d. Agrippa
aus dessen 1. Ehe mit
Pomponia Attica)
2. Iulia (I.)
|
(aus 1. Ehe)

Nero Claudius
Drusus (I.)
38 v.–9 v.
∞ Antonia minor,
T.d.M. Antonius
u.d. Octavia

Drusus (II.) Caesar
15 v.–23 n.
∞ Livilla

Germanicus
Caesar
15 v.–19 n.
∞ Agrippina (I.)

Livilla † 31 n.
∞ 1. C. Caesar
2. Drusus (II.)

CLAUDIUS
10 v.–54 n.
∞ 1. Urgulanilla
2. Aelia Paetina
3. Val. Messalina
4. Agrippina (II.)

Iulia (III.)
ca. 3/4–43 n.
∞ 1. Nero Caesar
2. C. Rubellius
Blandus

Tiberius Gemellus
19–38 n.
und Germanicus
Gemellus
19–23 n.

Nero Caesar
6–31 n.
∞ Iulia (III.)

Drusus (III.)
Caesar
7/8–33 n.
∞ Aemilia
Lepida

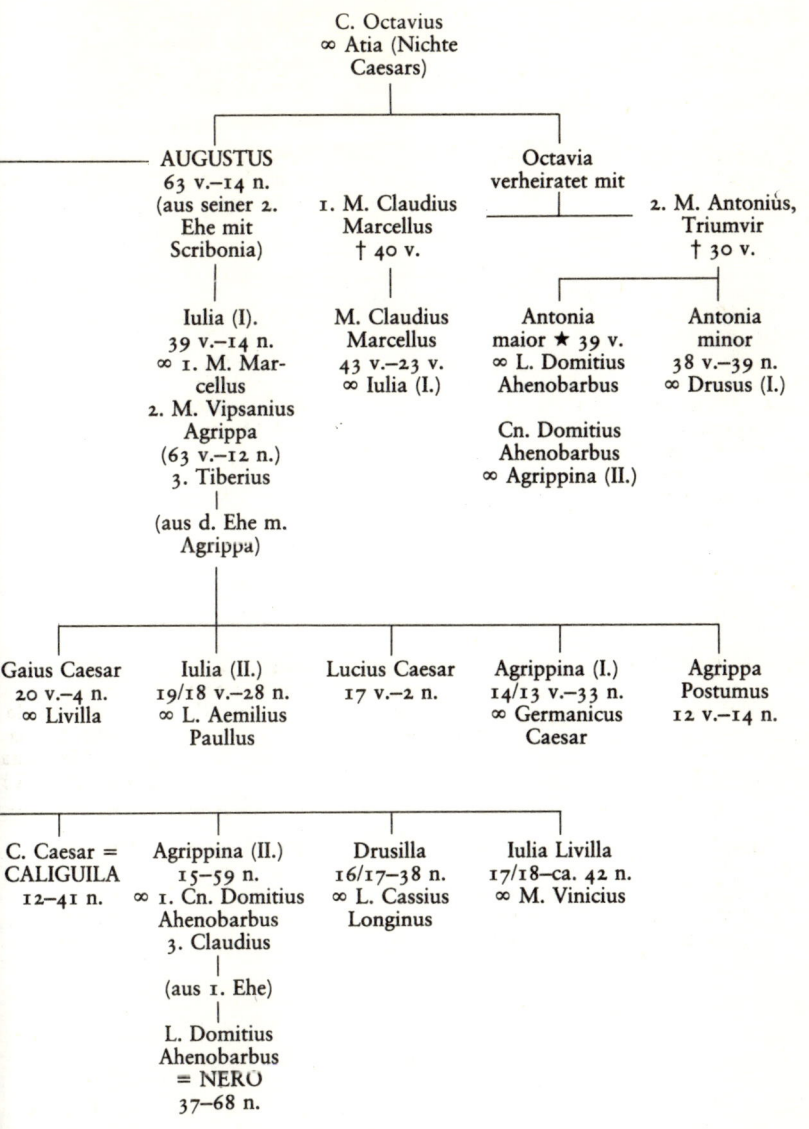

C. Octavius
∞ Atia (Nichte
Caesars)

AUGUSTUS
63 v.–14 n.
(aus seiner 2.
Ehe mit
Scribonia)

1. M. Claudius
Marcellus
† 40 v.

Octavia
verheiratet mit

2. M. Antoniůs,
Triumvir
† 30 v.

Iulia (I).
39 v.–14 n.
∞ 1. M. Mar-
cellus
2. M. Vipsanius
Agrippa
(63 v.–12 n.)
3. Tiberius

M. Claudius
Marcellus
43 v.–23 v.
∞ Iulia (I.)

Antonia
maior ★ 39 v.
∞ L. Domitius
Ahenobarbus

Antonia
minor
38 v.–39 n.
∞ Drusus (I.)

Cn. Domitius
Ahenobarbus
∞ Agrippina (II.)

(aus d. Ehe m.
Agrippa)

Gaius Caesar
20 v.–4 n.
∞ Livilla

Iulia (II.)
19/18 v.–28 n.
∞ L. Aemilius
Paullus

Lucius Caesar
17 v.–2 n.

Agrippina (I.)
14/13 v.–33 n.
∞ Germanicus
Caesar

Agrippa
Postumus
12 v.–14 n.

C. Caesar =
CALIGUILA
12–41 n.

Agrippina (II.)
15–59 n.
∞ 1. Cn. Domitius
Ahenobarbus
3. Claudius

Drusilla
16/17–38 n.
∞ L. Cassius
Longinus

Iulia Livilla
17/18–ca. 42 n.
∞ M. Vinicius

(aus 1. Ehe)

L. Domitius
Ahenobarbus
= NERO
37–68 n.

CIP-Kurztitelaufnahme der Deutschen Bibliothek

Kornemann, Ernst:
Tiberius / Ernst Kornemann. [Mit e. Vorw. von Hermann Bengtson]. – Erw. Neuausg.
– Frankfurt am Main : Societäts-Verlag, 1980.
Frühere Ausg. im Kohlhammer-Verl., Stuttgart.
ISBN 3-7973-0363-7